Walter Kern

Atheismus – Marxismus – Christentum

D1727164

Walter Kern

Atheismus — Marxismus — Christentum

Beiträge zur Diskussion

Tyrolia-Verlag · Innsbruck – Wien – München

1976   ISBN 3-7022-1253-1

Alle Rechte bei der Verlagsanstalt Tyrolia, Gesellschaft m. b. H.,
Innsbruck, Exlgasse 20
Satz, Druck und Buchbinderarbeit
in der Verlagsanstalt Tyrolia, Gesellschaft m. b. H., Innsbruck

Vorwort

Hier darf erzählt werden, daß sich der Verfasser mit den im folgenden diskutierten Fragen ex professo befaßt, seit er an der Philosophischen Hochschule SJ in Pullach bei München 1962/63 zum ersten Mal Vorlesung hielt über „Philosophische Gotteslehre". Neben dem Theodizeeproblem hat ihn dabei vor allem das Thema Atheismus festgehalten. Er hat sich schon zuvor mit der Geschichte der modernen Philosophie, besonders mit der Philosophie Hegels, zu beschäftigen begonnen; das mag als Vorbereitung gelten für den kritischen ,Dialog' mit dem Marxismus. Das Atheismusproblem spielt auch eine Rolle in dem Grundkurs, den er seit 1969 an der Theologischen Fakultät Innsbruck hält. Was er nun in ein möglichst übersichtliches Ganzes zusammenzufassen versucht, ist zumeist als Vortrag entstanden und als Aufsatz durch Zeitschriften oder Sammelbände hindurchgegangen. Neue wissenschaftliche Erkenntnisse wurden nicht angezielt. Es ist vielleicht trotzdem nicht unnütz, die Schwemme ähnlicher Buchtitel um diesen zu vermehren.

Gewidmet sei diese Auswahl vorwiegend philosophisch orientierter Arbeiten den Lehrern meiner Pullacher Studienjahre 1947—1950.

Innsbruck, im Juli 1976

Walter Kern

Inhaltsverzeichnis

Gotteserkenntnis heute?

Eine Einleitung

Gotte*serkenntnis?* Diese Frage scheint im Theoretischen zu verbleiben. Erkenntnis ist Sache von Verstand und Vernunft. Heute aber ist *Praxis* gefragt und das, was sie bewältigen hilft, das Praxis-Relevante. Nun ist allerdings unschwer zu sehen, daß die Überzeugung ‚Gott existiert‘ bzw. ‚Gott existiert nicht‘ gewichtige Konsequenzen hat für Grundentscheidungen des Menschen wie auch für sein alltägliches Verhalten. Die Erkenntnis bedingt und bestimmt in diesem Falle die Praxis; diese folgt aus jener. Anderseits bringt Erkenntnis gerade dann, wenn sie das Ganze des Lebens, dessen umfassenden Sinn und letztes Ziel betrifft, schon ein Praxismoment mit sich; sie setzt eine entsprechende Lebenseinstellung voraus. „Die Wahrheit wird euch frei machen" (Joh 8, 32). Aber ebenso gilt, daß die Freiheit wahr macht: die freie Grundorientierung des eigenen Daseins öffnet oder verschließt sich der Wirklichkeit von Leben und Welt, sie entbirgt oder verstellt die Wahrheit. Fazit: Aus Gotteserkenntnis folgt Praxis, und sie setzt Praxis voraus; sie ist an und durch sich selbst praxisrelevant.

Fragen wir nochmals, mit anderer Wortbetonung: *Gotte*serkenntnis? Werden wir vom Gegenstand dieser Erkenntnis nicht an ein Jenseits verwiesen, das alle irdischen Belange, all das, was im realen Leben zählt und wiegt, hinter sich verschwinden läßt? Gott der Absolut-Transzendente? Daß „der *Mensch* das Maß aller Dinge" sei nach dem griechischen Sophisten Protagoras (5. Jh. v. Chr.), drückt nicht nur die Selbstüberhebung eines elitären Intellektuellen aus. Daß für den Menschen in dieser Welt der Mensch selbst Mittel- und Höhepunkt ist, wagt neuerdings auch die Pastoralkonstitution des Zweiten Vatikanischen Konzils (Nr. 12) zu sagen. Nichts anderes als die radikale Frage des Menschen nach sich selbst vermag heute auf gemäße Weise zu dem transzendenten und zugleich aufs innigste der Welt und dem Menschen immanenten, zu dem die Welt ‚übersteigenden‘ *und* ihr ‚einwohnenden‘ Gott zu führen. Recht verstanden, gehört Gott zur Definition des Menschen — gewiß, eben so die Begrenzung (definire = begrenzen) des Menschen aufbrechend, sprengend, ent-grenzend: damit der Mensch Mensch sei und nicht bloß ein Tier. Nicht nur irgendeine Weltgegebenheit, sondern das Weltereignis, das der Mensch selber ist, wird Basis und Medium der Gotteserkenntnis. An die Stelle der alten kosmologischen Gottesbeweise tritt das neue anthropologische Argument. Wer nach Gott Ausschau hält, sieht darob nicht vom Menschen weg: er sieht eins damit den Menschen, sich selber, tiefer und voller. Denn nach Augustinus[1] ist „Gott höher als das in mir Höchste *und innerlicher als das Innerste in mir*".

Da Gotteserkenntnis, wie sie hier zur Frage steht, vernünftig ergründet und entschieden werden will, könnte sie mindestens für den *Christen* belanglos oder wenig bedeutsam erscheinen. Für ihn ist die akademische Fragestellung schon unterfangen und überholt von der Antwort des Glaubens: Gott, der die Welt geschaffen hat, ist ewiger Grund und Zielsinn des Menschen. Das ist so selbstverständliche Grundlage des Christseins, daß die heiligen Schriften und die sich auf sie stützende Verkündigung nicht viele Worte daranwenden. Zumal Jesu Reden und Tun, Leben und Sterben ist so radikal theozentrisch, auf Gott seinen Vater ausgerichtet, daß man versuchen konnte, von Jesus her und gleichsam Hand in Hand mit ihm das ursprünglich zu erschließen, was man ein wenig modisch Gottesbewußtsein nennen mag. Dadurch wird die gewohnte Vorgangsweise umgekehrt; die Met-hode (wört-lich: der ‚Mit-Weg' des Denkens mit der Sache) wird gegenläufig. Dieser neue Ansatz setzt das lebendige Engagement der Jesusnachfolge voraus; er entspringt diesem. Aber verlangt die Entscheidung für Jesus nicht auch und gerade heute nach Verankerung und sozusagen Rückversicherung in begründeter, erfahr- und einsehbarer Überzeugung von Gottes Sein und Wirken? Woraus lebte die Gott-Gewißheit Jesu selber? Mögen die Fragen stehen bleiben. Das Verhältnis von Glaube und Vernunft kann hier nicht erschöpfend erörtert werden (wann wäre das je möglich?).

Wie wenig Gotteserkenntnis *heute* selbstverständlich ist, belegt auf leicht groteske Weise das letzte Jahrzehnt christlicher Theologie. Meinte man früher von unserem Säkulum voraussagen zu können, es sei das Jahrhundert der Kirche, die in den Herzen der Menschen neu auflebe, so schien es in den 60er Jahren zum Jahrhun-dert des Gottes zu werden, der in den Köpfen der Menschen stirbt. Nicht die lebendige Kirche, der tote Gott wurde zur Signatur der Gegenwart. Von Nord-amerika aus griff die sogenannte Gott-ist-tot-Theologie auch auf den deutsch-sprachigen Raum über. Am bekanntesten wurde hier, neben dem etwas rabiaten Buch von Thomas J. J. Altizer „. . . daß Gott tot sei", die Studie von Dorothee Sölle „Stellvertretung. Ein Kapitel Theologie nach dem ‚Tod Gottes' ". Nun hat diese a-theistische Theologie zwar nicht lange gelebt; es war ihr kaum ein knappes Jahrzehnt beschieden („in Amerika stirbt selbst Gott schnell"). Die Probleme, die ihr zugrundelagen, bestehen jedoch weiter. Ebenso bleibt aktuell die Theismus-kritik; sie löste die Tod-Gottes-Theologie aus und wurde von ihr wiederum ver-stärkt.

Was hat dazu beigetragen, daß das Selbstverständlichste von der Welt, *daß Gott ist* — denn die *Welt* bedarf der Erklärung, nicht *Gott,* der Unbedingt-Unendliche! —, in eine Atmosphäre des Zweifels geriet, die unsere Gegenwartssituation imprä-gniert und immunisiert gegen das Transzendente — wenigstens nach ihrem vor-herrschenden Selbstverständnis?

Der nächstliegende Grund dafür, daß Gott nicht mehr in den alltäglichen Erfah-rungszusammenhängen von Welt und menschlichem Leben gefunden wird, ist durchaus legitim. Er besteht in der Ablösung des früheren magisch-mythischen Weltbildes durch eine kritisch-wissenschaftliche Welt- und Lebenseinstellung. Die Kenntnis der innerweltlichen Sachverhalte, der natürlich-endlichen Wirkfaktoren in Natur, menschlicher Psyche, kollektiv-geschichtlichen Entwicklungen verbietet den direkten und pauschalen Rückbezug auf Schöpfer und Vorsehung. Grund wie Sturmzeichen dieses Vorgangs war der Weltbildumbruch von Ptolemäus zu Koper-nikus: die Erde ist nicht mehr Mittelpunkt der Welt, anderseits sind die übrigen Gestirne ebensowenig göttlich, ebensosehr irdisch wie die kleine Erde — und kurzum „kein Platz für Gott im Weltall" (Titel einer aus dem Russischen über-setzten Ostberliner Atheismus-Schrift von 1958). Man hat von der kopernikani-schen Astronomie aus, die mit den Privilegien irgendwelcher kosmischer Bereiche aufräumte, die Linie weitergezogen, tiefergeführt: Darwin holt den Menschen zurück in die stammesgeschichtliche Evolution des Lebendigen überhaupt. Keine Sonderstellung für die „Krone der Schöpfung"! Die Psychoanalyse Freuds stürzt das menschliche Bewußtsein vom Thron der Selbstmächtigkeit: es ist, Spitze des Eisbergs nur, getragen und geprägt vom Unverfügbar-Unbewußten im Menschen.

Die Kybernetik ahmt jene geistigen Fähigkeiten — wie Lernen, Erfinden, künstlerisches Schaffen ... — nach, auf die sich der Mensch am meisten zugutetat. Ein Prozeß fortschreitender Entmystifizierung. Gott war der Lückenbüßer unseres Wissens gewesen, angesiedelt auf den weißen Flecken unserer Welt- und Lebensgeographie, eine Chiffre für das Nicht-Erklärbare oder, wie wir nun eben genauer merken, nur für das damals oder auch heute faktisch Noch-nicht-Erklärte. Er hat inzwischen ständig an Terrain verloren. Kein Wunder, daß viele meinen, das Metaphysische und Transzendente — lassen wir's mal bei diesen unangenehm geschwollenen Wörtern — sei insgesamt und endgültig zur Strecke gebracht oder vegetiere nur noch auf Sparflamme und in Schongehegen. Die „Entzauberung der Welt durch Wissenschaft" ist unaufhaltsam auf dem Vormarsch und nach allgemeiner Meinung auch schon fast am Ziel. Und Illusionslosigkeit ist ein Gebot der Würde des Menschen, der ausharrt und den Sinn und die Werte selber schafft, die die entzauberte Welt ihm vorenthält [2].
Allerdings sind auch gegenläufige Tendenzen nicht zu verkennen. Globale Epochenparolen, emphatische Zeitsignaturen sind alleweil ein bißchen prekär. Die Gegenwart — die Ära der Emanzipation des Menschen, des kritischen oder des säkularisierten Bewußtseins oder des Todes Gottes usw.? Tatsächlich gibt es eine Ungleichzeitigkeit der gleichzeitig Lebenden. Wir koexistieren mit Menschen des Barock, des Paläolithikum und solchen, die wenigstens vermeintlich bereits das 21. Jahrhundert vorwegnehmen. Und zwar nicht deshalb, weil im australischen Busch noch Menschen mit Altsteinzeitkultur leben. Gemeint ist vielmehr die Verschiedenheit der Mentalität von Menschen nicht entfernter Kontinente, sondern desselben Landes. Gemeint ist sogar die Verschiedenheit der Bewußtseinsschichten einundesselben Menschen. Denn zu welcher Mentalitätsgruppe gehöre je ich, in dieser Situation oder in jener? Wird man nicht annehmen müssen oder dürfen, daß sich auch für den aufgeklärtesten Zeitgenossen an der Existenzgrenze, etwa in Lebensgefahr, die Zeit mit ihren Jahrhunderten und Jahrtausenden nebst allen epochalen Bewußtseinseinstellungen einrollt und austilgt, sodaß er dann beileibe nicht anders empfindet als — jedermann, jederzeit und allerorts? Gibt es anderseits noch schlechthin sogenannte einfache Gläubige? Denn: was ist das? ist der christliche Glaube „einfach"? war er's jemals? etwa für Jesus? oder der Glaube an Jesus den Gekreuzigten? Gibt es also noch jenen naiv Glaubenden, der im Wunder des Grashalms die unendliche Weisheit seines Gottes bestaunt? Vielleicht kann man das ja sogar auf kritische Weise tun ... Ein Professor für deutsche Philologie macht sich's da leicht: „Eine Nonne ist noch kein Gottesbeweis, *an und für sich*, wie die Philosophie sagt. Eine größere Anzahl von Mönchen deutet auch nicht unmittelbar auf Gott, sondern auf ein nahegelegenes Kloster hin. Ein frommer Mensch wie mein Vater nimmt es da nicht so genau und läßt auch Glockengeläute als Gottesbeweis gelten ..." [3] Wenn nun aber religiöse Bewegungen der Gegenwart neue Transzendenzeinbrüche ankünden und vormachen, wenn unmittelbares Bekenntnis zum Heiligen wieder aufflammt: ist dann die Gegenfrage hinreichend, wieweit sich darin Anregung von oben mit mancherlei Unterströmung mischt? Gewiß, es spricht nicht für die Heilsmacht der Religion, wenn in ihrem Namen weiland das Impfen, später Organverpflanzung und heute — 1976 — zur Rettung eines jungen Menschenlebens nötige Bluttransfusion abgelehnt und verweigert wird als Übergriff in die Souveränitätsrechte der göttlichen Vorsehung.
Damit beansprucht nun eine neue Dimension des Problems unsere Aufmerksamkeit. Gott entschwindet nicht nur deshalb aus dem Bewußtsein der Gegenwart, weil

die Entwicklung der Wissenschaften in der *Vergangenheit* gezeigt hat, daß man
die vorgegebene Welt *erklären* kann ohne Gott. Gott wird aus dem Bewußtsein
der Gegenwart vertrieben, weil nur der nicht durch Transzendenz belastete und
nicht ins Transzendieren ausweichende Mensch die *Zukunft* der von ihm geschaffenen und weiterhin ihm überantworteten, ihm aufgegebenen technisierten, indu-
strialisierten Welt zu *bestehen* vermag. Der ‚homo faber‘ triumphiert. Wie es die
Visionen früherer Zeit, bis zurück zum kabbalistischen Golem des 13. Jahrhunderts [4], voraussahen. Doch selbst zum Triumph ist heute keine Zeit. Das künftige
Schicksal der Menschheit steht auf dem Spiel. Die Überlebenschance für Hunderte
Millionen Menschen hängt ab von Erfinderwitz und Arbeitsausdauer der Techniker, vom Ingenium der Ingenieure. Die von Gott geschaffene Natur ist nurmehr
der zu bearbeitende Werkstoff, das Rohmaterial der durch menschliche Kreativität
erst zu erschaffenden Welt. Diese Weltaufgabe nimmt alle Kraft in Anspruch.
Ein neuer Atheismus hat hier seinen Sitz im Leben. Er fordert die Nichtexistenz
Gottes um der Existenz des Menschen willen. Er wird deshalb postulatorisch und
humanistisch genannt. Seine Begründung ist prospektiv. Die Zukunft des Menschen ist sein Grund. Sie beherrscht fraglos die Szene. Wiederum zeigen sich in
kurzfristigem Umschlag von Befund und Wertung Zweideutigkeit und Zwiespalt.
Ließ optimistisch ungebrochene Fortschrittsgläubigkeit, ererbt aus dem 19. Jahrhundert, den Gottesglauben als unnütz und hinderlich für die Menschheitsent-
wicklung hinter sich, so macht neuerdings pessimistische Zivilisationskritik (angesichts Übervölkerungsdruck, Rohstoffverknappung, Umweltverschmutzung usw.)
den biblischen Schöpfungsglauben haftbar für die Impulse, die von ihm auf die
Entstehung der modernen Naturwissenschaft und Technik ausgingen [4]. Aus der
Diskussion um die Meadows-Studie „Grenzen des Wachstums" zog z. B. Carl
Amery 1972 solche Konsequenzen im Buch „Das Ende der Vorsehung. Die gnaden-
losen Folgen des Christentums". So oder so, im einen Fall und in der anderen,
gegensätzlichen Sicht der Dinge: Der Weg in die Zukunft führt angeblich weg
von Religion und Christentum. Gott wird zumindest ausgeklammert. Gott ist
nur deshalb noch nicht ganz tot, weil der Mensch noch nicht ganz lebt [5].
Die Welt erklären: die Möglichkeit der Naturwissenschaft. Die Zukunft bestehen:
die Nötigung der Technik. Läßt beides zusammen noch Denkraum und Verehrungs-
willen für Gott, für den Menschen vor Gott? Die Gründe für die angeblich oder
wirklich a-religiöse, gott-lose Atmosphäre der Gegenwart sind mit den bisher
unternommenen oder eher nur angedeuteten Sondierungen nicht erschöpft. Es
bleibt die befremdende Andersartigkeit des Sprechens von und Denkens über
Gott gegenüber allem sonstigen Sprechen und Denken. Es bleibt das Theodizeeproblem, das Leiden am Mißstand von Welt und menschlichem Leben, als tiefster
existenzieller Grund der bekümmerten, zweifelnd-verzweifelten Erfahrung der
„Gottesfinsternis" (M. Buber) [6]. Es bleibt das schlichte arge Faktum, daß rund
ein Drittel der Menschheit unter politischen Regimes lebt, die Atheismus mehr
oder weniger entschieden zur Staatsräson machen, und daß die übrige Welt,
zumal die zivilisatorisch emanzipierte, weithin praktische Gottlosigkeit, einge-
standen oder nicht, zu realisieren scheint.
Über *Atheismus* zu informieren ist die erste Aufgabe, die sich dieses Buch stellt.
Die Geschichte des Atheismus, im heutigen radikal-universalen Wortverständnis,
beginnt mit dem aufklärerischen 18. Jahrhundert. Die Zeit davor gehört der Vorgeschichte an. Für sie stellt sich vor allem die Frage nach den „atheoi", den „Gott-
losen", der griechisch-römischen Antike; denn die christliche Einheitskultur des

Mittelalters war nicht atheismusanfällig. Auf den doktrinären Atheismus der Aufklärung folgt ein von humanen Impulsen getragener Atheismus in den zwei Hauptvarianten des Marxismus, der die religionskritische Projektionstheorie Ludwig Feuerbachs aufnimmt, und des Existenzialismus, den schon vor Erfindung dieser Namensetikette Friedrich Nietzsche repräsentiert. Auch die weitere Geschichte dieser atheistischen Humanismen bis herauf zur Gegenwart wird skizziert. In dem Jahrhundert marxistischer Religionskritik kreuzt sich mit den humanistischen Postulaten durchweg auch doktrinärer Dogmatismus, von Engels bis Stalin und über Stalin hinaus. Nicht unerwähnt bleiben darf im Spektrum heutiger Atheismen die auf positivistischem Mutterboden erwachsene, sich auf sprachtheoretische Erwägungen stützende Kritik am Reden von ,Gott'; sie kommt auf den Schlußseiten des Buchs, vermutlich unproportioniert kurz, zu Wort. Die Geschichte des Atheismus, die sich durch das Buch hindurchzieht [7], kann erweisen, daß nicht alles, was in der Vergangenheit dafür galt, wirklicher Atheismus war. Es wird für ,sparsamen', strengen Umgang mit dieser Qualifikation plädiert. Darf der Verfasser sich gegenüber dem Leser einen Fingerzeig erlauben, so möchte er für den Einstieg in die Lektüre die in sich geschlossene Kapitelfolge über den atheistischen Humanismus (S. 39—78) empfehlen.

Der zweite Schwerpunkt dieses Buches liegt auf der Auseinandersetzung mit dem *Marxismus* als jener Erscheinungsform des Atheismus, der die größte weltpolitische Bedeutung zukommt, aber auch starke Anziehungskraft für Individuen und für Gruppen, die nach plausibler und zugleich sozial wirkmächtiger Lebensorientierung suchen, nicht also nur für abwegige Intellektuelle. Der Marxismus bietet neben der maßgeblichen Rolle, die er in der Geschichte des Atheismus spielt, vielfache damit zusammenhängende Problemaspekte. Wer über Marx diskutieren will, wird nicht ganz herumkommen um ein wenigstens anfängliches Wissen von der Philosophie Hegels, von der Marx ausging. Auch der heutzutage, z. B. von der „Frankfurter Schule", unternommene Versuch, den Marxismus von metaphysischem und universalgeschichtlichem Ballast entideologisierend zu entlasten, bezieht sich zumeist auf das in ihm investierte Hegelsche Erbe. Konkurriert heute weithin das marxistische Weltanschauungsangebot mit dem christlichen, dann legt sich ein Strukturvergleich der beiderseitigen Auffassungen von Mensch und menschlicher Gesellschaft nahe. Er zeigt bedenkenswerte Entsprechungen und — größere — Widersprüche.

Der Titel dieses Buches nennt an dritter Stelle schließlich das *Christentum*. Niemand möge sich gleich anfangs zu sehr darob verwundern noch erzürnen, daß gerade der biblische Schöpfungsglaube in eine möglichst deutlich zu bestimmende Verbindung gebracht wird mit dem modernen Atheismus als radikal-entschiedenem und universal verbreitetem Phänomen. Auch die gegenkritische Auseinandersetzung mit dem marxistischen und dem existenzialistischen Humanismus geschieht von der genuin christlichen Schöpfungsauffassung aus, und sie zielt auf ein legitimes christliches Freiheitsverständnis. Die Kritik am Atheismus wird zur Krisis konkret realisierten Christseins. Von dem Strukturvergleich Marxismus-Christentum war bereits die Rede. Zunächst scheint nur die theoretische Grundlage, gar nur eine philosophische Grenzfrage betroffen, wenn der zeitgenössische Atheismus christlichen Theologen Fermente der Kritik am Theismus liefert. Man meint vielfach, indem man ziemlich mißverständlich „a-theistisches Christentum" propagiert: der christliche Glaube könne leichten Herzens auf die theistische Metaphysik verzichten, da diese ihn doch nur verdunkle und sogar auf weite Strecken verfälsche.

Die Funktion, die dem Theismus für das christliche Glaubensbewußtsein zukommt, ist deshalb zu klären. Wie betreffs des Dialogs Christen-Marxisten ist auch in dieser Frage zu warnen vor voreiligen Konzessionen und gedankenlosen Kompromissen. Nach all dem, was über die Bestreitung des Gottesgedankens referiert wird, ist es angezeigt, sich auch der positiven Aufgabe zu stellen, die Überzeugung von der Existenz Gottes philosophisch zu rechtfertigen. Das geschieht durchaus im Sinne der christlichen Denktradition, wenn auch auf zum Teil neuem Wege, in dem etwas kühn so genannten „Gottesbeweis Mensch". Es ist die Überzeugung des Verfassers, daß „auch heute noch", wie man zu sagen pflegt, ein gangbarer, gut begründeter Weg vom Menschen selbst und seinem Wahrheits- und Freiheitsanspruch zur Erkenntnis Gottes führt. (Was zur Problemlage und in dem Exkurs gesagt wird, kann überschlagen werden.) Das letzte Wort, der Beschluß des Buches gilt jener Einforderung des Christen in christlicheres Christsein, die der Atheismus, so ist zu hoffen, für ihn darstellt.

Anmerkungen

1 Deus superior supremo meo et interior intimo meo (Confess. III 6, 11). Nach Luther (WA 23, 137) ist Gott „tiefer, innerlicher, gegenwärtiger, denn die Kreatur ihr selbst ist".
2 Vgl. K. Löwith, in: Club Voltaire, Bd. II, München 1965, 135—155; unter Berufung, für das Ideal der Illusionslosigkeit, auf Max Weber.
3 A. Brandstetter, Der Leumund des Löwen. Salzburg 1976, 39
4 Siehe S. 39 ff
5 So versteht sich tatsächlich auch das vielbelobte Buch des Neomarxisten V. Gardavský „Gott ist nicht ganz tot", München 1968.
6 Siehe S. 74, Anm. 9
7 Besonders auf den Seiten 17—22, 30—34, 45—63, 119—128, 187—191

Zur Vorgeschichte des modernen Atheismus

In der Flut zeitgenössischer Literatur zum Thema Atheismus mag eine Bestandsaufnahme zur Geschichte des Atheismus, soweit dieser sich philosophisch artikulierte, nicht unnütz sein. Die Sondierungen nach typischen Formen sowie nach der jeweiligen Stellungnahme einzelner Denker stehen, selbstverständlich innerhalb der Grenzen angestrebter Objektivität, unter der Leitfrage, ob denn im vorliegenden Falle jeweils tatsächlich von Atheismus die Rede sein müsse. Vielleicht nämlich, so kann es den Anschein haben, war man bislang oft allzuleicht mit der Atheismusprädikation bei der Hand, als ob hier gälte: „Viel Feind, viel Ehr!" Deshalb geht es im folgenden zumeist um eine z. T. aus erster, z. T. notgedrungen aus zweiter Hand schöpfende philosophiegeschichtliche Information, man könnte sagen: anstelle eines nicht vorhandenen Lexikon-Artikels. Denn tatsächlich äußern sich die beiden neuesten Nachschlagwerke [1], in denen man eine gründlichere Auskunft über die geschichtlichen Erscheinungsformen des Atheismus erwarten möchte, hierüber ziemlich karg. Die soeben umrissene Aufgabenstellung setzt eine Erklärung darüber, was als Atheismus im strengen Sinn gelten soll, sowie eine in der Kürze allerdings recht schematische Klassifizierung der Begriffsverwendung voraus. Die geschichtliche Übersicht, die sich anschließt, wird zunächst bis an die Schwelle dessen, was man als modernen Atheismus bezeichnen kann, herangeführt, nämlich bis zum Aufklärungsatheismus des 18. Jahrhunderts einschließlich (mit Nachspiel im Vulgärmaterialismus des 19. Jahrhunderts). Von gewichtigerem Interesse ist der danach gesondert abzuhandelnde humanistische Atheismus marxistischer oder Nietzschesch-existenzialistischer Prägung: damit beginnt die Gegenwartsproblematik. Zu ihrem besseren Verständnis soll die „Vorgeschichte" dienen.

I. Begriffsbestimmung

Beide Wortkomponenten von ‚Atheismus' (theos = Gott und die Verneinungspartikel alpha-privativum) bringen eine Unbestimmtheit mit sich, die sich nicht durch eine beliebige Vorweg-Festlegung, sondern nur in der Auseinandersetzung mit dem geschichtlichen Sachverhalt und Sprachgebrauch beheben läßt. Mit der näheren Bestimmung des Begriffs ‚Atheismus' ergibt sich zugleich die Auffächerung seiner Bedeutungen.

Für den Griechen, auf den das Begriffswort ‚atheos' zurückgeht, ist theos einerseits gefüllt mit der mythischen Allerfahrung des theion (Göttlichen) überhaupt, anderseits durch das Religionswesen der Polis, des griechischen Stadtstaates, fixiert in den verschiedenen zu verehrenden Göttergestalten. Viele Naturvölker und große Kulturkreise haben das Göttliche teils auf eine pantheistische (oder panentheistische), teils auf eine polytheistische Weise gefaßt. Es wäre deshalb willkürlich, den Begriff ‚Atheismus' maßgeblich durch die Entgegensetzung zum Theismus, als der Lehre von der Existenz des unbedingten und unendlichen, welttranszendenten und zumal personalen einen Gottes, zu bestimmen. Auch die Unterscheidung in einen absoluten Atheismus und einen relativen Atheismus (letzterer würde alle von einem strengen Theismus abweichenden Gottesauffassungen wie Pantheismus, Deismus und Polytheismus umfassen) birgt die Gefahr, daß ganze große Denktraditionen, etwa von Descartes bis Hegel, in den Verdacht des Atheismus geraten [2]. Gegen einen zu freizügigen Wortgebrauch hatte sich schon 1725 der Hildesheimer Superintendent J. F. Reimannus in einer detaillierten Übersicht gewandt [3]. Der historische Hinweis, daß doch Spinoza faktisch unter dem Verdacht des Atheismus stand oder daß J. G. Fichte wegen seiner Kritik an einem personalen Gott als Garanten der sittlichen Ordnung in den „Atheismus-Streit" [4] verwickelt war, argumentiert zu kurz. Unter theos soll deshalb das wie auch immer aufgefaßte Göttliche als etwas Absolutes verstanden werden, das nicht schlechthin identisch ist mit Mensch und Welt unserer empirischen Erfahrung und deren immanenten Konstitutionsprinzipien. Entsprechend ist von diesem inhaltlichen Begriffsmoment theos her der Atheismus auf die Gegenposition zur Vielfalt dieser Gottesauffassungen eingeschränkt. Atheismus verneint also — auf welche Weise immer — die Existenz eines Absoluten, das nicht in der Totalität von Welt und Mensch schlechthin aufgeht; er besagt „die Leugnung jeder Art numinoser Wesenheiten" [5]. Dieser enge Atheismus-Begriff als Gegenposition zu jedweder Auffassung von Gott und Göttlichem — im umschriebenen weitesten Sinne — wird hier zugrunde gelegt.

Die nähere Art und Weise des im alpha-privativum sich aussprechenden Nein ergibt eine erste, grobmaschige Einteilung des Begriffs Atheismus. Wird dieses Nein faktisch gelebt von Menschen oder Menschengruppen, deren prinzipielle Lebenseinstellung und praktische Verhaltensweise der vermeintlichen oder wirklichen, jedenfalls nicht bestrittenen Annahme der Existenz eines sie irgendwie angehenden Gottes oder Göttlichen widerstreitet, so kann von einem *praktischen* Atheismus die Rede sein. *Theoretischer* Atheismus ist allgemein gekennzeichnet durch das Fehlen einer sicheren Überzeugung von der Existenz Gottes. In einem *negativen* Sinn trifft dies zu, wo — in einem Atheismus aus Unwissenheit — selbst der Begriff „Gott" ausbleibt (man denke an den „Wilden" Rousseaus) oder sich nur mit völlig unzulänglichem, pervertiertem Gehalt einstellt (etwa infolge antireligiöser Beeinflussung in einem geschlossenen Milieu). Eine höhere Reflexionsform des negativen Atheismus kann man in der neopositivistischen, sprachanalytisch inspirierten Annahme sehen, daß das Wort „Gott" prinzipiell sinnlos sei. „*Positiver*" Atheismus setzt voraus, daß der Boden des Urteils über die Existenz Gottes erreicht ist. *Skeptischer* und *agnostischer* Atheismus bezweifelt bzw. bestreitet die Erkennbarkeit der Existenz Gottes, zumindest deren mögliche Gewißheit. *Dogmatisch* mag demgegenüber ein Atheismus genannt werden, der die Existenz Gottes ausdrücklich verneint. Dieser dogmatische Atheismus kann als *doktrinärer* in Erscheinung treten (d. h. mit dem Versuch rein theoretischer Begründung, etwa im Zusammenhang eines materialistischen Gesamtsystems) oder aber aus vorwiegend existenziellem Interesse als *postulatorischer* [6] (d. h. als Voraussetzung für das Ja zum Menschen, zu seiner Weltaufgabe und seinem freien Selbstwerden). Man spricht in diesem letzten Fall auch von humanistischem Atheismus. Hier steht dieser dogmatische Atheismus mit seinen verschiedenen Erscheinungsformen zur Frage. (Dabei wird es uns zunächst um dessen doktrinäre Spielart gehen, da der postulatorisch-humanistische Atheismus spezifisch modern ist.) Kaum in diese Einteilung einzureihen, aber von geistesgeschichtlicher Wichtigkeit als ein Gegensatz zu dogmatischem und besonders zu doktrinärem Atheismus ist der „*methodische* Atheismus" der Einzelwissenschaften: das durch Objekt und Methode dieser Wissenschaften geforderte und deshalb berechtigte, ja pflichtgemäße abstrahierende, weder behauptende noch verneinende Absehen von Gott als möglichem Bezugspunkt dieses wissenschaftlichen Forschens, wie auch das Absehen von allem Unbedingten sonst. Auch in philosophischen Teilgebieten, etwa bis hinein in die Fundamentalethik (als deren nicht-religiöse Nächstbegründung), kann und soll wohl streckenweise ein methodisches Absehen von Bezügen auf Gott geübt werden; kaum jedoch kann man im Gesamtkontext einer Philosophie die fraglichen Gottesbezüge aus schlichter, indifferenter Gleichgültigkeit ausklammern, ohne daß dies in eine der oben umrissenen Positionen des Atheismus ausmünden müßte. Was es mit dem „methodischen Atheismus" auf sich hat, wird sich bald anhand der Frage nach dem etwaigen christlichen Stammbaum des gegenwärtigen Atheismus näher erklären lassen. Erwähnt sei schließlich, daß einem militanten, auf antireligiöse Mission ausgehenden Atheismus neuerdings (so von K. Rahner) ein an sich selbst leidender „*bekümmerter*" Atheismus konfrontiert wird. Die folgenden geschichtlichen Sondierungen werden die Schematik dieses Einteilungsversuches in etwa begründen und erläutern.

II. Atheismus in der Antike?

Wird der Begriff des Atheismus so eng gefaßt, wie dies hier geschieht, so wird man wohl kein Naturvolk als schlechthin atheistisch bezeichnen können, da sich in ihm nach Auskunft der Religionsgeschichte immer irgendeine Vorstellung oder Verehrung göttlicher Wirklichkeit findet. Ob dieses Faktum, falls zutreffend, jedoch sehr belangvoll ist und nicht vielmehr der mit fortschreitender Kultivierung einsetzenden Religionskritik die mannigfachsten Ansatzpunkte bietet, mag dahingestellt bleiben. Von größerer Wichtigkeit scheint, daß im Bereich der großen südasiatischen Kulturen (da Buddhismus und Taoismus, die kein personales Absolutes annehmen, nur als im weiteren Sinn atheistisch einzustufen wären) einzig die Sâmkhya-Philosophie, deren Geschichte vom 7. Jahrhundert vor bis zum 17. Jahrhundert nach Christus reicht, als im strengen Sinn atheistisch angesprochen werden kann. Sie verneint die Existenz jedes höchsten Seienden und anerkennt nur die Materie und die unendliche Vielzahl der Seelen. Der Buddhismus dagegen hat zwar „die Existenz eines ewigen Weltschöpfers und Weltregierers", jedoch „nie das Dasein persönlicher Götter geleugnet"[7].
Von näherem Interesse ist das Problem des Atheismus innerhalb der griechisch-römischen Antike. Sein Vorkommen wird gerade neuerdings entweder überhaupt in Frage gestellt oder aufs äußerste eingeschränkt[8].

Prüfung der Kandidaten für Atheismus

Von den Atheoi der Antike besteht seit dem 2. Jahrhundert v. Chr. eine ziemlich fixe Namensliste[9]; aber meist sind schon die Textbasis und besonders deren Wertung schwer zu bestimmen. Besonders unergiebig ist die Überlieferung gerade zu den sprichwörtlichen Atheoi. Der Älteste aus ihrer Reihe, *Diagoras von Melos*, wird von Aristophanes verspottet als ein allgemein bekannter Verächter der Götter, und in Athen wird um 414 ein Preis auf seinen Kopf gesetzt. In einer „atheistischen" Schrift (falls sie nicht pseudonym ist!) scheint er sich über phrygische Mysterienkulte ausgelassen zu haben — aber über die

philosophische Begründung seines „Atheismus" ist nichts bekannt (abgesehen von der angeblichen Erfahrung, daß ein Meineidiger, der ihn schwer geschädigt hatte, ungestraft blieb). Vielleicht ist dieser „Atheismus" überhaupt nur eine durch die Spötteleien der Komödie hervorgerufene Übertreibung späterer Schriftsteller: der Epikuräer Philodemos (1. Jh. v. Chr.) führt Anfänge von zwei Gedichten als Beweis der Frömmigkeit des Diagoras an[10]. *Theodoros von Kyrene* (ca. 330—270), ein Sophist, der über alle Arten von Dingen zu disputieren verstand, wäre wegen seines Atheismus oder Immoralismus beinahe vom Athener Areopag verurteilt worden, und er hat nach Diogenes Laertios[11] in einem „nicht zu verachtenden" Buch „Über die Götter", das Einfluß auf Epikur gehabt habe, „alle Meinungen über die Götter destruiert"[12]; aber er soll auch einem Gesprächspartner vorgeworfen haben, dieser sei ein „Götterfeind"[13]. Und mehr als das eben Beigebrachte kann wohl nicht ausgemacht werden über seinen „Atheismus", der „anscheinend (!) die traditionellen (!) Gottesvorstellungen radikal angriff"[14]. Zu den Theodoreioi gehörte der Popularphilosoph *Bion von Borysthenes* (um 300—250): er habe den Atheismus von Theodoros übernommen — aber als Kyniker („der Kynismus ist immer theistisch") habe er, ein großer Bekämpfer des Aberglaubens, sich nur gegen die Volksreligion ablehnend verhalten[15]. Was über einen Zeitgenossen des Theodoros, namens *Stilpon*, berichtet wird[16], ist kaum von Belang. An den Namen des *Euhemeros von Messene* (ca. 340—260) knüpft sich die Reduktionstheorie, die einzelne Götter als Heroen der Vorzeit erklärt („Euhemerismus"). Er selbst schildert in seiner „Heiligen Schrift" ein utopisches Gemeinwesen, dessen Zeustempel auf einer Stele verschiedene Götter des Volksglaubens als archaische Könige aufweist, während als echte Götter anscheinend die Himmelskörper gelten können. Der Fundamentalsatz dieser von der zeitgenössischen Erfahrung des orientalisch-ägyptischen Gottkönigtums inspirierten Entmythologisierung heißt: Machthaber unter den Menschen — Regierende also — sind zu den geltenden Göttern geworden! „Daß darin keine Leugnung jeder göttlichen Potenz zu liegen braucht, ist bekannt."[17]
Eine differenziertere Prüfung ihrer Religionskritik ermöglichen und verlangen an sich einige klassische Sophisten, Demokrit und der Epikureismus; Gesichtspunkte hierfür können nur angedeutet werden. Das schärfste „atheistische" Zeugnis der Antike blieb von *Kritias* (etwa 455—403), dem Führer der dreißig Tyrannen Athens, erhalten. In seinem Satyrspiel „Sisyphos" vertritt die Titelperson (wobei aber nicht auszumachen ist, ob sich Kritias mit ihr identifiziert) die Ansicht: ein kluger Staatsmann habe die Götter erfunden als eine Art von Superpolizisten, als Gewalten, die vor geheimen Verbrechen abschrekken[18]. War dies nachweisbar parodistisch gemeint, etwa gegen den Sophisten Antiphon?[19] Hätte Kritias seine politische Rolle spielen können, wenn er als asebie-verdächtig, als Kandidat für einen Gottlosigkeitsprozeß, betrachtet worden wäre? Und steht nicht die „Sisyphos-Theorie" in „einem schier unüberbrückbaren Gegensatz zu seinen politischen und gesellschaftlichen Anschauungen, die einem extrem konservativen, ja reaktionären Charakter aufweisen"?[20] Nach *Prodikos von Keos*, dem Hauptvertreter der Sophistik (um 450 bis 400), hat man einstmals alles, was für das menschliche Leben nützlich und wohltätig war, für Götter gehalten, Sonne und Mond, Flüsse und Quellen, das Feuer als Hephaistos, das Wasser als Poseidon, das Brot als Demeter[21]. Die rationalistisch-kritische Spitze dieser, nicht exklusiv verstanden, richtigen Beobachtung (s. unten) ist offensichtlich. Aber „es ist nicht ersichtlich, ob Prodikos auf diese Weise die Nichtexistenz der Götter erweisen wollte, und kaum glaublich, daß er so weit ging"[22]. Für *Thrasymachos*[23] gilt: „Die Götter nehmen die Dinge der Menschen nicht wahr." Seine Begründung: sie bringen die Menschen nicht dazu, gerecht zu sein. *Protagoras* (ca. 480—410), ein anderer Anführer der Sophisten, hat das erste griechische Werk „Über die Götter" mit diesem agnostisch klingenden Satz eingeleitet: „Über die Götter vermag ich nichts zu erkennen, weder daß sie sind, noch daß sie nicht sind, noch welcher Gestalt sie sind: denn vieles hindert das Erkennen, die Nichtwahrnehmbarkeit und die Kürze des menschlichen Lebens."[24] Das Buch soll in Athen als gottlos eingezogen, Protagoras verbannt worden sein — allerdings erst nach vierzigjähriger glanzvoller und unangefochtener Lehrtätigkeit. Aber „wenn Protagoras

(trotz seines ‚ich vermag nicht zu erkennen') eine ganze Schrift dem Problem des Gottesglaubens widmen konnte, muß er sich in ihrem weiteren Verlauf mit einem geringeren Grad der Gewißheit begnügt haben", indem er, der den Menschen für das Maß aller Dinge erklärte, den Maßstab des menschlichen Meinens anlegte [25]. Auch hat Platon gerade ihm den Göttermythos über die Anfänge menschlicher Gemeinschaft in den Mund gelegt [26].

Demokrit entwickelte mehrere Theorien über die Entstehung der Götter: Physiologisch gesehen, erscheinen sie als übermenschlich große, zwar nicht unvergängliche, aber doch schwer zerstörbare (Traum-)Bilder, die sich wie feine Membranen von den Oberflächen der Körper ablösen und auf das Wahrnehmungsvermögen gute oder schädliche Wirkungen ausüben [27]. Dabei werden die Götter nicht geleugnet, sondern in ein Zwischenreich materialisierter psychischer Erscheinungen verwiesen. Psychologisch gesehen, sind sie fiktive, unbewußt kompensierende Erzeugnisse des schlechten Gewissens [28]. Die dritte Erklärung stützt sich wie bei Prodikos auf die wunderbaren Erscheinungen der Natur, Donner, Blitz, Sonnenfinsternisse usw. [29] Das Gemeinsame dieser Theorien ist die Ableitung der Religion aus dem Gefühl der Furcht und auch Ehrfurcht, das „weise Männer", es zu Zeus personifizierend, deuteten [30]. Nach W. Jaeger [31] wäre daraus sogar zu entnehmen, „wie lebendig er in der Tradition der vorsokratischen theologesantes [d. h. derer, die Theologie treiben!] steht und wie unmittelbar er seine Naturforschung als einen Zweig am Baum dieses uranfänglichen Strebens der Menschheit nach Erkenntnis der göttlichen Natur der Wirklichkeit empfindet".

Die Erklärungen Demokrits wurden von Epikur und dem den Epikureismus systematisierenden Lukrez übernommen. *Epikur* muß, in der Konsequenz seiner Grundlehre von der Lust als höchstem Gut des Menschen, darauf ausgehen, jegliches Einwirken der Götter auf Welt und Mensch auszuschalten: nur so war für ihn der Mensch von der Furcht vor den als Naturgewalten wirkenden und die Geschicke des Menschen bestimmenden Göttern zu befreien [32]. Daß es keine Götter gebe, behauptet Epikur bezeichnenderweise keineswegs. Vielmehr erläutert er immer wieder, was sie sind, nämlich menschengestaltige ideale Atomkompositionen, und daß sie sind: „Es gibt Götter, eine Tatsache, deren Erkenntnis einleuchtend ist"; „gottlos aber ist nicht der, welcher mit den Göttern des gemeinen Volkes aufräumt, sondern der, welcher den Göttern die Vorstellungen des gemeinen Volkes andichtet." [33] „Selbst für Epikur scheint der Gedanke einer grundsätzlichen Leugnung der Existenz der für ihn in der Welt so störenden Gottheit nicht vollziehbar gewesen zu sein." [34] *Lukrez* [35] schließlich, der die Religion als Ganzes verwarf, sei vielleicht unter den uns aus dem 1. Jahrhundert bekannten Denkern der einzige, „dem Abhängigkeit von etwas Höherem ein Bedürfnis war" [36].

Der religionspolitische Kontext

Eine Würdigung der atheos-Qualifikation der antiken Überlieferung und der skizzierten Textbefunde wird zunächst deren (religions-) *politischen* Kontext berücksichtigen müssen. Offensichtlich ist die Anklage auf Asebie (etwa gleich Pietätsdefekt), die — z. T. in offiziellen Prozessen — gegen Xenophanes, Anaxagoras, Sokrates, Aristoteles und Theophanes gerichtet wurde, kein Beweis für den Atheismus dieser Männer [37]. Sokrates wurde hingerichtet — laut Platons „Apologie" [38], in der sich erstmals das Wort atheos für die gänzliche Leugnung des Daseins von Göttern findet [39] — weil er „frevelt, indem er ... die Götter, die die Polis kultisch anerkennt, nicht anerkennt, sondern Anderes, Neues, Daimonisches" — Göttliches also [40]! Sein individueller innerer Daimon, auf den er sich berief, wurde als tödliche Gefahr für den Staatskult und den von ihm bestimmten Way of life empfunden. Wie aber, wenn man heute nur vom Faktum dieser Verurteilung und

etwa noch von Sokrates' Karikierung durch Aristophanes [41] wüßte! Der Bezug
auf das einzig maßgebliche amtliche Religionswesen der Polis wird auch deutlich
in den „Atheismus"-Verboten der Platonischen „Gesetze" [42]: als Atheist wurde
traktiert, wer die Staatsgötter und ihren öffentlichen Kult mißachtete. Dies alles
entsprach den offiziellen Anklagegründen der Athenischen Asebieprozesse [43]: die
eigenen alten Götter nicht zu ehren oder fremde neue Götter einzuführen oder
auf religionsgefährdende Weise Astronomie zu treiben. Allgemein galten den
Griechen die Völker, die andere Gottheiten verehrten, als Atheoi im Sinn von
Kakotheoi (= *schlechte* Gottesverehrer), so etwa die Thraker im barbarischen
Norden.
Nicht anders in der römischen Reichsreligion, zumal in Sachen des Kaiserkults.
Hier wurde, und dies wirft für uns ein besonderes Licht auf die Sachlage, während
der ersten drei nachchristlichen Jahrhunderte gegenüber der neuen christlichen
Sekte, wie auch gegenüber den Juden, der Vorwurf des Atheismus erhoben [44].
Noch Kaiser Julian [45], der um pagane Restauration bemüht war, bezeichnet die
Christen durchweg als Atheoi, was sie zu Staatsfeinden stempelt. (Auch eine kleine
Dichtung des Schriftstellers Hans Erich Nossack „Das Testament des Lucius Euri-
nus" läßt seinen Titelhelden, einen maßgeblich mit den Christenprozessen befaßten
römischen Juristen, der auf die Bekehrung seiner Frau zum Christentum mit seinem Freitod antwortet, von den Christen allenthalben und höchst selbstverständlich als von Atheisten sprechen.) Die frühen christlichen Schriftsteller haben sich
erbittert gewehrt gegen den Atheismusvorwurf. Justinus [46], Philosoph und Martyrer, erkannte und anerkannte jedoch mit kühner Unterscheidung dessen Relativität und insoweit Berechtigung: „Wir gestehen's ein, daß wir gegenüber solchen
vermeinten Göttern gottlos sind."
Was in der Antike als Atheismus erschien, dürfte also in den meisten Fällen eine
gerade zu Anfang über ihre Eigenart und ihr legitimes Ausmaß mit sich nicht
verständigte Kritik an zu naivem Vorsehungsglauben, zu anthropomorphen Weisen der Götterverehrung, an Aberglauben und Priestermachenschaften sein, die
im Grundansatz berechtigt ist. Man vergleiche Xenophanes [47] und Heraklit [48].
Auf solche entmythologisierende Kritik tendierten die vom 6. Jahrhundert an
reflexer werdende Erfahrung der Unberechenbarkeit des Lebens, des Unglücks
der Gerechten, das Theodizeeproblem also [49], die fortschreitende rationale Erklärung des Kosmos ohne Zuhilfenahme göttlicher Mächte (Anaxagoras' Meteorstein),
die Beobachtung der großen regionalen Verschiedenheit der religiösen Theorien
und Praxen, dann auch spekulative Argumente [50]. Von den Vorsokratikern bis
zur Zeit der Sophistik kann W. Jaeger sagen: „ ‚Weltanschauung' wird dem griechischen Geist wieder — auf einer neuen Stufe — unmittelbar zur Gottesanschau-
ung" [51]; „der Weg der Entwicklung führt von den Gottpersonen der altgriechi-
schen Volksreligion zu den Gottkräften und der Gottnatur der Philosophen und
Theologen ... Die Philosophie ist der Tod der alten Götter, aber sie ist selbst
Religion." [52]
Man wird in diesem Zusammenhang wohl selbst die „nihilistischen" Sophisten
einbeziehen dürfen in Ciceros allgemeine Bilanz über die Einstellung zu den
Göttern: „Über die Eigenschaften der Götter gibt es verschiedene Meinungen;
ihre Existenz leugnet niemand" [53]; gelegentlich allerdings, wohl methodisch:
„Zur Frage steht, ob es Götter gibt oder nicht." [54] Selbst Aristophanes wirft ihnen
zwar vor, sie mißachteten die Götter und leugneten insbesondere Zeus, aber er
läßt sie zugleich — vielleicht infolge ihrerseits bezeichnender Verwechslung mit

den Naturphilosophen — eine Reihe numinoser Mächte wie Chaos, Luft, Äther als neue Götter einführen: nichts also von grundsätzlicher Gottlosigkeit [55].

Wenn aber der griechische Atheismus eine ernsthafte Erscheinung war, so waren es jedenfalls nach dem „Katalog der atheoi" [56] selber nur „*einige* der Philosophen, die schlechthin sagen, es gebe keine Götter". „Geschichtlich gesehen ist der Atheismus der Antike hauptsächlich eine interessante Denkmöglichkeit, hat aber nirgends die bestehenden Kulte ernsthaft gefährdet oder gar den Charakter einer Massenbewegung angenommen" [57] — außer im Christentum! Soweit der äußere faktische Befund, den griechisch-römischen „Atheismus" betreffend.

Der Hintergrund: numinose Weltschau

Der *innere Grund* für das Ausbleiben eines radikalen Atheismus in der Antike liegt in der sakral-religiösen Gesamtmentalität des antiken Menschen, in seiner — im wörtlichen Sinn — Welt-Anschauung, für die alle für den Menschen bedeutsamen Gegebenheiten und Geschehnisse dieses Kosmos numinos-göttlich, „theia" sind: Berge, Quellen, Wind, Wald und Jagd, Feuer und Schmiedekunst, Meer und Schiffahrt ... Die Götter und Göttinnen Zeus, Hera, Athene, Artemis, Aphrodite, Apollon, Dionysos, Demeter sind die gestalthaft erfahrenen Naturkräfte und Geist-, Kultur- und Geschichtsmächte. Diese Götter bilden eine Weltfamilie — „die schöne Haushaltung des Universums" [58]. Dem entspricht die Internationalität der Göttergestalten. Schon Herodot war es selbstverständlich, daß die ägyptischen Götter, die er kennenlernte, unter anderen Namen seine griechischen Götter sind. Und dem hellenistischen Mysten offenbart sich Isis als die Göttin, die „unter vielerlei Namen der ganze Erdkreis verehrt": die Attiker verehren sie als Minerva, die Kyprier als Paphische Venus, die Kreter als Diana, die Sikuler als Proserpina, andere als Ceres, Juno, Bellona, Hekate [59]. Platon führt, um zu beweisen, „daß die Götter sind ..., die Sonne und den Mond, Sterne und Erde als Götter und Göttliches" an [60]. „Alles ist der Götter voll", nach dem Zeugnis des Thales [61], des ersten der griechischen Philosophen. Auch der alltäglichste Lebensumkreis, wie Heraklit [62], vielleicht den Thales ein wenig ironisierend, verdeutlicht: Kommt nur herein in meine Küche, denn „auch hier sind Götter"! Das All, von „Pan" mit der siebenröhrigen Pfeife dargestellt, ist der Große Gott. Es ist der Kosmos — nach Goethes Übersetzung „die ewige Zier". „Diesen Kosmos, der derselbe ist für alles und alle, hat kein Gott und kein Mensch gemacht, sondern er war immer und ist und wird immer sein ...", nach Heraklit [63]. Er ist „der sinnlich wahrnehmbare Gott" nach Platon [64], „der so große sichtbare Gott" nach Aristoteles [65]: „gut" und „schön", ja „das Beste alles Gewordenen", denn ein und dieselbe Wohlordnung hält Himmel und Erde, Götter und Menschen zusammen [66]. Aristoteles [67] betrachtet speziell die sich in den Himmelskörpern offenbarende Gesetzmäßigkeit ihres Laufs und Bestands als göttlich. Wie die Griechen, so die Römer. Auch Cicero [68] will zeigen, daß die Welt Gott ist (esse mundum deum) und daß auch die Gestirne Götter sind. Und Plinius der Jüngere [69] preist die Welt hymnisch: sie ist heilig, ewig und unendlich ...

In den Makrokosmos allseitiger numinoser Verflechtung ist der Mikrokosmos *Mensch* eingelassen und — bei allem individuellen Aufbegehren — unverlierbar geborgen. Schon bei Homer wird der über das Maß des Üblichen hinausragende Mensch „gottähnlich", „gottgleich", „göttlich" genannt [70]; ähnlich bei Platon [71] und Aristoteles [72]. Vor allem der mittlere Platonismus und die Stoa haben den Gedanken der „Verwandtschaft zwischen Gott und den Menschen" [73] ausgebildet. Dieser Traditionsstrom hat, wahrscheinlich vermittelt durch das hellenistische Judentum, seine Spuren in der Apostelgeschichte hinterlassen; sie zitiert den Dichter Aratos: „Wir sind von seinem [Gottes] Geschlecht" (Apg 17, 28). Im Neuplatonismus und in den Mysterienkulten wurde die Verwandtschaft bis zur Identität des Menschen mit Gott oder Göttern gesteigert [74]. Auch das beleuchtet eine biblische Episode. Als Paulus zu Lystra in Kleinasien ein Heilungswunder wirkte, „schrien die Leute: ‚Die Götter sind in Menschengestalt zu uns herabgekommen!' Und sie nannten Barnabas Zeus und Paulus Hermes, weil er das Wort führte" (Apg 14, 11 f). Auch außerhalb der Mysterien kannte die Antike eine Vergottung des Menschen. Epimenides und Pythagoras genießen göttliche Verehrung; Empedokles [75] will sie für sich. Für Lukrez ist Epikur ein Gott [76]. Die Apotheose lebender Herrscher ist der sichtbarste Ausdruck dieser Tendenz, Gott und Mensch in eins zu setzen. „Im hellenistischen Raum und im Rom der Kaiserzeit sind Menschliches und Göttliches nicht zwei strikt voneinander getrennte, sondern ineinander übergehende Bereiche, die eigentlich nur formverschiedene Ausprägungen innerhalb des einen Gesamtbereichs des Kosmos der Welt beschreiben: einerseits die göttlich-geistigen, personhaft erfahrenen Wesenskräfte selbst, denen der Kosmos gehorcht; und andererseits den nach dem Gesetz dieser Wesenskräfte lebenden, geistig bestimmten Menschen als Teil des Kosmos." [77]

Es mag nützlich sein, die Fachleute hierüber zu vernehmen: „Es bleibt dabei, daß es kein zweites Weltbild gibt, in dem das irdische und menschliche Dasein so voll von der Gegenwart des Göttlichen wäre" (W. F. Otto [78]), das „für die Griechen eine selbstverständliche Gegebenheit der Welt" ist (K. Kerenyi [79]). „Der Atheismus ... widerstrebte dem griechischen Lebensgefühl" (F. Taeger [80]). — So kann Karl Jaspers [81] die Bilanz ziehen: „Der schärfste Unglaube war geborgen in der Gestaltenfülle einer nicht verlassenen mythischen Wirklichkeit." Und der Grund dafür, zusammenfassend: die totale Sakralqualität des antiken Kosmos.

III. Christliche Genealogie des modernen Atheismus?

Wenn festzustellen ist: „Atheismus, wie wir ihn heute verstehen, war der griechischen Welt unbekannt" [82], dann erhebt sich die Frage nach seinen geschichtlichen Entstehungsgründen. Ihretwegen war die ausführliche Darlegung über den — streng genommen inexistenten — Atheismus der Antike angezeigt. Angesichts der für die außerbiblische Religiosität kennzeichnenden Sakralität des ganzen ineinander verschränkten Bestehens und Wirkens von Welt, Göttern und Menschen, dem sich kaum ein noch so (!) kritischer antiker Denker zu entwinden vermochte, blieb das Problem: Wie konnte es zu wirklichem Atheismus kommen? Ist der Atheismus, jedenfalls in seiner modernen, universal-radikalen Form, irgendwie, wenn auch noch so indirekt und illegitim, eine *Folge*erscheinung des Christentums? Gibt es einen in diesem Sinn christlichen, nämlich christlich bedingten und ermöglichten, Atheismus? Die Frage scheint paradox. Sich auf sie einzulassen wird man eher geneigt sein angesichts der radikaleren Behauptung, Atheismus stelle sogar eine mögliche oder gar die einzig mögliche Weise des Christseins in der Welt von heute dar, es gebe also eine atheistische Erscheinungs*form* des Christentums selber [83]. (Darunter wird allerdings zumeist nur die Kritik an dem — oft vergröbert gefaßten — metaphysischen Theismus der christlichen Tradition verstanden [84].) Nicht danach, nicht nach „*a-theistischem Christentum*" soll hier gefragt werden, sondern nach „*christlichem Atheismus*", der kein Bindestrich- oder Gänsefüßchen-, sondern höchst wirklicher Atheismus ist, im eben anvisierten, noch näher zu bestimmenden Sinn: als eine Konsequenz der Glaubensbotschaft von dem Gott-Schöpfer der Welt.

Charakteristisch für den Atheismus der Neuzeit und Gegenwart ist, so sagten wir, die Radikalität seiner Absage nicht nur an einen personalen Gott, sondern an jegliche numinose Macht in und über der Welt unserer Erfahrung; hinzu kommt, extensiv gesehen, seine weltweite Verbreitung. Der heutige Atheismus ist entstanden im Bereich der europäisch-westlichen, durch das Christentum mitgeprägten Kultur, und es scheint, daß seine Entstehung in nachweisbarem Zusammenhang steht mit der jüdisch-christlichen Glaubensbotschaft. Dafür spricht, daß sich im vor- und außerchristlichen Raum ein radikaler, breit gestreuter Atheismus nicht fand: vor allem der Vergleich mit der griechisch-römischen Antike legte sich nahe. Den wenigstens umrißweise zu erhebenden äußeren, faktischen Befund erhärten innere Gründe für einen *Entstehungszusammenhang zwischen Atheismus und Christentum.*

Entsakralisierung durch den Schöpfungsglauben

Auf seiten der antiken Welteinstellung bestand der innere Grund, warum es keinen entschiedenen und verbreiteten Atheismus gegeben *hat* — weil nicht geben *konnte* —, in der sozusagen ausbruchssicheren Geschlossenheit des naturreligiösen Sakralkosmos. Hier nun setzt jene Funktion der jüdisch-christlichen Offenbarung ein, die deren Zusammenhang mit dem modernen Atheismus nahelegt: die Entsakralisierung des antiken Kosmos durch den Schöpfungsglauben.

Der Gott des Alten Testament duldet keine fremden Götter neben sich (Ex 20, 1—8). Er hat die Welt und alles, was zu ihr gehört, in souveränster Freiheit durch sein allmächtiges Wort, das die erste Schöpfungserzählung immer wieder durch ihr „Und Gott sprach..." markiert (Gen 1, 3. 6. 9. 11. 14. 20. 24. 26), aus nichts geschaffen. „Du sprachst, und sie trat ins Dasein", bekennt das Buch Judith (16, 24). Damit hat der Gott Israels eine unendliche Distanz zwischen sich und alles andere sonst gelegt. Radikalste Unterschiedenheit trennt *Gott und Welt.* Jahwe allein ist Gott — die Welt ist das Nicht-Göttliche schlechthin. Alle denkbare Identität, Kontinuität, Korrelativität zwischen Gott und Welt ist verneint; die Welt ist für Gott nicht notwendig, er braucht sie nicht. Sie dagegen verdankt sich ganz und gar Gottes freiem Willen, und ihm allein. Diese geschaffene Welt ist das strikte Gegenteil zu dem unerschaffen vermeinten, immerwährend gedachten Kosmos der Griechen, etwa des Heraklit. Ein Kontrollargument ist das Fehlen eines systematisch entwickelten Begriffs der Schöpfung im strengen Sinn, als Erschaffung aus nichts, in der antiken Philosophie.

Auch viele Einzelzüge der Schöpfungserzählungen, die ein „gewaltiges antimythisches Pathos" (G. v. Rad [85]) prägt, verraten die entschiedenste Entmythisierungstendenz [86]. Besonders der Vergleich mit den babylonischen Epen über die Weltentstehung macht das deutlich. Das Chaos-Meer, in Babylon zur Urmacht

Tiamat personifiziert, repräsentiert in Gen 1 als neutralisiertes Vorstellungsrelikt das Nichts. Die von der altorientalischen Astralreligion göttlich verehrten Gestirne entmachtet Gen 1, 14 zu bloßen Beleuchtungskörpern im Dienst des Menschen: der große die Sonne, der kleine der Mond. Die mythischen Meerungeheuer werden Gen 1, 21 (anders als Gen 1, 25 die Landtiere) ausdrücklich dem exklusiv göttlichen Erschaffen (bara) unterworfen. In der umgekehrten Reihenfolge ihres Geschaffenwerdens Gen 1, 14—27 werden alle Weltbereiche durch Dtn 4, 16—19 a insofern enttabuiert, als ihnen Sakralwürde, Anspruch auf Verehrung fundamental abgesprochen wird (soll dieses Dementi auch zunächst nur für Jahwes Eigentumsvolk Israel wirksam werden — vgl. Dtn 4, 19 b —: es tendiert doch maßgeblich darüber hinaus). Zwar bringt die Erde auf Gottes Geheiß Pflanzen und Tiere hervor (Gen 1, 11 f. 24), aber als Magna Mater, große Mutter des Menschen, erscheint sie keineswegs (vgl. Gen 1, 26 f). Man sieht: Entmythologisierung ist keine Erfindung der jüngsten Jahrzehnte; sie durchzieht bereits das alte biblische Schrifttum.

Dem absoluten Auseinandertreten von Schöpfer-Gott und geschaffener Welt entspricht ein relatives Aus- und Zueinander von *Mensch und Natur:* Gott übergibt dem Menschen die ganze nichtmenschliche Schöpfung als Herrschaftsbereich, als von ihm zu kultivierendes Arbeitsfeld (Gen 1, 26 ff), damit er aus Natur Kultur mache. Der ganz andere Gott ist der — durch den Menschen — das All Verändernde. Sein irdischer Vikarius, Gottes Statthalter in Sachen Weltgestaltung ist der Mensch. Ihm ist die nicht in sich selber göttlich-heilige, nicht ehrfürchtig-scheu zu verehrende Welt überantwortet.

Endgültig läßt das NT alle Mächte und Gewalten der Natur und Geschichte durch Christus entthront und unterworfen, abgeschafft werden [87]: Christus hat den Menschen aus der Knechtschaft unter die allerlei Kultbeobachtung heischenden hellenistisch-gnostischen „Weltelemente" (Gal 4, 3. 9; Kol 2, 8. 20) befreit: zur Freiheit seines herrscherlichen Dienstes an seiner Welt.

Um die „Entgötterung der Natur" durch die biblische Glaubensbotschaft, wodurch diese zur „weltlichen Erde" des Menschen wurde (Hegel) [88], haben schon die Denker des Deutschen Idealismus gewußt; ebenso die Dichtung Schillers („Die Götter Griechenlands") und Hölderlins. Die Entsakralisierung des Räumlich-Überirdischen findet beißenden Ausdruck in einem Wort, das Hegel zu Heinrich Heine [89] gesagt haben soll, am abendlichen Fenster stehend: daß nämlich Sterne — beliebtes Zeugnis der Schöpfergröße Gottes — „nur ein leuchtender Aussatz des Himmels" seien. Der „Trend zur ‚weltlichen Welt'" (H. U. v. Balthasar) ist demnach schon älteren Datums — wenn wir's auch erst später merkten. Gut ein Jahrhundert nach Hegel haben sich evangelische Theologen, besonders D. Bonhoeffer und F. Gogarten, zur positiven Bedeutung der modernen Säkularisierung des Geistes bekannt. Allem Anschein nach unabhängig von ihnen haben auch Theoretiker des modernen Bewußtseins, die ganz gewiß nicht von Interessen christlicher Apologetik geplagt wurden, ähnliche Gedankengänge entwickelt, so z. B. K. Löwith und A. Kojève, sowie Historiker der Naturwissenschaft und Technik (R. J. Forbes, S. Samburski, L. White jr.). Sie machten geltend, daß in einem entscheidenden kulturgeschichtlichen Sinn erst die der Bibel verdankte „ernüchternde Welt-Werdung der Welt" (G. Bornkamm) die Bahn frei machte für die in Neuzeit und Gegenwart im großen Maßstab verwirklichte theoretische naturwissenschaftliche Erforschung und praktische technische Beherrschung der Welt.

Schöpfungsglaube und Naturwissenschaft

Nur eine Natur, die den Menschen nicht mehr zu ehrfürchtiger Scheu bannend einbezogen hält in ihr Sakral-Totum, die der Mensch sich vielmehr als *bloße* Natur, entgöttert und entgöttlicht, gegenüberzustellen vermag, konnte zum nüchtern sachlichen Gegen-stand ob-jektivierender Wissenschaft werden, die kein mythisches Tabu kennt. Zu dieser allgemeinen kommt eine spezielle Voraussetzung der modernen Naturwissenschaft hinzu: Diese gründet, wie vor allem an Galilei nachzuweisen ist, in der Vorausannahme durchgängiger und unverbrüchlicher Gesetzlichkeit der Natur in ihren Strukturen und Funktionen. Zu dieser Annahme aber ermutigt und ermächtigt wiederum der Bibelglaube, daß Gottes Allmacht in voller Entsprechung zu den Ideen seiner ewigen Weisheit in dieser Welt alles „nach Maß, Zahl und Gewicht" geordnet hat (Weish 11, 20); während etwa platonischer Dualismus die Verwirklichung des Geistig-Ideellen in der widerspenstigen Gegenmacht Materie nur in verminderter, getrübter Weise zuläßt, sodaß Platons „unzuverlässige" Welt gerade nicht Gegenstand exakter Forschung sein kann. In einer zweifachen Situierungs- und Abhebungsfunktion, sozusagen nach oben und unten, sichtet und richtet der Schöpfungsglaube die Welt erst daraufhin, daß sie „entdivinisiert" ein mögliches und „entdämonisiert" ein nützliches Forschungsobjekt des Menschen werde.

Insofern sind moderne Naturwissenschaft und Technik eine mehr oder weniger direkte, jedenfalls legitime Konsequenz der jüdisch-christlichen Offenbarung. Daß deren Entwicklung seit dem 16./17. (oder auch schon 13./14.) Jahrhundert vorbereitet worden war durch das freie Streben der griechischen Antike nach rationaler Erkenntnis; daß zu ihr auch der initiative Geist und die Energie der germanisch-romanischen Völker beigetragen haben; daß sie erst nach einer Inkubationszeit von einundhalb Jahrtausenden zu voller Wirksamkeit durchbrach und daß dabei die — zumindest scheinbar — mehr an der Antike als am Christentum orientierte Renaissance in etwa als Katalysator fungierte; daß schließlich die offiziellen, behördlichen Christentümer mitsamt der christlichen Volksmentalität dieser — auch ihrerseits manchmal ins Ideologische überschäumenden — Entwicklung bis herauf zur Gegenwart ungebührlich viele Hindernisse in den Weg legten: das alles sind durchaus berechtigte Einwände, die hier nicht diskutiert werden können — oder vielleicht doch eher nur Einschränkungen und Verdeutlichungen der vorgelegten Theorie. Wichtiger dürfte hier das Folgende sein.

Der „methodische Atheismus" der Naturwissenschaft

Die Naturwissenschaften — wie auch alle anderen Einzelwissenschaften — haben empirische Daten als Gegenstand, die Physik z. B. Meß- und Zählwerte, und können kraft ihrer Methode nicht über die Erfahrungswelt hinausgreifen. Gott gehört nicht zu ihrem Objekt, und auch sonst keine metaphysische „Größe". Darüber können diese Wissenschaften — solange sie bleiben, was sie sind — grundsätzlich nichts ausmachen, weder in positivem noch in negativem Sinn. Das gehört nun einmal durchaus nicht zu ihrer Aufgabe. Infolge dieser Selbstbeschränkung haben sie sich aus dem Kontext von Theologie und Philosophie, in dem sie geschichtlich entstanden sind, herausgelöst zur Selbständigkeit; ihr verdanken sie ihre weltverändernden Erfolge. Jede metaempirische, aufs Erfahrungsjenseitige zielende

Aussage wäre eine Grenzüberschreitung; das darf man von der Naturwissenschaft nicht verlangen, das muß sie sich selber verbieten: eben als Naturwissenschaft. Kant hat in der „Kritik der reinen Vernunft" geklärt, daß und wie die Naturwissenschaft von jedem Phänomen zurückfragt nach dessen Bedingung, die ihrerseits wiederum ein bedingtes Phänomen der Raum-Zeit-Welt ist usw.: in einem endlosen Rückfragen, für das es keinen absoluten Anfang gibt und somit auch keine Schöpfung-aus-nichts. Zu meinen, hinter den Türen irgendwelcher naturwissenschaftlicher Forschungsergebnisse stehe niemand anderer als akkurat Gott, nur darauf wartend, sich uns zu präsentieren, ist eine Naivität. Und sie kann sich angesichts des Wandels naturwissenschaftlicher Theorien verhängnisvoll auswirken. Vor allem aber: so etwas ist grundsätzlich, wissenschaftstheoretisch falsch. Andererseits ist jede Wissenschaft, solange sie sich an ihre Methode, an deren Gesetz und Grenzen hält, nicht von außen zu belangen; sie ist autark, und sie besitzt Autonomie. Immer: je auf ihrem Gebiet. Atomphysiker für Atomphysik (nicht ohne weiteres und im selben Maß für Politik) usw. Diese Eigengesetzlichkeit der Wissenschaften in ihrem Recht und ihrem Wert anzuerkennen mußte sich die katholische Kirche mühsam durchringen. Sie erlag manchen integralistischen Versuchungen, reglementierend und dekretierend einzugreifen in innerwissenschaftliche Belange. Erst das Zweite Vatikanum hat hier größere Klarheit geschaffen, vor allem in der Pastoralkonstitution „Die Kirche in der Welt von heute".
Nun steht endlich die Frage nach dem Zusammenhang von Christentum und modernem Atheismus zur Antwort an. Genauer die Frage: wie dieser Zusammenhang, auf den unsere Überlegungen abzielen, etwa vermittelt ist durch die Entwicklung der modernen Naturwissenschaft. Jene metaphysische Abstinenz, die den Naturwissenschaften erlaubt und auferlegt ist, ihr notwendiges Abstrahieren von „Gott" und allen Weltbezügen zu Gott wurde bezeichnet als *methodischer Atheismus*. (Die Sache findet sich in Max Webers Religionssoziologie oder schon in Nietzsches „wissenschaftlichem Atheismus"; der Ausdruck scheint aufgekommen zu sein durch J. Lacroix.) Er ist im Bereich der Einzelwissenschaften der Sache nach — der Name mag auf sich beruhen — so legitim, wie die Naturwissenschaft selbst legitim ist. Wie Physik, Biologie usw. nichts von Gott, so vermag auch z. B. empirische Psychologie oder gar Medizin nichts von der Geistseele des Menschen oder dessen Willensfreiheit auszumachen. Rudolf Virchows Seziermesser hat da aus gutem Grund versagt. Dieses durch ihre Methode selber bedingte Unvermögen der Naturwissenschaft ist in bester Ordnung, es ist einzig-legitim; jede vermeintliche Alternativlösung wäre, im schlechten, finsteren Sinn, Mittelalter.

Vom methodischen zum doktrinären Atheismus

Was heute mehr oder weniger selbstverständlich geworden ist (oder es doch sein sollte), daß nämlich Gott in der physischen Welt als solcher nicht vorzufinden ist, das konnte oder mußte für den Menschen der beginnenden Neuzeit einen schweren Schock bedeuten. Er war durch das alte, ptolemäische Weltbild gewohnt, sich seine Erde als den Mittelpunkt des Universums vorzustellen, in deren Tiefe die Unterwelt, die Hölle klafft, in deren Höhe, über den Sphären der Gestirne, sich der Himmel als überirdische Wohnung Gottes auftut. Alles was existiert, Dinge und Menschen, Engel und Dämonen und Gott selber, hatte seinen genau bestimmten angestammten Platz in den verschiedenen Stockwerken des kosmischen Hauses.

Die Welt, mit Über- und Unterwelt, war die eine, allumfassende Wirklichkeit, außer welcher es nichts gab. Diese durch das Bewußtsein von Jahrtausenden zementierte wohlgefügte Ordnung wurde durch das neue, nach Kopernikus benannte Weltbild umgestürzt. Unsere Erde wurde degradiert zu einem kleinen Stern neben zahllosen anderen, die alle vom gleichen Stoff sind und sich in endlose Räumlichkeiten hinein erstrecken. Gott aber ist in diesem neuen Weltbild ortlos geworden oder, wie man mit einem bis vor kurzem in Deutschland noch aktuellen Wort sagte, in Wohnungsnot geraten. Welt ist Welt, nichts sonst; ohne Verlängerung in „Überwelt". Es scheint, daß bei dieser Problemlage so etwas wie eine Interferenz der Weltbilder eingetreten ist, mit verhängnisvoller Folge. Einesteils nämlich blieb die Grundvoraussetzung des alten Weltbilds — daß nur das wirklich sei, was im Kosmos geortet, behaust ist — unterschwellig maßgeblich im Tiefenbewußtsein der Menschen. Anderseits hat sich nun das vom neuen Weltbild vermittelte Wissen darübergelagert, daß es im Kosmos keinen Platz gibt für Gott.
Und solange sich dies so verhielt, solange bestand die Gefahr, daß aus der Unmöglichkeit einer vorstellungshaften, raummäßigen Ansiedlung Gottes innerhalb des Weltgefüges oder an dessen Rand unwillkürlich geschlossen wird auf die Nichtexistenz Gottes überhaupt. Oder anders ausgedrückt: daß aus dem rechtverstanden legitimen Atheismus der physischen Welt ein illegitimer Atheismus der metaphysischen Welt wird; oder: daß der methodische Atheismus der Einzelwissenschaften umschlägt in einen dogmatischen, doktrinären Atheismus der philosophischen Grund- und Gesamtauffassung von Welt und Mensch. Man denke nicht, die Gefahr eines solchen Umschlags habe nur für die naivere Bewußtseinslage des 17. oder 18. Jahrhunderts bestanden. Für die damalige Zeit gibt es allerdings ein sprechendes Exempel aus der Wissenschaftsgeschichte: Auf die Frage Napoleons, wie er es mit Gott habe, den Newton noch als Lückenbüßer benötigte zur Korrektur von Abweichungen der Planetenbahnen, antwortete der Astronom Laplace: „Sir, ich brauche diese Hypothese nicht." Um dieselbe Zeit, 1805, behauptet sein Zunftgenosse Lalande (der sich in einem Atheistenlexikon mehr zu seinem Atheismus als zu seiner Astronomie gratulierte) dogmatisch, daß „Gott nicht beweisbar" ist, weil „*alles* ohne ihn erklärt werden kann". Ein schneller Schritt abgrundtiefer Grenzüberschreitung!
Aber eben diese Gefahr besteht trotz ihrer heute offenkundigen Primitivität nach wie vor. Beweise: das 1958, im Jahr nach dem ersten Sputnik-Start, erschienene Büchlein der Ostberliner Atheismuspropaganda „Kein Platz für Gott im Weltall"; oder 1961 nach der ersten bemannten Weltraumfahrt die Chruschtschowfrage an Kosmonaut Gagarin, ob seine Fotoapparate wohl etwas vom lieben Gott hätten konstatieren können. Aber auch der kleine Bestseller von John A. T. Robinson „Gott ist anders" (1963, [18]1969) ist schnell damit bei der Hand, das berechtigte Nein zur mythologischen Vorstellung eines räumlich-überweltlichen Gottes auszuweiten auf die metaphysische Transzendenz Gottes. Schließlich teilten wohl auch die bedauerlichen und vom Zweiten Vatikanischen Konzil ausdrücklich bedauerten kirchlichen Fehlreaktionen gegenüber der modernen Wissenschaft mit dem doktrinären Atheismus dieselbe kurzschlüssige Voraussetzung, die nicht zu unterscheiden vermag zwischen methodisch abstrahierendem und dogmatisch verneinendem Atheismus: daß die Wissenschaft, weil einfachhin weltlich, auch schlechthin gottlos sei. Und nur die Richtung der daraus jeweils gezogenen Konsequenzen war gegensätzlich: Nein zur Existenz Gottes, weil unverträglich mit Wissenschaft;

bzw. Nein zur modernen Wissenschaft als unverträglich mit dem Gottesglauben [90]. Es fehlen auch nicht ,positive', ,christliche' Gegenstücke zu Chru-
schtschow-Gagarin, die Kapital zu schlagen versuchen aus den modernen technischen
Errungenschaften: wenn z. B. ein Kirchenblatt 1970 viel vorsichtigere Erwägungen Wernher von Brauns („Das, was wir durch dieses Fenster [der Raumfahrt]
von den unendlichen Geheimnissen des Universums sehen können, bekräftigt [!]
die Gewißheit, daß es einen Schöpfer gibt") unter die am gebrandmarkten methodischen Grundübel krankende reißerische Überschrift stellt: „Raumfahrt *beweist:*
Es gibt einen Schöpfer".

Bilanz und Konsequenzen

Wir haben das Fazit zu ziehen: Die jüdisch-christliche Offenbarungsbotschaft von
Gott, dem Schöpfer der Welt, hat den Sakralkosmos der Antike entsakralisiert.
Dadurch erst konnte die Natur für den Menschen zum Objekt uneingeschränkter
naturwissenschaftlicher Forschung und technischer Bewältigung werden. Der
methodische Atheismus der modernen Naturwissenschaft wurde, auf eine psychologisch in etwa erklärbare Weise, zum Anlaß dogmatischer philosophischer Atheismen. Insofern die Entwicklung der modernen Naturwissenschaft mitermöglicht
ist durch den Schöpfungsglauben des Christentums (in direkter logischer Konsequenz), ist deshalb auch der Atheismus der Gegenwart (in indirekter psycholo-
gischer Scheinkonsequenz) bedingt durch das Christentum. — Damit ist nicht
gesagt, daß etwa nur der naturwissenschaftliche Fachmann zu der illegitimen
Grenzüberschreitung von methodischem zu dogmatischem Atheismus neige. Diese
Gefahr ist vielmehr eingesickert in die Grundmentalität der Epoche. Sie liegt
unter der wissenschaftlichen Reflexionsschwelle, und nur ein ungeklärtes, unge-
schärftes Methodenbewußtsein verfällt ihr.
Die Abwesenheit, das „Fehl" Gottes in der durch die empirischen Wissenschaften
geprägten Gegenwart ist eine von uns anzunehmende, uns aufgegebene Situation.
Nur wer die moderne Säkularisierung der Welt in ihrer empirischen Breitener-
streckung bejaht als gottgewollt, vermag daran mitzuarbeiten, daß sie nicht ab-
gleitet in einen gottwidrigen, weil schlechthin gott-losen, Säkularismus der Welt-
„tiefe", in ein Verdämmern der metempirischen Gottbezogenheit von Mensch und
Welt. Die Freisetzung der Wissenschaft, der Kultur- und Lebensbereiche aus ideologischen Bindungen legt auch die Wahrheit Gottes frei, der kein Weltfaktor
neben anderen, keine innerweltliche Erklärungshypothese, kein Konkurrent des
kulturschaffenden, weltgestaltenden Menschen ist — kein „Dr. ing. ersten Grades",
wie Ernst Haeckel spottete. Gerade das Wissen um die christliche Genealogie der
modernen Naturwissenschaft (und indirekt auch der modernen Atheismen) wird
den Christen anhalten zu seiner zeitgemäßen Weltaufgabe. Nicht nur retrospektiv,
von Entstehung und Begründung her ist doktrinär-dogmatischer Atheismus zu
widerlegen: prospektiv, auf die Zukunftsgestaltung der Welt des Menschen hin
sind die humanistischen Intentionen des heutigen Atheismus aufzunehmen und auszuführen. Für den Christen ist dies mit mehr Realismus möglich als z. B. für den
Marxisten. In der Tat ist ja auch die christliche Botschaft, die, unter diesem Namen
oder anonym, auf unsere Kultur einwirkte und das europäisch-westliche Gegenwartsbewußtsein mitprägte, schon lange auf dem Plan und am Werk gewesen,
lange vor ihren atheistischen Kritikern. Gegenüber dem Versagen ihrer zeitgenös-

sischen Christentümer hatten diese allerdings oft nur zu sehr recht. Sollen wir sagen: ursprüngliche christliche Impulse seien, verkannt und ungenützt, emigriert in Atheismen und sie seien ungesäumt aus ihrem Exil zu repatriieren? Nur im tätigen Wettstreit um den Menschen und dessen menschlichere Zukunft ist Kritik am Atheismus radikal, d. h. von den Wurzeln her, möglich: von seinen letztlich *christlichen* Wurzeln her.

Bei allem realistischen Sicheinlassen auf das („methodisch") atheistische Geschick der Epoche ist jedoch auch ein Gegenhalt und Gegenwirken dagegen angezeigt, einfach schon als Korrektur, wie sie alles mit Macht und Übermacht neu Aufkommende nötig hat. Kapitulation ist fehl am Platz, weder vor dem je Modischen noch vor den Grundströmungen eines Zeitalters. Die humanistischen Atheismen der Gegenwart fordern nicht nur zur *Konkurrenz* heraus, gleichsam auf *ihrem* Kampffeld, das aber auch das ursprünglich christliche ist, auf dem Feld der *weltlichen,* d. h. phänomenal-vordergründig nicht-göttlichen und insoweit gott-losen, Welt. Der Atheismus aller Art, auch und gerade in seinen doktrinären Erscheinungsformen, fordert auch auf zur Besinnung auf die trotz allem noch bestehende *Transparenz* der Welt. Die Außenbezirke der noch zusätzlich durch wissenschaftliche Abstraktion verkürzten und gesiebten Phänomenalität der Welt wollen durchstoßen sein: in ihrer Innenzone, ihrem Tiefenbereich erweist sich die Welt als bezogen auf Gott. Und für den keineswegs naiven, sondern kritisch geläuterten, aber zu neuer Unbefangenheit erwachten Blick des Menschen vermag wohl auch dieser göttliche Grundbezug der Welt vorzudringen in das — nicht empiristisch gefilterte — konkrete Erscheinungsbild der von dem *ganzen* Menschen erfahrenen Welt. Dem vortechnischen Menschen war angesichts der Schönheit der Schöpfung ein „morgendliches" Erstaunen beschieden. Ist etwa auch ein bestürzt-beglücktes „abendliches" Innewerden dessen möglich, daß „es mehr gibt im Himmel und auf Erden, als sich Demokritos träumen ließ" (Shakespeare)? [91] Muß dafür erst wieder ein neues Sehen und Verstehen eingeübt werden, das sich betreffen läßt von Bildern, Symbolen, Analogien? Und ist es an der Zeit oder ist es einfach unzeitgemäß, darauf zu hoffen? Ist der Christ, der an die Fleischwerdung des Wortes Gottes in Jesus Christus glaubt und an dessen je neues verhüllt-sichtbares Gegenwärtigwerden in der Eucharistie, nicht unausweichlich gewiesen an die Sakramentalität der Welt? Ist es nicht seine bleibende, entscheidende Aufgabe, dieser Welt gelebte Gotteserfahrung, erlebbare Christus-Präsenz einzustiften? Ist nicht das „Seht, wie sie einander lieben!" gesetzt zum Kriterium der erfahrbaren Gegenwart Gottes in der Welt (vgl. Joh 13, 35; Mt 25, 31—46; 1 Joh)? So verbinden sich nun die beiden Antworten auf die Herausforderung des Atheismus: die Konkurrenz, das — nach Möglichkeit sogar vorauslaufende — „Mitlaufen" tätigen Einsatzes in der Gestaltung der Welt auf menschlichere Zukunft hin *ist* schon die Transparenz Gottes im Füreinanderdasein der Menschen, die in der Gegenwart ihres Alltags leben aus der Liebe, die Jesus in die Welt brachte.

Mit den Ausführungen dieses Abschnittes haben wir bereits auf die Auseinandersetzung des Christentums mit dem Marxismus vorgegriffen. Und wir haben dadurch die Vorgeschichte des modernen Atheismus, der wir nachgehen wollten, für einen Moment stillgelegt. Bevor wir, über die vielen Jahrhunderte des Mittelalters hinwegschreitend, unseren geschichtlichen Gang mit der Aufklärungsphilosophie wieder aufnehmen, ist über diese Zwischenzeit festzustellen: Zunächst jedenfalls, d. h. bis zum Ende des Mittelalters, hat sich die Virtualität des Christentums weder

auf Naturwissenschaft-Technik hin noch — im Zusammenhang damit — auf einen
radikalen Atheismus hin entwickelt. Auf sich beruhen können Bestrebungen marxistischer Philosophiegeschichtsschreibung, die u. a. in David de Dinant, Amalrich,
Averroes und den Averroisten sowie im Nominalismus Vorläufer und Vertreter
des Atheismus entdecken wollen [92]. Auch das Bemühen um rationale Gründe für
die Existenz Gottes im 12. und zumal im 13. Jahrhundert beweist nicht das Bestehen eines ernsthaften theoretischen Atheismus [93]. Wenn er überhaupt vorhan-
den war, so blieb radikaler Atheismus im Mittelalter auf einige wenige Einzel-
gänger des — hyperkritischen — Gedankens beschränkt. Dafür ist das Denk-
Spiel des „Toren" in Anselms „Proslogion" ein Beispiel.

IV. Der Aufklärungsatheismus

Woraus die Aufklärung entstand

Der Atheismus des französischen 18. Jahrhunderts, der als ein Hauptfaktor in den
Atheismus der Gegenwart einging, propagiert sich als konsequente Wissenschaftsgläubig-
keit. Seine Wurzeln liegen in den durch Entdeckungen und Erfindungen, einschließlich der
chinesischen Mode des 17. Jahrhunderts, sollizitierten aufklärerischen Relativismen und
Skeptizismen. Religionsgeschichtliches und religionsphilosophisches Indiz: das Pamphlet
„De tribus impostoribus" (Von den drei Betrügern, nämlich Mose, Jesus, Mohammed) [94].
Die wissenschaftliche Reflexionsform findet diese Entwicklung in der Kritik der englischen
Deisten an aller positiven Religion seit Herbert von Cherbury [95] bis zu A. Collins, auf
den der Begriff des Freidenkers zurückgeht, zu J. Toland und M. Tindal [96]. Mögen schon
zuvor, in Renaissance und Folgezeit, Pomponatius und Campanella sich mit Prometheus
vergleichen, die Skeptiker Montaigne und Charron herbe Kritik am überlieferten Kirchentum üben, Laurentius Valla und später Gassendi sich zu epikureischer Lebensanschauung
bekennen, Vanini sich naturalistisch gebärden, Giordano Bruno einem kosmischen Pantheismus huldigen; mag Machiavellis „Principe" den politischen Erfolg ohne Rücksicht
auf Recht und Religion verherrlichen, mag Thomas Hobbes [97] als theoretischer Materialist,
der jedoch „unsichtbaren Mächten" Raum freizuhalten sucht, die Religion zum Staats-
instrument degradieren: Von Atheismus kann bei all dem nicht eigentlich die Rede sein.
Wenn es nach M. Mersennes Schätzung 1623 in Paris unter etwa 350.000 Einwohnern
50.000 „Atheisten" gab, dann ist zu berücksichtigen, daß für Mersenne auch Charron,
Cardano und Campanella als Atheisten galten — wie Descartes für Bourdin und Voëtius,
Spinoza („Spinozist" wurde Synonym für „Atheist") für Poiret, Fénélon und Bayle, dessen Atheistenliste im „Dictionnaire" unbedenklich großzügig ist. Selbst Grotius und Ar-
nauld blieben vom Vorwurf des Atheismus nicht verschont [98]; Wolffs Schriften wurden
1727 in Preußen als atheistisch indiziert, und in einer Reihe von Publikationen wurde
zwischen 1647 und 1721 Aristoteles' Philosophie des Atheismus gezogen [99].

So wenig vor der Mitte des 18. Jahrhunderts ein Atheismus auf breiter Basis
deutlich ausgeprägt ist, so konnte doch die zunächst die religiösen Unterschei-
dungslehren der christlichen Konfessionen und danach die Offenbarungsgrund-
lage des Christentums überhaupt relativierende Entwicklung — konsequent weiter verfolgt — auf die Destruktion der Gottesidee selber zielen. Zum Zweck allseitiger Begründung solcher Destruktion schien sich die rein immanente, und zwar
mechanistische, Erklärung der Weltzusammenhänge durch die moderne Naturwissenschaft als Vehikel anzubieten. Die Emanzipation der modernen Naturwis-

senschaft aus philosophisch-theologischem Kontext wurde durch ihre glänzenden Erfolge ratifiziert. Zwar hat Descartes seinen naturphilosophischen Mechanizismus durch die fundamentale metaphysische Funktion der Gottesidee kompensiert; und führende Forscher von Kepler bis zu Newton, Maupertuis und Lamarck haben Anlaß zur Rühmung des Schöpfergottes gefunden. Anderseits konnte das sich zu Recht klärende Bewußtsein von der Nichtantreffbarkeit metaphysischer Größen in der Physik mit einer gewissen psychologischen Triftigkeit die Meinung von der Nicht-Existenz Gottes nach sich ziehen; dies jedenfalls solange in einer Art Interferenz der Weltbilder die nachkopernikanische Aussiedlung Gottes aus der Welt-Physik unterlaufen bleibt von der vorkopernikanischen Vorstellung, daß Gott irgendwo angesiedelt sein müsse. Daraus eben resultiert der unversehene Übergang von einem legitimen methodischen Atheismus (der Naturwissenschaften) zu einem illegitimen doktrinären Atheismus (philosophischer Art). Schließlich hat erst Kant die klassische Physik über den nichtmetaphysischen Charakter ihrer Methode aufgeklärt. Auch waren es im allgemeinen nicht die führenden Vertreter der naturwissenschaftlichen Forschung, die aus ihren Erkenntnissen die atheistische Scheinkonsequenz zogen, sondern das philosophische Fußvolk der zweiten Linie. Diese „freien Denker" aber standen stärker im Bann von mehr oder weniger apriorischen Gesamtentwürfen eines philosophischen Mechanizismus, als daß sie auf der empirischen Forschung der naturwissenschaftlichen Mechanik aufbauten. Beim ersten breiteren Durchbruch des atheistischen Aufklärungsdenkens im Frankreich des 18. Jahrhunderts spielt die antiautoritäre Opposition gegen die politischen und sozialen Zustände in Kirche und Staat des ancien régime eine nicht zu übersehende Rolle. Die Opposition legte einen deutlichen Extrapolierungstrend gegenüber der höchsten ‚himmlischen' Autorität und deren Gebrauch und Mißbrauch zur Sanktionierung aller anderen Autoritäten an den Tag. Charakteristisch für die Verquickung der Religion mit dem politischen status quo ist die „Condamnation de plusieurs Livres contre la Religion" des französischen Episkopats von 1763 [100].

Die französischen Aufklärer

Zur unmittelbaren Vorgeschichte des französischen Aufklärungsatheismus gehört *Pierre Bayle* (1647—1706): Er plädiert in den „Pensées diverses . . . à l'occasion de la Comète . . ." für die wenigstens in Einzelfällen mögliche Unabhängigkeit des sittlichen Verhaltens von religiösen Überzeugungen, für eine a-theistische Moral also, indem er die Frage bejaht, „ob man eine Idee von Sittlichkeit haben kann, ohne an die Existenz Gottes zu glauben" [101]. Die ausdrückliche polemische Spitze zielt auf den Aberglauben der „heidnischen" Religionen, und gegen die Deutung seiner Schrift als Apologie des Atheismus verwahrt sich die „Addition aux Pensées sur les Comètes" [102]. *Jean Meslier* (1678—1733), zeitlebens Dorfpfarrer in der Champagne, hinterließ ein mit den erbittertsten Vorwürfen gegen alle positive Religion, besonders gegen das Christentum, angefülltes dickleibiges Manuskript „Mon Testament", das z. T. von Voltaire 1762 und von d'Holbach 1772 herausgegeben wurde [103] und trotz seines geringen wissenschaftlichen Wertes die Entwicklung des französischen Atheismus beeinflußte [104].

Das zunächst anonyme Programmbuch des Aufklärungsatheismus „L'homme machine" von *J. O. de la Mettrie* [105] überträgt auf den Menschen und dessen Geist die Automaten-Erklärung des organisch-sensitiven Lebens von Descartes (der sich jedoch gegen diese materialistische Verallgemeinerung durch seinen Zeitgenossen Le Roy verwahrt hatte). Die vorsichtig ironisch vorgetragene Verteidigung des Atheismus ist für de la Mettrie die Konsequenz seiner materialistischen Anthropologie, die sich am Problem der Unsterblichkeit der menschlichen Seele entzündete. Genauer differenziert A. Vartanian in der kritischen Textausgabe „La Mettrie's L'homme machine" [106]: „Auf der propagandistischen Ebene ist seine Tendenz offen atheistisch (‚Das Universum wird nie und nimmer glücklich sein, wenn es nicht atheistisch wird', usw.), aber in Wirklichkeit geht es dabei kaum um etwas anderes als eine allgemeine Feindseligkeit gegenüber der etablierten Religion. Auf der philosophischen Ebene dagegen scheint der Atheismus weder als Voraussetzung noch als Konsequenz der Theorie vom Menschen als Maschine auf." So wird durch neue Forschung manches alte Vorurteil abgebaut.

„La Mettrie war nur das enfant terrible des atheistischen Materialismus gewesen, sein magistraler Verkündiger war *d'Holbach* ..." Dessen pseudonymes „Système de la nature" (1770), das unter (wie weit gehender?) Mitarbeit von Diderot, Naigeon, Lagrange u. a. entstand, ist mehr „als nur der Niederschlag aller freidenkerischen Bestrebungen seit hundert Jahren" [107]. Im Pariser Salon des deutschfranzösischen Barons wurde laut Abbé Morellet [108] „ein unbedingter Atheismus dogmatisch vorgetragen ... mit solcher Überzeugungskraft ..., daß es selbst für uns Nichtatheisten erbaulich war". Auch hier ist die Grundlage des Atheismus eine materialistische Erklärung aller Phänomene der Natur, in der Stoff und Bewegung ewig notwendig sind. Gegen Willensfreiheit und Unsterblichkeit richtet sich der erste Stoß: die religiösen Vorstellungen, geboren aus Unwissenheit, deren Patent-Chiffre „Gott" heißt, führen zu Fanatismus, die Machthaber stützen sie aus Egoismus. Hinter dem „aufdringlichen Dogmatismus" [109] werden auch postulatorische Gründe der Steigerung des menschlichen Glücks sichtbar [110].

Das atheistische Hauptwerk „Système de la nature" wurde durch eine „Flut von besseren und schlechteren, witzigen oder groben Streitschriften" flankiert, die sich vor der großen Revolution „über die ungeduldige Welt" [111] ergoß. Um die hervorragenden zu nennen: „Lettre de Thrasyboule à Leucippe" (um 1720), „Lettres à Eugénie au Préservatif contre les préjugés" (1768: „Wirklich tugendhaft kann man nur sein, wenn man nicht an Gott glaubt!"), „Le christianisme dévoilé" (1776). Das Pariser Parlament hat am 8. 8. 1770 Holbachs „Système" zusammen mit sechs anderen Schriften verbrennen lassen. Das von d'Holbach redigierte Werk wird übertroffen vom Zynismus des „Dictionnaire des athées anciens et modernes" (1799) des Sylvain Maréchal (1750—1803).

C. A. Helvétius hat, trotz einiger Anmerkungen zu „De l'homme", die das Problem stark einebnen [112], aus seiner sensualistischen Philosophie keine atheistischen Konsequenzen gezogen [113]. Für *D. Diderot* steht die Entwicklungskonstruktion „Vom Deismus zum Atheismus", die C. Fabro [114] von der sowjetischen Philosophiegeschichtsschreibung übernimmt [115], auf schwachen Füßen: Nach den „Pensées philosophiques" von 1746, die sich noch gegen den Atheismus aussprechen [116], bezeugt schon die „Lettre sur les Aveugles" von 1740 einen in den 1769 verfaßten (erst 1830 veröffentlichten) Schriften „Entretiens entre d'Alembert et Diderot" und „Le Rêve de d'Alembert" ausgeprägten allgemeinen Vitalismus und Evolutionismus pantheistischen Typs. Einigen Anhalt findet die Atheismus-Qualifikation in der „Addition aux Pensées philosophiques" von 1770 [117] und dem „Entretien d'un philosophe avec la Maréchale de ***" von 1774 [118]. Auch in der von Diderot herausgegebenen „Encyclopédie" (1751—1780) [119] wird dem Materialismus und

Atheismus ziemlich viel Sympathie entgegengebracht. Letztlich aber will Diderot, wie auch sein Schüler und Herausgeber J. A. Naigeon und wie Helvétius, doch eine „natürliche", „universale" Religion. Es wäre eben ein unbilliges Äquivokum, Kritik an den positiven Religionen, welcher Heftigkeit immer, eo ipso als schlechthin antireligiös oder atheistisch auszugeben. Anderseits muß jedoch auch mit abschwächenden Verhüllungen aus Opportunitätsgründen gerechnet werden. Auf den späten Diderot hatte Einfluß der Spinozismus von *J. B. Robinet* (1735 bis 1820), für den der Urgrund der Natur sich nur benennen läßt als das unbestimmte, unendliche „Etwas". *Voltaire* schließlich reagierte vor allem aus volkspädagogischer Intention, durch die „Epitre aux Athées" heftig gegen die von d'Holbach herausgegebene Schrift „Les trois imposteurs" und gegen Helvétius' „De l'esprit" [120].

Wie schon 1922 F. Mauthner [121] wollen heute verstärkt marxistische Philosophiehistoriker in Deutschland einen atheistischen Radikalismus nachweisen, der gleichzeitig mit der französischen Aufklärung stattgefunden habe. Man beruft sich auf zwei von *Matthias Knutsen* verfaßte Pamphlete, die am 5. September 1674 in einer Jenaer Kirche gefunden und vielfach handschriftlich verbreitet wurden. Ebenso beruft man sich auf einen ähnlichen Vorfall am 15. September 1714 in Magdeburg [122]. Weiters werden der Abenteurer *August von Einsiedel* (1754—1837), dessen religionskritische „Ideen" erstmals 1957 in Berlin gedruckt wurden [123], und der Spinoza materialistisch umdeutende *Karl von Knoblauch* (1756—1794) [124] genannt. Während *E. Platen* (1744—1818) in einem „Gespräch über den Atheismus" (1781) den atheistischen Gesprächspartner, etwas zögernd, besiegt werden läßt, vertreten *K. H. Heydenreichs* (1764—1801) „Briefe über den Atheismus" (1796) diesen mit Deutlichkeit. Dennoch dürfte noch lange das Urteil der nicht zimperlichen ersten Gegenschrift von J. Musäus [125] gegen M. Knutsen allgemein gegolten haben: dieser könne schwerlich zur Zahl der *atheorum speculative talium* gerechnet werden (wenn er auch *practice* ohne Zweifel ein *atheus* sei).

Der deutsche Vulgärmaterialismus

Klarer Atheismus doktrinär-dogmatischer Art tritt in Deutschland wirksam erst in der Mitte des 19. Jahrhunderts auf. Das Rangverhältnis, in dem *der deutsche* „Vulgärmaterialismus" (die pejorative Bezeichnung wurde durch Marx und den Dialektischen Materialismus eingeführt) zur französischen Aufklärungsphilosophie steht, entspricht in etwa dem Bedeutungsgefälle zwischen der Revolution von 1789 und den revolutionären Ansätzen von 1848. Außer dem konsequent materialistischen System d'Holbachs, das die naturwissenschaftliche Mentalität des 19. Jahrhunderts ideologisch antizipiert, wirken die Linkshegelianer, vor allem Feuerbach, und sozialutopische Bewegungen wie der Saint-Simonismus, auch die auf Schelling zurückgehende monistische Naturphilosophie von Oken, auf die Entwicklung ein. Seinen literarischen Niederschlag findet der Atheismus u. a. in der Dichtung des „Jungen Deutschland". Bei den philosophischen Produktionen steht der Tiefgang in umgekehrtem Verhältnis zur Breitenwirkung. Der im Politischen versagte Durchbruch von Liberalismus oder Sozialismus findet ein Ventil im Radikalismus des Gedankens, der dem Weltanschauungsbedürfnis der Halbgebildeten des Dritten Standes und des aufstrebenden Vierten Standes entgegenkommt.

Der streitbare Physiologe *Karl Vogt* [126] kritisiert vor allem die Lehre von der unsterblichen Geistseele des Menschen. Auf die Gottesfrage läßt er sich nur vorsichtig ein: die göttlichen Dinge zu erkennen sei ihm wie allen normalen Naturforschern nicht möglich (mangels des Geschenks des Glaubens, auf das sich der den „Materialismusstreit" auslösende R. Wagner in seinem Göttinger Vortrag 1854 berufen hatte [127]). *Jacob Moleschott* [128] hat die materialistische Weltanschauung zu einem naturphilosophischen System ausgebaut. Popularphilosophisch propagiert hat sie vor allem *Ludwig Büchner* (1824—1899), neben vielen anderen Schriften durch das Grundbuch des deutschen Materialismus „Kraft und Stoff" [129]. Seine Schrift „Der Gottesbegriff..." (1874) verkündet den Atheismus ohne Umschweife. Für den kritischeren Sensualismus von *Heinrich Czolbe* (1819—1873) ist die Beschränkung auf die Erfahrungswelt ein sittliches Postulat: „Die Selbstsucht der übersinnlichen Hilfe auf Erden, den egoistischen Götzen der künftigen Seligkeit opfern wir dem Enthusiasmus." [130] Das Wirken Büchners hat sich in *Ernst Haeckel* (1834—1919) fortgesetzt, u. a. durch „Der Monismus als Band zwischen Religion und Wissenschaft. Glaubensbekenntnis eines Naturforschers" [131] und die „Welträtsel" [132], die vor allem bis zum Ersten Weltkrieg eine umfangreiche monistische Bewegung auslösten; diese war jedoch keineswegs mehr auf einen atheistischen Materialismus festgelegt [133]. Hinter die doktrinären Ansätze eines Materialismus, der weithin als Religionsersatz fungiert, zurück führen die wohlwollenden Darstellungen „Geschichte der Freidenker" (1853—1855) von Ludwig Noack (1829—1889) und, besonders gut fundiert, „Geschichte des Materialismus" (1866) von Friedrich Albert Lange (1825—1875).

Der Rückgriff auf doktrinären Materialismus als pseudowissenschaftliche Widerlegung der Existenz Gottes geht in der einen oder anderen, meist sublimeren Form in die späteren und heutigen Atheismen ein, zumindest als zusätzliches, ‚positives' Begründungselement.

Anmerkungen

1   Vgl. G. Morra, Ateismo: Enciclopedia Filosofica I. Firenze ²1967, 557—562; H. W. Schütte, Atheismus: Historisches Wörterbuch der Philosophie I. Basel - Stuttgart 1971, 595—599

2   So neuerdings bei C. Fabro: Introduzione all'Ateismo moderno. Roma ²1969; und in: L'ateismo contemporaneo II. Torino 1968, 3—54

3   Historia universalis Atheismi et Atheorum falso et merito suspectorum, apud Judaeos, Ethnicos, Christianos, Muhamedanos. Hildesiae 1725

4   F. Böckelmann (Hg.), Die Schriften zu J. G. Fichtes Atheismusstreit. München 1969, ausführliche Literaturhinweise 253; vgl. auch W. Weischedel, Jacobi und Schelling. Darmstadt 1969

5   G. Mensching: Religion in Geschichte und Gegenwart ³I 670

6   Der Ausdruck stammt von M. Scheler, der den Atheismus Nietzsches „den postulatorischen Atheismus des Ernstes und der Verantwortung" nennt: M. Scheler, Philosophische Weltanschauung. München 1954, 85

7   Glasenapp stellt dies fest in seinem irreführend betitelten Buch: Der Buddhismus eine atheistische Religion. München 1964, 12. 14; früherer Titel: Buddhismus und Gottesidee. Die buddhistischen Lehren von den überweltlichen Wesen und Mächten und ihre religionsgeschichtlichen Parallelen. Mainz 1954

8   K. Joel, Der Glaube des Atheisten: Antibarbarus. Jena 1914, 174—191; S. A. B. Drachmann, Atheism in Pagan Antiquity. London usw. 1922; C. Del Grande, Negazione di un ateismo ellenico: Il problema dell'ateismo. Brescia 1962, 43—55; G. Waldmann, Christlicher Glaube und christliche Glaubenslosigkeit. Tübingen 1968, 41—48. 54—65. 200—206. 360—367; W. Fahr, Theous nomizein. Zum Problem der Anfänge des Atheismus bei den Griechen. Hildesheim - New York 1969

9 Vgl. Sextus Empiricus, Adv. math. 9, 14—18. 49—194; Cicero, De natura deorum I, 2
10 Vgl. E. Wellmann: Pauly-Wissowa 5, 310 f; F. Jacoby, Diagoras. Berlin 1969
11 II 97—103
12 Ebd. 97
13 Ebd. 102
14 O. Gigon: Lexikon der Alten Welt. Zürich - Stuttgart 1965, 340; vgl. K. v. Fritz: Pauly-Wissowa 5. 2, 1825—1831
15 H. v. Arnim: Pauly-Wissowa 3, 484 f
16 Diogenes Laertios II 116 f
17 Jacoby: Pauly-Wissowa 9, 964; vgl. 952—972, bes. 963—970; C. J. Classen: Lexikon der Alten Welt (vgl. Anm. 14) 910; H. F. van der Meer, Euhemeros van Messene. Amsterdam 1949, Dissertation
18 H. Diels, Fragmente der Vorsokratiker. Hamburg 1957, B 21
19 So meint C. Del Grande (s. Anm. 8) 53 f; G. Waldmann (s. Anm. 8) 363 f
20 F. Taeger, Charisma I. Stuttgart 1957, 132; siehe ders., Das Altertum. Stuttgart ⁵1953, 339 f
21 H. Diels (s. Anm. 18) B 5
22 M. P. Nilsson, Geschichte der griechischen Religion I. München 1941, 728
23 H. Diels (s. Anm. 18) B 8
24 Ebd. B 4
25 W. Jaeger, Die Theologie der frühen griechischen Denker. Stuttgart 1953, 215
26 Protagoras 320 ff, vgl. 328 ff
27 H. Diels (s. Anm. 18) A 77 ff, B 166
28 Ebd. B 297
29 Ebd. A 75
30 Ebd. B 30
31 Siehe Anm. 25: 210; vgl. 205—210
32 Z. B. Fragment 374, ed. Usener; G. Waldmann (s. Anm. 8) 59 f, 366 f
33 Brief an Menoikeus, Diogenes Laertios 10, 123
34 G. Waldmann (s. Anm. 8) 367
35 Lukrez, De rerum natura V 1169 ff, III 978 ff
36 K. Latte, Römische Religionsgeschichte. München 1960, 284
37 E. Derenne, Le procès d'impiété intenté aux philosophes à Athènes au Vᵉ et IVᵉ siècle avant J.-Christ. Liège - Paris 1930; J. Ruthardt, La définition du délit d'impiété d'après la législation attique: Museum Helveticum 17 (1960) 97—156
38 24 b
39 Ebd. 26 c
40 Vgl. 26, 1—28 a
41 Wolken 367 ff, 818 f, 1470
42 X; XII 966 ff
43 Vgl. J. Ruthardt (s. Anm. 37) 87—105
44 Vgl. A. Harnack, Der Vorwurf des Atheismus in den ersten drei Jahrhunderten. Leipzig 1905; N. Brox, in: Trierer Theol. Zeitschrift 75 (1966) 274—282
45 Contra christianos 146, 16 f; ed. Neumann
46 Apol. I 6; PG 6, 336
47 B 11 f, 14 ff — dagegen positiv 23—26
48 B 5, 14 f — aber 32, 79, 108, 114
49 Vgl. z. B. Theognis 373 ff, später Epikur, Fragment 374, ed. Usener
50 Sext. Emp., Adv. math. 9, 137—181
51 W. Jaeger (s. Anm. 25) 196 f
52 Ebd. 87
53 De natura deorum II 5. 23

54 Ebd. II 7, 17: vgl. auch M. P. Nilsson (s. Anm. 22) 726 f: Die Sophisten, die die
    Religion der Vernunftkritik unterwarfen, „waren nicht an sich Feinde der Religion".
55 Wolken 367, 827
56 Ps.-Plutarch, Plac. I 7, 1; Sext. Emp. 9, 15
57 O. Gigon (s. Anm. 14), der doch meint, Atheismus sei „im vollen Sinn" vom Ende
    des 5. Jh.s an greifbar (370); vgl. hierzu Platon, Nomoi 885 c; Xenophon, Memora-
    bilia I 4, 2; den Klub der „Gottlosen" (genau: derer mit schlechtem daimon) des
    Dichters Kinesias (M. P. Nilsson [s. Anm. 22] 728). — Aber selbst nach dem pes-
    simistischen Platon der Nomoi (888 f) ist nie jemand bis ins Alter bei dem in der
    Jugend gefaßten Gedanken der Gottesleugnung geblieben.
58 Novalis, Neue Fragmente Nr. 417; Briefe und Werke. Berlin 1943, 173
59 Apuleius, Metamorphosen XI, 5
60 Nomoi 886 d
61 A 22; ebenso Platon, Nomoi 899 b und Epinomis 991 d
62 A 9
63 B 30
64 Timaios 92 b
65 Über die Philosophie, Fragment 18, ed. Ross 1955
66 Wiederum Platon: Timaios 29 a, 92 c; Gorgias 507 f
67 Metaphysik 1072 a 19 ff; 1073 a 26 ff; 1074 b 1 ff
68 De natura deorum II 8, 21; 15, 42
69 Hist. rat. II 1
70 C. Koch, Religio. Nürnberg 1960, 209 f; L. Bieler, THEIOS ANER I—II. Wien
    1935 f
71 Philebos 18 b, Symposion 203 a, Soph. 216 b, Nomoi 818 b und 951 b
72 Nikomachische Ethik 1101 b 24 ff; 1145 a 15 ff
73 Epiktet, Dissert. I 9, 1; vgl. Mark Aurel, Selbstbetrachtungen VII 9
74 H. Merki, Homoiosis Theou. Fribourg 1952; G. Waldmann (s. Anm. 8) 54—64
75 H. Diels (s. Anm. 18) B 112
76 De rerum natura V 6 ff
77 G. Waldmann (s. Anm. 8) 63. „So sind die Götter überall gegenwärtig, wo Ent-
    scheidendes geschieht, getan oder gelitten wird" (W. F. Otto, Theophania. Hamburg
    1956, 42).
78 Die Götter Griechenlands. Frankfurt [5]1961, 168, vgl. 167—262
79 Die Religion der Griechen und Römer. München - Zürich 1963, 102
80 Charisma I. Stuttgart 1957, 130
81 Die geistige Situation der Zeit. Berlin [5]1932, 19
82 E. Frank, Philosophische Erkenntnis und religiöse Wahrheit. Stuttgart 1950, 31
83 Vgl. z. B.: Th. J. J. Altizer, ... daß Gott tot sei. Zürich 1968; D. Sölle, Atheistisch
    an Gott glauben. Olten 1968, [2]1969; Gibt es ein atheistisches Christentum?, in: Mer-
    kur 23 (1969) 33—44
84 Zum Problem „a-theistisches Christentum", s. S. 134—138
85 In: Schöpfungsglaube und Entwicklungstheorie. Stuttgart 1955, 53
86 Vgl. W. Kern: Mysterium Salutis II. Einsiedeln 1967, bes. 448. 504—519
87 Kol 1, 16; 2, 15; Eph 1, 21; 1 Kor 15, 24; 2, 8; 1 Petr 3, 22. Vgl. dazu W. Kern,
    Antizipierte Entideologisierung ... : Zeitschrift für Kath. Theol. 96 (1974) 185—216
88 Vorlesungen über die Philosophie der Weltgeschichte, ed. Lasson [2]1923, 454
89 WW, ed. Walzel, X 173
90 Weitere Belege und Literatur zum bisher Dargelegten bei: W. Kern, Atheismus —
    Christentum — emanzipierte Gesellschaft, in: Zeitschrift für Kath. Theologie 91
    (1969) 289—321, besonders 301 ff
91 H. Verweyen (Die ontologischen Grundlagen des Glaubensaktes. Düsseldorf 1969)
    will ein neues Staunen vor den Wundern der Natur initiieren; dies als Alternative

der transzendentalen Reflexion des Menschen auf sich selbst, in Gemeinschaft mit anderen Menschen, entgegenzusetzen scheint uns wenig glücklich. J. Schmucker anderseits ergänzt sein Plädoyer für Gotteserkenntnis aus den existenziellen Erfahrungen des Menschen (Die primären Quellen des Gottesglaubens. Freiburg i. Br. 1967) durch eine neue Untersuchung vom andern Pol her (Das Problem der Kontingenz der Welt, ebd. 1969). Eindrucksvoll kreist um die Transparenz von Gott in Welt das fünfbändige Werk von H. U. von Balthasar „Herrlichkeit". Einsiedeln 1961—1969; von ihm auch: Gott begegnen in der heutigen Welt, in: Concilium 1 (1965) 468—475. Vielfache Anregung ist zu finden bei: J. Splett, Sakrament der Wirklichkeit. Aschaffenburg 1968

92 H. Ley, Studien zur Geschichte des Materialismus im Mittelalter. Berlin 1957; ähnlich, aus anderen Gründen: W. Gent, Untersuchungen zum Problem des Atheismus. Darmstadt 1964, 69—83

93 Gegen E. Bertola, L'ateismo nel medioevo: Il problema dell'ateismo. Brescia 1962, 56—60

94 Das Thema findet sich schon in Boccaccios „Decamerone"; angeblich stammt „De tribus impostoribus" aus dem Jahr 1598 (dt. Berlin 1960)

95 Tractatus de veritate . . ., 1624

96 A. Collins, Discours of Freethinking, 1713; den Anspruch der kirchlichen Lehrautorität sollte „Priestcraft in perfection" (1709) als Priesterbetrug entlarven. J. Toland, Christianity not mysterious, 1696; M. Tindal, Christianity as old as the Creation, 1730

97 Leviathan Kap. 6

98 Wie Bayle, Dictionnaire II 539, berichtet

99 Vgl. P. Petersen, Geschichte der aristotelischen Philosophie im protestantischen Deutschland. Leipzig 1921, 414 f

100 C. Fabro, Introduzione (s. Anm. 2) 432 ff

101 Ed. Rotterdam 1704: II 365

102 Vgl. Dictionnaire . . ., Eclaircissements; ed. Basel 1738, IV 616 ff

103 Vollständige Ausgabe in drei Bänden durch R. Charles (Amsterdam 1864)

104 Vgl. C. Fabro, Introduzione (s. Anm. 2) 414—425. Die „Geschichte der Philosophie" I. Berlin 1960, 478—485, stuft Meslier, trotz seiner materialistischen Kritik an den Gottesbeweisen, zu Unrecht als Atheisten ein.

105 1748; gefolgt von „Le système d'Epicure", 1750

106 Princeton 1960, 29

107 F. Mauthner, Der Atheismus und seine Geschichte im Abendlande III. Stuttgart - Berlin 1922, 132

108 Mémoires I 127; nach F. Mauthner (s. Anm. 107) 133

109 F. Mauthner (s. Anm. 107) 154

110 Ebd. 148

111 Ebd. 159. Vgl. die Ostberliner Lizenzausgabe: P. Th. d'Holbach, Religionskritische Schriften. Das entschleierte Christentum. Taschentheologie. Brief an Eugénie, Schwerte/Ruhr o. J. (um 1960)

112 F. Mauthner (s. Anm. 107) II 19; IV 20

113 Gegen C. Fabro, Introduzione (s. Anm. 2) 365—377; und Ch. H. Momdshian, Helvetius. Ein streitbarer Atheist des 18. Jh.s (aus dem Russischen). Berlin 1959

114 Introduzione (s. Anm. 2) 381—394

115 I. K. Luppol, 1924

116 Vgl. Nr. 18 ff

117 Œuvres philosophiques, éd. P. Vernière (1964) 72

118 Ebd. 534

119 Vgl. die Artikel „âme", „athéisme", „Dieu"

120 Vgl. in Voltaires „Dictionnaire philosophique" die Artikel „athées" und „athéisme"

121 Siehe Anm. 107: III 161—173. 220—251
122 Vgl. darüber G. Stiehler: Deutsche Zeitschrift für Philos. (Ostberlin) 3 (1955) 541 bis
     556, der der Streitschrift (ebd. 556) „wissenschaftliche Unzulänglichkeiten" und „ge-
     ringe Wirkung" bescheinigen muß.
123 Vgl. W. Dobbeck: ebd. 3 (1955) 557—584
124 Vgl. O. Finger: ebd. 6 (1958) 924—948
125 Jena 1647
126 1817—1895. „Physiologische Briefe", 1845—1847, mit dem auf Cabanis zurückge-
     henden Vergleich der Gedanken mit den Ausscheidungen von Leber und Niere
     (206); „Köhlerglaube und Naturwissenschaft", 1854
127 Vgl. W. Lütgert, Die Religion des deutschen Idealismus und ihr Ende III. Güters-
     loh 1925 (Nachdruck Hildesheim 1967), 249—286
128 1822—1893. „Der Kreislauf des Lebens", 1852, [5]1876—1885
129 1855, [21]1905
130 Entstehung des Selbstbewußtseins, 1856, 40
131 [1-6]1893, [10]1918
132 1899, [11]1918; in etwa 400.000 Exemplaren und 25 Übersetzungen
133 Vielmehr war diese monistische Bewegung einer allgemeinen religiös getönten Wis-
     senschaftsgläubigkeit verpflichtet, vgl. W. Ostwalds (der sie nach Haeckel leitete)
     „Monistische Sonntagspredigten" in der 1906 gegründeten Zeitschrift des deutschen
     Monistenbundes. Über weiteres antimaterialistisches und monistisches Schrifttum vgl.
     Ueberweg IV 285—292. 321—331

Der atheistische Humanismus

I. Tod Gottes und technisches Zeitalter
(Sondierung des Hintergrunds)

Der atheistische Golem

Die jüdisch-mystische Geheimlehre der Kabbala überliefert eine ziemlich phantastische Geschichte, die aus dem Anfang des 13. Jahrhunderts stammt [1]. Der Prophet Jeremia studierte mit seinem Sohn Sira das noch erhaltene kurze, aber überaus rätselhafte Buch Jezira, das „Buch der Schöpfung" [2], und sie studierten es drei Jahre lang. Dann gingen sie daran, aus den Buchstaben des Alphabets Wörter zu kombinieren. Als sie die richtige Wortkombination gefunden hatten, da hatten sie (wie Gott einst durch sein Wort die Welt erschuf) — einen Menschen geschaffen. Auf seiner Stirne stand geschrieben: „Jahwe Elohim emeth — Gott der Herr ist treu". Es war aber ein Messer in der Hand jenes neu erschaffenen Menschen, mit dem tilgte er den ersten Buchstaben Aleph von „emeth" aus. Es blieb nur stehen: „Jahwe Elohim meth: Gott der Herr ist *tot*." Da zerriß Jeremia seine Kleider und sagte: „Warum löschst du das Aleph von ‚emeth' aus?" Der neue Mensch antwortete: „Ich will dir ein Gleichnis erzählen. Ein Architekt baute viele Häuser und Städte, und niemand kam hinter das Geheimnis seiner Kunst und konnte es mit seinem Wissen und Können aufnehmen — bis ihn zwei Leute überredeten, sie seine Kunst zu lehren; und die wußten nun alles auf die richtige Weise. Da hatten sie nicht mehr nötig, ihm schön zu tun; sie zerstritten sich mit ihm, trennten sich von ihm und wurden Architekten wie er, nur daß sie alles, wofür er einen Taler nahm, für sechs Groschen machten. Als die Leute das merkten, hörten sie auf, den ersten Meister zu ehren, sie kamen zu seinen Schülern, ehrten *sie* und gaben ihnen Aufträge, wenn sie einen Bau brauchten. — So hat euch Gott nach seinem Bild, seiner Gestalt und Form erschaffen. Nun aber, wo ihr zwei, wie er, einen Menschen erschaffen habt, wird man sagen: ‚Es ist kein Gott in der Welt außer diesen beiden.' " — Also sprach der kabbalistische Homunculus des 13. Jahrhunderts.

Was wir durch Goethes „Faust" — oder schon durch Paracelsus — als alchemistisch produzierten Homunculus kennen, das ist in der Kabbala der „Golem". Die Grundidee der Sage vom Golem ist alt; sie kam seit dem 12. Jahrhundert auf im Kreis der deutschen und französischen Kabbalisten. Ihre spätere Gestalt faßt Jakob Grimm im Jahr 1808 so zusammen [3]:

„Die polnischen Juden machen nach gewissen gesprochenen Gebeten und gehaltenen Fasttagen die Gestalt eines Menschen aus Ton oder Leimen (Lehm), und wenn sie das wundertätige Schemhamphoras (den Gottesnamen) darüber sprechen, so muß er lebendig werden. Reden kann er zwar nicht, versteht aber ziemlich, was man spricht und befiehlt. Sie heißen ihn Golem und brauchen ihn zu einem Aufwärter, allerlei Hausarbeit zu verrichten. Allein er darf nimmer aus dem Hause gehen. An seiner Stirn steht geschrieben *emeth* (Treue), er nimmt aber täglich zu und wird leicht größer und stärker als alle Hausgenossen, so klein er anfangs gewesen ist. Daher sie aus Furcht vor ihm den ersten Buchstaben auslöschen, sodaß nichts bleibt als *meth* (er ist tot), worauf er zusammenfällt und wieder in Ton aufgelöst wird. Einem ist sein Golem aber einmal so hoch geworden und hat ihn aus Sorglosigkeit immer wachsen lassen, daß er ihm nicht mehr an die Stirn hat reichen können. Da hat er aus der großen Angst den Knecht geheißen, ihm die Stiefel auszuziehen, in der Meinung, daß er ihm beim Bücken an die Stirn reichen könne. Dies ist auch geschehen und der erste Buchstabe glücklich ausgetan worden, allein die ganze Leimlast fiel auf den Juden und erdrückte ihn."

In der einfacheren, ursprünglicheren Form der Sage ist der Roboter-Golem der sehr nützliche Arbeitsgehilfe des Menschen. Als solcher tritt der Golem allerdings noch nicht in ganz alter Tradition auf. Erst vom 15. oder 16. Jahrhundert an, als die Golemtheorie in die Volkslegende eingegangen war, findet sich diese Vorstellung. Und ab dem 17. Jahrhundert ist, zuerst in Polen, die Spätform der Sage bezeugt, die mit der alten Dienerfunktion des Golem dessen Gefährlichkeit für seine Umwelt verbindet [4].

Das hebräische Wort „Golem", das nur an einer Bibelstelle, in Psalm 139, 16, vorkommt, bezeichnet zunächst das Ungestaltete, Formlose, die Materie; es steht im Mittelalter für den schon aus dem Lehm gebildeten, aber noch nicht von Gottes Hauch zum denkenden und sprechenden, eigentlich menschlichen Wesen beseelten Adam. Der auf diesem Stadium seiner Entstehung fixierte Adam besitzt, fast möchte man sagen, nur „objektiven", nicht subjektiven Geist: er ist insofern ein Bild der vom Menschen geschaffenen, sich selber weiter schaffenden Technik und ihrer Instrumente, der Maschinenwelt, eben der Roboter. Auch steckt die Tendenz im Golem, überhandzunehmen, übermächtig zu werden. Dem wird gewehrt durch die Wiederauflösung des Golem in den Ton, aus dem ihn der Mensch — wie der Gott der zweiten Schöpfungserzählung (Gen 2, 7) — geschaffen hatte. Geschieht das einmal nicht rechtzeitig, wird der Mensch mitzerstört. Ja, Zwi Aschkenasi erzählt um 1700 seinem Sohn Jakob Emden: er, der Rabbi, habe einen Menschen geschaffen, der ohne Sprache war und ihm als Knecht diente; der sei immer größer und stärker geworden, sodaß er Angst bekam, „er könnte etwa die Welt zerstören" [5]! Pessimistische Science-fiction dämmert auf, wird die Golemgeschichte auf Weltdimension übertragen.

Einmalig kühn ist die atheistische Spitze, die die Golemsage in unserem eingangs wiedergegebenen Text, einem dem Mischnalehrer Juda ben Bathyra zugeschriebenen Pseudepigraphon aus der Lanquedoc, erhielt. Frühere Kommentare zum Buch Jezira sahen darin, daß eingeweihte Fromme, zumal Abraham, der Vertraute Gottes, den Prozeß der Welterschaffung nachzuahmen und zu wiederholen vermochten, geradezu eine Demonstration der Größe *Gottes* [6]. Und zwei andere Versionen der Geschichte von dem durch Jeremia und Ben Sira geschaffenen Menschen halten sich durchaus und aufs entschiedenste diesseits der Tod-Gottes-Proklamation: sie lassen den Golem nur das Wort „emeth" auf der Stirn tragen, und wenn nun dessen erster Buchstabe ausgelöscht wird, so soll das verbleibende Wort „meth" und das dadurch über den Golem selbst (!) ausgesprochene Todesurteil nach dessen eigenem Willen bedeuten, daß Gott *allein* die Treue ist, bzw. — nach der zweiten Version [7] — daß der Golem sich *nicht* gegen Gott auflehnen oder zum Anlaß von Götzendienst werden solle. Allerdings kündigt sich in diesem — sozusagen durch das weltflüchtige Selbstopfer des Golem — abgewehrten Protest der vollzogene Protest unserer Geschichte, des mit Gott in Sachen Weltgestaltung konkurrierenden Golem, an! Wie unerhört das „Gott der Herr ist tot" auf der Stirn des Golem für die Chassidim, die jüdischen Frommen, des Mittelalters war, geht daraus hervor, daß eine Bearbeitung [8] der Geschichte um 1350, die den ganzen Passus ausschreibt, die entscheidende Veränderung wieder gestrichen und in den harmloseren nicht-atheistischen älteren Text („emeth" allein) zurückverwandelt hat.

Neuere Tod-Gottes-Parolen

Die singuläre Golem-Geschichte zu Beginn des 13. Jahrhunderts hat mehr als ein halbes Jahrtausend vorher auf seltsame Weise vorangezeigt, was — nach M. Heidegger u. a. [9] — zur Signatur unseres Zeitalters werden sollte: Das Wort „*Gott ist tot*", das „der tolle Mensch" Nietzsches [10], mit brennender Laterne am hellichten Mittag auf den Markt stürmend, verkündet. „Ich komme zu früh", ließ Nietzsche damals — 1881/82 — seinen Boten des Todes Gottes sagen, „ich bin noch nicht an der Zeit. Dies ungeheure Ereignis ist noch unterwegs und wandert — es ist noch nicht bis zu den Ohren der Menschen gedrungen." Heute aber sei dieser Prozeß zu seinem Ziel gekommen; heute ist Atheismus nicht mehr eine unerhörte, sondern eine viel gehörte Kunde. Auch fragt man heute immer wieder der Vorgeschichte dieses Anti-Evangeliums nach, das sich selber doch als neue Frohbotschaft verstehen möchte. Nur wenige Jahre vor Nietzsches „Fröhlicher Wissenschaft" hatte *Philipp Mainländer*, ein Anhänger Schopenhauers, in „Philosophie der Erlösung" (1876) geschrieben: „Gott ist gestorben, und sein Tod ist das Leben der Welt", und er hatte das keineswegs, wie es möglich wäre, christlich verstanden, vielmehr als Bekenntnis des Atheismus. Die nächste Fundgrube bietet das Schrifttum der Linkshegelianer. *Bruno Bauer* z. B. schreibt in dem Pamphlet „Die Posaune des Jüngsten Gerichts..." (1841) [11]: „Gott ist tot für die Philosophie, und nur das Ich als Selbstbewußtsein ... lebt, schafft, wirkt und ist alles." Unter den amerikanischen „Gott-ist-tot-Theologen" des letzten Jahrzehnts hat sich besonders Th. J. J. Altizer [12] auf *Hegel* berufen — eine philosophische Autorität, nicht wahr, von Weltformat. Und gewiß spricht Hegel mehrfach, in den Schlußsätzen der Schrift „Glauben und Wissen" von 1802, in der „Phänomenologie des Geistes" von 1807 und in den zwischen 1820 und 1831 in Berlin gehaltenen religionsphilosophischen Vorlesungen, vom Tod Gottes. Aber das wurde arg mißverstanden. Für Hegel [13] ist der Tod Gottes, geschehen auf Golgatha im Sterben Jesu Christi, die religiöse Chiffre für *ein* philosophisches Moment im Zu-sich-selbst-Kommen des Geistes, für das Moment der Entgegensetzung, Entäußerung, Selbstentfremdung des Geistes. Auf den Kreuzestod folgt die Auferstehung, die ihrerseits das Vorstellungsbild für die Welt-Versöhnung des Geistes ist. Nicht umsonst zitiert Hegel ein lutherisches Kirchenlied, in dem das „Gott selbst ist tot" gestanden hatte, bis man es als anstößig empfand und durch „Gott's Sohn ist tot" ersetzte. Hegel also ist, so sehr er unter dem Eindruck des Säkularisierungsprozesses des modernen Bewußtseins stand, kein Kirchenvater des heutigen Atheismus [14]. Ein echtes, nur weniger rühmliches Stück in dessen Ahnengalerie liefert der Marquis *de Sade,* der in der „Histoire de Juliette" [15] (1797) eine höchst emanzipierte Dame, für die Christus „ein toter Gott" ist, ausrufen läßt: „Idiotische Christen, was wollt ihr denn mit eurem toten Gott machen?" Gerade angesichts des ziemlich spärlichen Befunds, den die Vorgeschichte der Nietzscheschen „Gott-ist-tot"-Proklamation bietet, erscheint unsere Golemgeschichte aus dem 13. Jahrhundert als bestürzende Vorwegnahme. Aber das ist nicht alles.

Die Versuchung des Homo technicus

Das Erstaunlichste ist die technokratische Begründung jener Erzählung für den Tod Gottes. Der Welt-Architekt Gott wird von den menschlichen Architekten verabschiedet, die ihm die Kunst vollauf abgeschaut haben. Wie unser Golem, so spricht oder empfindet auch der „homo faber" am Ende des 20. Jahrhunderts, der prometheische Mensch zukunftsorientierter Funktionalität, der mitten in der durch Automation und Kybernetik realisierten zweiten industriellen Revolution steht. Er vermag zwar noch nicht — im Retortenexperiment, nicht durch Buchstaben-alchemie —, seinesgleichen, den künstlichen Menschen, zu schaffen. Nicht als ob das zu fürchten wäre; nicht als ob die Frage „Gibt es Gott?" gar davon abhinge, ob man in den nächsten hundert oder zweihundert Jahren eine lebende Zelle synthetisieren kann [16] — oder auch einen ganzen Menschen. Schon der Mensch, der die ungeheuren Kräfte der Atome entbindet, den Erbcode von Lebewesen entziffert, in den Weltraum vorstößt, Meeresströmungen und Sonnenstrahlung energetisch zu nutzen beginnt, ist gebannt von den ungeahnten Zukunftsmöglichkeiten seines Schaffens, dessen, was seines Kopfes und seiner Hände Werk ist. Es handelt sich nicht um müßige Unternehmungen, es geht um das Überlebenkönnen der rasant wachsenden Menschheit. Nur wenn er die heraufziehende technische Welteinheitszivilisation meistert, wird der Mensch weiterbestehen. Man mag es verständlich finden, daß der Techniker — im weitesten Sinn —, der auf seine Zukunftsprobleme fixiert ist, der von der Not-Wendigkeit unabsehbarer Aufgaben getrieben wird und den das Bewußtsein seiner eigenen Kreativität erfüllt, nicht Zeit, nicht Kraft, nicht Lust hat, zurückzuschauen zu dem Gott, der am Anfang seiner, dieses Gottes, *ersten* Schöpfung steht. Das Interesse an Gott schwindet unter dem Leistungsdruck und Selbstgefühl einer technisch-industriellen Epoche. Die höchst einzigartige Situation des einstigen Golem ist die weltweite Normalsituation des heutigen Menschen geworden.

Bevor weitere atmosphärische Faktoren namhaft gemacht werden, die zur Deutung gegenwärtiger Atheismen beitragen können, sei noch auf einen anderen Zug der kabbalistischen Homunculus-Geschichte hingewiesen: darauf nämlich, wie seltsam leicht (durch Auslöschen eines Buchstabens) der Übergang konstruiert wird von dem biblischen Bekenntnis „Gott ist treu" zu der in der europäisch-westlichen Geistesgeschichte hier erstmals [17] lautwerdenden atheistischen Aussage „Gott ist tot". Bei einiger forscher Gedankenmanipulation schlägt das biblische Bekenntnis zum Schöpfergott in die Rühmung des gott-los selber seine Welt und sein Leben regierenden Menschen um. Und daran sei, ungeschützt-provokant, die Frage geknüpft, ob an solchem abrupten Umbruch, wie er auch heutige a-theistische Theologumena charakterisiert, nicht der Ausfall einer Grunddimension des biblischen Gottesglaubens Schuld trägt: der Ausfall des Theismus [18].

Andere Faktoren im Gegenwartsatheismus

Kehren wir jedoch zunächst zu unserer höchst rudimentären Faktorenanalyse der Gegenwartsatheismen zurück. Man kann etwa Formen eines aus Erkenntnisgründen *argumentierenden* Atheismus von den Erscheinungsweisen eines aus Erlebnis-, Erfahrungsgründen *postulierten* Atheismus unterscheiden. In der bisher anvisierten atheistischen Zukunftsfixierung des Homo faber kreuzten sich die theoretischen und die praktischen Momente.

1. Doktrinär interpretierter Weltbildumbruch

Ein theoretisch-doktrinäres Argumentationsmodell stellt der Säkularisierungsatheismus dar. Sein kulturgeschichtlicher Hintergrund: die Emanzipation der modernen Wissenschaften aus theologisch-philosophischer Bevormundung. Das Bewußtsein für die methodische Autonomie der Wissenschaften wie auch der übrigen Kultur- und Lebensbereiche des Menschen entwickelt und verschärft sich. Die Welt wird zu einem einzigen, zugleich allseits offenen Funktionszusammenhang. Der empirische Forscher fragt von einem bedingten Phänomen nach dessen ihrerseits bedingter Bedingung und so indefinit-endlos weiter. Die metaphysischen Größen sind aus diesem Bedingungsnetz exiliert; sie verlieren für ein verwissenschaftlichtes Zeitalter alle reale Relevanz, sie werden gewichtlos, auf null reduziert. Der Umbruch vom ptolemäischen zum kopernikanischen Weltbild kann die seither anhaltende Tendenz verdeutlichen. Im mythischen Dreistockwerkssystem des Kosmos hatte alles, was existiert, seinen angestammten Platz — zuoberst Gott im dritten, neunten oder wievielten Himmel über den 27 oder 55 Gestirnsphären über dem Mond. Entmythologisiert die nachkopernikanische Astronomie das durch und durch homogene Weltall, in dem es nun keine privilegierten Grundstoffe (keine „Quintessenz") und Raumzonen mehr gibt, dann wird, mit den Engeln und Dämonen, auch und zumal Gott ortlos und eben deshalb, *nach der* notabene anachronistischen *Voraussetzung des alten Weltbilds* (daß, was existiert, auch lokalisiert sei), auch *inexistent*. Eine solche Kurzschlüsse zeugende Interferenz von altem und neuem Weltbild scheint mir heute noch nachzugeistern in Bischof John A. T. Robinsons hurtiger Identifizierung (in „Honest to God") von mythischer, buchstäblich-räumlich überirdischer Gottes*vorstellung* und metaphysischem Gottes*gedanken*. Dabei bleibt dann allerdings der Theismus auf der Strecke. In einem Vorgang, der logisch unhaltbar, psychologisch jedoch einigermaßen verständlich ist, wird der legitime methodische Atheismus der empirischen Wissenschaften illegitimerweise verabsolutiert zu einem doktrinären, dogmatischen Atheismus philosophisch-weltanschaulicher Art [19]. Der Vulgärmaterialismus der Gelehrten des französischen 18. und deutschen 19. Jahrhunderts ist inzwischen in breiteste Bewußtseinsschichten gesickert; er feierte jüngst einige fröhliche Urständ in J. Monods Bestseller „Zufall und Notwendigkeit".

2. Agnostische Sprachtheorie

Bei schärfer ausgeprägtem Methodenbewußtsein, das sich die dogmatische Negation in metaphysicis verbietet, tritt an deren Stelle die *agnostische Skepsis,* die prinzipielle Urteilsenthaltung. Der *Positivismus,* der sich zum Spektrum heutiger vor allem sprachtheoretisch orientierter Neopositivismen auffächert, hat diese Position zur selber ideologischen Antiideologie ausgebildet. Die strenge Autonomie der Wissenschaften wird umfunktioniert zur kargen Autarkie auch des *Menschen,* der die Wissenschaft treibt. Wird die, selber letztlich nicht ausweisbare, Forderung empirischer Verifikation, wonach, was wahr sein soll, sich experimentell bewahrheiten muß, auf alle und jede Erkenntnis angewandt, so kann nichts Metempirisches, Metaphysisches mehr *gewußt* werden; es kann nur noch irrational „geglaubt" werden. (Wird die Verifikation durch eine den Sachverhalt stets nur provisorisch und approximativ einkreisende Falsifikation, etwa im Sinn von Hans Albert [20], ersetzt, ändert sich nichts Wesentliches an unserem Befund.) Heutige *Sprachanalyse* versucht die vermeintliche Unmöglichkeit, sinnvoll von Gott zu sprechen, systematisch zu untermauern. Es genügt nicht, „Gott" bloß als Namen einzuführen. Der Sinngehalt des Wortes jedoch läßt sich nicht direkt aufzeigen, wie dies ursprünglich bei Bezeichnungen wie „Haus" oder „hellblau" oder „Jähzorn" geschieht; auch würde der Gebrauch des Wortes „Gott" als Prädikator, als bloßer Allgemeinbegriff das theistisch oder christlich Gemeinte in eine heidnischpolytheistische Sinnrichtung verkehren; „Gott" wäre adäquat von vielen Göttern aussagbar. So bleibe nur der sogenannte synsemantische Wortgebrauch übrig, z. B. in einer Redeweise wie „Leben in Gott". Legt man, nach einem Vorschlag von Friedrich Kambartel, das ethische Axiom zugrunde: „Das objektiv vernünftige Handeln zielt auf das für alle gute Handeln aller", dann läßt sich „Leben in Gott" folgendermaßen bestimmen: „Leben im Vertrauen auf den hinreichenden guten Willen der anderen, an den notwendigen gemeinsamen Bestrebungen um ein vernünftiges Leben mitzuwirken", „im Vertrauen auf die Erlangung des Friedens". „Gott" wird zum Interpretament des „objektiv vernünftigen Lebens", der glückenden Mitmenschlichkeit.

3. Das Theodizeeproblem

Neben die theoretischen (empirisch-wissenschaftlichen, positivistisch-sprachanalytischen . . .) Begründungsmomente heutiger Atheismen treten *existentiell-praktische* Erlebnis- und Erfahrungsgründe, die die Problematik bedrückend anschärfen. Im neuzeitlichen Europa hat das Erdbeben von Lissabon im Jahr 1755, das Voltaire und Kant zur Stellungnahme herausforderte, dem Optimismus des Barock und der frühen Aufklärung den Todesstoß versetzt, mitsamt seinen kuriosen teleologischen Gottesbeweisen (so noch 1753, zwei Jahre vor Lissabon, bei Abraham Kyburtz aus der prästabilierten Harmonie der Schweizer Milch- und Käseproduktion . . .). Das *Theodizeeproblem*, das Leibniz höchst zufriedenstellend gelöst zu haben meinte, ist, nach einem Wort von Georg Büchner, der „Fels des Atheismus" geblieben. In der Literatur findet sich heute zumeist der Verweis auf das Geschehen von Auschwitz, das nach 1945 nicht mehr zu denken erlaube, was man zuvor von Gott gedacht habe. Und man wagt kaum, dem Namen Auschwitz andere wie Hiroshima oder Katyn an die Seite zu stellen — oder Vietnam oder, vielleicht, Ostpakistan (jetzt Bangla Desh) — weil die Nennung dieser Beschwörungschiffren als ein Alibi erscheinen könnte. Wie früher Dostojewski, so stieß sich in unserer Gegenwart Albert Camus am Leiden der Kinder: „Ich werde mich bis in den Tod hinein weigern, die Schöpfung zu lieben, in der Kinder gemartert werden." [21] Der Refrain Satans in „J . . ." (= Job) von Mac Leish lautet: „Wenn Gott Gott ist, dann ist er nicht gut; wenn Gott gut ist, dann ist er nicht Gott." William Hamilton und andere Gott-ist-tot-Theologen wiederholen diesen Refrain in ihren Werken. Er besagt, etwas verschlüsselter, was schon Epikur (um 300 v. Chr.) und der christliche Schriftsteller Laktanz (um 200 n. Chr.) deutlicher artikulierten: daß ein Gott, der ineins allmächtig *und* unendlich gut ist, das Übel in der Welt ausschließen konnte *und* mußte. So scheint letzten Endes angesichts der Weltsituation als einzige Rechtfertigung Gottes (das bedeutet Theodizee) der Umstand zu bleiben: daß er nicht existiert.

4. Postulatorische Religionskritik

Der Protest gegen Gott, der von der Erfahrung aller möglichen und nur allzu wirklichen Heillosigkeit dieser Welt ausgelöst wird, bleibt nicht bei der Negation stehen. Sein eigentlicher, in die Zukunft drängender Motor ist nicht das Nein zu

Gott, sondern das Ja zum Menschen. Den *humanistischen* Atheismen, die heute vorherrschen [22], geht es nicht um — pseudonaturwissenschaftliche — Gründe dafür, daß Gott nicht existieren *könne:* er *darf* nicht existieren; um des Menschen willen wird seine Nichtexistenz gefordert. Deshalb spricht man seit Max Scheler, auf den dieser Ausdruck zurückgeht, auch von postulatorischem Atheismus. Ihm gilt hier unser Interesse. Die soeben skizzierte Faktorenanalyse steckte das Umfeld für ihn ab; manche dieser bisher beschriebenen Momente anderer Atheismen sind in den humanistischen Atheismus, der selber in verschiedenen Schattierungen auftritt, eingegangen.

Humanistischer Atheismus vor Feuerbach

Die Humanisten des 15. und 16. Jahrhunderts haben den Menschen neu entdeckt, der sich der Vormundschaft der Autoritäten und Traditionen entwachsen fühlte. Man griff kühner aus nach der Welt, erforschte ihre Kontinente. Das Zeitalter der Erfindungen begann. Vom Menschen selber konnte man nicht groß genug denken. Einen Mikro*theos* — nicht mehr Mikrokosmos nur — hatte ihn schon Nikolaus von Kues genannt; aber *klein* war dieser Gott gar nicht. Nicht nur Herkules, dessen Kraft und Mut unglaubliche Taten verrichtete, war die neue Symbolgestalt: in dem Rebellen Prometheus, der den Göttern das Feuer raubte, um es der Menschenwelt zu bringen, fand das Lebensgefühl unbändiger Schaffenslust sein Vorbild. (Noch in die Doktorarbeit des jungen Karl Marx [23] ist — 1841 — das Rühmen des Prometheus — als „der vornehmste Heilige und Märtyrer im philosophischen Kalender" — gedrungen.) Und auch Sisyphos, der unentwegt der Götterstrafe und der Verzweiflung trotzt, kommt in den Blick (nicht erst 1950 in Albert Camus' „Der Mythos von Sisyphos"). *Erasmus von Rotterdam* [24] deutet die biblische Geschichte vom Brudermörder Kain um: der aus der überkommenen Gemeinschaft Ausgestoßene, von Gott und Menschen Verlassene muß sich selber neue Lebensmöglichkeit erobern: „Wir haben für ein Gärtchen [= das Paradies] die weite Welt erlangt", und „es gibt nichts, was nicht menschliche Energie überwinden könnte"!
Viel grundsätzlicher noch wird der deutsche Idealismus (um 1790 bis 1830) mit einer Lehre der Bibel verfahren: Der Sündenfall der ersten Menschen wird von *Fichte, Schelling* und *Hegel,* im wesentlichen ähnlich, verstanden als der Durchbruch des Menschen zu seiner zivilisatorischen, kulturschaffenden Tätigkeit. Der Mensch, der im Ungehorsam gegen den Schöpfer-Gott sich auf sich selber stellt, er beginnt sein Leben und seine Welt erfinderisch, selbst-schöpferisch zu meistern. Der Mensch wird dadurch erst selbstbewußter, hellwacher Mensch. Der Garten Eden, schlaraffenländisch vorgestellt, ist nur für — die Tiere in ihrer Dumpfheit. Der Mensch ist vertrieben aus dem Paradies der „träumenden Unschuld" (P. Tillich). Solche Schriftinterpretation schließt offensichtlich einige rebellische Potenz ein. Dennoch lag Atheismus, gar kämpferisch-protestierender Art, den großen Philosophen fern (obwohl Fichte sich 1798 in einen „Atheismusstreit" verwickeln ließ).
Hat der Renaissance-Humanist kirchliche Bindungen abgestreift, so richtet die Aufklärung vor allem in Frankreich ihre scharfe Kritik gegen das Christentum und die Religion überhaupt. *Jean Jacques Rousseau* [25] spricht aus, was im Bewußtsein vieler Gleichgesinnter brodelt: „Das Christentum predigt nichts als Sklaverei

und Abhängigkeit. Die wahren Christen sind dazu gemacht, Sklaven zu sein. Sie wissen es und sträuben sich nicht dagegen." Hier ist das Christentum der antihumane Gegner — bald wird es der Gottesglaube selber sein. *Pierre Joseph Proudhon*, einer der — von Marx so genannten — Sozialutopisten, der eine „Philosophie des Elends" (1846) schrieb, wurde von der miserablen Lage des entstehenden Industrieproletariats zu seinem Protest gedrängt: Gott ist *das Böse*, das den Menschen der eigenen Schöpferkraft (!) und Voraussicht beraubt. Es ist deshalb „die erste Pflicht jedes intelligenten und freien Menschen, sich den Gottesgedanken unablässig aus Kopf und Gewissen zu schlagen" [26]. Das Nein zu Gott scheint die einzige Ausbruchsmöglichkeit (oder deren Voraussetzung) heraus aus dem Pessimismus der vorgefundenen Situation, die sich ständig verschärft. Der Glaube an einen Schöpfergott, an dessen Vorsehung und Weltregiment, an den universalen und definitiven Jenseitsausgleich für alle Diesseitsmisere — dieser Glaube ist, passiv und quietistisch, an allem oder doch dem meisten schuld, was an Unmenschlichem in der Menschheitsgeschichte getan und geduldet wurde. Die Religion: das Beruhigungs-, Beschwichtigungsmittel, das den zu Recht aufbegehrenden, getretenen Menschen niederhält. Von hier aus ist es nur ein Schritt zu Marx.

Die Linkshegelianer haben insgesamt halbe oder ganze Schritte auf einen postulatorischen Atheismus hin gemacht. Mit ihnen kommt nun doch die Philosophie Hegels ins ernste Spiel; ihre Mehrdeutigkeit wurde von dem revolutionär-systemkritisch gesinnten Teil seiner Schüler einseitig gekappt und zu Religions- und Gesellschaftskritik geschärft, während manche Rechtshegelianer sie etwas zu naiv christlich-orthodox und staatsbejahend auszulegen suchten. In *Bruno Bauer* [27] z. B., ursprünglich der Orthodoxesten einer, überschlug sich die atheistische Kritik: „Ich beweise, daß die Religion die Hölle der Menschenfeindlichkeit, Gott der Profoß dieser Hölle ist." Und *Heinrich Heine* [28], der sich dann später wieder eines anderen besann, 1844:

> Ein neues Lied, ein besseres Lied,
> o Freunde, will ich euch dichten:
> Wir wollen hier auf Erden schon
> das Himmelreich errichten!
>
> Ja, Zuckererbsen für jedermann,
> sobald die Schoten platzen!
> Den Himmel überlassen wir
> den Engeln und den Spatzen.

Rückblick und Vorblick

Heines Spottlied ist die leichtgeschürzte spätgeborene Schwester der von technokratischen Vorahnungen getragenen Tod-Gottes-Vision des Golem aus dem 13. Jahrhundert. Dieser unerbittlich nüchternen Ankündigung gegenüber nehmen sich die entsprechenden Proklamationen, die seit der Aufklärungszeit datieren, trotz ihrer aggressiveren Tonart fast harmloser, befangener aus, als ob sie vor der Unerhörtheit, mit der sie dem 19. Jahrhundert in die Ohren klingen, selber erschrecken würden. Erst die neuesten Schübe industrieller Revolution in unserer Gegenwart scheinen den Boden aufgebrochen zu haben für ein volleres Verständnis der Absetzung des Weltarchitekten Gott durch den einstigen und künftigen

Architekten Homo oder Homunculus. Das Umfeld für einen postulatorischen Atheismus um des die Welt gestaltenden Menschen willen wird durch mehrere Faktoren der modernen Bewußtseinsbildung und der weithin negativ geprägten Welterfahrung des heutigen Menschen umschrieben. Im Geflecht dieser Faktoren des Gegenwartsatheismus sind dessen wohl charakteristischste humanistische Erscheinungsformen zu situieren. Die unmittelbare Vorgeschichte des humanistischen Atheismus, die zum prometheischen Lebensgefühl der Renaissance zurückweist, führt zur Schwelle des erstmals maßgeblich von Ludwig Feuerbach geforderten „Anthropotheismus". Neben das von ihm entwickelte und von Karl Marx übernommene Modell eines Atheismus der kollektiven Weltveränderung, der keinen den Menschen einschränkenden Konkurrenten zuläßt, wird der von Friedrich Nietzsche inaugurierte und vom französischen Existenzialismus propagierte Atheismus der absolut freien Selbstentfaltung des menschlichen Individuums treten.

II. Die Hauptmodelle des atheistischen Humanismus

Der atheistische Humanismus sagt nein zu Gott, um den *Menschen* die uneingeschränkte Freiheit der Weltgestaltung und Selbstentfaltung zu verschaffen. Ohne diese beiden Zielideen der menschlicheren Welt und des freieren Selbst schematisch voneinander zu trennen (in Wirklichkeit bedingen und durchdringen sie einander), können ihnen die zwei heute noch und gerade heute wirksamen Hauptformen des *marxistischen* und des *existenzialistischen* Humanismus zugeordnet werden.

Modell A: Der marxistische Humanismus

Dieser Atheismus ist vorwiegend aus anderen als dogmatisch-doktrinären Quellen gespeist. Als Anzeichen und erste Dokumentation des Bewußtseinswandels, der doch die Kontinuität zu dem Atheismus der französischen Aufklärung und Revolution nicht verleugnet, werden angeführt: die Traumvision der „Rede des toten Christus vom Weltgebäude herab, daß kein Gott sei" von Jean Paul, die sich jedoch noch in freudiges Erwachen aus dem Alptraum auflöst [29]; der den Atheismusstreit um J. G. Fichte auslösende Aufsatz von F. K. Forberg von 1798, wonach der Gottesidee nur eine fiktionalistische Funktion in der Begründung der Moral zukommt und deshalb ein geläutertes moralisches Bewußtsein auch mit dem Atheismus vereinbar ist [30]; der, lange vor Nietzsche, von Hegel registrierte Tiefentrend des modernen emanzipierten Bewußtseins auf Atheismus hin und die von Hegel allerdings in Geistphilosophie spekulativ aufgehobene Formel „Gott selbst ist tot" [31].

Unmittelbare faktische Bedeutung für die Entwicklung eines humanistischen Atheismus gewann eine gewisse strukturelle Ambivalenz der Hegelschen Philosophie, die vom Linkshegelianismus in materialistische und atheistische Positionen hinein ausgedeutet wurde. Dadurch, daß an der Systemdialektik Hegels ihr antithetisches Moment der Negation, des Widerspruchs, der Entzweiung festgehalten wird, ohne es in die versöhnende Synthese aufzuheben, kehrt sich, politisch gesehen, ihre revolutionäre Potenz, und, auf die Religion bezogen, ihre kritischauflösende Funktion hervor; ineins damit wird der in der metempirischen Totalität und insofern Transzendenz des „Begriffes" sich vollendende Prozeß des absoluten Geistes zurückübersetzt in die empirische Weltimmanenz des Menschen, seiner sich wandelnden Gemeinschaftsbezüge und seiner ihm aufgegebenen Geschichte. Die Selbstentfremdung des Menschen, die bei Hegel nur eine illusorische Überwindung im Gedanken finde, ist in der ‚unmittelbaren' Wirklichkeit zu beheben: „Das Ringen um die Realisierung der Eschatologie im Diesseits" setzt, zunächst auf dem theologischen Boden selber, ein [32].

Nach D. F. Strauss ist „das Tun der Philosophie durch die ganze Dogmatik hindurch nichts anderes, als alle Formen des Jenseits auf die der diesseitigen Gegenwart zurückzuführen und mit dem Inhalte von jenem diese zu erfüllen" [33]. Nicht nur das Christentum, auch der Glaube an Gott, an dessen Stelle das „All" tritt, ist verflüchtigt in der populären Altersschrift „Der alte und der neue Glaube" (1872), die auf einen evolutionistischen Positivismus und bürgerlichen Fortschrittsoptimismus einschwenkt. Zu erklärtem vollem Atheismus wird die linkshegelianische Religionskritik radikalisiert durch Bruno Bauer. Nach den anonymen, ironisch verhüllenden Schriften „Die Posaune des Jüngsten Gerichts über Hegel den Atheisten und Antichristen" (1841) und „Hegels Lehre von der Religion und Kunst" (1842), vor allem aber, unter vielfachem Bezug auf den französischen Aufklärungsatheismus, in „Das entdeckte Christentum" (1843). A. Ruge [34] nannte ihn einen „Messias des Atheismus" und den „Robespierre der Theologie". Da Bauers Kritik ihrer Zeit vorauseilt, ist die Wirkung gering. Verstärkt gilt dies für Max Stirner, der die radikalsten Hegel-Schüler überbieten will. Nach dem Motto von „Der Einzige und sein Eigentum" (1844) ist nicht nur das „Jenseits außer Uns", sondern auch das „Jenseits in Uns", der als „höchstes Wesen" an die Stelle Gottes getretene Mensch selber, wegzufegen, indem schlechthin alle das jeweilige faktische Ich transzendierenden Wirklichkeiten und Werte abgetan werden.

Der „fromme Atheist" Feuerbach

Geschichtliche Wirksamkeit hat eben jene Gestalt eines humanistischen Atheismus erlangt, die Stirner verwirft: Ludwig Feuerbach bildete sie aus. Es gebe keinen anderen Weg zur Wahrheit und Freiheit als durch den Feuer-Bach; Feuerbach sei das Purgatorium, das Fegefeuer der Gegenwart — wurde 1842 geschrieben [35]. Und Friedrich Engels [36] stellte fest: „Wir waren alle momentan Feuerbachianer." Ludwig Feuerbach (1804—1872) hat diese Wirkung vor allem durch sein Buch „Das Wesen des Christentums" von 1841 erreicht. Darin gewann Feuerbachs Religionskritik die für die Entwicklung des Marxismus maßgebliche Form.
„Gott war mein erster Gedanke, die Vernunft mein zweiter, der Mensch mein dritter und letzter Gedanke" [37]: Der ursprüngliche Theologiestudent hatte, in scharfer Reaktion gegen Hegel, seine zweite, hegelianisierende Periode überwunden. Was das Christentum Gott, was der die Religion in die Philosophie ‚aufhebende' Hegel der absoluten Vernunft zuschrieb an Vollkommenheit und Bedeutung, das nimmt Feuerbach nun für den Menschen in Anspruch. Der Mensch hat sich dadurch sich selbst entfremdet, daß er Gott nach seinem, des Menschen, Bild schuf (VIII 236). Diese Selbstentfremdung will Feuerbach rückgängig machen. Wie es zu ihr gekommen war, dieses „psychologische Rätsel" (VII 255) versucht Feuerbach mit einer Theorie (wir würden heute sagen:) der Frustration und Projektion zu lösen. Der Mensch erfährt, daß er in seinem tatsächlichen Dasein weit hinter dem zurückbleibt, was er sein kann und sein soll. Darin zeigt sich die Spannung zwischen dem einzelnen menschlichen Individuum, das vielfältig beschränkt bleibt, und dem alle

Beschränkungen ausgleichenden und in sich aufhebenden Reichtum des Gattungswesens Mensch, der Gesamtmenschheit. Die Versuchung liegt nahe, daß der über
sich enttäuschte Mensch sein Ungenügen nicht aushält, sondern es kurzschlüssig
beheben zu können meint, indem er seine eigenen Möglichkeiten, die er sozusagen
horizontal, in Raum und Zeit der Menschheitsgeschichte — gewiß mühsam — zu
verwirklichen hätte, leichthin über sich hinausprojiziert in eine transzendente,
vertikale Wunsch- und Scheinerfüllung, Gott genannt. „Was der Mensch nicht
wirklich ist, aber zu sein wünscht, das macht er zu seinem Gott" (VIII 293). In
der göttlichen Allwissenheit und Allmacht, Allgegenwart und Ewigkeit verwirklicht der Mensch nur seine eigenen Wünsche, alles zu wissen und alles zu können,
an keinen Ort und an keine Zeit gebunden zu sein (VIII 345 f). In summa: „Die
Vernunft, welche Gott als ein unbeschränktes Wesen denkt, die denkt in Gott nur
ihre eigene Unbeschränktheit" (II 247), weil „die Idee des Unendlichen ... die
Menschheit selbst im Menschen ist" (IV 116). „Das menschliche Individuum ...
kann sich seiner Schranken, seiner Endlichkeit nur bewußt werden, weil ihm ...
die Unendlichkeit der Gattung Gegenstand ist" (VI 8). „Gott als der Inbegriff
aller Realitäten" ist „nichts anderes ... als der ... Inbegriff der unter die Menschen
verteilten, im Lauf der Weltgeschichte sich realisierenden Eigenschaften der Gattung" (II 259). Die Menschheit hat also ihr Bestes, enttäuscht über dessen Uner-
reichbarkeit oder über die stets mangelhaften Verwirklichungen ihrer Anlagen,
Bedürfnisse und Sehnsüchte, aus sich heraus in ein jenseitig vorgestelltes Sonder-
wesen verlegt. Der Mensch „schaut sein Wesen außer sich"; Gott ist „sein entäußer-
tes Selbst" (VI 38), „ein außer uns existierendes Gespenst von uns selbst" (II
227) [38], „der personifizierte Gattungsbegriff des Menschen" (VIII 345). „Gott
ist der Begriff der Gattung als eines Individuums" (VI 184). „Das Wesen Gottes
ist das Selbstbewußtsein des Menschen. Gott ist das offenbare Innere, das ausgesprochene Selbst des Menschen" (VI 15). Gott ist die imaginäre, illusionäre Selbst-
projektion des Menschen in ein Wunschjenseits [39]!
Die Projektion seiner selbst in Gott, die die Frustration des Menschen kompen-
sieren soll, führt jedoch zur Verarmung des Menschen: „Der Mensch hat sein
Wesen in Gott, wie sollte er es also in sich und für sich haben?": „Um Gott zu
bereichern, muß der Mensch arm werden; damit Gott Alles sei, der Mensch Nichts
sein." (VI 32.) „Der Mensch bejaht in Gott, was er an sich selbst verneint" (VI 33).
„Gott ist nicht, was der Mensch ist — der Mensch nicht, was Gott ist": „Gott
allmächtig, der Mensch ohnmächtig" usw. (VI 41). „Gott ist ihr [der Religion]
der Ersatz der verlorenen Welt" (VI 237), und „wo das himmlische Leben eine
Wahrheit, da ist das irdische Leben eine Lüge" (VI 194) [40]. Indem sie ihre Möglichkeiten in eine sterile Wunschprojektion bündeln, entfremden die Menschen
sich ihrem eigentlichen Ich, besser: Wir. Zugleich ist damit eine Entlastung verbunden: sie können es nun ja bewenden lassen bei ihrer jeweiligen Beschränktheit
und Armseligkeit. Das macht die Projektion in Gott so verführerisch, das läßt
die Frustration des Menschen scheinbar leicht verschmerzen. Worauf es deshalb
nun ankommt, das ist eine Methode der Umkehr, genauer der Rückverwandlung
der Theologie in die Anthropologie, Gottes in den Menschen (II 245); es geht um
„die Reduktion des außermenschlichen, übernatürlichen und widervernünftigen
Wesens Gottes auf das natürliche, immanente, eingeborene Wesen des Menschen"
(VI 409). Das, was der Mensch, sich selbst enteignend, Gott zugeeignet hat (ihn
dadurch erschaffend), soll der Mensch sich wieder für sich selber zurücknehmen
(Gott dadurch abschaffend). Das erhoffte Resultat dieses gegenläufigen Prozesses,

der von Gott zum Menschen zurückführt, die Wiedergutmachung des ‚Sündenfalls'
der Menschheit in Theologie und Religion, wird darin bestehen, daß der *Mensch*
„das höchste Wesen" sein wird (II 252). „Homo homini Deus": daß der Mensch
der — einzige — Gott des Menschen sein soll, das wiederholt Feuerbach ein ums
andre Mal [41]. Die Verabschiedung Gottes, der „über das Schicksal der Welt und
des Menschen nach seinem Wohlgefallen entscheidet", „gibt der Natur und der
Menschheit die Bedeutung, die Würde wieder, die ihr der Theismus genommen"
(VIII 29, 357). Das zu wissen ist nun entscheidend: daß „das Geheimnis der
Theologie die Anthropologie ist" [42]; „indem ich die Theologie zur Anthropologie
erniedrige, erhebe ich vielmehr die Anthropologie zur Theologie" (VII 287).
„Homo homini Deus est — dies ist der oberste praktische Grundsatz — dies der
Wendepunkt der Weltgeschichte" (VI 326). „Der Atheismus, das ist das Aufgeben
eines vom Menschen verschiedenen Gottes" (II 219)! Durch die Rückübersetzung
Gottes in den Menschen erlangt der Mensch sein durch die Religion sich selbst
entfremdetes Wesen zurück; dadurch wird er ein für alle Mal hineinverwiesen in
die diesseitige Welt, die mit ihren unendlichen Möglichkeiten die seine werden soll.
Die Realgestalt des irrealen Gottes ist die Welt des Menschen. Die „Vorlesungen
über das Wesen der Religion" von 1849 unterstreichen die humanistische, ‚kosmi-
stische' Tendenz des Feuerbachschen Atheismus: „Die Verneinung des Jenseits hat
die Bejahung des Diesseits zur Folge; die Aufhebung eines besseren Lebens im
Himmel schließt die Forderung in sich: es soll, es muß besser werden auf der
Erde; sie verwandelt die bessere Zukunft aus dem Gegenstand eines müßigen,
tatenlosen Glaubens in einen Gegenstand der Pflicht, der menschlichen Selbst-
tätigkeit." [43]
Rückblickend auf seine Lebensarbeit, zieht Feuerbach die Bilanz: „Ich ... habe
aus der Unwahrheit und Wesenlosigkeit des Übersinnlichen die Wahrheit des
Sinnlichen abgeleitet" (X 343). Es ging um „die Verwirklichung und Vermensch-
lichung Gottes — die Verwandlung und Auflösung der Theologie in die Anthropologie" (II 245); um „die Reduktion des außermenschlichen, übernatürlichen und
widervernünftigen Wesens Gottes auf das natürliche, immanente, eingeborene
Wesen des Menschen" (VI 409).
Feuerbach verkündet damit aber nicht so sehr eine Diagnose der Gegenwart, sondern ein Programm der Zukunft, ein Postulat. Den postulatorischen, humanistischen Charakter seines Atheismus bezeugt Feuerbach, indem er als Zweck seiner
Schriften und Vorlesungen angibt: „die Menschen aus Theologen zu Anthropolo-
gen, aus Theophilen zu Philanthropen, aus Kandidaten des Jenseits zu Studenten
des Diesseits, aus religiösen und politischen Kammerdienern der himmlischen und
irdischen Monarchie und Aristokratie zu freien und selbstbewußten Bürgern der
Erde zu machen ... Ich verneine nur, um zu bejahen; ich verneine nur das phantastische Scheinwesen der Theologie und Religion, um das wirkliche Wesen des Menschen zu bejahen" (VIII 28 f). Und nochmals: „Der Satz: der Mensch ist der
Gott, ... ist ... identisch mit dem Satz: es ist kein Gott ... Aber dieser letzte
Satz ist nur der atheistische, d. i. *negative*, jener der ... *positive* Ausdruck" (VII
297). Oder: „Der Atheismus, d. i. das Aufgeben eines vom Menschen verschiedenen
Gottes" (II 219). Sinnspitze und Stoßrichtung seines Denkens hat Feuerbach 1846
in einer an Hegel gewonnenen Begrifflichkeit (Negation der Negation = die neue,
höhere Position) im Vorwort zur ersten Ausgabe seiner bis dahin erschienenen
Werke so ausgesprochen: „Ich negiere Gott. Das heißt bei mir: ich negiere die
Negation des Menschen, ich setze an die Stelle der illusorischen, phantastischen,

himmlischen Position des Menschen, welche im wirklichen Leben notwendig zur Negation des Menschen wird, die sinnliche, wirkliche, folglich notwendig auch politische und soziale Position des Menschen. *Die Frage nach dem Sein oder Nichtsein Gottes ist eben bei mir nur die Frage nach dem Sein oder Nichtsein des Menschen*" (II 411). Das Nein zu Gott ist — nur [44], in aller Entschiedenheit jedoch — das Nein zur Verneinung des Menschen: das Ja zum Menschen ist Grund und Ziel und Sinn von Feuerbachs Atheismus. Deshalb wäre ihm, wie er am 2. März 1842 in einem Brief schreibt, statt „Atheismus" der Ausdruck „Anthropotheismus" lieber (XIII 393). Feuerbach will „an die Stelle des Gottesglaubens den Glauben des Menschen an sich" setzen (VIII 359), statt zur christlichen Lehre vom Menschgewordenen Gott bekennt er sich zur neuen Lehre vom Gott-werdenden Menschen.

Marx

Es war berechtigt, so ausführlich von dem Atheismus Feuerbachs zu sprechen. Feuerbach hat als erster in der Geschichte der Menschheit eine systematische atheistische Weltanschauung entwickelt. Sein ganzes Lebenswerk, alle seine Schriften sind davon durchpulst: ein einziger Zitatenschatz des modernen Atheismus. Es dürften seither kaum viel neue Gründe der Christentums- und Religionskritik hinzugekommen sein. Und vor allem: Marx setzt die Destruktion des Gottesglaubens, die Feuerbach vollbrachte, einfach voraus.
„Für Deutschland ist die Kritik der Religion im wesentlichen beendigt", so beginnt der für Marx fundamentale Text, die knapp 20 Seiten von „Zur Kritik der Hegelschen Rechtsphilosophie. Einleitung" (I 488—506), geschrieben Ende 1843 bis Jänner 1844. Marx unterstreicht die Tragweite dieser Feststellung, indem er den Satz fortsetzt: „...und die Kritik der Religion ist die Voraussetzung aller Kritik". Tatsächlich ist, was Feuerbach dachte, die bis heute nicht überholte Grundlage der marxistischen Religionskritik geblieben. Marx hat sie nur anders geortet. Seine Neusituierung und Umfunktionierung ist allerdings von großer Bedeutung, gerade heute.
Einerseits hat *Karl Marx* (1818—1883) in seiner geistigen Entwicklung zum Atheismus nicht auf Feuerbach gewartet. Diese vollzog sich vielmehr, vorbereitet durch aufgeklärt-liberale Einflüsse in seiner Jugendzeit, im Umgang mit den Linkshegelianern des Doktorklubs zu Berlin, wo Marx 1837—1841 studierte. Schon in seiner Doktorarbeit (1841) setzt sich Marx aufs kritischste und mit durchaus negativen Ergebnissen mit den damals zwischen den verschiedenen Richtungen der Hegelschule diskutierten Problemen der Unsterblichkeit der menschlichen Seele und der Existenz Gottes auseinander.
Anderseits und vor allem: Marx, der 1840 noch selber aktiv, als Dozent in Bonn, an der Selbstkritik der Theologie teilnehmen wollte (ein Plan, der sich zerschlug), wirft schon bald seinen Kampfgefährten vom Doktorklub vor, daß die gesamte deutsche philosophische Kritik von D. F. Strauss bis M. Stirner sich auf die Kritik der *religiösen* Vorstellungen beschränke (II 13). Er konzentriert sich nicht wie Feuerbach, gleichsam hinter Hegel zurück, auf die Auflösung der Theologie und Religion: er geht, über Hegel und die Philosophie hinaus, zur Kritik der Politik und schließlich der sozio-ökonomischen Verhältnisse über. Zur Orientierung auf die Politik war Marx, dem sich die Universitätskarriere verschloß, veranlaßt durch die Übernahme der Redaktion der „Rheinischen Zeitung" (1842/43). Die Zeitung

hält sich nicht lange, ab 1843 ist Marx im Exil in Paris. In seinen Beiträgen zu den von ihm zusammen mit A. Ruge herausgegebenen „Deutsch-französischen Jahrbüchern" hat Marx seine neue Position auf dem Boden der Politik klar umrissen.

„Da ... das Dasein der Religion das Dasein eines Mangels ist, so kann die Quelle dieses Mangels nur noch im Wesen des Staates selbst gesucht werden. Die Religion gilt uns nicht mehr als der *Grund*, sondern nur noch als das *Phänomen* der weltlichen Beschränktheit. Wir erklären daher die religiöse Befangenheit der freien Staatsbürger aus ihrer weltlichen Befangenheit. Wir behaupten nicht, daß sie ihre religiöse Beschränktheit aufheben müssen, um ihre weltlichen Schranken aufzuheben. Wir behaupten, daß sie ihre religiöse Beschränktheit aufheben, sobald sie ihre weltliche Schranke aufheben. Wir verwandeln nicht die weltlichen Fragen in theologische. Nachdem die Geschichte lange genug in Aberglauben aufgelöst worden ist, lösen wir den Aberglauben in Geschichte auf." [45]

Die Religion, die nur Ausdruck eines tiefer liegenden Mangels ist, wird zugleich aufgehoben und verwirklicht, indem dieser Mangel behoben wird. Marx sagt ausdrücklich in seinem Brief vom 30. 10. 1842, daß die Religion „mit der Auflösung der verkehrten weltlichen Realität, deren Theorie sie ist, von selbst [!] stürzt" [46]. Dies geschieht durch die Errichtung der wahren Demokratie, die von Marx nicht gleichgesetzt wird mit der demokratisch-republikanischen Staatsform, sondern mit einer neuen Weise des Zusammenfalls des privaten und des gesellschaftlich-politischen Daseins des Menschen (I 294 ff). Daß die Religion „ein verkehrtes Weltbewußtsein" ist, das produziert wird durch die Verkehrtheit von Staat und Gesellschaft in ihrem gegenwärtigen Zustand, das führen mit klassischer, predigthafter Kraft die religionskritischen Äußerungen vom Jahreswechsel 1843/44 aus. Der folgende Text wird viel zitiert, es mag trotzdem nicht unnütz sein, ihn im Zusammenhang vor sich zu haben:

Die Religion ist „das Selbstbewußtsein und das Selbstgefühl des Menschen, der sich selbst entweder noch nicht erworben oder schon wieder verloren hat". Sie ist „ein verkehrtes Weltbewußtsein ... ihre (= der Welt) moralische Sanktion, ihre feierliche Ergänzung, ihr allgemeiner Trost- und Rechtfertigungsgrund. Sie ist die phantastische Verwirklichung des menschlichen Wesens, weil das menschliche Wesen keine wahre Wirklichkeit besitzt. Der Kampf gegen die Religion ist also mittelbar der Kampf gegen jene Welt, deren geistiges Aroma die Religion ist.
Das religiöse Elend ist in einem der *Ausdruck* des wirklichen Elends und ... die *Protestation* gegen das wirkliche Elend. Die Religion ist der Seufzer der bedrängten Kreatur, das Gemüt einer herzlosen Welt, wie sie der Geist geistloser Zustände ist. Sie ist das *Opium des Volkes*. Die Aufhebung der Religion als des illusorischen Glücks des Volkes ist die Forderung seines wirklichen Glücks. Die Forderung, die Illusionen über seinen Zustand aufzugeben, ist die Forderung, einen Zustand aufzugeben, der der Illusion bedarf. Die Kritik der Religion ist also im Keim die Kritik des Jammertales, dessen Heiligenschein die Religion ist.
Die Kritik hat die imaginären Blumen an der Kette zerpflückt, nicht damit der Mensch die phantasielose, trostlose Kette trage, sondern damit er die Kette abwerfe und die lebendige Blume breche. Die Kritik der Religion enttäuscht den Menschen, damit er denke, handle, seine Wirklichkeit gestalte wie ein enttäuschter, zu Verstand gekommener Mensch, damit er sich um sich selbst und damit um seine wirkliche Sonne bewege. Die Religion ist nur die illusorische Sonne, die sich um den Menschen bewegt, solange er sich nicht um sich selbst bewegt.
Es ist also die Aufgabe der Geschichte, nachdem das *Jenseits der Wahrheit* verschwunden ist, die *Wahrheit des Diesseits* zu establieren. Es ist zunächst die Aufgabe der Philosophie,

die im Dienste der Geschichte steht, nachdem die *Heiligengestalt* der menschlichen Selbstentfremdung entlarvt ist, die Selbstentfremdung in ihren *unheiligen Gestalten* zu entlarven. Die Kritik des Himmels verwandelt sich damit in die Kritik der Erde, die Kritik der Religion in die Kritik des Rechts, die Kritik der Theologie in die Kritik der Politik." (I 488 f)

Die Religion ist demnach „die phantastische Verwirklichung des menschlichen Wesens", das „keine wahre Wirklichkeit besitzt". Die Entlarvung der „Heiligengestalt der menschlichen Selbstentfremdung" muß tiefer loten: auch die „unheiligen Gestalten" der Selbstentfremdung des Menschen müssen demaskiert werden. „Die Kritik des Himmels verwandelt sich damit in die Kritik der Erde" (I 488 f). In der Hauptsache handelt hier denn auch Marx, nach einer Einleitung über die Kritik der Religion, von den hinterwäldlerischen politischen Zuständen des damaligen Deutschland. „Die Kritik der Religion endet mit der Lehre, daß der Mensch das höchste Wesen für den Menschen sei, also mit dem kategorischen Imperativ, alle Verhältnisse umzuwerfen, in denen der Mensch ein erniedrigtes, ein geknechtetes, ein verlassenes, ein verächtliches Wesen ist..." (I 497). „...man muß diese versteinerten Verhältnisse dadurch zum Tanzen zwingen, daß man ihnen ihre eigene Melodie vorsingt!" (I 492)

Marx bannt mit sehr beachtlichem Sprachpathos die Analysen und Postulate des humanistischen Atheismus in die eindrucksvollen Bilder und Formeln einer — gelungenen — Predigt. Er bleibt nicht in negativistischer Kritik stecken. Die Religion ist nicht nur die Konsequenz, der Ausdruck der miserablen politischen und sozialen Zustände: sie ist auch der — allerdings unwirksame — Protest dagegen. Sie verklärt die mißratenen Zustände in etwa, als ihr „Heiligenschein", als Blumenkranz an der Kette, und macht sie so leichter zu ertragen. Allerdings befestigt sie diese dadurch auch. In dieser Doppelfunktion ist die Religion für Marx — dies ist seine berühmt gewordene Qualifizierung — „das Opium *des Volkes*" [47], vom Volk selbst hervorgebracht, ihm jedenfalls erwünscht als wohltuende Betäubung — nicht, wie Lenin [48] einseitig umformulieren wird, „Opium *für das Volk*", Instrument also des täuschenden Betrugs der beherrschten durch die herrschenden Klassen, durch Adel, Klerus usw. Die Religion ist nach dem Marx der Jahre 1843/44 schädlich und nützlich — so wie die Dinge nun einmal liegen. Aber eben so dürfen sie nicht bleiben, die Dinge! Die Forderung, die religiöse Illusion aufzugeben, wandelt sich, tiefer gegriffen, zur Forderung, jene Zustände aufzugeben, die dieser Illusion bedürfen. Darum geht es Marx eigentlich. Die Kritik an der „Heiligengestalt der menschlichen Selbstentfremdung" muß tiefer loten: sie muß zur Kritik an den zugrundeliegenden „unheiligen Gestalten" der Selbstentfremdung des Menschen werden. Als solche nennt Marx hier die politisch-rechtlichen Zustände. Er wird bald — schon ab 1844 — auch diese nochmals hinterfragen auf die seiner Auffassung nach letztlich maßgeblichen ökonomischen Zustände, die Produktionsverhältnisse.

Damit ist Marx über Feuerbach entscheidend hinausgegangen. Die von Marx selbst vorgenommene Abgrenzung von Feuerbach kann auch seine Stellungnahme zur Religion verdeutlichen. Feuerbach, so wirft ihm Marx in seinen Thesen von 1845 vor (= II 1—4), fasse den Menschen nur als natürliche Gattung, d. h. als ein unwirkliches Abstraktum des Wesens des Menschen, er fasse jedoch nicht den geschichtlichen Verlauf seines glückenden bzw. verfehlten Werdens, den „wirklichen historischen Menschen" (II 25). Deshalb bleibt er dabei stehen, „das religiöse

Gemüt für sich zu fixieren", statt es mitsamt dem Menschen, der nichts anderes sei als „das Ensemble der gesellschaftlichen Verhältnisse" (6. These), zu hinterfragen auf seine ausschlaggebenden sozialen und ökonomischen Bedingungen. Schließlich, und dies ist für Marx der spürbarste Defekt der Feuerbachschen bloßen Theorie: diese führt nicht zur „revolutionären Praxis" (3. These), die die Umstände durch tätigen Einsatz ändert und die Gründe der menschlichen Selbstentfremdung ein-fürallemal beseitigt. „Die Philosophie hat die Welt nur verschieden *interpretiert;* es kommt darauf an, sie zu *verändern*", lautet die berühmte 11. These. Nun wird man einräumen müssen, daß Marx, um sich von ihm möglichst abzuheben, das Denken Feuerbachs etwas einseitig stilisierte, als ob dieser z. B. nur das abstrakte Individuum analysiere (7. These); auch wird gerade heute darauf hingewiesen [49], daß Marx die Bedeutung der vorgegebenen Natur unterbelichte, um sein Interesse völlig auf die geschichtliche Selbstverwirklichung des arbeitenden, kulturschaffen-den Menschen zu konzentrieren, die offensichtlich auch in technokratische Eng-pässe und Sackgassen führen könne, wie sich heute zeige..., und deshalb bedürfe Marx der Ergänzung durch Feuerbach. Das muß hier nicht näher ausgeführt wer-den, weil es hier nicht um geschichtliche Gerechtigkeit für Feuerbach geht, sondern um das Verständnis der Auffassungen von Marx und insbesondere des Stellenwer-tes, den er der Religionskritik zuweist. War sie für Feuerbach das *Ziel* seines Lebens und Wirkens, so ist sie bei Marx nur mehr ein erster Schritt, gar eine *Vor-aussetzung*. Die Religion bekämpfen hieße an Symptomen herumdoktern, statt das Übel an der Wurzel zu packen. Werden die politischen bzw. ökonomischen Mißstände beseitigt, verschwindet die dadurch unnötig, überflüssig gewordene Religion von selbst. Nur indirekt, mittelbar ist der Kampf gegen die reale Misere der Gesellschaft auch der Kampf gegen die über sie hinwegtäuschende religiöse Illusion. (Wieder war es Lenin, dem die Geduld fehlte, auf das natürliche Abster-ben der Religion zu warten, und der deshalb zu massiverer, intoleranter Taktik überging.) Was diese prinzipiell verhaltene Position von Marx gegenüber der Religion, ihrem Entstehen und Vergehen, für den Zusammenhang Marxismus-Atheismus bedeutet, ist später [50] zu untersuchen. Denn die Frage liegt nahe, ob mit der Marxschen Gesellschaftstheorie etwa gar nicht notwendigerweise Atheis-mus verbunden sei. Wenn die Stoßrichtung der von Marx proklamierten revolu-tionären Praxis keineswegs auf die Religion, sondern auf die ökonomischen Ver-hältnisse geht, ist dann die gewiß nicht zu leugnende Absage an Gottesglauben, Kirchentum usw. etwa nur aus zeitbedingten Gründen, aus der Erfahrung der von unerleuchtetem (pseudo-)christlichem Religionswesen geleisteten Sanktionierung der höchst veränderungsbedürftigen gesellschaftlichen Zustände, zu erklären, ohne daß sie eine grundsätzliche Verwerfung der Religion besagen müßte? Dies voraus-gesetzt, könnte sich, wenn sich die Stellung der Religion zu den gesellschaftlich-wirtschaftlichen Verhältnissen ändert, auch die Stellung des Marxismus zur Reli-gion entsprechend ändern.

Marx' Einstellung zur Religion dokumentiert sich auch darin, daß Marx später nur mehr selten und nur noch beiläufig auf sie zu sprechen kommt. In den Pariser Manuskripten von 1844 fixiert Marx noch einen prinzipiellen Gegensatz zu zen-tralen Gehalten der christlichen Religion, speziell zum Schöpfungsglauben:

„Ein Wesen gilt sich erst als selbständiges, sobald es auf eigenen Füßen steht. Und es steht erst auf eigenen Füßen, sobald es sein Dasein sich selbst verdankt. Ein Mensch, der von der Gnade eines anderen lebt, betrachtet sich als ein abhängiges Wesen. Ich lebe aber voll-ständig von der Gnade eines anderen, wenn ich ihm nicht nur die Unterhaltung meines

Lebens verdanke, sondern wenn er noch außerdem mein Leben *geschaffen* hat, wenn er der Quell meines Lebens ist; und mein Leben hat notwendig einen solchen Grund außer sich, wenn es nicht *meine eigene Schöpfung ist.*" *(I 605)*

Die „Frage nach einem fremden Wesen, nach einem Wesen über der Natur und dem Menschen" ist „eine Frage, welche das Geständnis von der Unwesentlichkeit der Natur und des Menschen einschließt" (I 607). Im Zusammenhang mit diesen Stellen läßt sich Marx auch auf eine ziemlich windige Gegenargumentation und Gegenspekulation ein [51], allerdings um eben die Nutzlosigkeit des Argumentierens für das Geschaffensein der Welt zu demonstrieren. Am 12. 9. 1847 veröffentlicht Marx in der „Deutschen Brüsseler Zeitung" eine von einem evangelischen Konsistorialrat provozierte Kampflitanei gegen die Unwirksamkeit der sozialen Prinzipien des Christentums, in der unter anderem zu lesen ist: diese „setzen die konsistorialrätliche Ausgleichung aller Infamien in den Himmel und rechtfertigen dadurch die Fortdauer dieser Infamien auf der Erde" [52]. Aber „Das Kapital" wird aus der „Nebelregion der religiösen Welt" nur noch Redensarten und ein gelegentliches Exempel, eine „Analogie" beziehen [53]. Er meinte eben schon früher: „Wir verwandeln die theologischen Fragen in weltliche" (I 458)! So ist der humanistische Atheismus von Marx, in seiner Indirektheit und Indifferenz, noch radikaler als der Feuerbachs. Und „radikal", das besagt für Marx: die Sache in der Wurzel, die für den Menschen der Mensch selbst ist, fassen (I 497).

Zum heutigen Marxismus

In der Gegenwart hat *Ernst Bloch* [54] Marx' Antipathos gegen den christlichen Schöpfungsglauben ausdrücklich aufgenommen. Bloch entscheidet sich für den Gott des Exodus, der ein versklavtes Volk aus Ägypten herausgeführt hat in das Land der Verheißung, der neuen Freiheit, der offenen Zukunft, für den Gott des je neuen Welt-Aufbruchs also — gegen den Gott der Schöpfung, der laut erster Bibelseite die Welt bereits „gut" oder gar „sehr gut" gemacht hat, der deshalb ein Gott der Vergangenheit, der fix-und-fertigen Welt ist, der dem Menschen alles schöpferische Selberwirken vorwegnimmt. Über das „Siehe, ich mache alles neu!" aus der Apokalypse (21, 5), der letzten Schrift der Bibel, darüber ließe sich eher reden. Aber auch der Exodus-Gott ist für Bloch nur eine überholte Chiffre des kollektiven Freiheitsmarschs der Menschheit, Richtung Zukunft, unter rosaroten Fanfarenklängen — eine Chiffre des je neuere Modelle der Weltgestaltung, sogenannte Realutopien entwerfenden schöpferischen *Menschen*, der aufsteht aus dem uralten und ewig jungen Schoß der dialektisch bewegten Materie, der Urmutter allen Lebens, usw. Humane Impulse haben im letzten Jahrzehnt in verschiedenen Ländern Neuinterpretationen der Auffassungen vor allem des *jungen* Marx entstehen lassen, die vom sowjetischen Kommunismus als revisionistisch denunziert wurden. Es handelt sich um die Neomarxismen von z. B. *Roger Garaudy* in Frankreich, *Leszek Kolakowski* aus Polen (jetzt England), *Milan Machovec* und *Vitezslav Gardavský* in der CSSR, *Gajo Petrovic* in Jugoslawien oder der Frankfurter Schule von *M. Horkheimer, Th. W. Adorno* und *J. Habermas* [55]. Die Linie der marxistischen Orthodoxie dagegen wurde bestimmt durch die Systematisierung zum sogenannten Dialektischen Materialismus, die *Friedrich Engels* dem gesellschafts- und geschichtstheoretischen Denken von Marx, mit dessen Zustimmung übrigens, angedeihen ließ. Hier erscheint der Atheismus viel mehr als ein theoretisches, doktrinäres Lehrstück, das man zu untermauern versucht durch die Annahme einer ewigen Materie, denn als um des menschlicheren Menschen willen erhobenes Postulat der Praxis [56].

M o d e l l B : E x i s t e n z i a l i s m u s
a l s h u m a n i s t i s c h e r A t h e i s m u s

Steht hinter dem Atheismus von Marx und heutiger Neomarxisten die Sorge um die Verantwortung des Menschen für eine, kraft kollektiven Kulturschaffens, je menschlichere *Welt*: die existenzialistischen Varianten des postulatorischen Atheismus — bei Nietzsche, Sartre und Camus — sind getragen von dem Protest gegen den Gott, der die Freiheit des *Menschen*, seiner individuellen Selbstentfaltung und Selbstgestaltung einschränkt und hintertreibt.

Nietzsche

Bei *Friedrich Nietzsche* (1844—1900) tritt als existenzieller Grundzug aller modernen Atheismen, die sich nicht im Doktrinär-Weltanschaulichen erschöpfen, mit aller thematischen Deutlichkeit die Forderung der menschlichen Freiheit hervor. Diese Forderung bezieht ihre Inhaltlichkeit nicht von dem „Gattungswesen" Feuerbachs oder dem „Ensemble der gesellschaftlichen Verhältnisse" wie bei Marx; sie zentriert sich vielmehr auf den Einzelnen (ohne allerdings diesen auf das völlig ungebundene empirische Ich Max Stirners zu reduzieren). Die Rettung der Individualität nach dem Zusammenbruch der idealistischen Systeme und im Gegenzug zu den aufkommenden Vermassungstendenzen der Epoche war auch Kierkegaards Intention: sie ereignet sich für ihn einzig in der Entscheidung des Glaubens für den Gott Jesu Christi. Für Nietzsche dagegen kann die Emanzipation des Menschen zur Freiheit nur in der radikalen Absage an den Gott der christlichen Moral und Religion geschehen.

In dieser Frontstellung wirkt Schopenhauer nach. Dessen antijüdische Polemik gegen die „Wolkenkuckucksheim"-Redensarten vom Unendlichen und Übersinnlichen [57], schon gar die mit Kant geführte anti-hegelsche Polemik gegen das „Absolutum" und die „Spekulative Theologie" [58] kann allerdings nicht als Atheismus im strengen Sinn qualifiziert werden. Denn „man sollte statt dessen sagen: Nichtjudentum, und statt Atheist: Nichtjude: so wäre es ehrlich geredet" [59]. Nietzsches Atheismus ist eine Umschlagreaktion gegen den Pessimismus Schopenhauers mit seiner „halb christlichen, halb deutschen Enge und Einfalt" [60]. Auch für ihn wurde bestimmend die Opposition gegen die platonisch-christlichen Gottesvorstellungen.

Bei Nietzsche wird Gott „zur entscheidenden Einrede gegen das nach sich selbst verlangende Ich" [61]. Er schreibt im „Zarathustra" [62], daß er das Wort vom Übermenschen „vom Wege auflas" — aber der Weg war lang. Das Gedicht des 20jährigen „Dem unbekannten Gott" (1864) schwankt zwischen Haß und Sehnsucht gegenüber dem „schadenfrohen", „grausamsten Feind" und seinem „letzten Glück".

Wie immer Gott qualifiziert wird, es geht einzig und allein um die Befindlichkeit dieses jungen Ichs. „Ich lechze nach mir", so beschreibt er in einem Brief vom 30. August 1877 das „fortwährende Thema" des vorangegangenen Jahrzehnts: „Im ungestillten und zugleich unbezähmbaren Verlangen nach Einheit mit sich ... und seiner Welt erscheint ihm Gott als der bohrende, entzweiende, zerstörende Stachel im Fleisch des Selbstseins, den es mit allen Mitteln zu entfernen gilt. Das Mittel, dessen er sich vorzüglich bedient, ist das der ‚Toterklärung' Gottes." [63] In einem ersten größeren literarischen Zusammenhang geschieht diese Toterklärung nur indirekt. Die in Parabelform gehaltene Erzählung „Die Gefangenen" im zweiten Teil von „Menschliches, Allzumenschliches" [64] von 1878//79 persifliert die christliche Erlösungslehre: Vergeblich warten die zur Arbeit angetretenen Gefangenen im Gefängnishof auf die Wärter. Statt des Wärters wendet sich einer aus ihrer Mitte an sie mit der Behauptung, er sei in Wahrheit der Sohn des Abwesenden, er allein könne das ihnen wegen ihrer verräterischen Umtriebe drohende Strafgericht abwenden — vorausgesetzt, daß sie ihm glauben. Ihm widerspricht ein anderer, der als „der letzte der Gefangenen" eingeführt wird, mit der Behauptung, der Gefängniswärter sei vielmehr „plötzlich gestorben". Die Konfrontation zwischen Christus und diesem Anti-Christen, der Gott tot erklärt, geht unentschieden aus. Die Einkleidung der Erzählung ist vielsagend. Schon Philolaos von Kroton [65] (5. Jahrhundert v. Chr.), den Nietzsche gewiß kannte, hatte behauptet, Gott halte das All „wie in einem Gefängnis umschlossen"; nur sollte das damals ein Beweis für die Einheit Gottes und seine Erhabenheit über die Materie sein. Die Hauptstelle der Tod-Gottes-Botschaft Nietzsches, der Auftritt des „tollen Menschen" in der „Fröhlichen Wissenschaft", soll hier nicht ausgeschrieben werden. Aber die Entstehungsgeschichte dieser Schrift vom Winter 1881/82, der E. Biser nachgegangen ist, wirft Licht auf einige bezeichnende Motive des Aphorismus 125. Der erste Einfall hierzu in einem vom 26. Oktober 1881 datierten Notizbuch lautet: „Wohin ist Gott? Haben wir denn das *Meer* ausgetrunken?" Und einer der drei wohl gleichzeitigen kürzeren Zusätze: „Alle, die nach uns leben, leben um dieser Tat willen in einer *höheren* Geschichte." Eine vermutlich ein wenig später beigefügte Notiz bringt erstmals die Formulierung „Gott ist tot":

„Gott ist tot — wer hat ihn denn getötet? Auch das Gefühl, das *Heiligste, Mächtigste* getötet zu haben, muß noch über einzelne Menschen kommen — jetzt ist es noch zu früh! zu schwach! Mord der Morde! Wir erwachen als Mörder! Wie tröstet sich ein solcher? Wie reinigt er sich? *Muß er nicht der allmächtigste und heiligste Dichter selber werden?*"

Von allem Anfang an sieht Nietzsche den Tod Gottes in einem inneren Bedingungszusammenhang stehen zu einer unerhörten Erhöhung des Menschen. Dieses Motiv zieht sich in Variationen durch die weiteren Skizzen [66]. Die Fassung eines Heftes vom Jänner 1882, die sich vom Druckmanuskript nur geringfügig unterscheidet, lautet so:

„...Gott ist tot! Gott bleibt tot! Und wir haben ihn getötet! Wie trösten wir uns, die Mörder aller Mörder? Das Heiligste und Mächtigste, was die Welt bisher besaß, es ist unter unsern Messern verblutet — wer wischt das Blut von uns ab? Mit welchen Wassern könnten wir uns reinigen? Welche Sühnefeiern, welche heiligen Spiele werden wir erfinden müssen? Ist nicht die Größe dieser Tat zu groß für uns? Müssen wir nicht selber zu Göttern werden, um nur ihrer würdig zu erscheinen? Es gab nie eine größere Tat — und wer nur immer nach uns geboren wird, gehört um dieser Tat willen in eine höhere Geschichte, als alle Geschichte bisher war! — Hier schwieg der tolle Mensch ..."

Eine Textstelle des zweiten Studienhefts hat Nietzsche nicht in die endgültige
Fassung übernommen. Sie paßte nicht recht in den Kontext. Dort wird mit Bildern, die aus der Natur entlehnt sind, gefragt, wie wir, die Mörder Gottes, „das
Meer auszutrinken", „den ganzen Horizont wegzuwischen" vermochten, ob wir
nicht — in der Welt ohne Zentrum — nach allen Seiten stürzen und ob es nicht
kälter und Nacht geworden sei. Dazwischen stand: „Ohne diese Linie [und diesen Punkt = Gott] — was wird nun noch unsere Baukunst sein? Werden unsere
Häuser noch fürderhin feststehen?" Diese als einzige unmittelbar vor der Druck-
legung noch ausgelassene Stelle, die nicht an der Natur, sondern an der Kultur
und Technik des Menschen orientiert ist, ist für uns heute besonders interessant.
Sie mag uns an die Architekten-Golems der alten Kabbala-Erzählung erinnern:
diese allerdings hatten die bei Nietzsche zweifelnd geäußerte Frage entschieden
positiver beantwortet. Stehen sie uns näher?
Nein zu Gott um des Ja zum Menschen, zum freien Menschen willen: das ist nun
noch etwas näher auszuführen im Horizont des Gesamtwerks von Nietzsche. „Der
Mensch projiziert seinen Trieb zur Wahrheit... in einem gewissen Sinne außer
sich... als metaphysische Welt" (XVI 57). Das klingt wie Feuerbach. Die Meta-
physiker, diese „Hinterweltler" (III 21), nehmen eine wahre, jenseitige, ewige
Welt über der scheinbaren, diesseitigen, zeitlichen Welt an. Aber: „Die ‚scheinbare' Welt ist die einzige: die ‚wahre Welt' ist nur hinzugelogen" (VIII 77), „ein
himmlisches Nichts" (VI 43). Der Mensch zimmert sich die „wahre" Welt „aus
psychologischen Bedürfnissen" (XV 150), indem er zu dem Bedingten das Unbedingte hinzufingiert. „Leiden war's und Unvermögen — das schuf alle Hinter-
welten... Müdigkeit...: die schuf alle Götter" (VI 42).
Man meinte, es sei etwa nur die platonisch verabsolutierte Welt der metaphysischen Ideen und Ideale, eine irreale Moral der „ewigen Werte" (VII 137) des
Wahren, Guten und Schönen gewesen, gegen die sich Nietzsches „Umwertung der
Werte" [67] (XV 138) richtete. Aber Nietzsche, der das Christentum als „Platonismus fürs ‚Volk'" bezeichnete (VII 5), trifft nicht nur einen schlechten Platon, er
trifft den Theismus überhaupt und den Gottesglauben einfachhin. Er sieht es als
seine „große Bestimmung" an, „eine Art Krisis und höchste Entscheidung im Problem des Atheismus herbeizuführen" (XV 70): „der unbedingte redliche Atheismus" ist an der Zeit, welche „sich die Lüge im Glauben an Gott verbietet" (V 302).
Wie kam es zu dem Glauben an Gott?
„Das Gefühl der Macht, wenn es plötzlich und überwältigend den Menschen überzieht —
und das ist in allen großen Affekten der Fall —, erregt ihm einen Zweifel an seiner Person: er wagt sich nicht als Ursache dieses erstaunlichen Gefühls zu denken — und so setzt
er eine *stärkere* Person, eine Gottheit für diesen Fall an. — In summa: der Ursprung der
Religion liegt in den extremen Gefühlen der Macht, welche, als *fremd*, den Menschen über-
raschen... Die Religion ist... eine Art Furcht- und Schreckgefühl vor sich selbst... Aber
ebenso ein außerordentliches Glücks- und Höhengefühl..." (XV 243).
Nietzsche gesteht hier der Religion eine Doppelfunktion zu, wie wir sie, anders
gefaßt, auch bei Marx fanden. Vorherrschend aber ist bei ihm die ausschließlich
negative Deutung von der Selbstverneinung des Menschen her. Dieser „wirft alles
Neue, das er zu sich selbst, zur Natur, Natürlichkeit, Tatsächlichkeit seines Wesens
sagt, aus sich heraus... als Gott" (VII 391). Die Religion ist „Ausdruck der déca-
dence" des Lebens (XVI 427). Gott ist das „hybride Verfalls-Gebilde..., in dem
alle décadence-Instinkte, alle Feigheiten und Müdigkeiten der Seele ihre Sanktion
haben", und auf diesen Gott verlegt sich der „spiritus creator im Menschen" (VIII

236)! Gott ist der Gegensatz und Widerspruch zum Leben (XIV 371, VIII 235), „ein Fluch auf das Leben" (XVI 92), „Verbrechen am Leben" (VIII 281) — „unsere längste Lüge" (V 276). „Man sagt nicht ‚Nichts': man sagt dafür, ‚Jenseits' oder ‚Gott' oder ‚das wahre Leben' " (VIII 222). „Es ist in Gott das Nichts vergöttlicht, der Wille zum Nichts heilig gesprochen" (VIII 235).

„Der Begriff ‚Gott' erfunden als *Gegensatz-Begriff* zum Leben — in ihm alles Schädliche, Vergiftende, Verleumderische, die ganze Todfeindschaft gegen das Leben in eine entsetzliche Einheit gebracht! Der Begriff ‚Jenseits', ‚wahre Welt' erfunden, um die *einzige* Welt zu entwerten, die es gibt — um kein Ziel, keine Vernunft, keine Aufgabe für unsere Erdenrealität übrig zu behalten!"[68]
„Der Begriff ‚Gott' war bisher der größte Einwand gegen das Dasein . . . Wir leugnen Gott, wir leugnen die Verantwortlichkeit in Gott: *damit* erst erlösen wir die Welt" (VIII 101).

Daß es auch bei dem Weltpathos, das diese Stellen von 1888 aus „Ecce homo" und „Götzendämmerung" aussprechen, im Grund um die Freiheit des *Menschen* geht, der seine Verantwortung nicht auf Gott abschieben kann, macht der folgende Satz aus „Der Antichrist" (1888), der Sartre vorwegnimmt, deutlich: „Was bedeutet ‚sittliche Weltordnung'? Daß es, ein für allemal, einen Willen Gottes gibt, was der Mensch zu tun, was er zu lassen habe" (VIII 247).
Es gilt drum, „ ‚ohne Gott und Moral' allein zu leben" (XV 205). Dabei „wäre eine Lust und Kraft der Selbstbestimmung, eine *Freiheit* des Willens denkbar, bei der ein Geist jedem Glauben, jedem Wunsch nach Gewißheit den Abschied gibt, geübt, wie er ist, auf leichten Seilen und Möglichkeiten sich halten zu können und selbst an Abgründen noch zu tanzen" (V 282). Die Menschen, die Nietzsche will, werden „bei der Nachricht, daß der ‚alte Gott tot' ist, wie von einer neuen Morgenröte angestrahlt . . . — endlich erscheint uns der Horizont wieder frei . . ., endlich dürfen unsre Schiffe wieder auslaufen, auf jede Gefahr hin auslaufen, . . . das Meer, *unser* Meer liegt wieder offen da, vielleicht gab es noch niemals ein so ‚offenes Meer' " (V 272).
Die Demaskierung des alten Gottes geschieht in deutlicher Nähe zu Feuerbach: „Der Mensch hat alle seine starken und erstaunlichen Momente nicht gewagt sich zuzurechnen . . . insofern alles Große und Starke vom Menschen als übermenschlich, als fremd konzipiert wurde, verkleinerte sich der Mensch — er legte die zwei Seiten, eine sehr erbärmliche und schwache und eine sehr starke und erstaunliche, in zwei Sphären auseinander, hieß die erste ‚Mensch', die zweite ‚Gott.' "[69] Neu verstärkt aber setzt mit Nietzsche die Forderung des postulatorischen Atheismus ein: die „größte Erhöhung des Kraftbewußtseins des Menschen als dessen, der einen Übermenschen schafft"[70]. Der „Wille zur Zeugung" gibt Nietzsche das Verdikt ein: „Was wäre denn zu schaffen, wenn Götter — da wären!"[71] „Wenn es Götter gäbe, wie hielte ich's aus, kein Gott zu sein. Also gibt es keine Götter. — Wohl zog ich den Schluß, nun aber zieht er mich." (VI 124) Denn Nietzsches Epochendiagnose des Gottestodes ist durchaus positiv und prospektiv gezielt, wie bei Feuerbach. „Gott starb: nun wollen wir — daß der Übermensch lebe." „Fort mit einem solchen Gotte!", das heißt: „lieber selber Gott sein!" (VI 379 f); da „es unendliche Arten . . . selbst des Gottsein-könnens geben kann"[72]. Nachdem der „alte Gott"[73] gestorben ist, wird der Übermensch der neue Gott sein: seine die neuen Werte setzende Ankunft heraufzuführen ist Nietzsches Überwindung des Nihilismus (und des Atheismus?). „Der christlich-moralische Gott ist nicht haltbar: folglich ‚Atheismus' — wie als ob es keine andre Art Götter geben könne" (XV 255). „Wie viele neue Götter sind noch möglich" (XVI 380)! Es geht Nietz-

sche nicht um das Nichtsein Gottes: es geht ihm um das Sein des Menschen. Mag es einen neuen „Typus Gott" geben „nach dem Typus der schöpferischen Geister, der ‚großen Menschen' " (XVI 381)! Der bisherige Mensch ist nur „gleichsam ein Embryo des Menschen der Zukunft" (XVI 151). Dieser ist der „Übermensch"; der ist „der Sinn der Erde", und darauf kommt alles an, „daß die Erde einst des Übermenschen werde" (VI 13. 16) — denn, nebenbei: „die Aufgabe der Erdregierung kommt" (XIV 320). Er wird dionysisch „ja-sagen zur Welt, wie sie ist, ohne Abzug, Ausnahme und Auswahl" (XVI 383). Dabei ist Nietzsche skeptischer und kritischer als der Marxismus und von ihm beeinflußte heutige Theologien: „Man hat die Ankunft des ‚Reiches Gottes' in die Zukunft verlegt, auf die Erde, ins Menschliche — aber man hat im Grunde den Glauben an das alte Ideal festgehalten" (XV 387 f). — Nietzsche will nicht zu jenen gehören, „denen der alte Gott starb und noch kein neuer Gott in Wiegen und Windeln liegt" (VI 432) . . .

Von Nietzsche zu Sartre

J. M. Guyau (1854—1888), „der französische Nietzsche", plädiert für die größtmögliche Lebensentfaltung, die, als Naturziel zugleich Moralgesetz, in die Religionslosigkeit der Zukunft mündet. Guyau intendiert nicht Antireligion, sondern völlig freie religiöse Individualität. Das sagt deutlich genug der Titel seines Hauptwerkes „Moral ohne Verpflichtung und Sanktion" [74].
Postulatorischen Atheismus, ohne das evozierende Pathos Nietzsches, vertritt auch die „Ethik" [75] von *Nicolai Hartmann* (1882—1950): die Auffassung Gottes als konkurrierender Negation zur Welt und menschlicher Freiheit treibt die Antinomie zwischen dem Gehorsam gegen Gott und der ursprünglichen Sittlichkeit des freien Menschen hervor.
Ortega y Gasset (1883—1955) identifiziert in seiner neukantianischen Frühzeit Gott mit der Kultur, mit dem „Gesamt der besten von den Menschen vollbrachten Taten" [76]. In einem kurzen Artikel von 1926 jedoch ist wiederum „Gott in Sicht" [77]. Auch für G. *Santayana* (1863—1952) ist zeitlebens ‚Gott' das rein potenzielle und ideale höchste Gut, auf das hin sich das Universum bewegt [78].
Der Tendenz nach, ohne daß ausgesprochener Atheismus vorläge, sind hier auch italienische Philosophen des linken Gentile-Flügels zu nennen: V. Fazio-Allmeyer (1885—1958), G. Saitta (1881—1965), G. Calogero (geb. 1904) und F. Lombardi (geb. 1906). G. Rensi (1871—1941) suchte, nach mystischem Hegelianismus, selbst in seiner skeptischen mittleren Periode im Atheismus die reinste aller Religionen [79]; sein „Testamento filosofico" von 1939 bekennt sich ausdrücklich zum „Göttlichen in mir" [80].

Sartre, Camus und andere

Das Freiheitspathos eines humanistischen Atheismus ist in der Gegenwart am entschiedensten bei Jean-Paul Sartre ausgeprägt. Nietzsches Hoffnung auf den Übermenschen versteht sich in ihm als absurder Aufbruch des Menschen in absolute Freiheit. Sartre hat den Grund seines humanistischen Atheismus knapp ausgesprochen in der Einleitung zu einer Descartes-Ausgabe (1946): „*Unsere Freiheit wird beschränkt allein durch die göttliche Freiheit.*" [81] Warum ist das so? Die

Freiheit, das ist „très exactement l'étoffe de mon être" (wörtlich: ganz genau der Stoff meines Seins). Der Mensch ist „das freie Sichentwerfen", „durch das die Werte existieren"; die Freiheit ist „die einzige Quelle des Wertes" [82]. „Wenn der Mensch nicht selbst bestimmt, was gut ist, ... ist er erst dem Namen nach frei." [83] Der Mensch muß sich sein eigenes Wesen selber schaffen. Indem er sich in die Welt wirft, dort leidet und kämpft, definiert er sich mehr und mehr. „Faire, et en faisant se faire" — das ist schwer zu übersetzen: schaffen und im Schaffen sich selber schaffen — und nichts sein als das, wozu er sich selber geschaffen, gemacht hat: das ist die Bestimmung des Menschen. „Die Existenz wählt ihre Essenz." [84] Nun dürfte auch Sartres Aussage verständlich sein, daß „die Freiheit kein Wesen (keine Essenz) hat", daß „in ihr die Existenz der Essenz vorangeht und diese bestimmt" [85]. Wenn aber Gott existiert, dann setzt er in souveräner Freiheit jene „Ordnung von Wahrheiten und Werten, die sich als ewige Dinge, als notwendige Struktur des Seins unserer Zustimmung aufdrängen", dann wird der Mensch, als „guter Christ", „von der vorherbestimmten Ordnung der ewigen Wahrheiten und von dem ewigen System der von Gott geschaffenen Werte überwältigt" [86]. Dann ist der Mensch, dem Gott sein göttliches Gesetz ins Herz geschrieben, zu seinem Geschick prädestiniert — wie ein richtig adressiertes Postpaket, das seinen Adressaten normalerweise unfehlbar erreicht. Dann ist es um die Freiheit des Menschen geschehen. Nun jedoch „gibt es keinen anderen Gesetzgeber als ihn selbst": den freien Menschen [87]. Die Voraussetzung, nochmals: „Es gibt keine menschliche Natur, weil es keinen Gott gibt, der sie entwerfen würde" [88]. „Der Mensch [89] ist die Zukunft des Menschen" [90], ohne daß in einem „intelligiblen Himmel" [91] von ewig her eingeschrieben wäre, worin diese zu bestehen hat. Nur also „wenn Gott nicht existiert, dann gibt es wenigstens ein Wesen, bei dem die Existenz der Essenz vorausgeht" [92]. Die Bilanz, in logischer Strenge: „Wenn Gott existiert, dann existiert der Mensch nicht; wenn der Mensch existiert, — ... Gott ist tot." [93]
Denn auf Gott hat der Mensch (der deshalb „nur erst dem Namen nach frei ist"), sich seiner eigenen Freiheit und ihres Anspruchs entäußernd, diese übertragen. „Der Mensch verliert sich als Mensch, damit Gott geboren werde." [94] Wird Gott abgedankt, so ist die Freiheit des Menschen unbegrenzt, wie es ihre Bestimmung ist. „Zwei Jahrhunderte der Krise ... waren notwendig, damit der Mensch die schöpferische Freiheit wiedergewann, wie sie Descartes in Gott hineingelegt hat, damit wir endlich jene Wahrheit ahnen, die die wesentliche Grundlage des Humanismus ist: der Mensch ist das Wesen, dessen Auftreten bewirkt, daß eine Welt existiert." [95] „Der Existenzialismus ist nichts anderes als eine Anstrengung, alle Konsequenzen aus einer konträren atheistischen Position zu ziehen": gerade nicht in dem Sinne, als ob er sich darin „erschöpfte, zu demonstrieren, daß Gott nicht existiert. Er erklärt vielmehr: selbst wenn Gott existiert, ändert das nichts." [96] Aber Sartre muß gar nicht so rigoros die Nichtexistenz Gottes fordern. Er kann toleranter sein — wenn Gott sich nur nicht einmischt in die Freiheit des Menschen: „Gott ist tot: das besagt nicht, daß er nicht existiert oder nicht mehr existiert. Er ist tot: er hat einmal zu uns gesprochen, aber schweigt jetzt; wir finden nur noch seinen Leichnam. Vielleicht ist er aus der Welt hinausgeglitten — anderswohin, wie die Seele eines Toten ..." [97]
Im Drama „Die Fliegen" (1947) flieht (im 3. Akt, 2. Szene) Elektra zum Gott und bittet ihn um Hilfe; sie unterwirft sich seinem Gesetz. Orest aber erweist sich als den freigewordenen neuen a-theistischen Menschen:

„Ich bin weder Herr noch Knecht, Jupiter. Ich bin meine Freiheit! Kaum hattest du mich erschaffen, da habe ich auch schon aufgehört, dir zu gehören . . . Plötzlich ist die Freiheit auf mich herabgestürzt . . . und es war nichts mehr im Himmel, weder Gut noch Böse, noch irgendeiner, um mir Befehle zu geben . . . Ich werde nicht unter dein Gesetz zurückkehren: ich bin dazu verurteilt, kein anderes Gesetz zu haben als mich selbst . . . Ich hasse dich nicht. Ich habe nichts mit dir zu tun. Wir werden aneinander vorübergleiten wie zwei Schiffe." [98]

Das unbegrenzt offene Meer, von dem Nietzsche sprach, hat bei Sartre für alles Platz. Oder scheint das nur so? Vielmehr muß wohl von dem — in Sartres Dramen öfters variierten — Verdikt dieser Belanglosigkeit her, die Gott radikaler ausschließt als jede reflexe Leugnung, auch die ausführliche, mehr doktrinäre Auseinandersetzung Sartres mit dem Gottesproblem im Werk „L'être et le néant" gesehen werden. Danach ist die Idee Gottes selber widersprüchlich [99]. Sie ist die Hypostasierung des den Menschen als „unnütze Leidenschaft" [100] bedrängenden, notwendig scheiternden Versuchs, dem nichtend vom Sein abgehobenen Fürsich „die unendliche Dichte des Ansich" [101] hinzuzugewinnen, wie denn der Mensch nicht anders kann, als Gott werden zu wollen [102]. Die Ansich-Fürsich-Totalität ‚Gott‘ ist ein nicht zu verwirklichendes Ideal [103], eine Grenzüberschreitung im Absolutheitsbedürfnis [104]. Die aus Sartres System sich ergebende und ihm wohl genetisch zugrundeliegende Widersprüchlichkeit des Gottesbegriffs wird durch die Kritik an dem Schöpfungsgedanken [105] und auch an den Gottesbeweisen [106] flankiert.

Auch *Albert Camus* (1913—1960) empfindet und begründet postulatorisch (vor allem in „L'Homme Révolté", 1951): „Sobald der Mensch nicht mehr an Gott noch an das unsterbliche Leben glaubt, wird er verantwortlich für alles, was lebt. Ihm allein kommt es zu, die Ordnung und das Gesetz zu finden." [107] „Das ist die ganze verschwiegene Freude des Sisyphos: sein Geschick ist das seine"; er „lehrt uns die größere Treue, die die Götter leugnet und die Steine wälzt" [108]. Ein Humanismus der Verantwortung ohne Gott: Wenn es keinen Gott gibt, dann müssen wir alles tun, um zu beweisen, daß das Unrecht Unrecht ist! Wie sehr Camus die Spitze seines atheistischen Humanismus nach innen kehrt, sagt uns der Roman „Die Pest" [109]: „Das einzige wirkliche Problem, das ich heute kenne: Kann der Mensch ohne Gott ein Heiliger sein?"

Maurice Merleau-Ponty [110] sieht den Schwerpunkt des Menschen in dem vorreflexen Eingelassensein seiner Leiblichkeit in Welt; daraus entsteht die bleibende Spannung voller Zweideutigkeit zwischen verleiblichtem Ich und denkendem Subjekt. Die menschliche Existenz ist durch radikale Endlichkeit und Kontingenz bedingte Freiheit und als solche auf ihr Weltdasein eingegrenzt. Die Religion ist ersetzt durch positiven Humanismus: ein absolutes Wesen würde, als Vollkommenheitsfülle, die Existenz des Menschen absurd, all sein Wirken unmöglich machen. „Wenn Gott existiert, dann ist die Vollkommenheit im Diesseits dieser Welt schon realisiert, dann kann sie keinen Zuwachs erfahren, dann gibt es buchstäblich nichts zu tun." [111] Von Gott würde ausgehen „dieser unendliche Blick, vor dem wir ohne Geheimnis sind, aber auch ohne Freiheit, ohne Verlangen, ohne Zukunft . . .: herabgesetzt in den Zustand der sichtbaren Dinge" [112]. Auch die zwischenmenschlichen Beziehungen würden durch die Religion pervertiert: als „phantastische Anstrengungen des Menschen, um die anderen Menschen in einer andern Welt zu erreichen" [113]. Weltaufgabe, Freiheit des Einzelnen, Mitmenschlichkeit: für Merleau-Ponty ebenso viele Gründe des Nein zu Gott. Zu Gott überhaupt oder zu einem, wie bei Sartre, als Konkurrent des Menschen gesehenen

‚Gott'? Gewiß gilt die Absage der rationalistischen Konzeption eines „notwendigen Seienden", das von außen das leibhafte Geschehen zwischen Welt, Ich und den Anderen klären soll und das ihm mit der Kontingenz sein Eigengewicht raubt. Spätere, vorsichtigere Äußerungen aber lassen durchblicken, daß damit die Gottesfrage vielleicht doch nicht erschöpft ist [114]. Der französische Existenzialismus ist in seinem Mutterland abgelöst worden durch die neue Modephilosophie des Strukturalismus. Allein interessiert an den allgemeinen strukturellen Voraussetzungen menschlicher Lebensäußerungen, ist der Strukturalismus, wie eine Diskussion seines Chefideologen Michel Foucault mit J. P. Sartre zeigen kann [115], eine subjektlose, ichlose und insofern konträre antihumanistische Weltanschauung. Aber auch abgesehen davon, daß Nietzsches den Nihilismus verkündender und — der Intention nach — überwindender Prophetismus wieder „im Kommen" scheint: existenzialistisches Freiheitsethos — und gewiß noch mehr marxistisch inspiriertes Weltpathos — schlagen allenthalben und auf vielerlei Weisen in philosophischen und anderen Positionen und Sentenzen durch. Nach *Francis Jeanson* [116] z. B. ist die Echtheit menschlicher Beziehungen nur gewahrt, wenn jede Transzendenz über das menschliche Du hinaus ausgeschlossen ist. *Alexander Mitscherlich* sieht den mündigen Menschen befähigt und verpflichtet, auf den Vater-Gott, ein infantiles Relikt der Menschheit, zu verzichten. Für *Hermann Wein* wird durch den Begriff des Jenseits der Begriff des Diesseits hinfällig. *Max Bense* plädiert für konsequente Rationalität, die die Idee Gottes suspendiert [117].

Die beiden Haupttypen humanistischer Atheismen, die sich in den letzten eineinhalb Jahrhunderten ausgebildet haben, vermeinen nein sagen zu müssen zu Gott — um des Ja zum Menschen willen. Dem Menschen sollen die Herrschaftstitel und Vorzugsprädikate, die an „Gott" entfremdet wurden, zurückerstattet werden. Geht es dem Marxismus vor allem um die Gestaltung einer menschenwürdigen Welt in klassenloser Zukunftsgesellschaft, so zielt der von Nietzsche inspirierte Existenzialismus (wir gebrauchten das Wort in einem etwas unbestimmt weiten Sinn) auf die grenzenlose Freiheit des Menschen, über sich selbst zu verfügen. Der Mensch — Schöpfer der Welt? Der Mensch — Schöpfer seiner selbst? Die Fragen drängen sich auf: Ist diese höchst gegenwartsgemäß, höchst zukunftsträchtig scheinende Programmatik ein Privileg eines marxistischen, bzw. existenzialistischen Humanismus, eines *atheistischen* Humanismus also? Oder werden die Forderungen nach Weltgestaltung und Freiheitsentfaltung des Menschen usprünglich getragen und verbürgt, eigentlich gewährt und bewahrt durch die christliche Glaubensbotschaft von der Erschaffung der Welt durch Gott und der Erlösung der Menschen, aller Menschen in Jesus Christus? Und über die notwendige Gegenkritik hinaus: Zu welchen Reflexionen und Konsequenzen fordern die skizzierten atheistisch-humanistischen Positionen, in ihrer Kritik an Gottesglauben, Religion und Christentum, das christliche Bewußtsein der Gegenwart heraus? Welche Tabus helfen sie überwinden, welche antiideologische Potenz kann im Gegenzug gegen atheistische Ideologien entwickelt werden, welchen Stellenwert hat die Freiheit für den Christen?

III. Welteinstellung und Freiheitswille
(Kritik und Konsequenzen)

Der humanistische Atheismus ist ein Plädoyer für den Menschen. Gewiß: auf Kosten Gottes, als des angeblichen Konkurrenten. Das macht diese Atheismen anziehend und verführerisch: daß engagiert denkende und reflektiert handelnde Menschen für ihresgleichen, für unseresgleichen eintreten, für die Welt als den Freiheitsraum des Menschen, für die Freiheit des Menschen als welt- und selbstgestaltende Macht. Dieser Atheismus argumentiert nicht in erster Linie mit einzelnen Gründen für und wider; er postuliert aus einem Weltethos, mit einem Freiheitspathos, daß Gott nicht sein dürfe, damit der *Mensch* sein könne. Ihm kann deshalb nicht eine bloß negativ widerlegende Kritik gerecht werden; sie würde die ins Leben zielende Stoßrichtung der atheistischen Humanismen verfehlen. Es gilt vielmehr auf die sie treibenden Anliegen einzugehen, diese aufzunehmen; es gilt, womöglich zu zeigen, daß sie ursprünglich ermöglicht wurden und je mehr erfüllt werden können durch die Glaubensbotschaft von dem Schöpfergott, als Fundament und Garant der Freiheit des kulturschaffenden und sich selbst verwirklichenden Menschen, und durch die entsprechende christliche Lebensweise. Die Gegenkritik gegen die atheistisch-humanistische Kritik an Religion und Christentum kann nur berechtigt und jedenfalls nur wirksam sein, wenn sie schließlich zu entschiedenen Konsequenzen führt, deren Forderungen sich an die eigene Adresse richten.

Marxistisches Weltethos in Diskussion

Der Mensch ist nicht ein weltloses Ich. Mit allen Fasern seines Werdens ist er verflochten in die Welt der Materie und des organischen Lebens. Aus ihr entsteht er, in ihr lebt er. Das Schicksal der ganzen Menschheit ist das Schicksal ihrer Welt. Das Dasein der Menschen ist in dem Maß menschlicher geworden, als sie die sie umgebende Natur-Welt an allen Ecken und Enden umgestaltet, zum bebauten und gepflegten, kultivierten Wohnraum, zur Welt-*Kultur* gemacht haben. Die Welt ist das Arbeitsfeld und Baumaterial, Bewährungschance und kosmische Provokation der Kräfte des Menschen und des menschlichen Witzes. Die theoretische Erforschung und praktische, technische Beherrschung der Welt ist zur Überlebensfrage für eine explosionsartig anwachsende Menschheit geworden. Aber auch diesseits grausamer Notwendigkeiten: an der Welt und durch die Welt, durch Weltveränderung und Weltgestaltung wird der Mensch, was er ist und was er sein kann. Die bearbeitete und umgestaltete Welt ist die Zukunft der menschlichen Größe und des Glücks der Menschen. Will nicht auch heutiger Neomarxismus [118]: daß der Mensch als freies, schöpferisches Wesen der Praxis die Grenzen seiner vorgegebenen Natürlichkeit überschreitet und wahrhaft Neues schafft — mit dem Fernziel der vollendeten Humanisierung der Welt, durch die Revolutionierung der infolge der bisherigen Entwicklung radikal inhumanen Verhältnisse.

Die dualistische Voraussetzung des Marxismus

Hier also setzt die Kritik vor allem des Marxismus ein: Die Religion ist die Sanktion des Bestehenden, die Rechtfertigung, alles so zu belassen, wie's ist — wie es aus den Händen des guten und weisen Schöpfers hervorkam. Der Glaube an Gott

und sein Jenseits: das „Opium des Volks", der Heiligenschein des Jammertals, der um des Menschen Ketten geflochtene Kranz von Rosen ... Gott wäre es danach, der den Menschen niederhält oder niederhalten hilft in Passivität und Resignation, in animalischer Genügsamkeit — und bei dem für die Reproduktion seiner Produktionskräfte unbedingt nötigen Minimum an Lebensunterhalt. Es ist bekannt, daß sich der Protest von Marx und Engels gegen die Mißstände (ein furchtbar gelindes Wort!) der frühkapitalistischen Phase der ersten industriellen Revolution richtete, gegen Mißstände, die uns heute in unseren Gegenden unvorstellbar sind. Für den Marxismus, wie auch für Nietzsche, verkümmert das Diesseits, wo ein Jenseits etabliert wird, ausstaffiert mit den Verheißungen, nach denen es den Menschen verlangt. *Gott und Welt werden in einem Konkurrenzverhältnis gesehen.* Das ist das Grundmodell dieser von energischem Weltpathos angetriebenen Kritik. Hier setzt auch unsere Gegenkritik an. Dieser Ansatz wird bestätigt durch den Nachweis, daß das Religionsverständnis von Karl Marx seit 1838 — seit er sich die Hegelkritik von Bruno Bauer und Ludwig Feuerbach zu eigen machte — geprägt war durch einen extremen metaphysischen Dualismus [119]. (Man müßte in diesem Zusammenhang auch fragen nach Feuerbachs theologischen Anfängen und Nietzsches pietistischem Elternhaus.)
Was hat es mit dem metaphysischen Dualismus, mit dem anvisierten Konkurrenzverhältnis auf sich? Diese Sicht des Verhältnisses von Gott und Welt entspricht jedenfalls *nicht* der christlichen Auffassung der Schöpfung. Sie ist vielmehr charakteristisch für griechische, platonische und gnostische Weltschau. Platonische Kosmogonie läßt neben dem aktiven göttlichen Prinzip die gleichfalls ewige Materie als Urstoff der Welt existieren. Deshalb ist das göttliche Prinzip nicht im eigentlichen Sinn Schöpfer, sondern nur Demiurg, bildend-formender Werkmeister der Welt. Er macht aus dem ihm vorgegebenen chaotischen Material den geordneten, schönen Kosmos, die „ewige Zier" (nach Goethes Übersetzung). Der welterbauende Gott aber ist abhängig von seinem Baumaterial; Demiurg und Materie sind angewiesen aufeinander. Sie sind *zwei* Welt-Faktoren, die kon-kurrieren — d. h. wörtlich: zusammen-laufen — in *eins*, in das Resultat Welt.
Aus dieser Konkurrenz ergibt sich ein im landläufigen Sinn verstandenes Konkurrenzverhältnis zwischen Gott und Mensch. Wenn das göttliche Prinzip der Welt, wie dies Ernst Haeckel dem Gott der Christen ankreidete, ein „Dr. ing. ersten Grades" ist, dann allerdings sind die Menschen zu Architekten und Ingenieuren zweiten Grades degradiert. Dann bleibt ihnen nur zu tun übrig, was der erste, übermächtige Former und Ordner der Welt ihnen zu tun aufzusparen geruhte. Dann gilt das — hier erweiterte — Wort Feuerbachs [120]: „Gott ist nicht (und tut nicht), was der Mensch ist (und tut); und der Mensch ist (und tut) nicht, was Gott ist (und tut)." Nur die von Feuerbach hinzugefügte Begründung „Gott allmächtig, der Mensch ohnmächtig" ist, wie wir sehen werden, falsch: Gerade und nur der *nicht*-allmächtige griechische Demiurg schränkt die Möglichkeiten des Menschen vorweg ein. Wie denn auch die griechischen Götter jene Menschen, die zu wagemutig und erfolgreich in ihr Werk eingriffen, aus Neid auf ihr Glück bestraften. Sie waren der Hybris schuldig, des Attentats auf göttliche Reservate und Privilegien. Daß der Mensch sein „Maß" überschreite, galt als irreligiös. Die Götter halten den Menschen, seine Pläne, Kräfte, Mittel in Schach.
Wie in diesem Konkurrenzsystem von Gott und Menschenwelt die Wertungsakzente gesetzt werden, ist eine sekundäre Frage. Für den Platonismus und erst recht für die spätere Gnosis war die materielle Welt das Minderwertige, die Materie

das Nicht-sein-Sollende; und des Menschen einziges Bestreben mußte sein, sich aus dem Gefängnis des Sinnlich-Zeitlichen zu befreien durch die Rückkehr in das ihm angestammte Reich des Ewig-Geistigen. Für den modernen Atheismus dagegen ist die sinnenhaft wirkliche Welt des Menschen das Einzig-Geltende, und die Geistmacht eines Schöpfers über ihr anzunehmen wäre illusionär und schädlich. Hinter dieser Ablehnung jedoch steht derselbe Basisdefekt dualistischer Metaphysik (auch wo diese als Antimetaphysik auftritt). Der postulatorische Atheismus des Nein zu Gott um des uneingeschränkten Ja zur Welt des Menschen willen verkennt, was das heißt: Schöpfertum Gottes — Geschaffensein der Welt. Das ist nun positiv zu erörtern.

Das christliche Modell: Erschaffung

Schöpferisch schaffen, im strengen Sinn genommen — wie dies der christliche Glaube bekennt und die von ihm inspirierte Metaphysik es begründet [121] —, bedeutet: daß Gott die Welt sein läßt, ohne daß seinem Wirken irgendein vorgegebener Rohstoff zugrunde liegt; es bedeutet Hervorbringen „aus nichts". Bis ins Letzte, in ihrem ganzen Bestand ist die Welt das Werk Gottes. Wie Gott, die Welt erschaffend, keiner Urmaterie und keines Hilfsmittels bedarf, so braucht er auch die geschaffene Welt nicht; er hat sie nicht nötig, er zieht keinen Nutzen aus ihr. Gott schafft die Welt in souveränster Freiheit, in schenkender Mitteilung von Liebe. Er ist der Welt, die er in ihrem Entstehen und Bestehen schöpferisch trägt, unendlich überlegen und jenseitig, er ist absolut welttranszendent, und er ist ihr zugleich und eben deshalb innerlichst gegenwärtig, in absoluter Welt-Immanenz. Aus all dem ergibt sich: Gott und Welt stehen nicht auf einer und derselben Ebene, auf der sie sich bedingen könnten und einander begrenzen müßten. Es besteht kein Konkurrenzverhältnis zwischen ihnen. Gott macht nicht demiurgisch dies und das an der Welt *anders:* er läßt sie schöpferisch als ganze *sie selber* sein. Es gibt somit bei Gründung und Ausgestaltung der Welt keine Aufteilung der Wirkfaktoren auf Gott und Nicht-Göttliches (ewige Materie z. B. oder menschliche Tätigkeit), sodaß was dem einen gegeben oder zugesprochen wurde, dem andern genommen oder abgesprochen werden müßte. Im Gegenteil. Die ganze Schöpfung stammt von Gott allein, und alles Wirken in ihr ist insgesamt — in seinem Sein überhaupt — von Gott verursacht *und* ganz auch, was sein Sosein betrifft, verursacht von den kreatürlichen Kräften, die die einzigen innerweltlichen Wirkfaktoren sind. Gott einerseits, Welt und Mensch anderseits wirken nicht neben- und gegeneinander; sie sind vielmehr, wenn das so mangelhaft-vorstellungsmäßig ausgedrückt werden darf, hintereinandergeschaltet. Die philosophische Tradition sprach vom Schöpfer-Gott als Ersturache, von den Geschöpfen als Zweitursachen; die Rede von einem Mitwirken Gottes mit dem geschöpflichen Wirken ist dabei mißverständlich: Gott macht und läßt — in göttlichem Voraus — die Geschöpfe in ihrem Sein und Wirken sein und wirken. Gott ist nicht der die Welt anders Machende, der Welt und Menschen gar zur Passivität verurteilte. Er ist der die Welt zu ihrem Selbstsein und zu ihrer Eigentätigkeit Erwirkende. Er überläßt die Welt sich selbst — und den Menschen.
Man wird es als Vorzug buchen dürfen, daß die dargelegte Schöpfungsauffassung nicht erst in Reaktion auf den humanistischen Atheismus erfunden werden mußte, sondern von der Metaphysik, wie sie im Hochmittelalter z. B. Thomas von Aquin

ausbildete, uns angeboten wird. Die moderne evolutionistische Weltsicht kann das Sich-selber-Überantwortetsein der Welt in ihrer gesamten Entwicklung noch deutlicher herausstellen, als es dem mittelalterlichen Denken möglich war. Schöpfung und Entwicklung schließen sich nicht aus, und sie schränken sich nicht ein: Gottes Schöpfertum umgreift („transzendental") die („kategoriale") Entwicklung der Welt. Gerade darin zeigt sich die Macht, Weisheit und Güte Gottes, mit einem Wort: die „Menschlichkeit" Gottes, daß er durch die Erschaffung der Welt nicht unmittelbar selber auch alles allein schon bewerkstelligte (ein schlechter „Chef", der alles selber macht!), daß er vielmehr die Welt und zumal den Menschen mit eigenen Wirk- und Entwicklungskräften begabt hat, ohne daß irgendetwas deshalb seiner Macht entzogen wäre. Daß jedoch in der christlichen Überlieferung stets ein waches Bewußtsein von den Konsequenzen geherrscht habe, die sich aus der Schöpfungsmetaphysik für das Weltverhalten des Menschen ergeben, das wird man nicht behaupten können. Immerhin wurde, was das 1. Vatikanische Konzil 1870 noch einigermaßen verhalten einräumte, vom 2. Vatikanum mit aller Deutlichkeit festgeschrieben: „Durch ihr Geschaffensein selber ... haben alle Einzelwirklichkeiten ihren festen Eigenstand, ihre eigene Wahrheit, ihren eigenen Wert sowie ihre eigene Gesetzlichkeit und ihre eigenen Ordnungen, die der Mensch unter Anerkennung der den einzelnen Wissenschaften und Techniken eigenen Methode achten muß." [122] In der am 7. 12. 1965 verabschiedeten Pastoralkonstitution (Nr. 34) steht auch der schöne und freie Satz: *„Die Siege der Menschheit sind Zeichen der Größe Gottes".* Je größer Kraft und Glanz der geschaffenen Welt, um so größer für uns die Kraft und der Glanz des Schöpfer-Gottes!

Existenzialistisches Freiheitspathos in Diskussion

Die höchste Auszeichnung des Menschen ist die Freiheit. Freiheit besagt Selbstbestimmung, Selbstverfügung. Der Mensch ist das einzige Wesen auf Erden, das beanspruchen kann, selbst zu entscheiden, Herr zu sein über sein Tun und Lassen. Dadurch unterscheidet sich der Mensch vom Tier, das schlechthin determiniert wird durch äußere und innere Faktoren; Hormonpegel und Situation fixieren das Tier auf Nahrungssuche oder Flucht vor dem Feind, Paarung oder Brutpflege. Der Mensch besitzt eine letzte Kraft der willentlichen Distanzierung gegenüber allem, das ihn anzieht und in Beschlag nehmen will; er ist ihm nicht haltlos verfallen, solange er sich nicht selbst ausliefert; er vermag ja *oder* nein zu sagen. Kraft der Freiheit ist der Mensch Person, die nicht aufgeht in den Bezügen und Belangen eines Kollektivs, eines Staats oder einer Klasse. Das Personsein ist verbunden mit unantastbaren Pflichten und Rechten. Vor allem an die fundamentalen Freiheitsrechte des Menschen, wie sie durch die modernen Verfassungen geschützt werden, denken wir, wenn wir kurzum von seiner Freiheit sprechen. In seiner Freiheit kann sich der Mensch der Werte seines Lebens, seiner Welt öffnen oder auch verschließen. Er kann sich in Treue an einen Menschen binden, er kann ihn auch verlassen und verraten. Auch das Nein zu Gott ist eine letzte Möglichkeit der menschlichen Freiheit. Die Freiheit ist auch im Spiel, wo immer der Mensch ausgreift nach der Erforschung, Gestaltung und Beherrschung der Welt. Experimentierende Phantasie, Abenteuerlust, Erfindergeist, Einsatzfreude, schöpferisches Planen, verbissenes Durchhalten: all das lebt von Freiheitsimpulsen. Man kann sagen, daß die Freiheit, das menschlichste Moment des Menschen, auch der weltlichste Punkt der

Welt sei, der aufs empfindlichste reagiert gegen Übermächtigung. Deshalb gilt für die Freiheit auf die schärfste Weise im besonderen, was über das Verhältnis von Gott und Welt im allgemeinen gesagt wurde — in atheistischer Kritik und in christlicher Gegenkritik.

Mit der Freiheit ist für den atheistischen Humanismus von Nietzsche und Sartre der höchste Austragspunkt, die glühende Mitte des Konkurrenzkampfes zwischen Gott und dem Menschen erreicht: Gott, gäbe es ihn, hätte von Ewigkeit her und ein für allemal den Menschen unausweichlich vorprogrammiert zu einem über ihn verhängten Geschick. Der Mensch wäre verkürzt, herabgedrückt zu einem bloßen determinierten Naturwesen. Er wäre sich selbst genommen. Ihm bliebe nur die Ausführung eines übermächtigen fremden Willens. Nur in einer Welt ohne Gott kann die freie Existenz des Menschen sich selber ihr eigenes Wesen erschaffen. Hierauf zielt die Sinnspitze von Sartres Ontologie. Gott wäre die starke Hälfte des Menschen, dem selber nur noch die schwache Hälfte übrigbliebe, meint Nietzsche [123]. Solche Aufteilung bedeutete die „Todfeindschaftsform ... zu jeder freimütigen und gütigen Menschlichkeit" [124]. Deshalb will man „an die Stelle des Gottesglaubens den Glauben des Menschen an sich" setzen; deshalb wird der Gott verabschiedet, der „über das Schicksal der Welt und Menschheit nach seinem Wohlgefallen entscheidet": das „gibt der Natur und Menschheit die Bedeutung, die Würde wieder, die ihr der Theismus genommen" [125].

Gott — Fundament der Freiheit

Wiederum ist gegenzufragen: *Ist* Gott der Konkurrent der menschlichen Freiheit? Die Antwort wird sein: Nein. Das Gegenteil trifft zu: Gott ist Fundament und Garant der Freiheit des Menschen. Das sei mit groben Strichen umrissen [126]. Jeder Mensch lebt aus einem Entwurf dessen, was er sein will; er orientiert sich in seinem ganzen Verhalten, mehr oder weniger bewußt, auf dieses Zielbild hin. Er ist wirklich das, wozu er sich macht. Sehr verschiedene Zielvorstellungen können das Bewußtsein eines Menschen ausfüllen: etwa der Wunsch, einen geliebten Menschen zu gewinnen oder eine bestimmte Karriere zu machen; ein Forscher kann sich auf eine wissenschaftliche Entdeckung konzentrieren; man kann sich für eine nationale Bewegung oder für ein internationales Aktionsprogramm einsetzen. Ich denke, das sind jeweils ganz reale Möglichkeiten. Würde sich jemand einem solchen Ziel, so wertvoll es an sich sein mag, jedoch mit Haut und Haar verschreiben, sodaß es zum Auf-und-Ab, zum Ein-und-Alles seines Lebens würde, so müßte man von ihm sagen: „er kennt nichts anderes mehr", und gar: „er geht über Leichen". Das schlechthin verabsolutierte Ziel „Berufserfolg" oder „Weltrevolution" zwingt dazu, alles, was es sonst noch gibt, auch und zumal die andern Menschen, nur noch als Stufe und Hilfe, Handhabe und Instrument auf dieses Ziel hin zu gebrauchen — und das hieße nun: zu mißbrauchen —, sie zu verdinglichen und zu verzwecklichen. Mit einem Wort: es macht unfrei. Ein derart ergriffenes Ziel versklavt zunächst und zumeist eben den Menschen selbst, der — im letzten Akt seiner Freiheit diese aufgebend — es zu seinem Götzen erkoren hat.

Nur *ein* Ziel, absolut ergriffen, macht den Menschen nicht unfrei, sondern läßt ihn frei: der selber absolute Gott, der, wir sagten das schon, den Menschen nicht braucht, nichts für sich von ihm verlangt und ihn zu nichts zwingt. Allein die letztverbindliche Orientierung an dem unbedingt-unendlichen Gott erniedrigt oder beeinträchtigt niemanden, sie konkurriert mit nichts, sie schließt keinen Wert dieser Welt, keine gültige Lebensmöglichkeit, keine Weise und keinen Grad menschlicher Selbstverwirklichung aus. Sie läßt vielmehr Menschen und Dinge, Begebenheiten und Projekte in die gemäße Ordnung, an die ihnen zukommende Stelle einrücken; sie verleiht die richtige und gerechte Perspektive. Gott läßt den Menschen frei — in aktivem Sinn von „lassen": er gibt frei, er macht frei. Die Bindung an Gott ist die Möglichkeitsbedingung für die Freiheit des Menschen. Das gilt nicht nur für den bewußten Selbstvollzug der menschlichen Freiheit in ihren Entscheidungen oder vielmehr in der ein Leben oder wenigstens einen Lebensabschnitt bestimmenden personalen Grundentscheidung. Schon das dem Freiheitsvollzug vorausgehende Freiheitsvermögen, der Wille des Menschen, ist in seinem ursprünglichen Sein und Wesen durch Hinordnung auf Gott zur unbegrenzten Offenheit der Freiheit eröffnet und ermächtigt. Der Wille wäre sonst, wie der Trieb des Tieres, von Natur aus so oder anders zweckbestimmt vorausgeprägt. Das wäre dann allerdings kein Wille, der Mensch wäre nicht frei, nicht Person — nicht Mensch. Aber ist das nicht eben der fundamentale Widerspruch: *Bindung* an Gott als *Freiheit* des Menschen? Besagt das nicht [127], „die menschliche Tätigkeit etc. als Tätigkeit und Resultat eines anderen" ansetzen, wird der wirkliche Mensch dabei nicht zu einem bloßen Prädikat Gottes, statt Subjekt zu sein? Sublim ferngesteuerter Automat? Die Korrelation Bindung-Unfreiheit, Abhängigkeit-Unselbständigkeit, die nach Marx [128] das Verhältnis Schöpfer-Geschöpf sogar unüberbietbar brandmarkt, trifft gewiß zu im physikalischen und im biologischen Bereich. Aber gilt sie auch für personale Beziehungen? Wird, wer sich in echter Liebe an einen anderen Menschen bindet, dadurch unfrei, Sklave des anderen oder der eigenen Begierde? Erschließt Liebe, wo sie zu ihrer vollen Wirklichkeit gelangt, nicht vielmehr den Raum neuen Selbstseins und damit größerer Freiheit? Wo Person sich personal zu Person verhält, findet das „Apfelkuchenprinzip" keine Anwendung, wonach das Stück Kuchen, das A ißt, für B nicht mehr zum Genuß verfügbar bleibt. Eine Mutter kann drei Kinder mit derselben Liebe lieben, die sie einem Kind entgegenbringt. Das Zueinander von göttlicher und menschlicher Freiheit kann nicht durchschaut werden; schon die Freiheitsentscheidung des Menschen ist rational nicht ableitbar. Aber es mag doch etwas verständlicher geworden sein, daß die Abhängigkeit von Gott die Freiheit des Menschen nicht aufhebt, sondern begründet. Nicht abstrakter Gegensatz ist das Gesetz dieser Beziehung, sondern die Dialektik wechselweiser Steigerung: Je stärker die Abhängigkeit vom Schöpfer, desto stärker der Eigenstand des Geschöpfes. Gott gibt dem Menschen die freie Selbständigkeit mit dem ihm schöpferisch gegebenen wirklichen eigenen Sein [129]. Einige mehr praktische Reflexionen können das verdeutlichen.

Christlich-theologische Konsequenzen

Es kann dem Christen nicht in erster Linie um Widerlegung und Zurückweisung atheistischer Positionen gehen. Er wird gerade gegenüber humanistischen Atheismen die berechtigten Impulse von ungerechtfertigten Invektiven zu unterscheiden suchen und sich ihrer Herausforderung stellen. Diese wird ihm zur Einforderung eigenen gemäßeren Weltverhaltens und Selbstverständnisses. In dem, was diese Atheismen treibt, sind nicht nur ursprünglich, ihrer Herkunft nach, christliche Antriebe am Werk [130]: auch auf Zukunft hin gesehen, stehen hier Möglichkeiten der Weltgestaltung und Freiheitsentfaltung an, die in ihrer Sachdynamik, ihrer eigentlichen inneren Potenz echt menschlich und christlich sind. Solches Sich-betreffen-Lassen ist auch deshalb geboten, weil auch in dieser gewiß überzogenen Behauptung Feuerbachs (X 345) ein nicht zu kleiner Rest Wahrheit steckt: „Mein Atheismus ist nur der zum Bewußtsein gebrachte, ehrliche, unumwundene, ausgesprochene unbewußte und tatsächliche Atheismus der modernen Menschheit und Wissenschaft."

Keine Tabus!

Greift der Homo technicus unserer Tage stärker, als dies bislang möglich war, verändernd in die Welt aus, so erfüllt er den von Anfang an der Menschheit mit auf den Weg gegebenen Schöpfungsauftrag, der auf der ersten Seite der Bibel (Gen 1, 28) seinen lapidaren Ausdruck fand: Unterwerft auch die Erde! Was Atom- und Astrophysik unternehmen und was Biophysik und Medizin planen, wird möglicherweise viele Zeitgenossen erschrecken. Dennoch lassen sich nicht von vornherein bestimmte Grenzen abstecken für das, was für Forschung und technische Realisation zulässig ist und was nicht. Solche Grenzziehungsversuche sind praktisch nutzlos; sie werden nicht beachtet. Wichtiger jedoch: an ihrer inneren Berechtigung ist zu zweifeln. Wo liegt hier das maßgebliche Kriterium von „erlaubt" und „verboten"? Niemals kann dem Menschen etwas zu tun gestattet sein, das sein eigenes Menschsein in der Konsequenz auslöschen würde, individuell oder kollektiv, physisch oder psychisch oder ethisch. Der Leichtigkeit, einer solchen Reflexionsnorm im allgemeinen zuzustimmen, dürfte die Schwierigkeit entsprechen, sie im einzelnen anzuwenden. Es wird kaum eine Entdeckung oder Erfindung denkbar sein, die neben schädlichen nicht auch nützliche Gebrauchsmöglichkeiten bietet. Abusus non tollit usum, lautet ein altes Axiom. Nicht die Sache selbst, ihr rechter, humaner Gebrauch ist entscheidend.

Vorsicht also vor apriorischen Tabus! Und keine pauschalen Diskriminierungen! Derlei macht periodische theologische Rückzugsgefechte, nebst Prestigeverlusten, unvermeidlich. Der Christ, als Theologe, wird sich sagen müssen: Warte ab, rede den Fachleuten nicht vorlaut dazwischen; ich werde mir nachher einen Reim darauf machen ... Dann, nach geübter langer Geduld und genügendem Kenntniserwerb, wird die Stellungnahme unter Umständen auch ein entschiedenes Nein zu inhuman wucherndem Experimentiertrieb sein. Aber zunächst steht gegenüber wissenschaftlicher Forschung und technischer Praxis die Vermutung dafür, daß der Mensch, was er tun kann, auch darf; bis zum Beweis nämlich des Gegenteils. Und der Beweis wird, wie gesagt, *am Menschen* zu führen sein. Von Gott jedenfalls steht kein Einspruch zu erwarten. Gott hat sich in der Welt nichts für sich reserviert, als sein ausschließliches Hoheitsgebiet, seine eifersüchtig gehütete Exklusive; es gibt keine göttlichen Weltprivilegien oder Weltmonopole. Es besteht für den Ausgriff des Menschen nach Welt keine andere Grenze — als der Mensch selber [131]. Diese allerdings sanktioniert Gott „zusätzlich" mit ewiger Sanktion; so ist der Glaube des Christen, dem man humane Potenz nicht absprechen wird. Wir sind damit, ich hoffe, tausend Meilen weit von Feuerbachs schlicht-schlechtem Konkurrenzschema: „Um Gott zu bereichern, muß der Mensch arm werden; damit Gott alles sei, muß der Mensch nichts sein" (VI 32). Antipodenmentalität! Gott *ist* alles. *Und eben deshalb* ist der Mensch alles — all das, was zu sein und zu haben, zu wissen und zu können für ihn nur immer von Relevanz und von Interesse sein mag.

Wessen Herz Zukunftsvisionen populärer Science-fiction oder wissenschaftlicherer Futurologie erfreuen (soweit dieselben überhaupt erfreulich sind), der trainiere gelegentlich Gelassenheit. Immerhin wird man der Meinung sein dürfen, einiger — zumeist verhaltener, nicht allzu ungebrochener — Zukunftsoptimismus stehe dem Christen besser zu Gesicht als das Gegenteil. Wer an die „absolute Zukunft" (K. Rahner) glaubt, an Gott und die Lebensgemeinschaft der Menschen mit ihm, der braucht nicht lähmenden Ängsten vor irgendwelchen relativen Zukünften ausgeliefert zu sein. Aber man wird auch einräumen müssen, daß das Evangelium Jesu Christi selber einen ziemlich weiten Spielraum für Empfindungen und Auffassungen verschiedenen Genres läßt. Nur die Extreme sind von Übel, die ohnehin ineinander umzukippen ständig auf dem Sprung sind.

Keine Ideologien!

Die anvisierte Enttabuisierung besagt unter anderem Aspekt: Entideologisierung. Die nun ja wahrhaftig nicht überstürzte ausdrückliche Anerkennung der methodischen Autonomie der profanen menschlichen Wissens- und Lebensbereiche durch katholische Lehramtsdokumente sollte nicht nur die eine, die kirchenbehördliche Seite gegen die Versuchung zu totalitären Übergriffen möglichst immunisieren. Kompetenzüberschreitungen geschahen auch von seiten wissenschaftlicher Spezialisten (um von der Popularisierungsbranche zu schweigen). Mandarine gibt's überall. Nicht einmal Professoren sind, wie man seit kurzem allgemeiner ahnt, ganz unfehlbar. Wo mit ganzem Einsatz gearbeitet wird, schießt beinahe unvermeidlich auch einiger Totalitätsaffekt ins Kraut. Wenn Ideologie auf der Ebene der Wissenschaft in der sich selbst verkennenden Verabsolutierung je meiner partikulären Wissenssparte, im falschen Bewußtsein eines Methodenmonismus besteht, dann ist das Gegenmittel das das Relative relativierende In-Relation-Setzen des eigenen Teils zu fremdem Anderem, im Idealfall zu allem Anderen, zum Ganzen der Wirklichkeit, bzw. des möglichen Wissenstotums.
Solche Wissensintegration wird bei summarischem, akkumulierendem Vorgehen gerade heute nurmehr höchst ansatzweise, als Eröffnen einiger weiterer Fragerichtungen, gelingen. Ist „über" oder „hinter" oder, wem das lieber ist, „vor" den gestreuten Weitläufigkeiten gegenwärtigen und erst recht künftigen Wissensbetriebs dem darin eingespannten Menschen so etwas wie ein prinzipieller Einheitspunkt, ein Ganzheitsfocus anvisierbar (die alten griechischen Philosophen sprachen je auf ihre Weise von der „arche", dem Ursprung als Urgrund, Sinn und Ziel)? Ein Ursprung, von dem Sinnstiftung, perspektivische Tiefe, Ordnungskraft ausgeht, sowie der stille und unerbittliche Appell zum Mut langer Geduld, des Trotzdem-miteinander-Sprechens, der Toleranz? Eine All-Macht, der Einengung, Fixierung, Dekretismus, Zwangsmittel, Manipulation, kurzum jeglicher grober oder feiner Terror einfachhin weswidrig sind? Wird der Gottesglaube des Christen ungebührlich funktionalisiert, wenn er *auch* (nicht: nur) in diesem Zusammenhang einer appellativen Integrationsinstanz zur Humanisierung des Wissens — und entsprechend des Lebens —, als Kraft der Entideologisierung, gesehen wird? Könnte es gegebenenfalls eine brauchbare *erste* (nicht: letzte) „Definition" Gottes sein: daß er der ist, der uns — wie einst, nach Paulus, vor den alten Idolen — heute und morgen vor neuen Ideologien bewahrt? Das heißt nicht für ein auf absehbare Zeit, wenn nicht für immer, unerschwinglich gewordenes einheitliches „christliches Weltbild" plädieren. Die Spannungen zwischen den verschiedenartigen Ebenen (der einzelnen Wissenschaften, philosophischen Grundwissens, des Glau-

bensbekenntnisses) bleiben; sie brechen nun erst recht, hoffentlich heilsam, auf, denn eben sie können entideologisierend wirken. Auch werden keine Patentrezepte, keine konkreten Einzellösungen von außen, von oben angereicht: dafür bleiben mit aller erneuten (!) Entschiedenheit die einschlägigen Wissenschaften, bzw. Wirtschaft, Politik, Kunst, Technik usw. zuständig, also, im weitesten Sinn genommen, alle möglichen *Techniken.*

Das universale Kriterium Freiheit

Hinter einem Weltverhalten, das Tabus und Ideologien nüchtern und sachlich von sich abhält (was zupackendes Engagement für die Sache selbst nicht ausschließt), steht letzten Endes ein entschiedenes Verständnis der Freiheit des Christenmenschen. Der Atheismus der Gegenwart ist nicht nur eine Funktion von Krisenmomenten des spezifisch modernen Bewußtseins, etwa des nachkopernikanischen Weltbildumbruchs und naturwissenschaftlicher Kompetenzüberschreitung, von Agnostizismus und Sprachanalyse, des verschärften Theodizeeproblems und der Kritik an christlich-katholischem Quietismus (darüber sprachen wir einleitend [132]). Hinter diesen einzelnen Faktoren steht das für die ganze Moderne grundlegende Ringen des Menschen um Anerkennung und Verwirklichung seiner Subjektivität, um seine Emanzipation zu freier Mündigkeit: und hierin erfüllt sich unverzichtbar die Bestimmung des Menschen überhaupt. Das „Ihr werdet sein wie Gott!" der alten Schlange — jener „kleinen Privatdozentin" der ganzen Hegelschen Philosophie, nach der Titulierung des großen Satirikers Heine [133] — ist die mythische Chiffre einer Versuchbarkeit des innersten Wesens des Menschen. Der Mensch, der sich kraft seines Geistes ausstreckt nach Wahrheit und Freiheit, gar nach aller Wahrheit und nach der ganzen Freiheit (aber auch im kleinstdimensionierten Anteil an Wahrheit und Freiheit ist das Gesetz dieses Auslangens am Werk) — dieser Mensch steht eingerückt in unbegrenzte Horizonte, ihn treibt ein, richtiger: *das* Prinzip der Unbedingtheit und Unendlichkeit. Nach Sartre [134] begehrt der Mensch der freien Selbstwahl, „Gott zu sein", und bleibt „eine unnütze Leidenschaft". Hier liegt die letzte Wurzel des Atheismus, zumal seiner betont humanistischen Erscheinungsformen. Er ist *kurzschlüssige Selbstbehauptung.* Im Ergreifen verfehlte Emanzipation. Aufbruch und dessen Absturz im Verfall sind ineinander geschlungen. Atheismus ist „nicht nur der weithin berechtigte Kampf gegen Relikte aus der Vorzeit, aus der Welt ewig-statischer Objektivitäten, und gegen eine falsche Weltflucht — also gegen Hemmungen der Emanzipation —, sondern ... gehört zu dem problematischen Ringen um die Gewinnung der Freiheit" [135].
Deshalb kann die entscheidende Antwort auf humanistischen Atheismus nur sein das Ja zur welt-engagierten Freiheit des Menschen. Dieses Ja hat für den Christen seinen unüberholbaren Grund, sein Fundament und seine Garantie im Evangelium Jesu Christi; längst vor aller anti-atheistischen Apologetik. Und sagen wir es rundheraus: Es handelt sich um ein unbedingtes, uneingeschränktes Ja zur Freiheit des (Christen-)Menschen! Denn es ist keine Grenze im schlechten, einengenden Sinn, daß die Freiheit nach dem *immanenten* Gesetz ihrer Selbsterhaltung alles das — und nur das! — von sich abwehren darf und muß, wodurch sie selber ausgehöhlt und aufgehoben würde. Die Überzeugung, daß das Gesetz, das die Freiheit für sich selbst ist, die universale Norm des menschlichen Handelns sei [136], hat mit modernistischem Libertinismus aber auch gar nichts zu tun. Es ist uns nur zu

verwirklichen aufgegeben, was ein christlicher Theologe vor siebenhundert Jahren anhand der Botschaft des Apostels Paulus darlegte:

„Wer aus eigenem Antrieb handelt, handelt frei. Wer aber von einem anderen angetrieben wird, handelt nicht frei. Wer also das Schlechte meidet, nicht weil es schlecht ist, sondern auf Grund einer Vorschrift des Herrn, der ist nicht frei. Der hingegen, der das Schlechte meidet, weil es schlecht ist, der ist frei. Dies nun bewirkt der Heilige Geist, der unseren Geist innerlich vervollkommnet, indem er ihm eine neue Bewegung verleiht, sodaß er sich des Schlechten aus Liebe enthält . . . Somit ist er frei, nicht als ob er dem göttlichen Gesetz nicht unterstünde, sondern weil seine innere Bewegkraft ihn dazu veranlaßt, das zu tun, was das göttliche Gesetz vorschreibt." [137]

Nicht nur ·in der Technik gibt es keine Weltreservate Gottes: es gibt sie, und das ist der fundamentalere Sachverhalt, auch nicht in der Ethik. Selbst noch einmal beim Mißbrauch der menschlichen Freiheit braucht nicht Gott seine „beleidigte Ehre" zu rächen: Was die allerdings mögliche schlechte Freiheitsentscheidung des Menschen (die wir christlich-theologisch Sünde nennen) verletzt, das ist, zunächst jedenfalls und maßgeblich, der *Mensch* selber in seiner Würde, seinem gegenwärtigen Bestand und seinen Zukunftschancen. Gott in sich wird von dem gegen das Rechte rebellierenden Menschen nicht angefochten: mit sich selbst entzweit sich der vernunftwidrig handelnde Mensch, er verwirrt oder zerstört das Einvernehmen mit seinesgleichen. Freiheitsmißbrauch ist Selbstwiderspruch. Dieser ist die Konsequenz von jenem, und er ist auch das Kriterium für jenen. Gott will den Menschen — aus, wir räumen das bereitwillig ein, unergründlichem Liebeswillen. Er will die Freiheit des Menschen. Die Freiheit macht, allseitig realisiert, die Welt des Menschen aus; dadurch *wird* die Welt menschlich. Mehr und mehr, wie wir hoffen. Etwas anderes will Gott nicht; soweit wir, ohne über Gottes Wollen oder Nichtwollen unbillig zu verfügen, das sagen können. Nikolaus von Kues läßt Gott zum Menschen, der sich über sein Gottesverhältnis im unklaren ist, sprechen: „Gehöre du dir selbst, dann werde ich dir gehören." [138]
Unsere beiden Gedankengänge treffen sich: der „*kosmologische*" der Eigenständigkeit der Weltbereiche und der „*anthropologische*" der Selbständigkeit der menschlichen Freiheit; und beidemal geht es letztlich um christliche *Theologie*. Die „christliche Sachgerechtigkeit" (A. von Trott zu Solz) der Weltgestaltung ist nur die andere, objektive Seite der christlichen Forderung der Freiheitsentfaltung des menschlichen Subjekts. Der universale Horizont und das letzte Fundament der zukunftsoffenen Welt und des freien Menschen ist die religiöse Überzeugung von dem absoluten schöpferischen Seinsgrund von Welt und Mensch im Bekenntnis zu dem Gott Jesu Christi. Der Gottesglaube bedeutet weder Frustration des Weltinteresses des Menschen noch Kastration seiner Freiheitspotenz. Gott hat die ganze Welt, damit sie menschlich werde, der Freiheit des Menschen überantwortet. Wenn nach einem neueren Forschungsbericht [139] über die Diskussion um Gott in der Alternative von Gottesbeziehung oder eigenständigem Selbstsein des Menschen „das ganze Problem des modernen Atheismus als eines aktivistischen Humanismus steckt", so war es der Zweck dieser Seiten: zu zeigen, daß diese Alternative nicht besteht, daß hier kein Entweder-Oder statthat, sondern daß das eine, die Selbständigkeit des Menschen und seiner Welt, durch das andere, durch *den nicht-anderen* [140] Gott, gewährt und gewahrt wird.

Anmerkungen

1 G. Scholem, Zur Kabbala und ihrer Symbolik. Zürich 1960, 234 f; 209—259: „Die Vorstellung vom Golem". Vgl. H. Thielicke, Der evangelische Glaube I. Tübingen 1968, 328—331

2 Es ist um 500 n. Chr. entstanden und vertritt die Schöpfungsmächtigkeit der Zahlen und Buchstaben.

3 G. Scholem (s. Anm. 1) 210 f; vgl. 255 f

4 Scholem 253 ff

5 Laut der Autobiographie von J. Emden, Megillath Sepher (Warschau 1896) 4, ergänzt für den Grund der Angst durch Emdens Responsen II, Nr. 82; etwas anders in „Mithpachath Sepharim" (Altona 1769) Bl. 45 a; vgl. Scholem 256 mit Anmerkung 105 f

6 Ps.-Saadia (Ms. München 40, Bl. 77 a) sagt zum Schluß des „Buchs der Schöpfung": „Wie jemand seine Kraft vor den Leuten demonstriert, so tat Abraham und schuf Personen, um die Macht Gottes zu demonstrieren, der den Buchstaben (schöpferische) Kraft verliehen hat" (nach Scholem 282[29]; vgl. ebd. 222—225, 229 f).

7 Schüler Judas des Frommen († 1217 in Regensburg) haben sie aufgezeichnet; vgl. Scholem 233 f

8 In dem kabbalistischen Buch Peli'ah: Scholem 284[48]

9 Durch das Wort „Gott ist tot" wird nach M. Buber (Gottesfinsternis, 1957, 27) „die Endsituation des Zeitalters" bezeichnet, nach Jaspers (Vernunft und Existenz, 1960, 19) „der geschichtliche Tatbestand der Zeit", nach M. Heidegger (Einführung in die Metaphysik, 1953, 34; Holzwege, 1950, 248. 70) das Seinsschicksal der „Weltverdüsterung", das „durch den ‚Fehl Gottes' bestimmt" ist, der „Entgötterung".

10 Fröhliche Wissenschaft III, § 125

11 Ed. Leipzig 1841, 77. Und Heinrich Heine (WW ed. Meyer VII 409): „Es sind in Deutschland die Theologen, die dem lieben Gott ein Ende machen — on n'est jamais trahi que par le siens (man wird immer nur durch seine eigenen Leute verraten)."

12 . . . daß Gott tot sei. Versuch eines christlichen Atheismus. Zürich 1968

13 Glauben und Wissen: WW, ed. Glockner, I 433; Vorlesungen über die Philosophie der Religion: ebd. XVI 306 f

14 Höchstens könnte man mit L. Feuerbach (WW, ed. Bolin-Jodl-Saß II 277) sagen, daß von Hegel „die Negation Gottes, der Atheismus, zu einer objektiven Bestimmung Gottes gemacht — Gott als ein Prozeß und als ein Moment dieses Prozesses der Atheismus bestimmt" wird. Aber am Ende des göttlichen Prozesses steht doch wieder „der aus seiner Negation sich wiederherstellende Gott", und dieser könnte nur etwa, solange er im Übergangsmoment seiner Selbstentäußerung befangen bleibt, „ein atheistischer Gott" scheinen.

15 Hollande 1797, Bd. III, 282. Vgl. M. Horkheimer — Th. W. Adorno, Dialektik der Aufklärung. Frankfurt 1969, 88—127 („Juliette oder Aufklärung und Moral")

16 Wie (laut FAZ v. 2. 6. 1971) der Atomphysiker Paul Dirac auf einer Lindauer Nobelpreisträger-Tagung meinte.

17 Ein, in seiner Tragweite diskutabler, Vorklang: der Tod des großen Pan, von dem Plutarch erzählt (de defens. orac. 17; vgl. G. A. Gerhard, Der Tod des großen Pan. Heidelberg 1915)

18 Vgl. hier zur heutigen Kritik am Theismus: „A-theistisches Christentum?", S. 134 bis 151

19 Vgl. „Christliche Genealogie des modernen Atheismus?", S. 22—30

20 Traktat über kritische Vernunft. Tübingen 1969; auch: Plädoyer für kritischen Rationalismus. München 1971

21 Die Pest. Bad Sulz o. J. (1949) 208 f

22 Soweit es sich nämlich um erklärten, zu sich stehenden Atheismus handelt: daneben gibt es zumal im Westen einen weit verbreiteten, durch die faktische Lebenseinstel-

lung unreflex praktizierten Atheismus, der, kaum greifbar, um so verheerender grassiert.

23 WW, ed. Lieber-Furth, I 22
24 Opus espistolarum, ed. Oxonii 1906—1958, I 113; vgl. R. Padberg, Personaler Humanismus. Das Bildungsverständnis des Erasmus von Rotterdam ... Paderborn 1964, 69—73, Zitate 71. J. Huizinga (Erasmus. Basel ⁴1951, 40) spricht von einer Vereinigung von Genesis und Prometheussage in dieser Legende des Erasmus.
25 Du contrat social. 4. Buch, 8. Kapitel
26 Système des contradictions économiques ou philosophie de la misère. 8. Kapitel
27 In einem Brief vom 8. 2. 1843 an den Verleger J. Fröbel, dem er seine Schrift „Das entdeckte Christentum" anbietet. In dem beschlagnahmten Erstdruck steht S. 10: „Die vollendete Religion ist das vollendete Unglück der Welt." (Nach E. Barnikol, in: Zschr. f. Kirchengesch. 46, 1928, 1—34, 5. 7.)
28 Deutschland. Ein Wintermärchen. Kaput I
29 „Siebenkäs" 1796/97: SW I/VI (1928) 247—252; vgl. W. Rehm, Experimentum medietatis. München 1947, 7—95
30 H. Lindau (Hg.), Die Schriften zu J. G. Fichtes Atheismus-Streit. München 1912, 37—58. Vgl. oben S. 34, Anm. 4
31 Glauben und Wissen (1802), Schlußabschnitt; Vorlesungen über die Philosophie der Religion, ed. G. Lasson, II 2, 157 f (1821), 172. Dazu: C. Link, Hegels Wort „Gott selbst ist tot". Zürich 1974
32 Vgl. J. Gebhardt, Politik und Eschatologie. Studien zur Geschichte der Hegelschen Schule in den Jahren 1830—1840. München 1963, 69—96; P. Cornehl, Die Zukunft der Versöhnung. Eschatologie und Emanzipation in der Aufklärung, bei Hegel und in der Hegelschen Schule. Göttingen 1971, 93—259
33 „Die christliche Glaubenslehre", 1841—1842, II 340; vgl. I 359. Dabei wird „als Subjekt der Prädikate, welche die Kirche Christo beilegt, statt eines Individuums eine Idee, aber eine reale ... gesetzt" (Das Leben Jesu, kritisch bearbeitet, 1835 und 1836, II 742).
34 Briefwechsel und Tagebuchblätter, ed. P. Nerrlich. Berlin 1886, I 247
35 Siehe Marx-Werke I, ed. Lieber-Furth, 109. Aber tatsächlich stammen die rühmenden Worte nicht von Marx, sondern von Feuerbach selbst (dafür gibt es „stichhaltige Nachweise" laut dem Feuerbach-Herausgeber W. Schuffenhauer, in: Atheismus in der Diskussion [s. hier S. 118, Anm. 98], 255).
36 K. Marx — F. Engels, Werke. Berlin 1960 ff, XXI 272
37 Werke, hg. v. W. Bolin — F. Jodl — H.-M. Saß. Stuttgart 1959—1964², II 388. — Der vierte und allerletzte Gedanke Feuerbachs, so müssen wir hinzufügen, war dann noch die Natur, aber bleiben wir bei dem für uns wichtigen dritten Gedanken stehen; in seiner späteren sensualistisch-materialistischen Einstellung überträgt Feuerbach, was wir ihn hier vom Menschen sagen hören, auf die Natur insgesamt.
38 Vgl. J. Brechten, Die Wirklichkeit Gottes in der Philosophie Ludwig Feuerbachs: Tijdschrift voor Filosofie 35 (1973) 87—108; H. J. Braun, Die Religionsphilosophie Ludwig Feuerbachs. Stuttgart 1972
39 Feuerbach sagt das über den absoluten Geist Hegels, es gilt jedoch auch für den Gott der klassischen Metaphysik und der christlichen Religion.
40 Der junge Hegel (ed. Nohl 225) ähnlich vor Feuerbach und Marx: Es sei die Aufgabe, „die Schätze, die an den Himmel verschleudert worden sind, als Eigentum der Menschen, wenigstens in der Theorie, zu vindizieren". Nach der Einschränkung auf Theorie fragt Hegel resignierend: „Aber welches Zeitalter wird die Kraft haben, dieses Recht geltend zu machen und sich in den Besitz zu setzen?"
41 VI 236; vgl. VII 412; VI 192. 200; VII 259. 296. 304; VIII 360
42 VI 325; II 222; VIII 23
43 VII 358; vgl. 28 ff, 359. 400. Vgl. A. Schmidt, Emanzipatorische Sinnlichkeit. Ludwig Feuerbachs anthropologischer Materialismus. München 1973

44 Tatsächlich findet sich bei Feuerbach jedoch auch eine ganze Reihe doktrinärer Begründungsmomente für seinen Atheismus; vgl. darüber W. Weischedel, Der Gott der Philosophen, Bd. 1. Darmstadt 1971, bes. 406 ff

45 Zur Judenfrage I, 1843: I 157 f

46 An A. Ruge, in: MEGA I/1/2, 286

47 Vgl. zu diesem Ausdruck: H. Gollwitzer, Die marxistische Religionskritik und der christliche Glaube. München - Hamburg 1970, 23—28

48 Werke. Berlin 1955 ff, X 71

49 Vgl. A. Schmidt, Der Begriff der Natur in der Lehre von Marx. Frankfurt a. M. 1971², 10—27, 130—135; ders., Emanzipatorische Sinnlichkeit. München 1973, 30 bis 71

50 Siehe S. 127 f

51 Etwa folgendermaßen (I 606 f): Wäre die Welt geschaffen, müßte sie, da kontingent, auch nicht sein können. Der Versuch jedoch, sie als nicht seiend zu denken, müßte auch den Denkenden selber einbeziehen — der Denkende und sein Denken (über das Geschaffensein der Welt und seiner selbst) würde sich selber aufheben.

52 K. Marx — F. Engels, Über die Religion. Berlin 1958, 65

53 Etwa wenn Marx spricht vom „Fetischcharakter der Warenwelt": IV 48; vgl. MEGA I/3, 530 ff

54 Vgl. bes.: Atheismus im Christentum. Frankfurt a. M. 1968, 59—64

55 Näheres dazu: s. S. 79—96

56 Siehe unten S. 129 f

57 U. a. „Die Welt als Wille und Vorstellung", ed. Frauenstädt-Hübscher II 321 f

58 „Über die Universitätsphilosophie", V 196—204

59 „Über die vierfache Wurzel...", I 129; vgl. III 194, VI 164

60 „Jenseits von Gut und Böse", 56; ed. Schlechta III 617

61 E. Biser, Nietzsches Kritik des christlichen Gottesbegriffs und ihre theologischen Konsequenzen, in: Philos. Jahrbuch 78 (1971) 35—65, 295—305; 36. In diesem Aufsatz, dem wir weithin folgen werden, ergänzt Biser von der Entstehungsgeschichte der grundlegenden Texte her sein früheres Buch „ ‚Gott ist tot'. Nietzsches Destruktion des christlichen Bewußtseins". München 1962

62 III: Von alten und von neuen Tafeln, § 3 = Werke. Leipzig 1901—1912, VIII 289

63 E. Biser: Philos. Jahrb. 42

64 2. Band, 2. Abt.: 84 = Werke III 246 f

65 Nach dem frühchristlichen Apologeten Athenagoras von Athen, der das Wort (ed. Diels B 14 = I⁷ 414) überlieferte.

66 Vgl. Biser 48 ff

67 „Das ist meine Formel für einen Akt höchster Selbstbesinnung der Menschheit" (XV 116 f).

68 Ecce homo. Warum ich ein Schicksal bin: 8

69 Wille zur Macht, ed. M. Drahn. Leipzig 1917, 211

70 Ebd. 688

71 VI 418; ähnlich VI 115: „Tot sind alle Götter: nun wollen wir, daß der Übermensch lebe." Die Zitate aus Band VI stammen insgesamt aus „Also sprach Zarathustra".

72 Nachlaß: ed. Schlechta III 556

73 Ed. Schlechta: II 206. 343. 498. 532. 574. 1212; III 835. 1342

74 Esquisse d'une Morale sans Obligation ni Sanction (1885, ²⁵1925); L'Irréligion de l'Avenir (1887, ¹⁷1923)

75 1926; vgl. 737—746; Teleologisches Denken. Berlin 1951, 134

76 La teología de Renan (1910): WW I 134 f; vgl. Meditación del Escorial (1915): II 554

77 Dios a la vista, II 493—496; vgl. F. Goyenecha: L'ateismo contemporaneo (Torino 1968) II 371—384

78 Ultimate Religion (1933): Obiter Scripta. London 1936, 221 ff; vgl. C. Santos: L'ateismo contemporaneo II 385—397
79 Apologia dell'ateismo (1925)
80 E. Buonaiuti, Giuseppe Rensi, lo scettico credente. Roma 1944, 221—234
81 La liberté cartésienne, deutsch in: Situationen. Frankfurt a. M. 1965, 170
82 L'être et le néant. Paris 1943, 514, 721; = EN
83 Situationen. Frankfurt a. M. 1965, 167
84 L'existentialisme est un humanisme. Paris 1946, 72; = EH
85 EN 513
86 Situationen 170, 167
87 EH 43
88 EH 22; vgl. EN 516, 519 f
89 Der „sich seiner Zukunft entgegenwirft" — EH 23. Vgl. auch G. Hasenhüttl, Gott ohne Gott. Ein Dialog mit J.-P. Sartre. Graz - Köln 1972
90 EH 38
91 EH 23
92 EH 21
93 Le bon Dieu et le diable (gegen Schluß)
94 EN 708
95 Situationen (s. Anm. 83) 170
96 EH 94 f, vgl. 34
97 Situations. Paris 1947, 163
98 Gesammelte Dramen. Reinbek bei Hamburg 1969, 60 f (Übersetzung von mir geändert)
99 EN 708. 715 u. ö.
100 EN 708
101 EN 653
102 EN 133 f. 664. 670. 682. 689. 720
103 EN 122 ff. 309
104 EN 438
105 EN 25. 31 f. 287. 680 f
106 EN 122 ff. 309
107 Der Mensch in der Revolte. Reinbek bei Hamburg 1953, 78
108 Der Mythos von Sisyphos. Ein Versuch über das Absurde. Reinbek bei Hamburg 1960, 100 f. Vgl. F. Kienecker, Prometheus und Sisyphus. Mythische Modelle des modernen Selbstbewußtseins, in: Hochland 59 (1966/67) 520—539. Auch: G. Lind, Das Problem der Gottesvorstellung im Werk von Albert Camus. Münster 1975
109 Reinbek bei Hamburg 1959, 151
110 La phénoménologie de la perception, 1945
111 Sens et non-sens. Paris 1948, 356
112 Ebd. 362
113 Ebd. 258
114 Vgl. Signes (1960) 88 f, 237 ff, 307 f
115 Vgl. G. Schiwy, Der französische Strukturalismus. Reinbek bei Hamburg 61973, 203 bis 207
116 La foi d'un uncroyant. Paris 1963, deutsch: Vom wahren Unglauben. München 1966
117 Siehe die entsprechenden Artikel im Jahrbuch für kritische Aufklärung „Club Voltaire", Band I und II. München 1963 und 1965
118 Vgl. z. B. G. Petrovic, Philosophie und Revolution. Modelle für eine Marxinterpretation. Reinbek bei Hamburg 1971, und: M. Zivotic, Proletarischer Humanismus. Studien über Mensch, Wert und Freiheit. München 1972
119 J. Kadenbach, Das Religionsverständnis von Karl Marx. Paderborn 1970, 58 f. „Nur wenn Gott transzendent verstanden wird, wenn er als die Macht erkannt wird, welche die Menschen regiert und sich jenseits von ihnen befindet, kann dieses Verhältnis

umgedreht und Gott entthront werden" (58). Schon für den 18/19jährigen Marx gilt: „Das eigentliche Argument seiner Religionskritik ist der Primat des Diesseits. Hierzu gehören der Vorrang unserer realen Welt, das prometheisch gefärbte Ich-Bewußtsein und der innerweltliche Aktivismus, den Marx fordert . . ." (41).

120 Werke, ed. Bolin-Jodl-Sass ²1959—1964, VI 41

121 Diese Begründung nachzuvollziehen ist hier nicht der Ort. Der Schöpfungsgedanke muß und kann hier genügen als Gegenposition gegen den skizzierten Dualismus.

122 Pastoralkonstitution „Die Kirche in der Welt von heute", Nr. 36

123 Das Vermächtnis Friedrich Nietzsches, hrsg. v. F. Würzbach. Salzburg - Leipzig 1940, 120 f, 130

124 F. Nietzsche: Werke. Leipzig ²1901—1912, VIII 263 (von der Kirche gesagt)

125 L. Feuerbach: Werke VIII 359, 29, 357

126 Es näher ausführen hieße ein anthropologisches Argument für die Existenz Gottes entwickeln (wie der früher dargelegte Schöpfungsgedanke in nuce einen kosmologischen Gottesbeweis enthält!). Vgl. dazu „Der Gottesbeweis Mensch", hier S. 152 bis 172
und ausführlicher: K. Riesenhuber, Existenzerfahrung und Religion. Mainz 1968

127 Wie Marx (Werke, ed. Lieber-Furth 1960—1971, I 306, 266), nicht ganz zu Unrecht, der Philosophie Hegels vorwarf.

128 Siehe S. 54 f

129 Vielleicht etwas zu scholastisch ausgedrückt, würde das Argument so lauten: Die Abhängigkeit vom Schöpfer ist das Maß der Seinsteilgabe an das Geschöpf, die Seinsteilnahme des Geschöpfes ist das Maß seiner Selbständigkeit in Sein und Wirken.

130 Vgl. „Christliche Genealogie des modernen Atheismus?" S. 22—30

131 Das Selbstregelungssystem der Moral Kants ist m. E. auch für das Technisch-Zulässige brauchbar. Der „kategorische Imperativ" heißt hier verkürzt und negativ: Handle nicht selbstzerstörerisch! Die Praxis dieses ethischen „Fließgleichgewichts" ist zugegeben schwierig; aber es wäre seltsam, wenn es anders wäre.

132 Siehe S. 43 ff

133 Zur Geschichte der Religion und Philosophie in Deutschland, Vorrede zur 2. Auflage (1852)

134 Das Sein und das Nichts (1943). Hamburg 1962, 712

135 T. Koch, Gott — der Grund der Freiheit, in: Pastoraltheologie 57 (1968) 45—56; 48

136 Was nach allem Gesagten die Letztbegründung von Freiheit und von Ethos in und durch Gott nicht aus-, sondern einschließt. Aber eben die letzte, religiöse Begründung, nicht eine nächstbeste, pseudoreligiöse Verbrämung.

137 Thomas von Aquin: In II Cor., cap. 3, lectio 3

138 De visione Dei, cap. 7 (fol. 102 r): Sis tu tuus, et ego ero tuus. Vgl. E. Biser, in: Philos. Jahrbuch 78 (1971) 35, 305

139 H.-G. Geyer, in: Verkündigung und Forschung 11 (1966), H. 2, 3—37; 26

140 Wieder ist es Nikolaus von Kues, der unterstreicht: Gott ist nicht das (konkurrierende) Andere zu Welt und Mensch, sondern das Nicht-Andere (vor allem in der Schrift „Directio speculationis seu de non aliud"; vgl. E. Gutwenger, in: Zschr. für Kath. Theologie 91 [1969] 488—492). — Zu dieser ganzen Artikelfolge vgl. von J. Splett u. a.: Das Christentum angesichts der marxistischen Religionskritik, in: Stimmen der Zeit 181 (1968) 319—326; Gestalten des Atheismus, in: Theologie und Philosophie 43 (1968) 321—337; Gottesvorstellung und Wandel des Glaubensbewußtseins, ebd. 45 (1970) 192—203; Zur Kritik und Selbstkritik der Religion, in: Zschr. für Kath. Theologie 92 (1970) 48—59 und: Reflexion über den Atheismus als Selbstreflexion des Glaubens, ebd. 93 (1971) 443—456

Marx zwischen Hegel und Frankfurter Schule

Die Beschäftigung mit Hegel war nicht nur eine vorübergehende akademische Pflichtübung anläßlich des 200-Jahr-Jubiläums seiner Geburt im Jahre 1970, in dem übrigens auch des hundert Jahre zuvor geborenen Lenin gedacht wurde. Schon seit einigen Jahren hat eine erstaunliche Nachfrage nach der Philosophie dieses oft als überaus abstrakt und hochspekulativ mehr verschrienen als gepriesenen Vertreters des „Deutschen Idealismus" eingesetzt, und zwar in Ost und West, von Brasilien bis Japan, und mit den verschiedensten Ausgangspunkten und Zielsetzungen. Ein Zeugnis dafür ist die direkt ausufernde Hegelliteratur der Gegenwart [1]. Der nächstliegende und wohl gewichtigste Grund für den heutigen Hegel-Boom ist der Zusammenhang, in dem Hegels Philosophie mit dem Denken und Wollen von Marx steht. Man wird einräumen müssen, daß keine geistige oder politische Bewegung so die Welt unserer Gegenwart verändert hat wie die sich auf Karl Marx berufende Theorie und Praxis. Eine Sondierung, inwiefern Entstehung und Entwicklung, heutige Interpretationen und mögliche Kritik des Marxismus verbunden sind mit der Philosophie Hegels, ist deshalb von besonderem Interesse. Für den deutschsprachigen Raum bündelt dieses Interesse die vor allem durch die Philosophen-Soziologen Theodor W. Adorno und Max Horkheimer begründete sowie heute durch Jürgen Habermas und Alfred Schmidt repräsentierte Frankfurter Schule, die in dem vergangenen Jahrzehnt durch die Auseinandersetzungen mit der studentischen Ultralinken einer breiteren Öffentlichkeit bekannt wurde. Daß der äußere Zusammenhang dieser Schule, nach dem Tod Adornos und Horkheimers und der Abwanderung von Habermas aus Frankfurt, sich bereits wieder gelöst hat, mindert nicht die sachliche Bedeutung ihrer Publikationen. — Daß ein kurzer Artikel über das schwierige Thema Vergröberungen nicht vermeiden kann, die doch hoffentlich die Sache nicht geradezu verfälschen, versteht sich unschwer.

Etappen des Marxismus und seines Verhältnisses zu Hegel

Der junge *Karl Marx,* als Berliner Student angezogen und abgestoßen zugleich durch die „groteske Felsenmelodie" des Hegelschen Denkens, schreibt eine Widerlegung von 24 Bogen Umfang — und muß feststellen: „Mein letzter Satz war der Anfang des Hegelschen Systems!" Vor Ärger darüber sei er ganz krank geworden, so berichtet er am 10. November 1837 seinem Vater [2]. Diese Zwangsgefolgschaft hielt ihn nicht lange in ihrem Bann. Im Verkehr mit den Linkshegelianern des Doktorclubs, bei der Ausarbeitung seiner Dissertation gelangte er zur eigenen kritischen Stellungnahme gegenüber Hegel. Schon jetzt — 1841 — will er die totale Philosophie aufheben in das neue Element der Praxis, wie er später formulieren wird: „Die Philosophen haben die Welt nur verschieden *interpretiert;* es kommt darauf an, sie zu *verändern"* (11. These über Feuerbach, 1845/46). In einem autobiographischen Rückblick erklärt Marx: nachdem er als Redakteur der Rheinischen Zeitung 1842/43 sich erstmals mit ökonomischen Fragen befassen mußte, sei er zum Studium Hegels zurückgekehrt und habe daran die Grundlagen der eigenen Auffassung, des später so genannten „Historischen Materialismus", entwickelt. „Die erste Arbeit, unternommen zur Lösung der Zweifel, die mich bestürmten, war eine kritische Revision der Hegelschen Rechtsphilosophie, eine

Arbeit, wovon die Einleitung in den 1844 in Paris herausgegebenen Deutsch-Französischen Jahrbüchern erschien. Meine Untersuchung mündete in dem Ergebnis, daß Rechtsverhältnisse wie Staatsformen weder aus sich selbst zu begreifen sind noch aus der sogenannten allgemeinen Entwicklung des menschlichen Geistes, sondern vielmehr in den materiellen Lebensverhältnissen wurzeln, deren Gesamtheit Hegel ... unter dem Namen ,bürgerliche Gesellschaft' zusammenfaßt" (Zur Kritik der Politischen Ökonomie, Vorwort, 1859 [3]). Marx will die Dialektik Hegels „vom Kopf auf die Füße", aus dem Reich der Gedanken-Abstraktionen auf den Boden der materiellen Wirklichkeit gestellt haben; dadurch sei ihr „rationeller Kern" aus der „mystischen Hülle" befreit worden. Die breit angelegte Ausführung des Programms soziologischer Entmythologisierung der Hegelschen Philosophie stellt Marx' Hauptwerk „Das Kapital" dar. In ihm, so meint Lenin, habe Marx „alles, was bei Hegel wertvoll ist, sich angeeignet und dies Wertvolle weiterentwickelt".

Friedrich Engels, Marx' lebenslanger Freund und Kampfgenosse, hat die dialektische Systematisierung über den Bereich der Geschichte hinaus ausgeweitet auf die gesamte Wirklichkeit, zumal auch die untermenschliche Natur. Der von ihm entwickelte Dialektische Materialismus, der mit dem Anspruch umfassender wissenschaftlicher Welterklärung auftritt, wurde zum weltanschaulichen Grundbekenntnis des orthodoxen Marxismus. *Vladimir Iljitsch Lenin,* der höchst erfolgreiche Praktiker der revolutionären Kaderbildung, fand es angezeigt, sich im Schweizer Exil auf die gesteckte Aufgabe — sie wird heißen: Oktoberrevolution 1917 — vorzubereiten durch eine intensive Lektüre des schwierigsten spekulativen Werks Hegels, der „Wissenschaft der Logik", die er in den später unter diesem Titel herausgegebenen Philosophischen Heften kommentierte [4]. Und zwei Jahre vor seinem Tod — am 12. 3. 1922 — wollte Lenin, daß „die Mitarbeiter der Zeitschrift ,Unter dem Banner des Marxismus' das systematische Studium der Dialektik Hegels vom materialistischen Standpunkt aus organisieren, das heißt jener Dialektik, die Marx in seinem ,Kapital' wie in seinen historischen und politischen Schriften praktisch angewendet hat, und zwar mit so viel Erfolg, daß jeder neue Tag, wo neue Klassen des Ostens (Japan, Indien, China) zum Leben und zum Kampf erwachen, ... den Marxismus immer mehr bekräftigt." Die Redakteure der Zeitschrift, die Auszüge aus den Hauptwerken Hegels veröffentlichen solle, mögen eine Art „Gesellschaft materialistischer Freunde der Hegelschen Dialektik" bilden [5]! Von solchem Enthusiasmus war *Josef Stalin* allerdings weit entfernt. In der nach ihm benannten Ära wurde Hegel, z. B. in der Großen Sowjetenzyklopädie, zum Theoretiker des reaktionären Feudalismus degradiert; Marx' fortschrittliche, reale Dialektik habe mit der idealistischen Dialektik Hegels wesentlich nichts gemein — und diese letztere Unterscheidung blieb über die Entstalinisierung hinaus, die Hegel immerhin zum denkerischen Repräsentanten des relativ progressiven frühkapitalistischen Bürgertums avancieren ließ, vorherrschend im Bereich der marxistisch-leninistischen Orthodoxie, in der UdSSR, der DDR und auch bei manchem westlichen Marxisten wie dem Italiener M. Rossi.

Fakten gegen den Marxismus

Die Diktatur Stalins mit ihren terroristischen Exzessen diskreditierte die rigorose Parteilinie bei den humaner Empfindenden auch des eigenen Lagers. Die Soziologen, unter ihnen auch Marxisten [6], konnten oder mußten registrieren, daß fundamentale Prognosen in Marx' politischer Ökonomie über den zunehmenden Verfall des kapitalistischen Systems sich im Lauf eines Jahrhunderts als unzutreffend erwiesen: Der Kapitalismus entwickelte selbst not-wendige Mechanismen des sozialen Ausgleichs (den Faktor der „selfdestroying prophecy" hatte Marx nicht einkalkuliert), damit schied das Proletariat als geeigneter und bereiter Träger der kommunistischen Revolution aus (wie wäre auch gerade von der voraussetzungsgemäß am meisten in Dumpfheit niedergehaltenen Menschenschicht die Erreichung des eigentlich Menschlichen zu erwarten gewesen!), auch technische Details wie das „Gesetz" der sinkenden Profitrate waren zu undifferenziert angesetzt; das von Marx angenommene einseitige Bedingungsverhältnis Gesellschaft-Staat wurde dadurch aufgehoben, daß der Staat immer mehr gesellschaftliche Ordnungsfunktionen übernahm, und die Basis-Überbau-Vorstellung überhaupt, wie sie seit Engels galt, erschien als zu simple Konstruktion. Solche und andere „Fakten gegen Marx"[7], vor allem die Verleugnung des Humanen in einem das Individuum Mensch verplanenden System, lösten die verschiedenen — von der Orthodoxie als revisionistisch disqualifizierten — Neo-Marxismen aus. In Polen (Leszek Kolakowski) und Jugoslawien wurde „Stalinismus" der Titel für die falschen Gestalten dogmatischer Theorie und diktatorischer Parteipraxis. Zwar schrieben andere „Revisionisten" wie Ernst Bloch und Roger Garaudy Bücher über Hegel[8], jedoch nicht ein direkter Rückgriff auf dessen Philosophie war im Spiel bei den Versuchen, den Marxismus-Leninismus auf mehr Menschlichkeit hin aufzubrechen, wohl aber ein vermitteltes Zurückgehen auf Hegel — vermittelt durch den jungen Marx, den Marx von 1844. Daß sie sich auf ihn berufen konnten, das nicht zuletzt ermöglichte es den diversen Protesten gegen den etablierten Marxismus, sich dennoch als *marxistisch* zu verstehen.

Der junge Marx von 1844

Erst im Jahr 1932 sind die Ökonomisch-philosophischen Manuskripte, die Marx 1844 in Paris niederschrieb, veröffentlicht worden — und Herbert Marcuse hat sie als erster dem deutschsprachigen Publikum vorgestellt. Hier nun erschien der Diskussion, die sich daran bis heute entzündete, ein anderer Marx als der bislang parteiamtlich, in Histo- und Diamat, bekannte: Marxismus nämlich, mit einem Wort gesagt, als *Humanismus*. Die Pariser Manuskripte des 26jährigen Marx beschreiben und analysieren die *Entfremdung des Menschen*, wie Marx sie infolge des kapitalistischen Wirtschaftssystems sich in den Industriearbeitern seiner Zeit unaufhaltsam vollziehen sieht. Entfremdung, das will in etwa besagen: Der Mensch sucht notwendigerweise durch die Bearbeitung der Natur, die er eben dadurch menschlich macht, sich selber hineinzubilden in materielle Dinge, sich aus ihnen herauszuarbeiten; der Arbeiter vergegenständlicht sich im Produkt seiner Arbeit, um sich mit ihm — und also sich mit sich selbst — zusammenzuschließen und so ausgebildet Mensch zu werden (F. Engels vergröbert diese Analyse später zur stammesgeschichtlichen Menschwerdung durch arbeitenden Werkzeuggebrauch). Das mag ziemlich rätselhaft klingen; es sei deshalb noch etwas näher erläutert. Der Mensch erfährt sich durch seine Arbeit als ein selbstbewußtes Wesen, ein aktives Subjekt — im Gegensatz zu dem materiellen Gegenstand, dem passiven Objekt. Der arbeitende Mensch geht durch seine Tätigkeit aus sich heraus, er äußert seine Fähigkeiten, er objektiviert sie; er geht in die Welt der bearbeitenden

Objekte ein, er entäußert sich in sie. Aus dem zunächst nur eben vorhandenen Gegenstand der Natur wird ein Teil der menschlichen, je menschlicher werdenden Welt der Kultur, ein Bindeglied des menschlichen Lebenszusammenhanges. Die Objekte seiner Arbeit reflektieren für den Menschen sein eigenes Wesen; er erfährt in dem, was er schaffend voranbringt, erst wirklich sich selbst, sein Können und Wollen. Die Wirksamkeit des Menschen *ist* seine Wirklichkeit. Aus den Produkten seiner Arbeit schaut dem Menschen sozusagen sein eigenes, ihm darin deutlich werdendes Antlitz entgegen. Er erkennt durch sein Tun, was er ist (zunächst: was er kann; und dann: was für einer er ist). Zwischen dem arbeitenden Subjekt und dem bearbeiteten Objekt besteht eine Wechselwirkung: indem der Mensch das Objekt verändert, *anders* macht, findet er sich *selbst*. Die Produktion und die produzierten Gegenstände bilden die Basis für die Selbstbewertung, Selbsteinschätzung, ja für die Selbstfindung des Menschen. Dabei handelt der Mensch nicht als isolierter Einzelner. Er schafft ja arbeitend die Kultur als gesamtmenschlichen Lebensraum, wie er auch in der Arbeit selbst vielfältig abhängig ist von seinesgleichen. Sein Wesen ist immer schon gesellschaftlich, „Gattungswesen"; er ist nach Marx „das Ensemble der gesellschaftlichen Verhältnisse" [9]. Nun dürfte Marx' eigene Aussage verständlich geworden sein:

„Das praktische Erzeugen einer gegenständlichen Welt, die Bearbeitung der unorganischen Natur ist die Bewährung des Menschen als eines bewußten Gattungswesens ... Diese Produktion ist sein werktätiges Gattungsleben. Durch sie erscheint die Natur als *sein* Werk und *seine* Wirklichkeit.
Der Gegenstand der Arbeit ist daher die Vergegenständlichung des Gattungslebens des Menschen: indem er sich nicht nur wie im Bewußtsein intellektuell, sondern werktätig, wirklich verdoppelt und sich selbst daher in einer von ihm geschaffenen Welt anschaut." [10]

Wie kommt es nun aber, daß der Mensch sich seiner Arbeit und damit letztlich sich selbst entfremdet?
Indem der Kapitalismus, infolge des Privateigentums des Unternehmers an den Produktionsmitteln, dem bloßen Lohnarbeiter das Produkt seiner Arbeit vorenthält, enthält er ihm die Möglichkeit vor, darin zu sich, zu seinem eigentlichen Menschsein zu kommen, im *Andern* der bearbeiteten Natur sein *Selbst* zu finden. Die Vergegenständlichung wird verkehrt in Entgegenständlichung, der Arbeiter ist sich selbst entäußert, ist entfremdet dem Produkt seiner Arbeit, dem Arbeitsvorgang, der bearbeiteten Natur und schließlich und vor allem wie den anderen Menschen so sich selber. Alle diese Stufen der Entfremdung hat Marx zu analysieren versucht in einem Abschnitt der Pariser Manuskripte, unter dem — nicht von ihm selber stammenden — Titel „Die entfremdete Arbeit" [11]. Er umschreibt die fundamentale Verkehrung des Verhältnisses von Arbeiter und Arbeit so:

„Der Gegenstand, den die Arbeit produziert, ihr Produkt, tritt ihr als ein *fremdes Wesen,* als eine von dem Produzenten *unabhängige Macht* gegenüber. ... Diese Verwirklichung der Arbeit erscheint ... als Entwirklichung des Arbeiters, die Vergegenständlichung als Verlust und Knechtschaft des Gegenstandes, die Aneignung als Entfremdung, als Entäußerung. ... Die Aneignung des Gegenstandes erscheint so sehr als Entfremdung, daß, je mehr Gegenstände der Arbeiter produziert, er umso weniger besitzen kann und umso mehr unter die Herrschaft seines Produktes, des Kapitals gerät ... Der Arbeiter legt sein Leben in den Gegenstand; aber nun gehört es nicht mehr ihm, sondern dem Gegenstand. Je größer also diese Tätigkeit, umso gegenstandsloser ist der Arbeiter. Was das **Produkt** seiner Arbeit ist, ist *er* nicht. Je größer also dieses Produkt, je weniger ist er selbst." [12]

Die Aufhebung dieser radikalen und universalen menschlichen Selbstentfremdung ist nur möglich durch die Überführung der Produktionsmittel aus Privat- in Kollektivbesitz, durch Kommunismus also, der das Rezept und Vehikel ist für die vollendete Übereinstimmung von Mensch und Natur, für einen Humanismus, der der wahre Naturalismus, und einen Naturalismus, der der wahre Humanismus ist.

Zur Vorgeschichte des Begriffs ‚Entfremdung'

Mit dem Wort ‚Entfremdung' ist der Schlüsselbegriff genannt für das Verständnis des jungen Marx. Dieses Wort, dessen Bedeutung ja nicht auf den ersten Blick voll ersichtlich ist, wurde durch die gegenwärtige gesellschaftskritische Theorie der Neuen Linken und auf höherer philosophischer Reflexionsstufe durch verschiedene Neomarxismen von neuem in den Mittelpunkt der Diskussion gerückt. Das rechtfertigt einen Blick auf den geistesgeschichtlichen Hintergrund des Entfremdungsgedankens [13]. Er gewinnt in der Neuzeit erstmals bei *Jean-Jacques Rousseau* Bedeutung (als ‚aliénation'). Der Mensch ist in die Entfremdung von sich selbst hineingeraten infolge der Entstehung der Kultur, der Ausbildung einer differenzierten Gesellschaft. Nicht durch die Abhängigkeit von der Natur wird die Freiheit des Menschen beeinträchtigt, sondern durch Abhängigkeit von anderen Menschen; sie ist es, die alle Übel verursacht. Am Ursprung des Umbruchs vom freien Naturzustand in die unfrei machenden komplizierten Gesellschaftssysteme stehen Arbeitsteilung und Privateigentum. Sie machen den kollektiven Sündenfall des Menschen aus. Die Menschen, in reich und arm geteilt, werden habgierig und selbstsüchtig. Deshalb lautet das von Rousseau proklamierte Heilmittel: Zurück zur Natur! Weil sich Rousseau jedoch zugleich bewußt war, daß der seit Jahrtausenden in Gang befindliche Zivilisationsprozeß der Menschen nur in beschränktem Ausmaße reversibel ist, haftet seiner Kulturtheorie ein tiefer Pessimismus an. Marx hat, abgesehen von Rousseaus pessimistischen Konsequenzen, ähnliche Gedanken entwickelt, wie wir sahen; er hat Rousseau gründlich gelesen und in seinen Frühschriften zitiert. Der ausdrücklichen Verwendung des Wortes ‚Entfremdung' in der deutschen Sprache bei Wilhelm von Humboldt (sowie ferner bei Johann Gottfried Herder) hat *Immanuel Kant* vorgearbeitet. Er unterscheidet in der „Kritik der praktischen Vernunft" (1788) von dem ‚intelligiblen Ich', d. i. der freien, sittlich handelnden menschlichen Person, das naturhafte ‚empirische Ich', das den Bedingungen von Raum und Zeit unterworfen und der Welt der Sinnesobjekte eingeordnet ist. Das eigentliche, geistige Ich war danach durch seine Kopplung mit dem sinnlichen Ich nach unserer Ausdrucksweise sich selbst entfremdet. *Wilhelm von Humboldt* verwendet um 1793 den Begriff ‚Entfremdung', in einer gewissen Gegenposition zu Rousseau, jedenfalls so, um den Konflikt zu bezeichnen zwischen den beiden Ich, den Widerstreit nämlich zwischen dem Anspruch des inneren, personalen Wesens des Menschen und dem Gesetz seines Naturwesens, „von sich aus zu den Gegenständen außer ihm überzugehen"; und für den Menschen „kommt es nun darauf an, daß er in dieser Entfremdung nicht sich selbst verliere" [14]. Stärker ins Philosophische gewendet, fragt *Johann Gottlieb Fichte*, warum das Ich den ständigen Anstoß durch das Nicht-Ich (= die Welt-Objekte) nötig habe. Nur so kann es seine Wesensbestimmung, unendliches Streben zu sein, verwirklichen! Im ständigen Überwinden des Widerstandes der Objekte, die das Material der sittlichen Pflicht sind. Deshalb ist die „Entäußerung" des Ich-Sub-

jekts in das Nicht-Ich der Welt-Objekte, die das Ich ursprünglich setzt, notwendig [15], um des Selbstwerdens des Ich willen. Diese Begriffsbedeutung von
Entfremdung bei J. G. Fichte, dem ersten großen Vertreter des Deutschen Idealismus, steht dem Wortgebrauch bei Hegel am nächsten. *Georg Wilhelm Friedrich
Hegel* proklamiert in der Vorrede zu seinem ersten Hauptwerk, der „Phänomenologie des Geistes" von 1807, daß es um die Philosophie geschehen sei, wenn „der
Ernst, der Schmerz, die Geduld und Arbeit des Negativen darin fehlt", wenn „es
kein Ernst mit dem Andersein und der Entfremdung, sowie mit dem Überwinden
dieser Entfremdung ist" [16]. Der Ausführung dieses Programms dient das ganze
schwierige Werk Hegels.

Der Hintergrund: Hegels „Phänomenologie"

In den Pariser Manuskripten nun ist Marx maßgeblich beeinflußt durch *Hegel*,
und zwar durch dessen erstes Hauptwerk, die *„Phänomenologie des Geistes"* von
1807. Nicht nur die Begrifflichkeit (Entfremdung, Vergegenständlichung, Selbst-
Anderes usw.) verrät es: Marx widmet diesem Buch und der Dialektik, die in ihm
am Werk ist, mehrere längere Abschnitte. Und was er an ihm einzigartig rühmens-
wert findet, spricht er selber so aus: „daß Hegel die Selbsterzeugung des Menschen
als einen Prozeß faßt, die Vergegenständlichung als Entgegenständlichung, als
Entäußerung und als Aufhebung dieser Entäußerung; daß er also das Wesen der
Arbeit faßt und den gegenständlichen Menschen, wahren, weil wirklichen Menschen, als Resultat seiner eigenen Arbeit begreift." [17] Wie ist der selber berühmt
gewordene Satz, dessen Diktion ja nicht eben ganz klar ist, von Hegels „Phänomenologie" her zu verstehen?
Hegel will, die Denkergebnisse seiner Hauslehrer- (1793—1800) und seiner Jenaer
Dozentenjahre (1801—1807) aufarbeitend, den Weg aufzeigen, der vom naiven
menschlichen Alltagsbewußtsein zum Standpunkt der Wissenschaft, die für Hegel
die Philosophie ist, führt. Insofern hat man die „Phänomenologie" mit den Bil-
dungsromanen der Zeit, Goethes „Wilhelm Meister", dem „Heinrich von Ofter-
dingen" des Novalis, oder mit dem späteren „Grünen Heinrich" von Gottfried
Keller verglichen. Aber so hintergründig-tiefsinnig wie die „Phänomenologie"
sind diese Romane wahrlich nicht. Hegel läßt das Bewußtsein mit seinen Gegenständen seine Erfahrungen machen. Indem es sprechend-denkend auf sie blickt,
verändern diese sich — sie werden anders, als sie zunächst schienen. Sie rücken dem
Bewußtsein gleichsam näher — und bringen dadurch das Bewußtsein mehr und
mehr zu sich selbst: das sich selbst begreifende Selbstbewußtsein aber ist das wis-
senschaftlich-philosophische! So zeigt sich z. B., daß die sinnlich naivsten Worte
„hier" oder „jetzt" durch den unmittelbaren sinnlichen Gegenstand nicht festgehalten werden, sie haben bereits eine Allgemeinbedeutung, da sie von allen möglichen Gegenständen gesagt werden können, und führen so auf den Weg zur All-
gemeinheit der Dingwahrnehmung und letztlich des Geistes. Wir können hier die
vielen und schwierigen weiteren Schritte dieses Wegs nicht mitgehen. Aber vielleicht läßt sich schon wenigstens erahnen, daß auf diesem Weg jede „Vergegenständlichung" des Bewußtseins, das sich an seine Gegenstände (indem es sich auf
sie einläßt, sich in sie hineingibt) „entäußert", umschlägt in eine „Aufhebung der
Entäußerung" des Bewußtseins: die Gegenstände selbst werden immer mehr dem
Bewußtsein gemäß, auf seine Höhe gehoben und insofern „entgegenständlicht".

Daß Marx in diesem Prozeß „das Wesen der Arbeit" gefaßt sieht und den Menschen als „Resultat seiner eigenen Arbeit", hat noch seinen besonderen Grund in dem *„Herrschaft und Knechtschaft"* betitelten Abschnitt der „Phänomenologie", den die marxistischen Autoren nicht zu Unrecht mit Vorliebe zu kommentieren pflegen. Aufgrund der Beobachtung, daß ein menschliches Ich nur durch die Anerkennung von seiten anderer Menschen zu sich selbst kommt (als „Ich, das Wir, und Wir, das Ich ist"), schildert Hegel den Prozeß der wechselweisen Anerkennung als Kampf auf Leben und Tod, in dem ein Partner sich den andern zu unterwerfen sucht. Wer sich aus Angst vor dem letzten Lebenseinsatz unterwirft, muß als Knecht arbeiten für den Herrn. Und nun tritt jene eigentümliche Umkehrung der Bedeutungsfronten ein, die Marx' Enthusiasmus geweckt hat: Das Herrsein, das an dem Knecht gerade kein gemäßes Gegenüber seiner Selbstanerkennung gefunden hat, besagt die Endstation sterilen Konsums der von dem Knecht produzierten Güter. Der Knecht dagegen, der schon in der Erfahrung der Todesangst durch und durch in Bewegung geriet, arbeitet sich am Material seiner Produkte, deren bequemer Genuß ihm versagt bleibt, in einem beständigen Ringen mit der widerständigen Materie und Siegen über sie ab und durch: er ist der Produktiv-Zukunftsgerichtete, der die Welt und sich voranbringt, als selbstbewußter Mensch — wie uns das ja schon als Quintessenz der Marxschen Pariser Manuskripte bekannt ist. Diese gewiß großartige, aber auch einseitige Analyse der Herr-Knecht-Beziehung und der Bedeutung der Arbeit, die nur ein kleines Stück des langen Wegs der Hegelschen „Phänomenologie des Geistes" ausmacht, bestimmte Marx zu seiner Gesamtcharakteristik derselben.

Trotz der Herkunft des Marxschen Entfremdungsbegriffs aus der Philosophie Hegels ist der hauptsächliche Unterschied, den Marx gegen Hegel geltend macht, nicht zu übersehen. Während für Hegel das Aus-sich-Herausgehen des Menschen in die Welt der Objekte hinein, durch das er, wie noch etwas genauer zu sehen sein wird, zu sich selber findet, ein einfachhin notwendiger und deshalb durchaus positiv zu wertender Prozeß im Werden von Welt und Mensch (sowie von Gott) ist, unterscheidet nun Marx, zumeist auch terminologisch, zwischen der mit jedem Objektbezug des menschlichen Subjekts gegebenen, positiv gewerteten *Entäußerung* des Menschen in seine Gegenstandswelt überhaupt und der unter den nicht-sein-sollenden, jedenfalls nicht bleiben dürfenden geschichtlichen Bedingungen eines bestimmten, nämlich des kapitalistischen Wirtschaftssystems eingetreten und revolutionär aufzuhebenden, also negativ-wertigen *Entfremdung* des Industriearbeiters im Früh-Kapitalismus, des Menschen *als* Proletariers.

Die Marx-Deutung der Frankfurter Schule

Wie immer man die Erwägungen, die Marx 1844 in Paris anstellte, in ihrer sachlichen Tragweite beurteilen mag: ihr Pathos für das Menschsein des Menschen, für sein rechtes, volles Mensch-Werden-Können ist unverkennbar. Die Neomarxismen, die sich auf die Pariser Manuskripte und ihre Entfremdungstheorie berufen, machen auch geltend, daß Marx' engagiertes Interesse sich hier durchaus konzentriert auf die Erhellung und die Behebung der schlimmsten gegenwärtigen menschlichen Misere, ohne schon auszugreifen auf die Klassenkampf-Konstruktion der Gesamtmenschheitsgeschichte (wie dies im Kommunistischen Manifest von 1847 geschieht); und erst recht ist er hier noch weit entfernt von Engels' Dialektisierung auch der Natur zu einem evolutionistischen Weltsystem (obwohl er, wie Vorwort und Schlußparagraphen des 1. Bands des „Kapital" von 1867 und seine spätere Mitarbeit am „Anti-Dühring" [18] zeigen, dessen Histo- und Diamat-Systematisierung duldet und auch übernimmt). Engels und Lenin, von Stalin zu schweigen, bedeuten für diese Sicht der Theorie von 1844 objektivistische Generalisierungen — mit latenten Trends zu Inhumanität. Engels habe die Dialektik der Geschichte zu einer Disziplin neben den Disziplinen der Naturdialektik und der Logik eingeebnet; Dialektik wurde für ihn, nach seinen eigenen Worten, weiter nichts als die Wissenschaft von den allgemeinen Bewegungs- und Entwicklungsgesetzen der Natur, der Menschengesellschaft und des Denkens insgesamt. So sei der Marxismus, spätestens mit dem „Anti-Dühring" von 1877, aus einer Revolutionstheorie zu einer Art objektivistischer Ontologie oder naturalistischer, im schlichten-schlechten Sinn materialistischer Kosmologie umgebildet worden; und auch Lenins „Philosophische Hefte", in denen manche einen tieferen, ursprünglichen Marxismus sehen wollten, machten keine Ausnahme [19].

Anders also der 1844er Marx — nach der nun zu skizzierenden Interpretation der *Frankfurter Schule.* Sie beansprucht, als „Chance des Nachgeborenen": „Marx besser zu verstehen, als er sich selbst verstanden hat" [20]. Marx habe nie prinzipiell-abstrakt nach dem Wesen des Menschen und der Gesellschaft als solchem gefragt, nach ihrem Sein oder gar nach dem Sinn von Sein überhaupt. Deshalb sei der historische Materialismus in seiner ursprünglichen Gestalt auch nicht „materialistisch" im Sinn der französischen Enzyklopädisten im 18. oder gar der deutschen Materialisten im 19. Jahrhundert, weil er nicht Welterklärung-schlechthin beanspruche. Positiv gewendet, ist Marx' eigener Marxismus „vielmehr als Geschichtsphilosophie und Revolutionstheorie in einem zu begreifen, ein revolutionärer Humanismus, der seinen Ausgang nimmt von der Analyse der Entfremdung und in der praktischen Revolutionierung der bestehenden gesellschaftlichen Verhältnisse sein Ziel hat, um mit ihnen zugleich Entfremdung überhaupt aufzuheben" (J. Habermas) [21]. Der nicht universalgeschichtlich oder gar kosmisch allgemeingültige, sondern durchaus konkret zeitgeschichtlich abgezweckte Umbruch tritt nicht mit unmittelbarer naturgesetzlicher Notwendigkeit ein — dieses Mißverständnis brachte erst Engels' Totaldialektik auf, und Georg Lukács hat es bewußtseins-logisch-neuhegelisch neu aufgelegt —: die notwendende Revolution der Verhältnisse ist vielmehr vermittelt durch die freie Willenstat der zu ihr einsichtig-bereiten Menschen. (Das sind nach Lenin die Funktionärskader, während Rosa Luxemburg und mit ihr E. Bloch, H. Marcuse u. a. an der breiten Bewußtseinsbildung der Massen selbst festhielten; nach Habermas wie schon dem jüngeren M. Horkheimer, da das Proletariat bekanntlich ausfällt, — die Wissenschaftler, die Soziologen.)

Für Marx bildet die funktionale Folie seiner Revolutionstheorie die schon in der Doktordissertation von 1841 [22] angesichts der „absoluten" Vollendung der Philosophie durch Hegel sich stellende Frage: Was nun? Was ist danach noch Neues möglich? *Denk*möglich (so mag Marx' Antwort abgekürzt werden) nichts — *wirk*-möglich alles! In Marx' eigener Formulierung ist nach Hegel einzig mehr möglich und so denn auch schlechthin an der Zeit: die Aufhebung der Philosophie als ganzer durch ihre Verwirklichung. Das Philosophischwerden der Welt bei Hegel schlägt um in das Weltlichwerden der Philosophie. Durch die totale Verwirklichung der Philosophie, die zugleich die totale Abschaffung aller bloßen philosophischen Gedankengeltung bedeutet, verliert nun aber die Philosophie ihren

Totalitätsanspruch, — genauer: dieser erweist sich als je schon illegitim-überzogen. Illegitim ist der Anspruch der Philosophie auf durch sie zu erreichende letzte Erfüllung; diese ist nur durch die Wirklichkeit zu leisten, durch die revolutionäre Tat zu erschwingen. Illegitim ist auch der Anspruch der Philosophie auf von ihr darzubietende erste Begründung. Die Philosophie — ist sie nicht nach Hegel selbst „ihre Zeit in Gedanken erfaßt" [23]? — ist vielmehr bedingt durch die jeweiligen, zumal gesellschaftlichen, Zeitverhältnisse. Und war nicht auch Hegel — und später, eher pamphletistisch, Heinrich Heine — der Meinung, die Philosophie des deutschen Bewußtseins absolvierte, was in Frankreich auf dem Boden der politisch-sozialen Wirklichkeit stattfand? Solche Selbstbestimmung der Hegelschen Philosophie muß sich nur richtig, marxistisch, verstehen: dann ist sie schon herabgestiegen vom Kothurn. Dann werden — nach Marx [24] — nicht mehr „ganz unterderhand bürgerliche Verhältnisse als unumstößliche Naturgesetze der Gesellschaft in abstracto untergeschoben". In der relativierenden Herabsetzung und letztlich vollen Umkehrung der Philosophie Hegels wird die entscheidende Leistung und, je nach Einstellung, das bleibende Verdienst des jungen Marx gesehen, jedenfalls sofern zugleich die „positive", konkret revolutionstheoretische Seite der Medaille miteinbezogen wird. Und auch die Leistung der heutigen „materialistischen Kritik" bestehe, zunächst wenigstens, darin, die Philosophie „in die Einsicht hineinzutreiben, daß sie weder ihren Ursprung in sich selbst begründen, noch ihre Erfüllung durch sich selbst wirklichmachen kann" [25].

Hegels dialektische Methode

Es muß nun endlich gesagt werden, was es auf sich hat mit jenem Hegelschen Totalitätsdenken, von dem der Marx der Frankfurter Schule sich so entschieden absetzt. Der Mensch hat es nach *Hegel* mit der Allheit der Dinge, mit der Ganzheit der Wirklichkeit zu tun, weil er *denkt;* wodurch er sich wesentlich vom Tier unterscheidet. Denken erschöpft sich nicht im Abstrahieren und Klassifizieren des Verstands, wie es sich etwa in Zoologie-Handbüchern bekundet. Es ist vielmehr Geschehen der Vernunft: Der zuerst noch unentfaltete, inhaltsleere — Hegel sagt: „an sich seiende" — Geist geht aus sich heraus, läßt sich ein auf den Reichtum der Welt, entdeckt im spannungsgeladenen Feld ihrer gegensätzlichen Gestalten seine — „für sich seienden" — Möglichkeiten, an die sich ent-äußernd er sich er-innert, er verliert sich an all das Andere — und findet darin sich selbst, er schließt sich zusammen mit den Weltgestalten, die Erscheinungsweisen seiner selbst sind, und hat darin sein ausgebildetes, durchgegliedertes, gefülltes und verwirklichtes Bei-sich-Sein gewonnen (sein „An-und-für-sich-Sein"). Am Bewegungsgesetz, Werdeprozeß des Geistes hat sich uns der Gang der Hegelschen Dialektik schematisiert [26], beides ist dasselbe. Was Hegel so beschreibt — denn um zutreffende Beschreibung handelt es sich doch wohl —, ist der Vorgang jedes einzelnen Erkenntnisakts wie, umfassender gesehen, der ganzen Bewußtseins- und Bildungsgeschichte jedes Menschen. Und nicht auch der ganzen Menschheit, die durch alles Ausgreifen nach Weltgestaltung hindurch auf dem Weg ist zu ihrer bewußten und bejahten Einheit?! Stets gilt: „Die Kraft des Geistes ist nur so groß als ihre Äußerung, seine Tiefe nur so tief, als er in seiner Auslegung sich auszubreiten und sich zu verlieren getraut." [27]

Das Hegelsche System

Allerdings besteht für Hegel [28] keine entscheidende Kluft zwischen dem menschlichen Geist und der nichtgeistigen Natur. Die in dieser waltende Gesetzmäßigkeit zeugt von Vernunft, und zumal der Christ weiß die Welt insgesamt geschaffen von Gott, der aufs ursprünglichste Geist ist. Die Gedanken des Gottes-Geistes selber, „vor der Erschaffung der Natur und eines endlichen Geistes" [29], meint Hegel nach-denken zu können in der „Wissenschaft der Logik" (Nürnberg 1812 bis 1816), die ein großes System der Kategorien entwirft von den einfachsten Bestimmungen bis zur allumfassenden „absoluten Idee". Gott ist ja nicht neidisch, wie die Vulgärmeinung der Griechen sich die Götter vorstellte; der Geist Gottes enthält dem Geist des Menschen seinen Logos nicht vor: *Geist ist Geist,* punktum (— nun, das Punktum entwickelt Hegel in drei Bänden). Die Logik macht den ersten Teil des Hegelschen Systems aus. Wenn schließlich die logische Idee „sich selbst frei entläßt" [30] — eine vieldiskutierte Kurzformel! —, so wird eben dadurch die Welt von Raum und Zeit konstituiert, die durch die vielfältigsten Stufen materieller Wirklichkeit und organischen Lebens zum Bewußtsein des Menschen hinführt (= Naturphilosophie, der 2. Systemteil in der Heidelberger „Enzyklopädie der philosophischen Wissenschaften" von 1817, 3. Auflage 1830). Die Philosophie des Geistes, der Schlußteil des seinerseits wie alles bei Hegel dialektisch gebauten Systems, läßt die Idee, die in der Wirklichkeit ihre Bewährung sucht, im Menschen als subjektivem Geist zu Selbstbewußtsein gelangen, sich in der von den Menschen gesellschaftlich-geschichtlich geschaffenen Kulturwelt des objektiven Geistes auslegen und ihre gemäße Darstellung finden als absoluter Geist in (Kunst, Religion und) — Philosophie.

Die Philosophie des objektiven Geistes mündet in *die Geschichtsphilosophie Hegels* aus, die für uns, im Zusammenhang mit der Kritik der Frankfurter Schule, von besonderer Wichtigkeit ist. Die Geschichte hat zu Inhalt und Ziel den „Fortschritt im Bewußtsein der Freiheit" [31] auf Menschheitsebene. Sie erfüllt ihre Aufgabe durch die einzelnen Völker, die je ihre weltgeschichtliche Stunde haben, indem sie, mit Hilfe der „großen Individuen" wie Alexander, Caesar und Napoleon, alle noch so partikulären Interessen und egoistischen Machenschaften — ohne Wissen und Willen ihres Menschenmaterials — in Dienst nimmt und ihrem all-einen Zweck zunutze macht. Es ist dies die berühmt-berüchtigte „List der Vernunft", deren religiöses Pendant Hegel in Gottes Vorsehung sieht. Die Geschichte schreitet unbeirrt voran, bis die Freiheit, die zuerst, im Orient, die eines einzelnen, des Despoten ist (und deshalb bloße Willkür bleibt), dann in der griechischen Polis und im römischen Imperium die Freiheit einiger, nämlich der Vollbürger, und die kraft der Botschaft des Christentums die Bestimmung des Menschen als solchen, ohne Ansehen von Person und Klasse, wird — bis diese Freiheit der „Weltzustand" geworden ist. Der letzte große „Ruck", den der Weltgeist in seinem Gang durch die Geschichte machte, war für Hegel die französische Revolution: in ihr haben Menschen erstmals, seit die Sonne am Firmament steht, ihr politisches Zusammenleben auf nichts anderes als die Vernunft gegründet — auf die Gedanken ihres Kopfes. Nicht die vordergründigen Zufälligkeiten des Geschichtslaufs, wohl aber was ihn erstlich vorantreibt und was er letztlich austrägt, Ursprung, Richtung und Vollendung der Geschichte der Menschheit stehen fest. Die Vernunft setzt sich durch: selbst weltgeschichtliche Katastrophen beschleunigen nur ihren Zweck. Sie ist in der Wirklichkeit am Werk; diese *ist* ihr Werk. Programmatisch hat dann

Hegel in der Vorrede zu den „Grundlinien der Philosophie des Rechts" (Berlin 1821), die insgesamt als die deutlichste Manifestation seines politischen Konservatismus gelten, diesen ausgesprochen in dem Doppelsatz: „Was vernünftig ist, das ist wirklich — und was wirklich ist, das ist vernünftig." [32]

Marx' Entideologisierung eine Enthegelianisierung?

Am ausdrücklichsten und ausführlichsten hat sich mit Hegel innerhalb der Frankfurter Schule auseinandergesetzt *Theodor W. Adorno*, der — neben Max Horkheimer — ihr Begründer ist; und zwar in den „Drei Studien zu Hegel" [33], sowie in seinem eigenen Gegenentwurf „Negative Dialektik" [34]. Der Haupteinwand gegen Hegel: Seine Philosophie ist versöhnlerisch; sie sanktioniert konservatistisch das nun mal eben Bestehende, indem sie es als immer schon vernünftig und somit als zu Recht bestehend erklärt. Aktiv auf bessere Zukunft hin planende Weltveränderung durch den Menschen müsse da als unnütz, ja unmöglich erscheinen; laufe doch alles schon auf dem Geleise der Vernunft Richtung größerer Freiheit, und das von alleine, kraft des inneren Telos der Weltgeschichte. Hegel — der große Abwiegler, der Ja-Sager ohnegleichen, der „Ende-gut-alles-gut"-Philosoph, der den Weltgeist walten läßt. Verführung zu quietistischem „laissez faire, laissez aller". Adorno unterbaut die generelle Kritik durch Strukturanalyse der Hegelschen Dialektik, an der sich auch seine positive Alternative abzeichnet. Die Dialektik Hegels läßt sich auch folgendermaßen als Drei-Phasen-Geschehen fassen: als anfängliche, abstrakte, unmittelbare Position (= das an-sich-seiende Allgemeine); als die — die Vermittlungsfunktion ausübende — Negation (= die für-sich-seienden Besonderungen); und als die Negation der Negation, die umschlägt in eine neue, nun vermittelt-konkrete Position und die auf höherer Ebene die Basisstufe des nächsten dialektischen Schritts darstellt (= das „Einzelne" an und für sich). Dabei gebe die zweite Stufe der *Negation* das progressive, *revolutionäre* Moment der Veränderung, der Offenheit, des zukunftsorientierten Neuen ab; die dritte Stufe der *Negation der Negation* jedoch, die ja zum — wenn nun auch gegliederten, ausgearbeiteten — Ausgangsdatum zurückführt, mache das konservative, regressive, *reaktionäre* Element der Beharrung, Abgeschlossenheit, des von der Vergangenheit vorgegebenen Alten aus ... Deshalb sei Hegels Denken von seiner innersten Struktur her zwei-deutig. (Und tatsächlich gab und gibt es die breiteste Skala der Interpretationen des politischen [35] — wie übrigens auch des religiösen — Denkers Hegel vom erzkonservativen preußischen Staatsphilosophen bis zu *dem* Denker der Revolution, bzw. vom Atheisten bis zum Repräsentanten moderner Christlichkeit.) Hegel selbst habe, wie sein System zur Genüge ausweist, das ganze Gewicht gelegt auf die Endstufe der Vollendung, des all-einen Zusammenschlusses im Beisichsein des absoluten Geistes, eben auf die Systemgeschlossenheit. Dagegen gelte es nun Stufe Nr. 2, nämlich die von Hegel selbst mit rühmenden Worten bedachte „Macht des Negativen" [36] festzuhalten und sich, ohne versöhnlerischen Kurz-Schluß, offen und frei auswirken zu lassen! *Negative* Dialektik also! Denn, „mit ihrem Übergang in Positivität wird sie unwahr" [37]. Dabei ist keine glatte Synthese, keine runde Endbilanz, keine apriorische Gesamtübersicht, kein integriertes Universum, keine garantierte Eschatologie, keine Totalsystematik zu erwarten. Das aber ist nicht ein Nachteil: es ist der entscheidende Vorzug der neuen [38] Frankfurter „kritischen Theorie". Mit dieser Akzentverlagerung von weitestrei-

chender Tragweite innerhalb der Struktur der dialektischen Methode selber erhält
nun auch — gegen die Identität und die sozusagen gefräßige, allverschlingende
Identifizierungsmacht des Geistes — das Andere des Geistes, das diesem zugrunde
liegt, nämlich die Nicht-Identität der *Materie,* sein tieferes Recht zurück und damit
die materiellen Lebensbedingungen der menschlichen Gesellschaft.
Damit ist die Brücke geschlagen von Hegel, vom Hegel des Systems, zum revidier-
ten Marx der Frankfurter Schule, von dem wir schon sprachen. Damit, so muß es
nun aber auch an unserem Frankfurter Exempel scheinen, würden die heutigen
Revisionen des Marxismus wie vordergründig seine Entstalinisierung, so hinter-
gründig seine Enthegelianisierung verlangen — eine höchst unerfreuliche Parallele.
Denn kritisch-praktischer Marxismus bestünde ja eben in Entideologisierung, im
Verzicht auf Totalanspruch, rigorose Systematik usw., gerade Hegels Denken aber
wäre gekennzeichnet durch die Behauptung allumfassender Ganzheit des „absoluten Geistes". Und bestünde also die Aktualität Hegels, gerade in Sachen Marxismus, gleich dem lucus a non lucendo (wie Adorno gerne sagt), in der Ausräumung des Hegel-Erbes aus ihm? In Anti-Aktualität? Die Beschäftigung mit Hegel
wäre dann nur ein großer Umweg gewesen für Marx, den Marx von 1844 — wie
für uns.

Der Rest-Hegelianismus der Frankfurter im „Positivismusstreit"

Daß das Rezept gegen Systemkonformismus und inhumane Ideologie nicht so einfach antihegelisch, durch Hegel-Asepsis, zu haben ist — und von der Frankfurter
Schule auch keineswegs darin gesucht wird —, zeigt eine wissenschaftliche Diskussion, in die sich die Frankfurter in den jüngstvergangenen Jahren nach der anderen
Seite hin verwickeln ließen: *der Positivismusstreit in der deutschen Soziologie* [39].
Die Kontrahenten von Adorno und Habermas sind die Vertreter der ausschließlich empirisch-analytischen Wissenschaft. Ihre Methode ist empirisch-erfahrungs-
wissenschaftlich, insofern physisches Verhalten in einem isolierten Feld unter wie-
derholbaren Umständen von beliebig austauschbaren Subjekten beobachtet wird,
was allein intersubjektiv gültige Wahrnehmungsurteile erlaube; sie ist analytisch-
deduktiv, insofern sie aufgrund formallogischer Regeln rein funktionale, rela-
tionale Bedingungssätze ableitet: *wenn* dieses oder jenes Ziel erreicht werden soll,
dann sind diese oder jene Mittel anzuwenden. Diese Methode nun — auf die sich
zu beschränken den Positivismus und dessen „Wertfreiheit" ausmacht — genügt
den Frankfurtern nicht; sie scheint ihnen unkritisch. Eben weil sie nicht auf sie
reflektiert, bleibt sie den Zwängen der Sphäre verhaftet, die sie doch analysieren
will; sind doch die Daten wie die Kategorien und Modelle der Soziologie unabdingbar „durch den Zusammenhang der gesellschaftlichen Totalität struk-
turiert" [40]. Eine „vorwissenschaftlich akkumulierte" „Erfahrung der Gesellschaft
als Totalität lenkt den Entwurf der Theorie, in der sie sich artikuliert und durch
deren Konstruktionen hindurch sie von neuem an Erfahrungen kontrolliert
wird" [41]. „Die gesellschaftliche Totalität führt kein Eigenleben oberhalb des von
ihr Zusammengefaßten, aus dem sie selbst besteht. Sie produziert und reproduziert sich durch ihre einzelnen Momente hindurch ... So wenig jenes Ganze vom
Leben, von der Kooperation und dem Antagonismus seiner Elemente abzusondern
ist, so wenig kann irgendein Element auch bloß in seinem Funktionieren verstanden werden ohne Einsicht in das Ganze, das an der Bewegung des Einzelnen selbst

sein Wesen hat. System und Einzelheit sind reziprok und nur in ihrer Reziprozität zu erkennen." [42]
Die praktische Konsequenz des Positivismus, nach dem Urteil der Frankfurter: Er kann, als Hilfswissenschaft rationaler Verwaltung, nach seinen Maßstäben partieller Vernunft nur das Auffinden der Mittel rationalisieren; die Zwecksetzung selbst ist wissenschaftlich unkontrollierbar, Sache bloßer Entscheidung, eines Dezisionismus — nach L. Wittgensteins klassischem Satz: „Wir fühlen, daß selbst wenn alle möglichen wissenschaftlichen Fragen beantwortet sind, unsere Lebensprobleme noch gar nicht berührt sind." [43] Das ist der vom Positivismus gewiß nicht beabsichtigte, aber heraufgeführte negative Effekt: „Auf der Basis einer Arbeitsteilung zwischen datenverarbeitenden Wissenschaften und wissenschaftlich nicht kontrollierbarer Normsetzung erwächst mit der strikten Klärung bestimmter Normsetzungen gleichzeitig der Spielraum purer Dezision... Die Ungewißheit im Handeln wächst, je strenger man... die Maßstäbe für die wissenschaftliche Vergewisserung wählt" [44]! Und schließlich kann nur eine Theorie, die sich auf einen gesellschaftlichen Lebenszusammenhang im ganzen bezieht und diesen durchaus auch wertend beurteilt, auf dessen Emanzipation hinzielen, auf Weltveränderung zum Besseren! (Es handelt sich bei den Ganzheiten, auf deren Erkenntnis die Frankfurter Schule besteht, wohlgemerkt um nur *relative* „Totalitäten": *„eine* soziale Lebenswelt, *eine* epochale Lage im ganzen." [45])
Im hermeneutischen Zirkel von Erfahrung und Theorie, Einzelnem und Ganzem besteht für Adorno und Habermas die für ihre Wissenschaft unaufgebbare Dialektik. Auch ihre kritisch-dialektische Theorie darf weder Erfahrungsbefunden noch der formalen Logik widerstreiten; aber gerade ihre zentralen Theoreme lassen sich nicht darauf allein zurückführen — eben wegen der Abhängigkeit jedes Erfahrbar-Einzelnen von der Gesamtstruktur der gesellschaftlichen Wirklichkeit. Daß die Frankfurter ihr Verständnis für das komplexe Hin und Her wechselweiser Bedingungsverhältnisse, das die schlichte Einlinigkeit einer Konstruktion „von unten nach oben" überbietet, der dialektischen Philosophie Hegels verdanken, das haben auch ihre positivistischen Diskussionspartner gesehen, die für ihre eigene Position den großen Namen Kant bemühen [46]. Nach J. Habermas begreift Adorno Gesellschaft „in Kategorien, die ihre Herkunft aus der Logik Hegels nicht verleugnen" [47]. Adorno selbst plädiert — neben der direkten Berufung auf Hegel [48] — für die Aufwertung des vor-Marxschen Linkshegelianismus [49]. Eine Verabschiedung Hegels bedeutet das nicht.

Zur Kritik des Frankfurter Marx

Der anvisierte „Positivismusstreit" kann hier nicht ausdiskutiert werden, wenn schon eine Sympathie unserseits für eine nichtpositivistische Lösung der Grundfragen der Erkenntnis wohl nicht zu verkennen war. Wir haben nur Konsequenzen daraus zu ziehen für das Marx- und vor allem das Hegelverständnis der Frankfurter. *Marx* „entscheidet nicht über einen ontologischen Primat von Idee oder Materie", so Habermas [50]; und nach Adorno sind der Geist und „das Gegebene" „beide wesentlich durcheinander vermittelt" [51]. Kann da von Materialismus noch die Rede sein (wie denn auch Habermas dieses Wort gern in Anführungszeichen setzt)? Und von Marxismus? Politische Poeterei hat denn auch die oben S. 54 zitierte Marx-Maxime zu Feuerbach entsprechend umformuliert:

„Die Marxime der Frankfurter Schule
Die Philosophen haben die Welt nur verschieden interpretiert
es kommt darauf an sich von ihr verändern zu lassen." [52]

Wird bei diesem Neomarxismus, bei dem der Akzent so sehr auf der Neuinterpre-
tation liegt, der „-marxismus" zum Pietätssuffix, das nicht beunruhigen muß,
vorausgesetzt Vorbeugung gegen Rückfall in Marxismus-Leninismus und waches,
Konsequenzen ziehendes Bewußtsein davon, daß die reale Politik zwischen Ost
und West immer noch nicht die entideologisierenden Ideologen, sondern die alt-
gläubigen Funktionäre bestimmen? Nun, in der Anwendung der Kritischen Theorie
auf die Kapitalismus-Sozialismus-Problematik dürfte immerhin noch ein beachtli-
cher Rest marxistisches Erbe stecken [53]. Aber uns interessiert hier mehr das Verhältnis der Frankfurter zu *Hegel.*

Zur Kritik des Frankfurter Hegel

Was die Frankfurter vom Positivismus, mit dem sie sich auseinandersetzen, unterscheidet, ist ihr Festhalten an der *dialektischen* Methode, die ihr Hegelsches Erbe
darstellt. Die kritisch-dialektische Theorie will anderseits von der universalen
Geistphilosophie Hegels dadurch abgehoben sein, daß sie sich selbst beschränkt
auf nur *relative* Totalitäten, in denen man vermutlich je einzigartige wechselweise
Bedingungsgefüge von Idee und materiellen Gegebenheiten sehen darf. Unsere
kritische Frage an die Kritische Theorie lautet: Sprengt nicht *Dialektik* solche
Relativierung? Wenn Habermas die historischen Bewegungsgesetze nur bezieht
„auf einen jeweils konkreten Anwendungsbereich, der in der Dimension eines im
ganzen einmaligen und in seinen Stadien unumkehrbaren Entwicklungsprozesses
... definiert ist" [54]: hat er dann die regional-epochal begrenzten Bereiche nicht
schon entscheidend überschritten, wie Habermas ja auch schlechthin „das begriffene
Ziel der Gesellschaft" [55] in seine Überlegungen einbringt?! Die Dialektik sprengt
„extensionale" Relativierung, *weil* sie nicht „intensional" auf ein schlichtes Gleich-
gewichtssystem von Geist und Materie zurückgeführt werden kann. Dialektik,
wie Hegel sie beschreibt — wir versuchten das andeutungsweise nahezubringen —,
ist Dialektik des *Geistes,* seines Selbstverwirklichungsprozesses und seiner Selbst-
manifestation. Und auch die Frankfurter dialektische Methode kann dieser Ab-
kunft, weil sie in die Struktur der Dialektik einging, ja diese ausmacht, nicht ent-
raten. Habermas' Methode ist dadurch entscheidend ausgezeichnet vor bloßer
Deduktion, „daß sie die Prinzipien, nach denen sie verfährt, stets mit zur Diskussion stellt", daß sie sich „in einem Zirkel der reflexiven Selbstrechtfertigung entfaltet" [56]: das ist auf methodologischer Ebene die Selbstbestimmung und Selbst-
begründung von „Geist"! Die Dialektik bleibt Geist-Dialektik auch dann, wenn
sie, was durchaus einzuräumen ist [57], als Seins- und Werdegesetz die an sich nicht-
geistige Wirklichkeit analog strukturierend durchzieht, orientierend durchpulst.
Aber muß dann nicht konsequenterweise das gesamte dialektische System der
Hegelschen Geistphilosophie akzeptiert werden — mitsamt seinen totalitären
Implikationen (wie sie infolge bloßer materialistischer Umkehrung auch im Diamat
erhalten blieben, und zwar verstärkt)? Die generelle Diagnose, die Adorno von
Hegels Systemdialektik gibt, ist weithin gültig: sie bezieht alles ein in den unaus-
weichlichen Werdegang der einen, großen Versöhnung, alles und jedes wird herab-

gesetzt zum bloßen Moment des Selbstvollzugs des sich begreifenden Geistes. Nicht gültig dagegen scheint die spezielle Rezeptur Adornos: gegen Hegels Geistdialektik das Andere des Geistes, die Nichtidentität, die zufällige Endlichkeit der Materie, als Quell je neuer Aufbrüche, zur Geltung zu bringen. Das heißt die Dialektik halbieren [58]; nicht von außen her läßt sich Geist kurieren. Was als entscheidende Korrektur an Hegel stärker einzubringen ist, ist nicht das Andere des *Geistes*, die Materie, sondern das Andere des *erkennenden* Geistes, und das ist: Geist als Wille, Liebe, Freiheit. Die Freiheit der anderen Menschen, die ich willentlich bejahe, eröffnet den Raum wirklicher Geschichte und echter, neuer Zukunft; sie bindet auf die mächtigste und schärfste Weise an das Faktische und dessen Last, sie entbindet zugleich das gelösteste Glück. Die *Dialektik* des Selbstgesprächs der Erkenntnis wird aufgebrochen, zu Fruchtbarkeit und Menschlichkeit, zunächst und zumeist durch *Dialog* in Freiheit, mit den Anderen. Auch die Theorie von Jürgen Habermas räumt dem Dialog und der Interaktion des menschlichen Mit- und Füreinanders eine maßgebliche Funktion ein [59]. Der Dialog der menschlichen Freiheiten, von Einzelnen und Großgruppen, bricht nicht auseinander in isolierte Verständigungsinseln: er bleibt — in seiner horizontalen Differenzierung — umfangen von der Einheit des dialektischen Erkenntnisausgriffs. Daß dieser nicht doch wieder alles übermächtigend, vergewaltigend „totalisiert", „nach dem Uhrenschlag metaphysischer Notwendigkeit" [60]: dem, so scheint uns, ist nur zu wehren, wenn die vertikale Differenz von Mensch und Gott, von endlichem Geist und dem unendlichen Geist, gewahrt wird. Der menschliche Geist besitzt trotz seiner Universalität nicht die Mächtigkeit, das Einzelne im voraus durchgängig zu bestimmen — solche Bestimmungsmacht ist das Souveränitätsprivileg Gottes —: die ungefüllte, ernüchternde Leere unseres umfassenden Erkenntnisvorgriffs ist Voraussetzung je neuen Freiheitsaufbruchs ... Hier wäre das Gespräch mit Hegel fortzusetzen. Oder würde es erst eigentlich beginnen? Es muß uns genügen, einigermaßen gezeigt zu haben, daß die Auseinandersetzung mit Marx und Marxismus, mit dem alten Marx von einst und mit den Neomarxismen von heute, sich zurückverwiesen sieht auf Hegel.

Anmerkungen

1 Eine internationale Bibliographie der Buchpublikationen für die Jahre 1961 bis 1965 zählt insgesamt 281 Titel (in: Hegel-Studien 5 [1969] 429—458).

2 Werke (= WW), ed. Lieber-Furth, I 13

3 Ebd. VI 838

4 „Man kann das ‚Kapital' von Marx und besonders das I. Kapitel nicht vollkommen begreifen, ohne die ganze Logik von Hegel durchstudiert und begriffen zu haben. Folglich hat nach einem halben Jahrhundert nicht ein Marxist Marx begriffen!" (WW, dt. Ausgabe, XXXVIII 170)

5 Ebd. XXXIII 220

6 Vgl. zum folgenden besonders J. Habermas, Zur philosophischen Diskussion um Marx und den Marxismus, in: Theorie und Praxis. Neuwied - Berlin 1963, ³1969, 261—335; und: Zwischen Philosophie und Wissenschaft: Marxismus als Kritik, ebd. 162—214

7 J. Habermas, ebd. 163; vgl. 163 ff, 189 ff, 330 f; auch: ders., Technik und Wissenschaft als „Ideologie". Frankfurt a. M. 1969, 74 ff, 79 f

8 Subjekt-Objekt. Erläuterungen zu Hegel. Frankfurt a. M. ²1962; bzw.: Dieu est mort. Etude sur Hegel. Paris 1962; dt.: Berlin - Frankfurt 1965

9 Thesen über Feuerbach, Nr. 6

10 WW, ed. Lieber-Furth, I 567 f

11 Ebd. 559—575. Siehe auch hier S. 101 ff

12 Ebd. 561 f

13 Vgl. hierzu: J. Israel, Der Begriff Entfremdung. Makrosoziologische Untersuchung von Marx bis zur Soziologie der Gegenwart. Reinbek bei Hamburg 1972; E. Ritz, Entfremdung, in: Historisches Wörterbuch der Philosophie, Band II, Basel - Stuttgart 1972, Sp. 509—525; I. Mészáros, Der Entfremdungsbegriff bei Marx. München 1973; Entfremdung, hg. v. H. H. Schrey. Darmstadt 1975. — Speziell zu Rousseau: B. Baczko, R. et l'aliénation, in: Annales, J. J. Rousseau 25 (1963) 223—237

14 WW, ed. A. Flitner — K. Giel, I 235—238

15 Grundlage der gesamten Wissenschaftslehre (1974): WW, ed. I. H. Fichte, I 165

16 WW II (1832) 15

17 WW, ed. Lieber-Furth, I 645; vgl. 506—665 die Pariser Manuskripte, und 637—665 speziell zu Hegel. — Marx unterstreicht allerdings (ebd. z. B. 642 f), daß bei Hegel alles in der Abstraktion, der „Gedankenform" verbleibe.

18 J. Habermas (a.a.O. [s. Anm. 6], 272) apostrophiert „die eigentümliche theoretische Nachgiebigkeit des ‚ökonomischen' Marx, seit etwa 1858, gegenüber dem ‚metaphysischen' Engels".

19 J. Habermas, ebd. 268, 270

20 Ebd. 179

21 Ebd. 269, vgl. 169. Habermas stützt sich dabei zustimmend auf Untersuchungen von I. Fetscher und H. Bollnow. — Auch nach dem jüngeren Frankfurter A. Schmidt gibt es bei Marx einzig „endliche Ziele endlicher raumzeitlich bedingter Menschen gegenüber begrenzten Bereichen der natürlichen und gesellschaftlichen Welt"; Marx „will dem Menschen aus dem selbstgeschmiedeten Käfig undurchschauter ökonomischer Determination heraushelfen" (Der Begriff der Natur in der Lehre von Marx. Frankfurt a. M. 1962, 27. 31).

22 Die Dissertation warf diese Frage auf am Exempel der Möglichkeit von Philosophie nach Aristoteles, dem Vollender der Philosophie der Antike.

23 Grundlinien der Philosophie des Rechts, Vorrede: WW VIII (1833) 19

24 Kritik der Politischen Ökonomie (1859), Einleitung

25 J. Habermas (s. Anm. 6) 169

26 Was gemeinhin als der dialektische Dreitakt These-Antithese-Synthese läuft (eine von Hegel selbst nicht gebrauchte Stereotype), bezeichnet Hegel scheinbar paradox auch als „immanentes Hinausgehen" (Enzyklopädie ³ § 81): das Allgemeine legt sich aus in die, da gegensätzlich, sich ergänzenden Besonderungen, die es in sich einbefaßt als das Einzelne, das nun nicht mehr ein abstraktes, sondern das konkrete (!) Allgemeine (!) ist. Daß dieses — übrigens auch der Seinsmetaphysik bekannte — Denkmodell mit den Mitteln formaler Logik nicht vollends zu fassen ist, kann zum Verständnis des anschließend anzuvisierenden „Positivismusstreits" beitragen. — Zur dialektischen Bewegung des Ansich-Fürsich-Anundfürsich hinführend: Einleitung in die Geschichte der Philosophie, ed. Hoffmeister (³1959); z. B. 102 f, 108 f

27 Phänomenologie des Geistes. Vorrede: WW II (1832) 9

28 Denn für den modernen Denker Hegel, der das Erbe Kants und Fichtes aufnimmt, „kommt ... alles darauf an, das Wahre nicht (nur) als Substanz, sondern ebensosehr als Subjekt aufzufassen" (ebd. 14).

29 Wissenschaft der Logik: WW III (1834) 36

30 Ebd. IV (1834) 353

31 Die Vernunft in der Geschichte (= Einleitung der geschichtsphilosophischen Vorlesungen), ed. Hoffmeister ⁵1955, 63

32 WW VIII (1833) 17

33 Frankfurt a. M. 1963, ³1969; sie enthalten außer dem bis dahin unveröffentlichten,

zum Studium Hegels anleitenden Essay „Skoteinos oder Wie zu lesen sei" zwei Arbeiten aus den Jahren 1957/58.

34 Frankfurt a. M. 1966, Studienausgabe 1969

35 Um nur einige Namen zu nennen: R. Haym, H. Heller, M. Rossi, K. R. Popper, E. Topitsch einerseits — E. Weil, J. Ritter, G. Rohrmoser, W.-D. Marsch andererseits

36 Die nicht zurückschlägt in „absolute Negativität" in Hegels Sinn der Selbstvollstreckung der Negation an sich selbst (— — = +).

37 Th. W. Adorno, Metakritik der Erkenntnistheorie. Stuttgart 1956, 33

38 Auf die durch das Jahr 1933 in Deutschland abgebrochenen frühen Geschicke der kritischen Theorie und den ganzen Beitrag M. Horkheimers dazu kann hier nicht eingegangen werden. Vgl. die Neuausgaben von Horkheimer, hrsg. v. A. Schmidt: Kritische Theorie, 2 Bände. Frankfurt a. M. 1968; Zur Kritik der instrumentellen Vernunft, ebd. 1967; sowie M. Horkheimer — Th. W. Adorno, Zur Dialektik der Aufklärung, ebd. 1969. — Zur Kritik an den Frankfurtern: M. Theunissen, Gesellschaft und Geschichte. Berlin 1969; G. Rohrmoser, Das Elend der kritischen Theorie. Freiburg i. Br. 1970

39 Unter diesem Titel wurden elf aufeinander antwortende Beiträge von Th. W. Adorno und J. Habermas einerseits, H. Albert, R. Dahrendorf, H. Pilot und K. R. Popper andererseits 1969 (^{2}1970) veröffentlicht (Neuwied, Berlin). Die — 1963—1965 von Habermas und Albert weitergeführte — Diskussion geht zurück auf eine Tübinger Arbeitstagung der Deutschen Gesellschaft für Soziologie im Oktober 1961 und die dort von Popper und Adorno gehaltenen Referate. — Von Albert auch das positivistische wissenschaftstheoretische Methodenprogramm: Traktat über kritische Vernunft. Tübingen 1968

40 Adorno, in: Th. W. Adorno (u. a.), Positivismusstreit (s. Anm. 39) 126

41 Habermas, ebd. 159 f

42 Adorno, ebd. 127

43 Tractatus logico-philosophicus 6, 52

44 Habermas, Theorie und Praxis (s. Anm. 6) 17 f

45 Habermas, Positivismusstreit 163 (Hervorhebung von mir)

46 Popper, ebd. 147; Albert, ebd. 193, 197, 199[10] u. ö.

47 Positivismusstreit 155. Vgl. auch Habermas (s. Anm. 6) 50 f

48 Ebd. 128 f, 133

49 Der einschlägige Passus Adornos aus der Tübinger Diskussion von 1961 (ebd. 151) verdient hier reproduziert zu werden: „Die gesellschaftliche Realität hat sich in einer Weise verändert, daß man fast zwanghaft auf den von Marx und Engels so höhnisch kritisierten Standpunkt des Linkshegelianismus zurückgedrängt wird; einfach deshalb nämlich, weil erstens die von Marx und Engels entwickelte Theorie selber eine unterdessen vollkommen dogmatische Gestalt angenommen hat; zweitens, weil in dieser dogmatisierten und stillgelegten Form der Theorie der Gedanke an die Veränderung der Welt selbst zu einer scheußlichen Ideologie geworden ist, die dazu dient, die erbärmliche Praxis der Unterdrückung der Menschen zu rechtfertigen. Drittens aber — und das ist vielleicht das Allerernsteste —, weil der Gedanke, daß man durch die Theorie und durch das Aussprechen der Theorie unmittelbar die Menschen ergreifen und zu einer Aktion veranlassen kann, doppelt unmöglich geworden ist durch die Verfassung der Menschen, die durch die Theorie bekanntlich dazu in keiner Weise mehr sich veranlassen lassen, und durch die Gestalt der Wirklichkeit, die die Möglichkeit solcher Aktionen, wie sie bei Marx noch als am nächsten Tag bevorstehend erschienen sind, ausschließt. Wenn man heute also so tun wollte, als ob man morgen die Welt verändern kann, dann wäre man ein Lügner."

50 Theorie und Praxis (s. Anm. 6) 285

51 Metakritik der Erkenntnistheorie. Stuttgart 1956, 33

52 E. Fried, Die Beine der größeren Lügen. Berlin 1969

53 Vgl. Habermas z. B.: Positivismusstreit 185
54 Ebd. 163
55 Theorie und Praxis 321
56 Positivismusstreit 253 f
57 Mit dem scholastisch-ontologischen Axiom von der Intelligibilität = Geisthaftigkeit
    alles Seienden: omne ens est verum. Adorno spricht von dem „Urteil der Sache über
    sich selbst", als Maßstab für Wahrheit und Wert, das sich konstituiert „in ihrer Be-
    stimmung zu jenem *Ganzen,* das in ihr steckt, ohne unmittelbar gegeben, ohne Faktizi-
    tät zu sein; darauf will der [Hegelsche] Satz hinaus, die Sache sei an ihrem Begriff zu
    messen" (Positivismusstreit 139; Hervorhebung von mir).
58 Um Habermas' Polemik „Gegen einen positivistisch halbierten Rationalismus" (Positi-
    vismusstreit 235—266) zu variieren.
59 Vgl. z. B. Theorie und Praxis 317 f. Habermas hier, Marx' Hegel-Kritik resümierend:
    „Nichtidentisches wird unter Identisches subsumiert; *Menschen* werden wie Dinge be-
    handelt"! (Hervorhebung von mir.) Wird hier nicht auch das „Nichtidentische" auf
    der Ebene des Entscheidend-Menschlichen, also doch wohl des Geistig-Personalen an-
    gesetzt?!
60 Ebd. 321

Gesellschaftstheorie und Menschenbild in Marxismus und Christentum

Kaum sind die Priester mit ihren Märchen vom Paradies am Ende, schon fangen die Marxisten damit wieder von vorn an.
(Stanislaw J. Lec, 1909—1966)

Was an diesem „unfrisierten Gedanken" des polnischen Satirikers (Spätlese..., 1976) wahr ist und was daran falsch ist, das wollen die folgenden Seiten erörtern.

I. Zur Geschichte des Dialogs Christen-Marxisten

Das Thema sei zunächst in den zeitgeschichtlichen Rahmen eingeordnet. Dadurch wird seine aktuelle Bedeutung unterstrichen; auch deren Grenze zeigt sich dabei. Wir wollen nicht zu weit zurückgreifen. Es gab *vor* Marx Christen und von ihnen ausgelöste Bewegungen, die — im Zusammenhang mit den von Marx geringschätzig so genannten „Sozialutopisten" — Interesse und Engagement für das entstehende soziale Problem entwickelten: in Frankreich (die tragische Gestalt Lamennais'), in Belgien, in Deutschland (z. B. Franz von Baader). Und schon früh hat *nach* Marx der deutsche soziale Katholizismus die Herausforderung der Arbeiterfrage und des Kommunismus positiv aufgenommen: so der Mainzer Bischof Wilhelm Emmanuel von Ketteler, „der als erster und lange Zeit einziger unter den Bischöfen sich zu der Erkenntnis durchrang, daß der Arbeiter des industriellen Zeitalters sich in Kategorien der vorindustriellen Zeit nicht fassen läßt"[1], die Priester Christoph Moufang — ebenfalls aus Mainz —, Franz Hitze — 1882 auf den erstmals eingerichteten Lehrstuhl für christliche Gesellschaftslehre in Münster berufen —, Heinrich Brauns — 1920—28 Reichsarbeitsminister der Weimarer Republik —, neben denen Laien wie der Mönchengladbacher Unternehmer Franz Brandts vorbildlich wirkten. (Diese Männer nennt der Vorspann zum deutschen Synoden-Beschluß „Kirche und Arbeiterschaft" vom 21. 11. 1975, der die anschließende Schilderung des „fortwirkenden Skandals" kirchlichen Versagens mildern soll[2].) Die Liste ist natürlich nicht vollständig. Um die Jahrhundertwende wurde der westfälische Priester Wilhelm Hohoff (1848—1923) nicht müde, die angeblich vollständige Entsprechung zwischen der Marxschen Kapitalismuskritik und dem jahrhundertelangen kirchlichen Zinsverbot zu rühmen[3]. Ganz zu schweigen von den reformierten Schweizern Christoph Friedrich Blumhardt, Leonhard Ragaz und dem frühen Karl Barth, dem evangelischen Deutschamerikaner Paul Tillich[4] oder dem katholischen Deutschen Theodor Steinbüchel[5]. Gegenwärtig weist man aus gegebenem Anlaß, nämlich der Diskussion um eine Grundsatzerklärung des Weltrates der Katholischen Arbeiterjugend (Linz, April 1975), erneut darauf hin, daß die Sozialenzyklika „Quadragesimo anno" von 1931 den Wahrheitsgehalt der Marxschen Lehre von Klassengesellschaft und Klassenkonflikt übernommen habe[6] und daß Gustav Gundlach SJ, später ein enger Berater Pius' XII., dafür Vorarbeit leistete[7]. Aber konzentrieren wir uns auf die Zeit nach 1945 und auf die allerletzten Jahre.

Nachdem sich in Frankreich schon in den späten dreißiger Jahren Christen [8], veranlaßt durch die Volksfront-Politik der „ausgestreckten Hand" von Léon Blum, kritisch-konstruktiv mit dem Marxismus auseinandergesetzt hatten, setzte dort — wie ähnlich in Italien — nach dem Zweiten Weltkrieg eine breitere Bewegung der „chrétiens communisants" (der mit dem Kommunismus liebäugelnden Christen) ein. Ihr Programm läßt sich dahingehend charakterisieren: der Kapitalismus sei das einzige grundsätzliche Übel der gegenwärtigen Gesellschaft, der Marxismus nicht wesentlich atheistisch, die Kirche in ihrer derzeitigen Sozialstruktur die Gefangene des bürgerlich-kapitalistischen Systems, der Kommunismus der Vollstrecker des Sinns der Geschichte [9]. Jene „Montage aus Christentum und Marxismus" nach dem Urteil von J. Habermas [10], um 1950 zunächst nur für einige Jahre virulent, feiert heute, was hier vorweggenommen sei, betrüblicherweise ‚fröhliche Urständ'. Wieder war es die mögliche Entwicklung der politischen Situation auf Volksfrontregierungen hin oder — in Italien — auf den „historischen Kompromiß" zwischen KPI und Democrazia cristiana, die der von Südamerika ausgehenden Bewegung „Christen für den Sozialismus" seit 1973 auch in Europa und nun, mit Abstand vom Kriegsende, auch in Mitteleuropa zunehmend Resonanz verschaffte. Die „Paulus-Gesellschaft" vertrat auf Kongressen in Florenz 1975/76 ihr Anliegen mit Berufung darauf, daß „das Ziel des Marxismus ... die allseitige Entfaltung der menschlichen Persönlichkeit" und „der politisch-ideologische Gegensatz von Christentum und Marxismus ... in einem pluralistischen, demokratischen Sozialismus aufzuheben" sei [11]. Schon vor einem Jahrzehnt, auf Tagungen in Salzburg 1965, auf Herrenchiemsee 1966 und in Marienbad/CSSR (!) 1967 [12], hatte sich diese 1956 begründete Gesellschaft, die sich ursprünglich dem Gespräch zwischen Naturwissenschaftlern einerseits, Philosophen und Theologen anderseits widmete, dem Dialog von Christen mit Marxisten zugewandt. Marienbad, noch im April 1968 Schauplatz einer Christen-Marxisten-Diskussion vor dreitausend Zuhörern, bedeutete den Höhepunkt einer Entwicklung, die gefördert wurde durch die von Chruschtschow auf dem 20. Parteitag der KPdSU 1956 eingeleitete „Entstalinisierung", die allgemeine Politik der Ost-West-Entspannung, das Zweite Vatikanische Konzil von 1962—65, die Enzykliken „Pacem in terris" Johannes' XXIII. (1963) und „Populorum progressio" Pauls VI. (1967), die Errichtung des Sekretariats für die Nicht-Glaubenden [12a] durch Paul VI. 1965, die zweite Generalversammlung des CELAM (lateinamerikanische Bischofskonferenz) 1968 in Medellín, die Konferenzen des Weltkirchenrats von Lausanne 1966 und Uppsala 1968. (Daß der Weltkirchenrat am 8. bis 11. April 1968 noch mit einer eigenen kleineren Tagung in Genf der christlich-marxistischen Kommunikation dienen wollte, blieb eher „ein isoliertes Ereignis" [13].)
Was war vorausgegangen? Als erste, so scheint es, forderten von marxistischer Seite R. Havemann und G. Lukács 1956 den ideologischen Dialog, von christlich-theologischer Seite M. Reding 1957 und H. Gollwitzer 1962. R. Garaudy's Buch „Perspectives de l'homme" (1959, mit dem Untertitel „Existentialisme, pensée catholique, marxisme") war ein Ergebnis des neuen Interesses. Etwa 1960 beginnen die Dialoge zwischen Christen und Marxisten. 1964 proklamiert der KPI-Chef Palmiro Togliatti in seinem Memorandum von Yalta die Aufgeschlossenheit füreinander, da die alte atheistische Propaganda überhaupt nichts nütze. Togliatti 1964 — Berlinguer 1976: eine Kontinuität von möglicherweise europäischer oder gar Weltbedeutung ... Eine Bibliographie der deutschen, englischen, französischen, italienischen und spanischen Veröffentlichungen zum Dialog zwischen Christen

und Marxisten für die Zeit von 1959 bis Juni 1969 enthält über tausend Titel [14]. Und was folgte zunächst? Die Besetzung der Tschechoslowakei durch Truppen der Sowjetunion bzw. des Warschauer Pakts am 21. August 1968, zum Handlungsprogramm erhoben durch die Breschnew-Doktrin, bereitete der ersten Dialogeuphorie ein schmerzliches Ende. Kaum weniger beredt sind Einzelschicksale der marxistischen Gesprächspartner: Roger Garaudy, der profilierteste Vertreter des Neomarxismus im Westen, wurde 1969 aus Politbüro und Zentralkomitee der KPF, 1970 aus der Partei ausgeschlossen [15]. Die „Paulus-Gesellschaft" wandte sich wieder anderen Themen des ‚innerwestlichen' Problemhorizonts zu, Fragen der Psychoanalyse, Hochschulreform, Autoritätskrise usw. An ihrer Stelle wollte ab 1971 die seit 1968 von H. Vorgrimler herausgegebene „Internationale Dialog Zeitschrift" das Gespräch nicht mit Halb- und Exkommunisten, sondern mit offiziellen Vertretern der kommunistischen Regimes und Parteien aufnehmen; sie ging inzwischen — 1975 — ein. Sehr wahrscheinlich wird der „Polyzentrismus" der kommunistischen Parteien, der auf deren Tagung in Ostberlin im Juni 1976 nach zwei Jahren Diskussion offiziell sanktioniert wurde, auch den Bestrebungen, Marxismus und Christentum in harmonischen Ausgleich zu bringen, neuen hoffnungsvollen Auftrieb geben ... [16]

Wurde die mitteleuropäische Dialogetappe 1968 durch die CSSR-Okkupation gestoppt, so lebt sie infolge der in Süd- und Westeuropa (Italien, Frankreich, Portugal, Spanien?) sich entwickelnden politischen Verhältnisse 1976 neu auf: Marxistische Einflüsse auf die christliche Theologie haben sich innerhalb des letzten Jahrzehnts durchgehalten und die sich z. T. ablösenden und insofern kurzlebigen sogenannten Theologien der Entwicklung, der Revolution, die Politische Theologie ... hervorgebracht. Schon die Breite der Wirkung läßt vermuten, daß diese nicht nur modischen Trends, sondern tieferliegenden Gründen entspringt. „In Lateinamerika neigt die Theologie der Befreiung dazu, die marxistische Gesellschaftsanalyse und Geschichtsdeutung einfach zu übernehmen und sie als christlich zu deklarieren." [17] Von Santiago de Chile ging 1972 auch die Bewegung „Christen für den Sozialismus" aus. Der belgische Dominikaner Bernard Olivier [18], der sich mit den Problemen der südamerikanischen Entwicklungsländer befaßte, meint, ohne sich zum Programm des Marxismus zu bekennen, dessen Analyse der gesellschaftlichen Verhältnisse sei das beste methodische Instrument. Wie das christliche Altertum sich der Philosophie des klassischen Griechenland, des Platon und Aristoteles, bediente, so greifen heute viele nach dem Marxismus. Aber „man darf dabei nicht übersehen: Theologen stehen bei der Übernahme solcher Denkmuster in der ständigen Gefahr, auch die ideologischen und utopischen Kapriolen dieser geistigen ‚Hilfstruppen' der Theologie getreulich zu kopieren, was dann in unseren Tagen so weit gehen kann, daß Christentum durch Sozialismus ersetzt wird oder daß der Sozialismus zum theologischen Opiat wird" [19].

Unser geschichtlicher Rückblick auf die letzten Jahre dürfte gezeigt haben, auch wenn keine Prognosen für die politische Zukunft gestellt werden sollen: Ein *grundsätzlicher Strukturvergleich* der marxistischen und der christlichen Auffassung von der menschlichen Gesellschaft und von Wesen und Schicksal des einzelnen Menschen ist angebracht. Dabei darf vorweggenommen werden, daß der Schwerpunkt für den Marxismus auf der Theorie der Gesellschaft liegt, während das Daseinsverständnis des Einzelnen nur als Rückwirkung und Reflex der gesellschaftlichen Verhältnisse aufscheint. Für die offizielle, ‚orthodoxe' Doktrin steht das Verhältnis von Kollektiv und Individuum unter dem Gesetz der Identität, mit

Vorrang des gesellschaftlichen Ganzen (hier versuchen heutige Neomarxisten zu ‚differieren' [20]). Für das Christentum dagegen steht im Mittelpunkt der einzelne Mensch als *Person,* der allerdings keineswegs isoliert von Gesellschaft und Geschichte gesehen werden kann. Die christliche Auffassung betont die ‚Differenz', das Spannungsverhältnis von Person und Gemeinschaft. Das sonst gern gebrauchte Wort ‚Gesellschafts*analyse*' wird hier in bezug auf den Marxismus besser vermieden, um nicht die Meinung nahezulegen, es handle sich um eine wissenschaftlich gesicherte Erkenntnis von allgemeiner — gar zeitenthobener — Gültigkeit.

II. Die marxistische Gesellschaftstheorie

Vorweg einige Bemerkungen zu den *Quellen* unserer Marx-Darstellung und zur *geistigen Ausgangssituation* von Karl Marx.

Als 1932 erstmals die Philosophisch-ökonomischen Manuskripte veröffentlicht wurden, die der 26jährige Marx 1844 in Paris niedergeschrieben hat, da begann man allenthalben zu unterscheiden zwischen einem „frühen Marx", dessen fragendes Denken durch entschieden humane Impulse bestimmt wurde, und den späteren konstruktiv und totalitär verfahrenden Marxismus-Leninismus. Ohne uns auf diese umstrittene Unterscheidung festzulegen, wollen wir uns nicht mit einer leicht zu widerlegenden Vulgärform von Marxismus befassen, sondern diesen, indem wir nach einer Anweisung Hegels „in die Kraft des Gegners eingehen", von seiner starken Seite nehmen. Das bedeutet, daß wir uns vor allem an den Pariser Manuskripten orientieren, aber auch genauere Auskünfte aus späteren Schriften (Kommunistisches Manifest 1848, „Zur Kritik der politischen Ökonomie" 1859, 1. Band des Hauptwerks „Das Kapital" 1867) einbeziehen.

Zwar wäre es gewiß reizvoll und nützlich, den Entwicklungsgang des Marxschen Denkens zu verfolgen. Hier soll jedoch nur auf zwei hauptsächliche Faktoren hingewiesen werden, die Karl Marx und die Entstehung seiner Gesellschaftstheorie bestimmten: die *Philosophie Hegels* und die Situation des *Frühkapitalismus.* Marx geht davon aus, daß in *Hegel* die Philosophie zu ihrer unüberbietbaren Vollendung gelangt ist — als Theorie. Was nun noch geschehen kann und muß: daß sich die philosophische Theorie dadurch aufhebt, daß sie sich durch und in Praxis verwirklicht. Die Selbstverwirklichung des Menschen in allseitiger Entfaltung seiner Möglichkeiten durch freie Selbstbestimmung: das ist das große Ziel, das die klassische deutsche Philosophie in Kant, Fichte und Hegel der Menschheitsgeschichte gesteckt hat. Marx übernimmt diese Zielsetzung. Aber Hegel hat sich nach ihm zufrieden gegeben mit einer nur im Gedanken vollzogenen und deshalb nur vermeintlichen Verwirklichung des Menschen, mit einer Scheinversöhnung der die Welt zerreißenden Widersprüche. Er sei befangen geblieben in einer in sich kreisenden *Vernunft ohne Wirklichkeit.* Marx' Blick ist geschärft dafür, daß das Ziel der Geschichte nur zu erreichen ist von einer bestimmten geschichtlichen Ausgangslage aus, unter den Bedingungen der jeweiligen Verhältnisse. Als maßgeblich, als in einem wörtlichen Sinne zukunftsträchtig betrachtet er die durch den *Frühkapitalismus* geschaffenen gesellschaftlichen Zustände. Sie hat ihn sein Freund Friedrich Engels sehen und beurteilen gelehrt. Engels hatte die Situation des beginnenden Industriezeitalters dort erfahren, wo sie sich am frühesten und schärfsten in ihren für den Arbeiter entwürdigenden, unmenschlichen Auswirkungen zeigte: im England von Manchester, wo der Barmer Fabrikantensohn in einer Filialfirma seiner Familie tätig war. Er hat sie beschrieben in einer 1845 veröffentlichten Schrift „Die Lage der arbeitenden Klasse in England". Die frühkapitalistische Situation ist eine *Wirklichkeit ohne Vernunft*. Damit stellt sich für Marx die Aufgabe: in einer Wirklichkeit, die ohne Vernunft ist, genauer: heraus aus dieser widervernünftigen Gegenwart dem Menschen zur Selbstverwirklichung, zu freiem und vollem Selbstsein zu verhelfen. Das ist nur möglich durch Schaffung vernünftiger Zustände. Die Wirklichkeit zur Vernunft zu bringen, um des Menschen willen: ein bleibend gültiges emanzipatorisches Programm!

Mit der Aufgabe, die das Denken von Karl Marx lebenslang antreibt, ist der Ansatzpunkt seiner Gesellschaftstheorie gegeben, aus dem sich deren weiterer Ausbau entwickeln wird: die Analyse der frühkapitalistischen Gesellschaft. „Man muß diese versteinerten Verhältnisse dadurch zum Tanzen zwingen, daß man ihnen ihre eigene Melodie vorsingt!" [21]

Die Selbstentfremdung des Menschen im Kapitalismus

Seine eigene Gegenwart des frühkapitalistischen Industriezeitalters sieht Marx gekennzeichnet durch eine radikale Selbstentfremdung des Menschen. Ihr entscheidender Grund liege in der Arbeitsteilung und in der Einführung des Privateigentums, die sich gegenseitig bedingen: Spezialisierung verlangt eigenen Werkzeugbesitz; Eigentum fördert Initiative und differenzierte Leistung. Die kapitalistische Lohnarbeitergesellschaft habe die damit eingeleitete Entwicklung auf die Spitze getrieben. Was folgt daraus?

Dem für Lohn arbeitenden Menschen wird das fertige Arbeits*produkt* entzogen. Ein anderer, der Fabriksbesitzer, verfügt darüber. In dem aber, was der Mensch schaffend hervorbringt, realisiert er sich selber. Er legt ein Stück von sich selbst, das nach Äußerung und Wirkung drängt, hinein in das Werk seiner Hände. Das sagte man jedenfalls von dem Handwerker alten Stils. Durch das, was jemand produziert, zeigt er den andern und auch sich selbst, was er kann und wer er ist. Er arbeitet nicht nur einen Werkgegenstand aus, er arbeitet sich selber aus. Er entäußert, vergegenständlicht sich. Das ist ein notwendiger, positiver Vorgang der Selbstverwirklichung des Menschen in seiner Welt. Dieser Vorgang wird jedoch ins Negative gewendet, wenn dem Arbeitenden das Arbeitsprodukt genommen wird. Damit wird ihm ein selbstgeschaffenes Stück seiner selbst entzogen: er wird sich selbst entfremdet. Das trifft erst recht dann zu, wenn Fließbandarbeit es grundsätzlich unmöglich macht, daß der Arbeiter sich in dem werdenden Arbeitsprodukt, an dem er etwa nur einen eintönigen Handgriff vorzunehmen hat, selbst ausdrücke und darstelle. Marx: „Der Gegenstand, den die Arbeit produziert, ihr Produkt, tritt ihr als ein *fremdes* Wesen, als eine von dem Produzenten *unabhängige Macht* gegenüber. ... Je mehr der Arbeiter sich ausarbeitet, um so mächtiger wird die fremde, gegenständliche Welt, die er sich gegenüber schafft, um so ärmer wird er selbst, seine innere Welt, um so weniger gehört ihm zu eigen." Oder: „Der Arbeiter legt sein Leben in den Gegenstand; aber nun gehört es nicht mehr ihm, sondern dem Gegenstand. ... Was das Produkt seiner Arbeit ist, ist er nicht. Je größer also dieses Produkt, je weniger ist er selbst." [22]
„Aber die Entfremdung zeigt sich nicht nur im Resultat, sondern im *Akt der Produktion* ... selbst." [23] Auch seiner eigenen Arbeits*kraft* wird der Lohnarbeiter

entfremdet. Sie gilt als nichts anderes mehr als eine Ware, die der Fabrikant auf dem Arbeitsmarkt kauft; sie unterliegt dabei dem unpersönlichen Marktgesetz von Angebot und Nachfrage. Und sie dient ihrerseits nur zur Herstellung anderer, gegenständlicher Waren. Sie wird dadurch selbst vergegenständlicht, verdinglicht. Die Folge davon, daß der Arbeiter in seiner Arbeit „nicht sich selbst, sondern einem anderen angehört" [24], ist: Der Arbeiter fühlt sich in der Arbeit „nicht wohl, sondern unglücklich", er entwickelt „keine freie physische und geistige Energie", da die Arbeit vielmehr „seine Physis abkasteit und seinen Geist ruiniert". Die Arbeit ist „nicht freiwillig, sondern gezwungen, *Zwangsarbeit*. Sie ist daher nicht die Befriedigung eines Bedürfnisses, sondern sie ist nur ein *Mittel*, um Bedürfnisse außer ihr zu befriedigen"; weshalb, „sobald kein physischer oder sonstiger Zwang existiert, die Arbeit als eine Pest geflohen wird" [25]. Der Arbeiter wird also wie dem Arbeitsprodukt so seiner eigenen Arbeitskraft entfremdet: er wird dadurch tiefer sich selbst fremd.

Der Arbeiter *selbst* wird auf seine Arbeitskraft reduziert. Er ist für die Gesellschaft nur von Interesse, insoweit er als Produktivkraft im Produktionsprozeß aufscheint. Er wird auch nur in dem Ausmaß entlohnt, als dies die Reproduktion (!) seiner Arbeitskraft erfordert; und einzig zu dem Zweck, weitere produktive Arbeit leisten zu können. So wird mit der Arbeitskraft auch der arbeitende Mensch selber verdinglicht. Er wird bloße Ware, nur Objekt statt Subjekt, er wird entmenscht. Der Arbeiter wird sich selbst ganz entfremdet.

Das betrifft nicht nur den Arbeiter als Einzelwesen. Der Entfremdungsprozeß ergreift ebenso jeden neben ihm Arbeitenden. Er entfremdet den Arbeiter sich selbst als menschlichem *Gattungswesen*, wie Marx sagt. Seiner Wesensanlage nach zu freiem und universalem Handeln an der Natur bestimmt, die er, „frei vom physischen Bedürfnis", „auch nach den Gesetzen der Schönheit" [26], gestalten sollte, wird der Lohnarbeiter auf die Stufe des Tieres herabgedrückt, das dem Zwangsgesetz notwendiger Bedürfnisbefriedigung unterworfen ist. „Das Privateigentum weiß das rohe Bedürfnis nicht zum menschlichen Bedürfnis zu machen." [27] Selbst das Verlangen nach frischer Luft, Sauberkeit, menschenwürdiger Wohnung schwindet; der Arbeiter ist froh, überhaupt existieren, essen und wohnen zu können. Die Selbstentfremdung des Arbeiters als menschliches Gattungswesen macht übrigens nicht Halt vor seinem Widerpart, dem *Kapitalisten*. Sind die Bedürfnisse des Arbeiters entmenschlicht durch ihre „viehische Verwilderung", so nicht weniger die des Kapitalisten durch ihre unnatürliche und unmenschliche „Raffinierung" [28]. Dem bloßen Konsumenten der vom Arbeiter produzierten Güter widerfährt keinerlei Herausforderung zu eigentätiger Selbstdarstellung und Selbstverwirklichung, er verkommt im sterilen Konsum und Luxus (wir übertreiben der Deutlichkeit wegen die natürlich einseitige Gedankenführung, die von Hegels „Phänomenologie des Geistes" beeinflußt ist [29]). „Nur als Personifikation des Kapitals ist der Kapitalist respektabel", wie der Arbeiter nur als Personifikation der Arbeitskraft; und „wenn der klassischen Ökonomie der Proletarier nur als Maschine zur Produktion von Mehrwert, gilt ihr aber auch der Kapitalist nur als Maschine zur Verwandlung dieses Mehrwerts in Mehrkapital" [30]. „Die besitzende Klasse und die Klasse des Proletariates stellen *dieselbe* menschliche Selbstentfremdung dar." Kapitalistischer Bourgeois und ausgebeuteter Proletarier sind letztlich denselben Mächten und Gewalten der bestehenden Gesellschaft verfallen. „Aber", so fährt Marx [31] fort, „die erste Klasse fühlt sich in dieser Selbstentfremdung wohl und bestätigt, weiß die Entfremdung als *ihre eigene Macht* und besitzt in ihr den *Schein* einer menschlichen Existenz. Die zweite fühlt sich in der Entfremdung vernichtet, erblickt in ihr die Ohnmacht und die Wirklichkeit einer unmenschlichen Existenz. Sie ist, um einen Ausdruck von Hegel zu gebrauchen, in der Verworfenheit die *Empörung* über diese Verworfenheit." Diese Verschiedenheit wird, nach Marx, die Entwicklung in die Zukunft weitertreiben. Für uns legt sich zunächst ein Blick in die Vergangenheit nahe.

Geschichte und Struktur der Gesellschaftssysteme

In der Rückblende von der Analyse der kapitalistischen Gegenwartsgesellschaft aus entwirft Marx seine Geschichtstheorie, die das Hauptstück des Historischen Materialismus (im Westen „Histomat" genannt) ausmacht. Ihr Prinzip ist die materielle Produktion. Diese ist die Grundlage für die verschiedenen, einander ablösenden Geschichtsetappen wie für den sich in ihnen durchhaltenden gemeinsamen strukturellen Aufbau.

Der *geschichtliche Längsschnitt* registriert die einzelnen Gesellschaftssysteme. Fünf Großformationen werden namhaft gemacht. Das „Kommunistische Manifest" bietet ihre klassische Schilderung. In der Urgesellschaft vor Arbeitsteilung und Privateigentum, die als eine Art Ursünde fungieren, herrscht naiver, primitiver Kommunismus auf niedrigster Zivilisationsstufe. Das war kein Goldenes Zeitalter, wie Marx durchaus realistisch einräumt. Der ‚Sündenfall' und die durch ihn eingeleitete Entwicklung waren not-wendig: damit der Mensch zu Kultur gelange und damit erst eigentlich Mensch werde. Es folgen in drei Schüben die durch den Klassengegensatz gekennzeichneten Etappen: die antike Sklaven-, die mittelalterliche Leibeigenen- und die moderne Lohnarbeitergesellschaft. Diese Klassengesellschaften werden abgelöst und überwunden durch die klassenlose Gesellschaft der Zukunft, die das Ideal menschlichen Zusammenlebens darstellt. Die vorgeführten Wirtschafts- und Gesellschaftssysteme entwickeln sich mit Notwendigkeit auseinander. Der ganze Geschichtsablauf ist teleologisch oder entelechial ausgerichtet auf seine endgültige Vollendung: er hat dieses Ziel (griechisch: telos) von Anfang an in sich getragen (als seine Entelechie).

Der *strukturelle Querschnitt* legt in den jeweiligen Systemen das ihnen gemeinsame Verhältnis der realen, d. h. nach Marx materiellen, Basis zu dem sie reflektierenden ideologischen Überbau frei. Die Basis selbst wird, jedenfalls in den Klassengesellschaften, durchzogen von einer Spannung, die die Aufeinanderfolge der einzelnen Etappen und damit den zielstrebigen Ablauf der ganzen Menschheitsgeschichte verursacht. Diese Spannung besteht zwischen den Produktivkräften einerseits und den Produktionsverhältnissen anderseits. Zu den Produktivkräften zählen die im Arbeitsprozeß tätigen Menschen, die Rohstoffe, Werkzeuge und Maschinen, auch Wissenschaft und Technologie. Die Produktionsverhältnisse umfassen die Beziehungen der Menschen im Produktionsprozeß, vor allem die Eigentumsverhältnisse [32]. Die Basis-Spannung entsteht dadurch, daß die Produktivkräfte in ständiger Entwicklung begriffen sind, sie ändern sich mit dem technischen Fortschritt, z. B. durch Erfindung neuer Maschinen; daß die Produktionsverhältnisse dagegen Beharrungstendenz zeigen, die Eigentümer wollen ihren Besitz und damit ihre beherrschende Position und Nutznießerfunktion unverändert behalten. Evolutive, progressive Produktivkräfte — konservative, reaktionäre Produktionsverhältnisse. Die Dynamik der einen läuft der Statik der andern sozusagen davon;

sie unterminiert, unterläuft diese und höhlt sie aus. So fordert — und erzwingt schließlich auch — die Erfindung der Dampfmaschine den Übergang von der feudalistischen zur kapitalistischen Produktionsweise: an die Stelle des Leibeigenen tritt der Lohnarbeiter. — Der Stabilisierung der gesellschaftlichen Verhältnisse, die im Interesse der jeweils herrschenden Klasse — der Sklavenhalter, Feudalherren, kapitalistischen Bourgeois — liegt, dient die von dem betreffenden Gesellschaftssystem hervorgebrachte *Ideologie*. Sie ist der ideelle Reflex und die unselbständige Funktion der materiellen Basis (gewiß, nicht ohne — sekundäre! — Rückwirkungen auf diese). Die Jenseitspredigt der Religion tröstet die Ausgebeuteten über die Diesseitsmisere hinweg und bleut ihnen Unterwürfigkeit ein, um Gottes und der Seele Seligkeit willen; die bürgerliche Moral schützt das Privateigentum bedingungslos als höchste Norm menschlicher Vergesellschaftung; und der installierte Staatsapparat stellt mit Juristerei, Polizei usw. repressive Machtmittel bereit. „Eure Ideen selbst sind Erzeugnisse der bürgerlichen Produktions- und Eigentumsverhältnisse, wie euer Recht nur der zum Gesetz erhobene Wille eurer Klasse ist, ein Wille, dessen Inhalt gegeben ist in den materiellen Lebensbedingungen eurer Klasse" — sagt Marx [33]. Der religiöse, philosophische, sittliche, rechtliche usw. Überbau wird dabei mit Ewigkeitsnimbus, überzeitlicher Allgemeingültigkeit, absoluter Macht und dergleichen ausgestattet, obwohl er nur zeitbedingter Ausdruck von bestimmten gesellschaftlichen und zumal von Eigentumsinteressen ist und deshalb bestenfalls auch nur eine durchaus relative, zeitweilige Geltung für die jeweiligen Verhältnisse besitzt. Das Wesen oder Unwesen der Ideologie besteht darin, daß sie „ein besonderes Interesse als allgemeines" darstellt [34].

Der Übergang zur klassenlosen Gesellschaft

Wie kommt es gegen das Beharrungsvermögen der Eigentumsverhältnisse und der in ihrem Dienst stehenden Ideologie zum entscheidenden revolutionären Übergang von der kapitalistischen zur klassenlosen Gesellschaft, die die Menschheitsgeschichte vollenden wird? Der Kapitalismus, so sahen wir, führt nach Marx zur allseitigen und durchgängigen Selbstentfremdung des arbeitenden Menschen. Das Scharnier der damit einsetzenden Entwicklung ist die Mehrwert-Theorie. Der Mehrwert ist jener Betrag, den der Verkauf der vom Arbeiter produzierten Waren einbringt nach Abzug der Lohnausgaben, die notwendig sind für die Erhaltung der Existenz des Arbeiters, für dessen Selbstreproduktion als Arbeitskraft. Dieser Mehrwert fließt zur Gänze in die Tasche des Kapitalisten. Man vergleiche dazu die beiden folgenden Aussagen [35]:

Marx [36]:	*Quadragesimo anno* (Nr. 54):
„Der Durchschnittspreis der Lohnarbeit ist das Minimum des Arbeitslohnes, d. h. die Summe der Lebensmittel, die notwendig sind, um den Arbeiter als Arbeiter am Leben zu erhalten. Was also der Lohnarbeiter durch seine Tätigkeit sich aneignet, reicht bloß dahin, um sein nacktes Leben wieder zu erzeugen."	„Das gesamte Erträgnis, die ganzen Überschüsse nahm das Kapital vorweg in Anspruch, dem Arbeiter kaum die Notdurft für die Erhaltung der Arbeitskraft und ihre Reproduktion übriglassend."

Der von den Kapitalisten vereinnahmte Mehrwert führt zur Anhäufung immer größeren Reichtums bei — infolge monopolistischer Konzentration von Produktionszweigen — immer wenigeren Kapital- und Fabrikbesitzern. Die Bourgeoisie „hat die Bevölkerung agglomeriert, die Produktionsmittel zentralisiert und das Eigentum in wenigen Händen konzentriert" [37]. Die Kehrseite der Entwicklung: Die Zahl der zur Lohnarbeit Gezwungenen wird immer größer, anderseits ihr auf das Existenzminimum herabgedrückter Lohn immer kleiner. Die Lohnarbeiter verelenden als Proletarier. Sie stürzen in sich steigernden Pauperismus. Eine ständig abnehmende Zahl von Menschen (die Kapitalisten) verdienen immer mehr, eine ständig zunehmende Zahl von Menschen (die Proletarier) verdienen immer weniger.

Diese Entwicklung treibt den revolutionären Umschlag hervor. Die Proletarier haben nichts mehr zu verlieren, sie haben nur alles zu gewinnen. Zurückgeworfen in der kapitalistischen Markt- und Tauschgesellschaft auf den Kampf um die nackte menschliche Existenz als solche, hat die Klasse der Proletarier im Grunde schon alle Klassenschranken gesprengt. Der Proletarier ist zum Repräsentanten des Menschen überhaupt geworden. Er steht mit dem Rücken zur Wand, alles Eigenen und Besonderen entkleidet: es bleibt ihm nur die Flucht nach vorn. Er vollstreckt seine geschichtliche Bestimmung, indem er in der Weltrevolution des Proletariates die bisherigen Eigentümer enteignet, die Expropriateure (= Ausbeuter) expropriiert und so, indem er Privateigentum und Arbeitsteilung wieder aufhebt, die klassenlose Gesellschaft heraufführt. Das ist möglich und nötig, denn „die Lebensbedingungen der alten Gesellschaft sind schon vernichtet in den Lebensbedingungen des Proletariats", und die Herrschaft der Bourgeoisie „produziert vor allem ihre eigenen Totengräber": „Ihr Untergang und der Sieg des Proletariats sind gleich unvermeidlich" [38]. Das entscheidende Moment liegt also „in der Bildung einer Klasse mit radikalen Ketten, einer Klasse der bürgerlichen Gesellschaft, welche keine Klasse der bürgerlichen Gesellschaft ist, eines Standes, welcher die Auflösung aller Stände ist, einer Sphäre, welche einen universellen Charakter durch ihre universellen Leiden besitzt und kein besonderes Recht in Anspruch nimmt, weil kein besonderes Unrecht, sondern das *Unrecht schlechthin* an ihr verübt wird, welche nicht mehr auf einen *historischen,* sondern nur noch auf den *menschlichen* Titel provozieren kann ... welche mit einem Wort der *völlige Verlust* des Menschen ist, also nur durch die *völlige Wiedergewinnung des Menschen* sich selbst gewinnen kann. Diese Auflösung der Gesellschaft ... ist das Proletariat." [39] Es ist der Träger der zukünftigen Weltrevolution — nach Marx' Prognose.

Die klassenlose Zukunftsgesellschaft

Marx hat sich trotz gelegentlicher etwas phantastischer Ausblicke nicht darauf festgelegt, das künftige „Reich der Freiheit", das aus dem bisherigen „Reich der Notwendigkeit" hervorgehen soll (wie ein Phönix aus der Asche der Geschichte), zu schildern, etwa als schlaraffenländisches Goldenes Zeitalter. Schon eher, und zwar mit einer wohl unerwarteten Frontstellung, sagt er, worin das Ziel der Geschichte *nicht* besteht. Nicht nämlich in einem Kommunismus, der allein auf die Aufhebung des Privateigentums fixiert ist, dessen Motive deshalb nur „Neid und Nivellierungssucht" wären, die „auf gewaltsame Weise von Talent etc. abstrahieren". Eine dadurch zustande gekommene und geprägte Gesellschaft wäre selber

nur „der allgemeine Kapitalist"! „Dieser Kommunismus — indem er die *Persönlichkeit* des Menschen überall negiert — ist eben nur der konsequente Ausdruck
des Privateigentums, welches diese Negation ist." Und: „Wie wenig diese Aufhebung des Privateigentums eine wirkliche Aneignung ist, beweist eben die abstrakte Negation der ganzen Welt der Bildung und der Zivilisation, die Rückkehr
zur *unnatürlichen* Einfachheit des *armen* und bedürfnislosen Menschen, der nicht
über das Privateigentum hinaus, sondern noch nicht einmal bei demselben an-
gelangt ist." [40] Die Aufhebung des Privateigentums *ist* unumgänglich; sie ist die
notwendige Bedingung (conditio sine qua non) des weltgeschichtlichen Wandels:
nur eben nicht die hinreichende, allgenügende Bedingung. Sie wirkt nicht automatisch. So weit, so gut. Aber worum geht es *positiv*?
Marx findet sehr schöne Worte über die Zukunftsgesellschaft:

„Kommunismus als *positive* Aufhebung des Privateigentums als menschlicher Selbstentfremdung und darum als wirkliche Aneignung des menschlichen Wesens durch und für den
Menschen; darum als vollständige, bewußt und innerhalb des ganzen Reichtums der bisherigen Entwicklung gewordene Rückkehr des Menschen für [= zu] sich als eines *gesellschaftlichen*, d. h. menschlichen Menschen. Dieser Kommunismus ist als vollendeter Naturalismus = Humanismus, als vollendeter Humanismus = Naturalismus, er ist die wahrhafte Auflösung des Widerstreites zwischen dem Menschen mit der Natur und mit dem
Menschen, die wahre Auflösung des Streits zwischen Existenz und Wesen, zwischen Vergegenständlichung und Selbstbestätigung, zwischen Freiheit und Notwendigkeit, zwischen
Individuum und Gattung. Er ist das aufgelöste Rätsel der Geschichte und weiß sich als
diese Lösung!" [41]

Weithin verdient Zustimmung, was Marx über die Bestimmung des Menschen
sagt, die sich in der Zukunftsgesellschaft erfülle. „Der Mensch eignet sich sein
allseitiges Wesen auf eine allseitige Art an, also als ein totaler Mensch." [42] In
dieser Totalität des Menschen sollen Gesellschaftlichkeit und individuelles Dasein
fugenlos und unverkürzt ineinandergreifen. Das Ziel ist „die vollständige Emanzipation aller menschlichen Sinne und Eigenschaften" [43]. Die neue Gesellschaft
produziere „den Menschen in diesem ganzen Reichtum seines Wesens, den *reichen*
und tief *allsinnigen* Menschen als ihre stete Wirklichkeit" [44]. „An die Stelle der
alten bürgerlichen Gesellschaft mit ihren Klassen und Klassengegensätzen tritt
eine Assoziation, worin *die freie Entwicklung eines jeden die Bedingung für die
freie Entwicklung aller ist.*" [45] Kann man das Zielbild menschlicher Selbstverwirklichung in Gesellschaft und Geschichte, den Inbegriff und das Grundgesetz
der konkreten Freiheit des Menschen, besser umschreiben, als dies in den letzten
Worten von Marx geschieht? Allerdings: der Umstand, daß die wesentlich selben
anthropologischen Grundaussagen auch von anderer weltanschaulicher Position
aus gemacht werden [46] und daß sie insgesamt auf die klassische deutsche philosophische (und letztlich auf die christliche! [47]) Tradition zurückweisen, läßt Fragen an Marx offen. Wie kann und soll das generell gültige Ziel menschlicher
Selbstverwirklichung (in vernünftiger Wirklichkeit und verwirklichter Vernunft:
s. S. 100 f) nun speziell durch und im *Kommunismus* erreicht werden? Was ergibt
sich konkret-*marxistisch* für die Gestaltung der Gesellschaft und für das Leben
der Individuen? Soweit das Marxsche Schrifttum auf solche Fragen Antwortsplit-
ter enthält, geraten wir damit nun doch ins Fragwürdig-Utopische [48].

Mit dem Klassenstaat wird auch der eigenständige Staatsapparat aufhören: „Sind im Laufe
der Entwicklung die Klassenunterschiede verschwunden und ist alle Produktion in den

Händen der assoziierten Individuen konzentriert, so verliert die öffentliche Gewalt den politischen Charakter. Die politische Gewalt im eigentlichen Sinne ist die organisierte Gewalt einer Klasse zur Unterdrückung einer anderen." [49] Zeitlebens hat sich Marx mit schneidender Schärfe gegen die Bürokratie gewandt; sie soll vor allem getroffen werden im „Schmarotzerauswuchs ‚Staat‘ " [50]. Mit der Pariser Kommune bejaht Marx die Zerschlagung der „zentralistischen Staatsmacht mit ihren allgegenwärtigen Organen: stehende Armee, Polizei, Bürokratie, Geistlichkeit und Richterstand" [51], „das Zerbrechen der bürokratisch-militärischen Maschinerie" [52]. Weder Militär zur Abwehr äußerer Angriffe noch Polizei zur Aufrechterhaltung der inneren Ordnung ist mehr nötig. Denn: (1) Die Revolution des Proletariats wird internationalen, weltweiten Charakter tragen, und „mit dem Gegensatz der Klassen im Innern der Nationen fällt die feindliche Stellung der Nationen gegeneinander" [53], sodaß „internationales Prinzip der Frieden sein wird, weil bei jeder Nation dasselbe Prinzip herrscht — die Arbeit" [54]. (2) „Unter menschlichen Verhältnissen wird die Strafe wirklich nichts anderes sein, als das Urteil des Fehlenden über sich selbst"; dieser wird „in den anderen Menschen ... die natürlichen Erlöser von der Strafe finden, die er über sich selbst verhängt hat, d. h. das Verhältnis wird sich geradezu umkehren, verkehren" [55] (nach 1844 hat sich Marx nicht mehr so überschwenglich-unrealistisch geäußert!). Soviel zum Ursprung der marxistischen These vom Absterben des Staates in der klassenlosen Gesellschaft.

Mit der Aufhebung des Privateigentums an den Produktionsmitteln, die der Staat in Besitz nimmt, entfällt die „Ausbeutung der einen durch die andern", entsteht der „gleiche Arbeitszwang für alle" [56]. „Einmal die Arbeit emanzipiert, so wird jeder Mensch ein Arbeiter, und produktive Arbeit hört auf, eine Klasseneigenschaft zu sein." [57] Neben dem Fortfall des Geldsystems, jedenfalls des Geldkapitals [58], ist die wichtigste Folge der Abschaffung des Privateigentums die Beseitigung der Arbeitsteilung. Der Weiterentwicklung der Maschine, bis zur Automation der Fabriken, kommt dabei große Bedeutung zu [59]. Dadurch wird Verkürzung der Arbeitszeit ermöglicht. Und vor allem eben: die Befreiung vom Joche des Berufs! Das sei die Voraussetzung der persönlichen Freiheit. Das „Reich der Freiheit" beginnt, „wo das Arbeiten, das durch Not und äußere Zweckmäßigkeit bestimmt ist, aufhört", wo die „menschliche Entwicklung als Selbstzweck" gilt [60]. In ihm wird ein jeder seinen vielfältigen Interessen nachgehen können, „heute dies, morgen jenes tun, morgens jagen, nachmittags fischen, abends Viehzucht treiben, nach dem Essen kritisieren" [61]! Die Konsequenzen für die Ausbildung dieser Glücklichen, nach Engels: „Die Erziehung wird die jungen Leute das ganze System der Produktion rasch durchmachen lassen können, sie wird sie in Stand setzen, der Reihe nach von einem zum andern Produktionszweig überzugehen, je nachdem die Bedürfnisse der Gesellschaft oder ihre eigenen Neigungen sie dazu veranlassen." [62]

Die Aussagen über die Zukunftsgesellschaft, die am meisten anthropologische Relevanz haben, bilden zugleich den kritischen Höhepunkt. Nach Marx ist „die Ersparnis von Arbeitszeit gleich Vermehrung der freien Zeit, d. h. Zeit für die volle Entwicklung des Individuums, die selbst wieder als die größte Produktivkraft zurückwirkt auf die Produktivkraft der Arbeit". Und er fährt fort: „Die freie Zeit, die sowohl Mußezeit als Zeit für höhere Tätigkeit ist — hat ihren Besitzer natürlich in ein anderes Subjekt verwandelt, und als dies andere Subjekt tritt er dann auch in den unmittelbaren Produktionsprozeß." [63] „Mit dieser Theorie vom neuen Menschen wird der innerste Kern der Marxschen Lehre bloßgelegt." [64] Und der freien Zeit hat hier Marx 1857/58 eine ungeheure Verwandlungsmacht zugemutet, die Zumutung aber durch das Wort „natürlich" überdeckt. Marx spricht ein gutes Jahrzehnt später von einer Zeit, in der „die Arbeiterklasse lange Kämpfe, eine ganze Reihe geschichtlicher Prozesse durchzumachen hat, durch welche die Menschen wie die Umstände gänzlich umgewandelt werden ..." [65]

V. Horsky [66] gibt diese Zusammenfassung, mit veränderter Anordnung der drei soeben angerissenen Punkte: „Im späteren, differenzierteren Marxschen Verständnis vom Kommunismus geht es um einen breiten Komplex verschiedenartigster

Momente, die man unter drei Hauptbestimmungen subsumieren — und ... (sehr vereinfacht) etwa folgendermaßen beschreiben — könnte:

— Die Produktivkräfte sind insofern entwickelt, daß eine Überwindung des materiellen Mangels und völlige Befriedigung der materiellen Bedürfnisse garantiert ist;

— der Staat (im Sinne des politischen Gewaltinstruments) ist abgestorben und durch die gesellschaftliche Selbstverwaltung der klassenlosen Gesellschaft ersetzt;

— der Mensch, von materieller Not sowie von politischer Gewalt befreit, entfaltet uneingeschränkt seine Wesenskräfte."

III. Vergleich mit der christlichen Sicht des Menschen

Unsere Auseinandersetzung mit dem Marxismus bezieht sich *nicht* auf die wirtschaftlichen und gesellschaftlichen Fakten, auf die sich Marx' Analyse stützte, noch auf deren spätere, von Marx' Prognose abweichende Entwicklung. Dazu sei nur vor-läufig angemerkt: Daß die Marxsche Kritik des Kapitalismus seiner Zeit angesichts der Verelendung großer Arbeitermassen weithin berechtigt war und auch heute gegenüber ähnlichen sozialen Situationen ein brauchbares Instrument der Analyse abgeben kann, wird auch von konservativen Sozialwissenschaftlern eingeräumt [67]. Mit dem Ja zur Diagnose verbindet sich bei ihnen das Nein zur Therapie. Anderseits wird auch von Marxisten gesehen, daß der Kapitalismus gerade in den hochindustrialisierten Ländern, in denen hemmungslose Profitgier der einen und Pauperismus der andern die Weltrevolution auslösen sollten, eine durchaus friedlichere Entwicklung genommen hat. (Aus dem Zusammenwirken der Gewerkschaften, im Sinne des sozialdemokratischen Revisionismus und Reformismus schon der Jahrhundertwende [68], mit dem wohlverstandenen langfristigen Interesse des Unternehmertums entstand z. B. die soziale Marktwirtschaft; und es ist aufschlußreich, daß österreichische Sozialisten die Wirtschaft ihres Landes als nicht kapitalistisch einstufen [69].) Die Marxsche Prognose hat sich als self-destroying prophecy erwiesen, als eine Prophezeiung, die durch ihre aufschreckende Wirkung selber am meisten dazu beitrug, daß sie sich *nicht* verwirklichte. Und so sind, da die zu einigem Wohlstand gelangten Arbeiter keine revolutionären Ambitionen zeigen, Marxisten schon seit längerem auf der bemühten Suche nach etwaigen neuen Trägern der verzögerten Weltrevolution [70]. Widersprach die faktische Entwicklung in den westlichen Industrienationen der orthodoxen Doktrin des ‚Histomat‘, so lassen sich ja wohl auch an jene Länder im Osten, die sich seit sechzig oder dreißig Jahren offiziell und mit Einsatz aller Mittel auf den Weg zum Kommunismus begeben haben, kritische Fragen richten. Man kontert dagegen: Wir brauchen mehr Zeit; wir haben erst Vorstufen erreicht ... Selbst der im Westen besonderes Interesse findende „dritte Weg" zwischen Privatkapitalismus und staatskapitalistischem Sozialismus, den das titoistische Jugoslawien durch Arbeiterselbstverwaltung zu realisieren versucht, scheint nicht ohne eine neue bürokratische Funktionärskaste auszukommen [71]. Aber — solche Einwände anhand von Faktenmaterial seien kompetenterem Urteil anheimgestellt.
Es soll hier auch nicht das gewiß nicht unbeträchtliche Konto sozialen Versagens auf seiten der Christenheit, in ihrer rund 2000jährigen Geschichte, aufgemacht werden — dem eine sehr positive Bilanz eines nicht nur in individueller Caritas sich erschöpfenden christlichen Weltengagements gegenübersteht. Es wäre dabei keineswegs die Mitverantwortung von Christen für die von Marx analysierten und denunzierten Mißstände des Frühkapitalismus zu leugnen oder zu verkleinern.

Wir wollen uns statt der Bestandsaufnahme und gegenseitigen Aufrechnung von faktischer Leistung und faktischem Versäumnis einem — sagen wir: — *strukturellen Vergleich* der marxistischen Gesellschaftstheorie und der sich daraus für das

Individuum ergebenden Konsequenzen mit der christlichen Auffassung vom Menschen und seiner gesellschaftlichen Bestimmung zuwenden. Gerechterweise wird man nicht das schöne Ideal der einen Seite den tatsächlichen Defekten der andern Seite entgegensetzen, sondern Realität mit Realität bzw. — unser Vorhaben — Doktrin (grundsätzliche Theorie) mit Doktrin vergleichen.

Die Gründe menschlicher Selbstentfremdung

Marxismus und Christentum *stimmen überein* in der Diagnose, daß es nicht-sein-sollende Zustände unter Menschen und nicht-sein-sollendes menschliches Verhalten gibt. Marx hat diesen Befund in den Hegelschen Begriff der Selbstentfremdung gefaßt, die Christen sprechen von Unheil und Sünde. Auch ist sowohl nach marxistischer wie christlicher Einschätzung dieses Nicht-sein-Sollende von großer Tragweite. Dadurch unterscheiden sich unsere Vergleichspartner von einer einseitig optimistischen, naiv fortschrittsgläubigen Sicht des Menschen und seines Schicksals, die das Böse wegdiskutiert oder verharmlost („die Welt wird schöner mit jedem Tag . . .“). Der Realismus, der der Wirklichkeit, wie sie ist, unverkürzt Rechnung zu tragen sucht, wird für den Christen wie für den Marxisten zur Herausforderung tätiger Weltveränderung.

Ein erster fundamentaler *Unterschied* der marxistischen und der christlichen Konzeption liegt in den Gründen, die namhaft gemacht werden für die Erklärung des negativen Befundes in der Geschichte der Menschheit und im Schicksal des einzelnen Menschen. Sind für den Marxismus gesellschaftlich-wirtschaftliche Verhältnisse der grundlegende und ausschlaggebende Faktor, so sieht der Christ in erster und letzter Instanz den Menschen als Person mit den durch sein Personsein gegebenen sittlichen Werten und Haltungen. Anonyme kollektive Mächte dort — individuelles Verhalten in freier Entscheidung hier. Lautet das Grundwort dort „Ökonomie“, so der Inbegriff hier „Ethos“. Das Christentum erschließt die Dimension des Gewissens, das — weit davon entfernt, nur gesellschaftliche Zwänge im Innern des Individuums zu verankern (als „Über-Ich“, „Introjekt“ . . .) [72] — den Ort der Grundentscheidungen des Menschen, seiner umfassenden Lebensorientierung anzeigt. Steht nicht jedermann wie der mythische Herakles datierbar und lokalisierbar einmal am Scheideweg zwischen Gut und Böse: so ist doch das Leben jedes Menschen *entweder* offen für menschliche Gemeinschaft und zur Überschreitung der eigenen Bedürfnisse und Ansprüche bereit *oder* verschlossen gegen die anderen Menschen in ichbezogener Selbstbehauptung. Die Ursache der menschlichen Selbstentfremdung muß, so meinen wir, in dieser Tiefenschicht der Selbstverwirklichung-in-*Selbstverfügung* (die allerdings auch zur *Entwirklichung* durch Freiheitsmißbrauch umschlagen oder ausarten kann) gesehen werden, nicht in einem *Verfügtwerden* über den Menschen, sein Wesen und Geschick durch gesellschaftliche, gar materiell-ökonomische Zustände und Entwicklungen. Dadurch daß das Christentum in die Herzmitte des personal freien, geistig-seelischen, sittlich-vernünftigen Selbstseins und Selbstwerdens des Menschen lotet, berührt es die Wurzel der Kritik am „historischen *Materialismus*“.

Vermutlich zielt der folgende Einwand in eben diese Richtung: *Wie* konnte es in der Urgesellschaft zum Sündenfall von Arbeitsteilung und Privateigentum kommen — wenn nämlich das „Böse“ nicht nur sich darin zu seiner Welt-Wirkung äußert, sondern dadurch eigentlich erst als Faktor und Impuls entsteht? *Warum* war diese Entwicklung, die in den langen, leidvollen Weg der Klassengesellschaften führte, sogar notwendig — statt daß die Menschheit ohne diese Qual zu glückhafter Verfassung fortschritt? *Was* ist hier an ursprünglicherer Bosheit am Werk? Läßt sich der Mensch mit seinen Möglichkeiten zu Aufstieg und Absturz doch nicht in dem von Marx behaupteten Maß reduzieren auf eine Funktion bestimmter Gesellschaftsformationen — da diese von ihm geschaffen und geprägt werden? Marx allerdings sieht den Vorteil auf seiner Seite: „So erklärt der Theologe den Ursprung des Bösen durch den Sündenfall, d. h. er unterstellt als ein Faktum, in der Form der Geschichte, was er erklären soll. Wir gehen von einem national-ökonomischen, *gegenwärtigen* Faktum aus." [73] Unser Bedenken hat keineswegs nur ‚archäologische‘, auf die vorgeschichtliche Vergangenheit bezogene Bedeutung: Denn wenn die Selbstentfremdung des Menschen nicht (allein) durch die mit Arbeitsteilung und Privateigentum gesetzten Klassengegensätze *entstanden* ist — im Einst-rückwärts —, dann wird sie ja wohl auch nicht (allein) durch die Aufhebung des Klassengegensatzes in der Zukunftsgesellschaft *vergehen* — in einem Einst-vorwärts! Die Selbstentfremdung des Menschen ist eine dauernde Verfallsmöglichkeit jener Objektivierung in geschaffene Werke, Gegenstände, ins Haben und Verfügen hinein, die mit dem Wesen des Menschen und seines Tuns gegeben ist. *Jene* Selbstentfremdung, die mit dem Kapitalismus geschichtlich entstand, ist mit ihm und seinen Bedingungen auch geschichtlich vergänglich; *andere* Formen können dafür entstehen, auch im Sozialismus [74]. Marx selbst unterscheidet gelegentlich von den relativen Bedürfnissen des Menschen, die durch das jeweilige gesellschaftliche System bedingt und bestimmt sind, „fixe" Bedürfnisse (heute spricht man von „anthropologischen Konstanten"): aber er beschränkt diese auf den Nahrungs- und Geschlechtstrieb [75].

Ein Symptom der hier zur Frage stehenden Defizienz der marxistischen Doktrin — wir sprechen nicht vom tatsächlichen Verhalten ihrer Repräsentanten! — ist der Ausfall der Ethik in ihr. Marx [76] statuiert eine „Beziehung der nationalökonomischen Gesetze auf die Moral": es scheint, daß diese in jenen auf-(und unter-) geht. Das die objektiven, auch ökonomischen Bedingungen unter die sittliche Handlungsnorm stellende Subjekt Mensch wird übergangen. Die Frage nach dem sittlich Guten wurde im Marxismus lange Zeit ignoriert oder an die Peripherie abgedrängt [77]. Noch in der Gegenwart konnte formuliert werden: „Die Pflicht ist dazu da, die Beziehung zwischen Individuum und Gesellschaft zu regulieren ... Sie besteht in allen Fällen darin, seine Handlungen mit den Interessen der führenden revolutionären Klasse in Übereinstimmung zu bringen." [78] Erst in den letzten Jahren wurde der Versuch unternommen, eine autonome Ethik auszubilden, die offen ist für den Anspruch unbedingter Werte. Wie schwierig es für den Marxisten ist, diesem Anspruch Genüge zu leisten, illustriert A. Schaffs [79] fast rührend widersprüchliche Notauskunft, wenn er marxistische Weg-Weisung mit christlichem Zielbild, die wirksame Handlungsmethode Klassenkampf und Diktatur mit den Grundgehalten Freiheit und Frieden verbinden möchte: „Haß im Namen der Liebe ist kein Paradoxon, sondern die Folge einer realen Situation." Marxisten und Neomarxisten versuchen heute vielfach, die Tiefendimension der menschlichen Existenz in ihr Denken einzuholen [80]. Es sind Versuche jüngeren Datums.

Seinerseits hat das Christentum nie grundsätzlich die Bedeutung der geschichtlich-gesellschaftlichen Situation des einzelnen Menschen verkannt. Nach christlicher Auffassung wird der Mensch immer schon in eine Welt hineingeboren und -erzogen, die — auch — unter dem Vorzeichen des Unheils steht. Dieses sein Situiertsein hat einen tiefgreifenden und weitreichenden Einfluß auf den Menschen. Allerdings nicht ohne die Notwendigkeit, daß der mündig werdende Mensch diese Einflüsse ratifiziert in personaler Übernahme (dadurch wird er aus dem Naturwesen *Person*), und ebenso nicht ohne die Möglichkeit, sie zu revidieren. Die Theologie handelt über die geschichtlich-gesellschaftliche Bedingtheit und (relative!, nicht absolute!) Vorentschiedenheit des menschlichen Lebens und Handelns in dem Lehrstück über die „Erbsünde". Und sie weiß, daß dieses Erbe an Sündenfolgen der Urzeit sich auswirkt und fortpflanzt in dem sündigen Verhalten des Menschen Adam seither, d. h. der vielen Einzelnen und Gruppen. Sie hält fest an der Spannung zwischen individueller Fehlentscheidung und kollektiver Fehlentwicklung. Sie wehrt sich gegen die einseitige Lösung dieser Spannung. Aber es ist ihre Aufgabe, den Vorrang des Menschen als Person vor den gesellschaftlichen Verhältnissen und damit auch gegebenenfalls den ursächlichen ‚Primat' dessen, was sie Sünde nennt, vor bloßen Entwicklungsverhängnissen zu betonen.

Diese Spannung sollte auch im wenig bedeutsamen Einzelfall durchgehalten werden. Ein neues Schriftstück von katholischer Seite [81] unterstreicht mit der kirchlichen Soziallehre von „Quadragesimo anno" (von 1931!; Nr. 109), daß im Kapitalismus der freie Wettbewerb zu einem „zügellosen Machtstreben", zu hemmungsloser Konkurrenz ausartete — damit wird zu Recht moralisches Fehlverhalten angeprangert! —, um dann jedoch die Spaltung der Gesellschaft in zwei Klassen, in die Produktionsmittel-Besitzer und die -Nichtbesitzer — also ein Gesellschaftssystem als solches, die Strukturen als solche! —, haftbar zu machen: „Dies führt . . . zur faktischen Ausbeutung des Proletariats durch das Kapital." (Die Inkonsequenz wird durch das Wort „faktisch" gemildert, aber m. E. nicht behoben.) — Die Schwierigkeit, zu unterscheiden und zu vermitteln zwischen weithin (aber nicht vollständig, schlechthin unumgänglich, unaufhebbar) determinierender Situation und zu verantwortetem Verhalten auf Grund der eigenen Existenzorientierung, *besteht*. Sie ist — *zu bestehen*.

Zur Konstruktion der Menschheitsgeschichte

Großetappen des menschlichen Schicksals, den marxistischen (Urgesellschaft, Klassengesellschaften, Zukunftsgesellschaft) *vergleichbar*, kennt auch das christliche Glaubensbewußtsein. Es setzt an den vorgeschichtlichen oder eher metahistorischen Anfang der Menschheit den *Urstand* des heilen und heiligen Menschen, nicht unbedingt als zeitlich oder gar räumlich festlegbare Erstreckung, etwa einer bestimmten Lebensdauer Adams und Evas im Garten Eden, wohl aber als reale Möglichkeit, Mensch zu sein. Auf die Ursünde, das Sich-Versagen des Menschen vor der ihm von Gott zugedachten Bestimmung, folgt der Stand der *unerlösten* Menschheit, die durch Sünde gezeichnet und deshalb dem Leid verhaftet und dem Tod verfallen ist. Die Erlösung, die Jesus Christus in Menschwerdung und Kreuzestod wirkt und die durch seinen Geist ausgreift auf Zeiten und Räume, ruft den Menschen in das *neue Heil*, das sich vollenden wird in dem ewigen Reiche Gottes. Mit der universalen Sicht der Menschheitsgeschichte, ist, marxistisch wie christlich, gegeben: die Anerkennung einer Bestimmung des Menschen über die Grenzen der Gegenwart, über den jeweiligen Lebensaugenblick hinaus; das Bekenntnis zur Solidarität der Schicksalsgemeinschaft all jener, die Menschenantlitz tragen, über die Schranken der Rassen und Kulturen hinweg; eine Überwindung der *bloßen* Relativität von Raum und Zeit, Gesellschaft und Geschichte in der Suche nach Zusammenhang, im Verlangen nach übergreifendem, durchwaltendem Sinn . . .

Damit auch die gemeinsame Absage an Zynismus und Beschwichtigungsstrategie (wenn „hinten in der Türkei die Völker aufeinanderschlagen", oder: „après nous le déluge = die Sintflut nach uns"!); Absage auch an das Vergessen der Geschichte, das vermeintlich entlastet, als ob es einen absoluten Nullpunkt gäbe.

Die *Unterschiede* zwischen christlicher und marxistischer Geschichtsauffassung sind nicht weniger deutlich. Der Marxismus läßt seine Geschichtsetappen, als Gesellschaftsformationen linear-eingleisig aufeinander folgen. Für den Christen koexistieren die Grundweisen menschlichen Daseins vielmehr miteinander. Auch der durch Jesus Erlöste leidet noch unter den Sündenfolgen, bleibt mit dem sündigen Zustand von Welt und eigenem Leben behaftet. Und auch der Unerlöste der vor- und außerchristlichen Menschheit wird von dem Angebot des neuen Heiles erfaßt [82]. Das Luther-Wort vom Menschen als „simul iustus et peccator", als zugleich gerechtfertigtem Sünder und sündigem Gerechten, hat guten theologischen Sinn. Damit ist einer Schwarz-Weiß-Manier der Beurteilung der Guten und Bösen (Marxisten-Christen, Kapitalisten-Proletarier...) weithin der Boden entzogen. Was für einzelne Menschen und Menschengruppen gilt, gilt auch für Systeme und Strukturen: Es gibt nicht *die* (absolut) guten oder schlechten gesellschaftlichen usw. Verhältnisse. Für den Christen besteht jedenfalls die Möglichkeit, von den Grunddokumenten seines Glaubens her, zu mehr pessimistischer *oder* mehr optimistischer Weltanschauung und Lebenseinstellung. Maß in der Stellungnahme vorausgesetzt, bleibt diese vor seinem Glauben indifferent, gleich-gültig. Der Christ kann vorläufigen temperierten Pessimismus, angesichts der Weltzustände, mit entschiedenem endgültigem Optimismus der Heilshoffnung auf seinen Gott verbinden.

Wichtig scheint auch der folgende strukturelle Differenzpunkt. Die marxistische Geschichtskonstruktion legt einen eindeutigen Richtungssinn fest. Sie führt auf den Kapitalismus und die Zuspitzung seiner Klassengegensätze hin, die den Umschlag in die klassenlose Gesellschaft hervortreibt. Diese Entwicklung folgt dem Naturgesetz der ihr einwohnenden *Notwendigkeit*. Marx denkt an eine „höhere Lebensform ..., der die gegenwärtige Gesellschaft durch ihre eigene ökonomische Entwicklung unwiderstehlich entgegenstrebt" [83]! Dabei ist „das Kapital" in strenger Gesetzmäßigkeit der Hauptakteur des Menschheitsdramas: diesem unpersönlichen, negativ-wertigen Motor und Einpeitscher der großen Geschichtsstunde widmet Marx sein Hauptwerk.

Freiheit des menschlichen Wollens und Verhaltens muß von der Notwendigkeit des Geschichtsablaufs an sich nicht ausgeschlossen werden, wie dies auch nicht der Fall ist in der Lehre von der Vorsehung Gottes oder bei Hegels die Weltgeschichte manipulierender „List der Vernunft". Aber eben diese „List" — nicht eines Hegelschen Welt*geistes,* sondern der Welt*materie* — geht in ihrem Entwicklungsablauf doch über den Menschen hinweg, dessen sie sich bedient. Die marxistische Geschichtstheorie beansprucht eindeutige Vorhersage des künftigen Geschehens und ebenso entschiedene Wertung der geschichtlichen Epochen. Sie verbindet (ohne verblasene „Zurück-zur-Natur!"-Romantik) das Verfallsschema der Zivilisationskritik, das sie auf die gegenwärtige Klassengesellschaft anwendet, mit dem übergreifenden Aufstiegsschema einer im Ganzen durchaus positiven Höherentwicklung der Welt des Menschen und stellt dabei sogar „eine Resurrektion der Natur durch die Produktion der Menschengattung in Aussicht" [84]. Das Erbe des positiven Geschichtswillens Hegels wirkt hier nach, mit neu aufgesetzter revolutionärer Zielspitze. Auch eine gewisse Verwandtschaft mit der kosmischen Vision Teilhards de Chardin wurde konstatiert [85].

Die christliche Geschichtsauffassung sieht sich unbefangener der Vielfalt und Unberechenbarkeit geschichtlicher Bewegungsschübe, ihren Aufschwüngen und Abstürzen konfrontiert. Der Christ ist nicht gehalten, überscharfe Bewertungskonturen in Geschichte und Gesellschaft einzuziehen. Viel an plakativem und angeblich wissenschaftlich erhärtetem Bescheidwissen über die großen Zusammenhänge, in dessen Besitz sich der Marxist wähnt, ist ihm schlicht versagt. Er wird sich zur „docta ignorantia futuri" (K. Rahner), zum belehrten Nichtwissen des Künftigen, bekennen müssen *und dürfen.*

Innergeschichtliche Vollendung?

Die Konzeption der Zukunftsgesellschaft ist innerhalb der Marxdeutung umstritten. Frühe und vielfache, vor allem von theologischer Seite erhobene Kritik führt ihren Hauptstoß gegen den „Messianismus" der Marxschen Geschichtstheorie, den man in Zusammenhang bringt mit Marx' jüdischer Herkunft [86]. Biblischer Erlösungsglaube, eschatologische Heilshoffnung als unreflex-unkritische, darum irrationale Antriebskraft und Grundströmung soziologisch-ökonomischer Analyse und Prognose? „Hinter dem kühlen wissenschaftlichen Philosophen . . . steckt ein heißes, hoffnungsfreudiges Herz, das an die kommende Erlösung des Menschen glaubt" [87]? Die unbestreitbaren religiösen Elemente im Marxismus veranlaßten dazu, ihn als säkularisierte Heilslehre, Religionsersatz, konkurrierendes Religionssystem zu erklären und zu verwerfen [88]. In entgegengesetzter Interpretationstendenz wollen Neomarxisten Marx von philosophischen Prinzipien, anthropologischen Wesensaussagen, univeraler Geschichtskonstruktion, kurzum von allem doktrinären Dogmatismus entlasten. Marxismus wolle nur „Geschichtsphilosophie in praktischer Absicht" [89] treiben, er verfolge nur „endliche Ziele endlicher raumzeitlich bedingter Menschen gegenüber begrenzten Bereichen der natürlichen und gesellschaftlichen Welt", konkreter: „er will den Menschen aus dem selbstgeschmiedeten Käfig undurchschaubarer ökonomischer Determination [im Kapitalismus] heraushelfen" [90]. „Die kommunistische Organisation der Arbeit bedeutet keinen paradiesischen Zustand, sondern die Aufhebung der aufhebbaren Mißstände." [91] Diese Deutung, die sich selbst als „legitim (?) revidierte (!) Version" [92] der Marxschen Lehre qualifiziert, kann sich auf Aussagen von Marx [93] und Engels [94] berufen, ihre Theorie konzentriere sich auf die theoretische Beschreibung der Zustände im Kapitalismus und die daraus folgende Forderung der praktisch-revolutionären Befreiung aus diesen Zuständen; auch werde der künftige Kommunismus nicht einen statischen Endzustand darstellen, sondern die Dialektik eigener weiterer Entwicklung behalten. Auf solche Versuche, Marx von ersatzreligiöser Ideologie zu entschlacken, mußten auch jene Christen eingehen, die den Marxismus als religiös indifferente, weltanschaulich neutrale Gesellschaftstheorie annehmen zu können meinten. Vermutlich liegt die Wahrheit in der Mitte zwischen der ‚messianischen' und der ‚entideologisierenden' Marxinterpretation.
Der jedenfalls vorhandenen Ausrichtung des Marxismus auf zukünftige Vollendung, mag diese noch so sehr weitere Entwicklungstendenzen einschließen, *entspricht* die christliche Erwartung des ewigen Gottesreiches, das übrigens ebenfalls entgegen naiver Vorstellung vom langweiligen Himmel ein Abenteuer je reicherer Lebenserfüllung bleiben wird. Die Weltgeschichte dreht sich nicht, als „unnütze Leidenschaft" (J. P. Sartre), im Kreise ewiger Wiederkehr des Gleichen: sie hat

Ziel und Sinn. Was Ernst Bloch [95] von Marx sagte, gilt auch für den Christen: beide stellen sich „auf den Boden der wirklichen Menschheit und der möglichen Menschlichkeit"! Die Aussage wird zur Aufforderung. Das Zielbild der Selbstverwirklichung des Menschen in konkreter Freiheit macht es möglich, die jeweils bestehenden Zustände unter den „eschatologischen Vorbehalt" zu stellen, das will sagen: an diesem Maß der Vollendung deren Ungemäßheit zu ermessen, ihre Vorläufigkeit, Überholbarkeit, die Möglichkeit und Not-wendigkeit (auch im wörtlichen Sinne) von Reform und/oder Revolution. Hier liegt letzter Grund *für* kritisches Bewußtsein und Absage an Ideologie als Stabilisierung von Abhängigkeits- und Knechtschaftsverhältnissen; und *gegen* die laissez-faire-Apostel, die das Bestehend-Herrschende glorifizieren und faulen Frieden um jeden Preis machen mit ‚der Welt'. Ein Dementi gegen Skepsis und Positivismus, die es sich allzu leicht machen.

In der Ausschau nach Zukunft klafft auch tiefster *Gegensatz* zwischen Marxismus und Christentum. Die Vollendung von Mensch und Gesellschaft ist für Marx ein *innerweltliches* Ereignis, durch bestimmte Geschichtsfaktoren, gar mit unausweichlicher Notwendigkeit, erwirkt. Sie ist für den Christen *endzeitliches* Geschehen, das, im strengen Sinn eschatologisch, die Geschichte in Ewigkeit aufhebt. Dort Emanzipation als Selbsterlösung, die der Mensch oder genauer die Welt der menschlich-gesellschaftlichen Verhältnisse als Leistung aus eigener Kraft erschwingt — hier Erlösung als Verheißung und Gabe der Macht und Liebe Gottes, nach der sich der Mensch in hoffender Zuversicht ausstreckt. Damit entsteht auf marxistischer Seite die Gefahr des Erzwingenmüssens der glücklichen Gesellschaft, des verpflichtenden Heroismus, des Integralismus der „Parteilichkeit". Nutzen und Erfolg der eigenen guten Sache entscheiden über Wahrheit und Recht. Für den Christen besteht die Möglichkeit eines gelassenen Hinnehmens der fremden und eigenen Unvollkommenheit, ohne in Quietismus abzusacken. Er kann auch partielle Identifikation mit dem eigenen System verkraften. Er *muß* nicht Martyrer werden. Fanatismus widerspräche geradewegs dem Evangelium Jesu. Kritische, unerbittlich kritische Verantwortung des christlichen Glaubens ist nicht nur erlaubt, sondern gefordert.

Die verzweifelt-kühne marxistische Annahme der gänzlichen Umwandlung des Menschen in der klassenlosen Gesellschaft wird verständlicher durch die philosophische Theorie: daß „unter Voraussetzung des positiv aufgehobenen Privateigentums der Mensch den Menschen produziert, sich selbst und den anderen Menschen" [96]. Wenn für die projektierte Zukunftsgesellschaft Kommunismus, Humanismus und Naturalismus gleichgesetzt werden, dann erwächst die Handlungsanweisung für den Menschen, ohne Rückfrage nach dem sittlich Gesollten, „ungebrochen aus den Potenzen der endgültig vermenschlichten Natur. Diese Natur selbst als gegenständlich-sinnliche ist Norm ihrer eigenen Schöpferkraft" [97]. Von neuem bricht die Aporie auf: Wird der Mensch letztlich durch die Verhältnisse zum Gutsein gezwungen? Oder muß undiskutiert das An-sich-Gutsein des Menschen vorausgesetzt werden [98]? Ist der neue Mensch das Ergebnis oder die Voraussetzung des neuen Systems?

„Der Mensch als Schöpfer seiner selbst" [99]: diesem „Selbstverwirklichungsprogramm der Menschheit" [100] widersteht die Überzeugung, zu der sich der Christ mit Paulus (und nicht ohne philosophische Begründung [101]) bekennt: daß er zur vernünftigen Praxis des Guten durch Gott befreit wird, daß seine Freiheit ursprünglich von Gott geschenkt ist (gewiß: nicht nachträglich-zusätzlich zum Wesen des Menschen dazu, sondern als dieses), daß sein Drängen nach Anerkennung nicht durch Kampf mit seinesgleichen, sondern im Anerkannt*sein* durch Gott Erfüllung findet [102]. Damit kein Mißverständnis entstehe: Es wird hier nicht einer bloßen Immanenz des Marxismus eine reine Transzendenz des Christentums entgegengesetzt. Die Kompetenzen beider lassen sich nicht aufteilen auf die „absolute Zukunft" des Jenseits für den Christen und die „relative Zukunft" des Diesseits für den Marxisten. Auch für den Christen, wenn auch nur in Ansatz und Aufbruch, im Spiegel und im Fragment (vgl. 1 Kor 13), ist „Himmel auf Erden" zu schaffen geboten. Ewigkeit bricht in die Zeit ein, wo immer Menschen nach Beispiel und Gebot Jesu dessen Seligpreisungen aufrichtig und unverdrossen zu verwirklichen sich mühen ... Die Herausforderung, die Kräfte zu messen im Einsatz für die *menschlichere* Welt des Menschen (was voraussetzt, daß diesem Einsatz freier Raum belassen oder gegeben wird), ist ein dringliches Ergebnis des Vergleiches Marxismus-Christentum. Gewiß bleiben noch viele Fragen für den grundsätzlichen Disput: wir haben einige davon aufgegriffen und *an*diskutiert.

Ein Aphorismus von Stanislaw Lec soll diesen Essay wie eröffnen so beschließen. Er ist ebenfalls der postumen „Spätlese unfrisierter Gedanken" [103] entnommen. Zunächst auf die östlichen „Sesam's" gemünzt, gilt er auch für die westlichen „Paradiese" und „Gelobten Länder", soweit sie das Reich Gottes diesseitig-irdisch voll zu etablieren beanspruchen: *„Sesam, öffne dich — ich möchte hinaus!"*

Anmerkungen

1 Synode 2/1976 vom 10. 3. 1976, S. 75
2 Vgl. ebd. S. 74 ff bzw. 77—84
3 Z. B. in dem 339seitigen Buch „Die Bedeutung der Marxschen Kapitalkritik" (Paderborn 1908). Hier 114 ff bzw. 276 f. Hinweise auf A. D. Sertillanges' OP „Socialisme et christianisme" (1905) und des Abbé Paul Naudet „Le christianisme social" (1898).
4 1886—1965. Einschlägiges in: Gesammelte Werke. Stuttgart 1959 ff; II 320—332; III 170—177, 194—209; VI 97—108; XII 49—54; XIII 303—312; Ergänzungsband IV 109—118
5 1888—1949. Vgl. besonders „Der Sozialismus als sittliche Idee" (1921); „Das Problem ‚Religion und Sozialismus' von Kettelers Tagen bis auf unsere Zeit" (1927) und „Karl Marx. Gestalt — Werk — Ethos" (1947) im postumen Sammelband „Sozialismus" (1950) 272—337 bzw. 1—35. Zu Steinbüchel: M. Reding, Politischer Atheismus. Graz ²1958, 96—126
6 Vgl. das Memorandum der „Katholischen Sozialakademie Österreichs"/Wien (R. Hörburger, Marxsche Gesellschaftsanalyse und päpstliche Soziallehre), teilabgedruckt — nach einem Gegenartikel von J. Messner „Karl Marx wie Pius XI.?" (in: Die Furche, 4. 10. 1975, S. 10) — in: Entschluß 1975, 497—503. Dazu auch: Geht die CAJ auf marxistischen Kurs?, in: Herderkorrespondenz 29 (1975) 491 ff; S. 492 spricht H. G. Koch von der „forschen Anpassung an marxistische Globaltheorien".
7 Vor allem in den Artikeln „Klasse" und „Klassenkampf" von 1929 für die 5. Auflage des „Staatslexikons"; vgl. W. Weber in: F. Hengsbach u. a. (Hg.), Kirche und Befreiung. Aschaffenburg 1975, 130 ff
8 Besonders der Jesuit Gaston Fessard: La main tendue — Le dialogue catholique-communiste, est-il possible? (1936)
9 I. Fetscher, Der Marxismus im Spiegel der französischen Philosophie, in: Marxismusstudien I. Tübingen 1954, 173—213 (198—210: „Positionen der Christen")
10 Theorie und Praxis. Neuwied 1963, 295

11 E. Kellner, Christentum im Dialog. Programm und Bilanz der Paulus-Gesellschaft (ohne Ort und Jahr), 26 f

12 Die Tagungsberichte mit den Referatetexten gab der Vorsitzende der Gesellschaft E. Kellner heraus: Christentum und Marxismus — heute. Wien 1966; Christentum konkreter Humanität. München 1966; Schöpfertum und Freiheit in einer humanen Gesellschaft. Wien 1969

12a Das Sekretariat veröffentlichte (in deutscher Sprache hg. v. H. Vorgrimler): Dokumente über den Dialog mit den Nichtglaubenden. Trier 1969; Erklärung zum Studium des Atheismus . . . Ebd. 1972. Vgl. auch H. Vorgrimler, Zur Geschichte und Problematik des Dialogs, in: Marxismus — Christentum, hg. v. H. Rolfes. Mainz 1968, 245—261.

13 A. J. van der Bent, in: Internationale Dialog-Zeitschrift 4 (1971) 18

14 A. J. van der Bent (im Auftrag des Weltkirchenrats): Der Dialog zwischen Christen und Marxisten. Eine kommentierte Bibliographie 1959—1969. Genf 1969

15 Über Garaudy vgl.: M. Spieker, Neomarxismus und Christentum. Zur Problematik des Dialogs. München 1974, 63—183

16 Über die Geschichte unseres Problems von 1956 bis 1972: M. Spieker (s. Anm. 15), besonders 42—63 und 230—236; Literatur: 278—288. — Vgl. ferner: W. Dirks u. a. (Hg.), Christen für den Sozialismus, Band II. Stuttgart 1975: Dokumente des Engagements von 1945—1959; B. Uhl, Die Idee des christlichen Sozialismus in Deutschland 1945—1947. Mainz 1975; Antisozialismus aus Tradition? Memorandum des Bensberger Kreises zum Verhältnis von Christentum und Sozialismus heute. Reinbek bei Hamburg 1976, 173 f über die Gemeinsamkeit Christentum-Marxismus, und 37 bis 43, 66, auch 22, 28 die positive Wertung von Marx; W. Hollitscher — R. Weiler (Hg.), Christen und Marxisten im Friedensgespräch. Freiburg i. Br. 1976; D. Savramis, Das Christliche in der SPD. München 1976

17 A. Rauscher, Befreiung. Christliche und marxistische Interpretation, in: Kirche und Befreiung (s. Anm. 7) 29—46, 42

18 Développement ou libération? Pour une théologie qui prend parti. Brüssel - Paris 1973, 162—165

19 W. Weber, in: Kirche und Befreiung (s. Anm. 7) 128

20 Siehe S. 125 f

21 Zur Kritik der Hegelschen Rechtsphilosophie. Einleitung (1843/44): WW I = Frühe Schriften, ed. Lieber-Furth, 492. — Zum Folgenden: außer der Entfremdungsliteratur, S. 94, Anm. 13: U. Müller-Herlitz, Karl Marx: Wesen und Existenz des Menschen. München 1972; H. Büchele, Zu einer konkreten Ontologie der Gesellschaft. Der „positive Humanismus" und das Problem der Universalisierung der Denkform von Karl Marx. München - Salzburg 1974; F. v. Magnis, Normative Voraussetzungen im Denken des jungen Marx (1843—1848). Freiburg - München 1975, besonders 81—180

22 Pariser Mss. von 1844; WW I (s. Anm. 21) 561 f

23 Ebd. 564

24 Ebd. 565

25 Ebd. 564

26 Ebd. 568

27 Ebd. 609

28 Ebd. 610, vgl. 609

29 Vgl. dort den berühmten Abschnitt über Herrschaft und Knechtschaft; s. hier S. 85

30 Das Kapital I: WW ed. Lieber IV 704, 708 f (= MEW 23: 618, 621)

31 Die Heilige Familie (1845): WW I (s. Anm. 21) 703 f

32 Vgl. Marxistisch-leninistisches Wörterbuch der Philosophie, hg. v. G. Klaus und M. Buhr. Reinbek bei Hamburg 1972, III 878 f

33 Kommunist. Manifest: WW II, ed. Lieber-Furth, 837 (= MEW 4, 477). Auch die

politische Doktrin der Gewaltenteilung (Gesetzgebung, Verwaltung, Rechtsprechung) wird „als ein ‚ewiges Gesetz' ausgesprochen" (II 55), das nach Marx für die Zukunftsgesellschaft des voll und ganz mit sich einigen Menschen offensichtlich bedeutungslos wird.

34 WW II 57
35 Entschluß (s. Anm. 6) 501
36 Komm. Manifest: WW II 835 (= MEW IV 476)
37 Ebd. 823 (= MEW 4, 467)
38 Ebd. 830, 832 (= MEW 23: 472, 474)
39 Zur Kritik . . . (s. Anm. 21): I 503 f
40 Pariser Mss.: WW I 591 f (= MEW Ergänzungsband I 534 f)
41 Ebd. 593 f (bzw. 536)
42 Ebd. 598 (bzw. 539)
43 Ebd. 599 (bzw. 540)
44 Ebd. 602 (bzw. 542)
45 Komm. Manifest: II 843 (= MEW 4, 482)
46 Vgl. z. B. H. Krings, Freiheit, in: Handbuch philosophischer Grundbegriffe I. München 1973, 493—510, bes. 506 f
47 Vgl. Hegel, z. B. Enzyklopädie § 482!
48 Zum Folgenden: Th. Ramm, Die künftige Gesellschaftsordnung nach der Theorie von Marx und Engels, in: Marxismusstudien II. Tübingen 1957, 77—119. Nach R. (S. 104) bieten die Pariser Manuskripte den Schlüssel für die Interpretation der späteren Schriften. — A. Neusüss, Utopie. Neuwied - Berlin 1968, 104—109 und 389—455 (= Texte).
49 Komm. Manifest: II 843
50 Der Bürgerkrieg in Frankreich: III/2 925
51 Ebd. 919
52 K. Marx und F. Engels, Ausgewählte Schriften. Berlin 1953, I 435
53 Komm. Manifest: II 840 (= MEW 4, 479)
54 Bürgerkrieg: III/2 887
55 Die Heilige Familie: MEGA III 356 f. — Ähnlich Engels in einer Elberfelder Rede vom Februar 1845: bei Ramm (s. Anm. 48) 105. Nach Engels wird einst die ganze Staatsmaschinerie „ins Museum der Altertümer neben das Spinnrad und die bronzene Axt versetzt"; und „an die Stelle der Regierung über Personen tritt die Verwaltung von Sachen und die Leitung von Produktionsprozessen" (Ausgew. Schriften, s. Anm. 52, II 199 bzw. 347)
56 Komm. Manifest: II 834, 842
57 Bürgerkrieg: III/2 927
58 Ramm (s. Anm. 48) 92 f
59 Ebd. 90 f
60 Das Kapital III 873 f
61 Die deutsche Ideologie (1845): MEGA V 22
62 Grundsätze des Kommunismus (1847): MEGA VI 518
63 Grundrisse der Kritik der polit. Ökonomie. Berlin 1953, 599
64 Th. Ramm (s. Anm. 48) 102
65 Bürgerkrieg: III/2 928
66 V. Horský, Die Frage nach dem neuen Menschen in theologischer und marxistischer Anthropologie, in: Marxismusstudien VII. Tübingen 1972, 59—86, 73[31]. Vgl. U. Duchrow unter dem selben Titel, ebd. 25—57
67 Vgl. A. Rauscher und W. Weber, in: Kirche und Befreiung (s. Anm. 7) 43 bzw 133
68 Darüber, bes. über E. Bernstein, vgl. M. Spieker (s. Anm. 15) 24—41
69 Vgl. H. Kienzel, Ökonomie und Ideologie, in: Rote Markierungen. Beiträge zur Ideologie und Praxis der österreichischen Sozialdemokratie. Wien 1972, 107—128;

z. B. 108: „Der Kapitalismus ist in Österreich und weitgehend auch in Westeuropa in der Weltwirtschaftskrise untergegangen."

70 Z. B. H. Marcuse, in: Der eindimensionale Mensch (1967; englisch 1964): Nach Marcuse soll an die Stelle des ausgescherten Industrieproletariats eine Kooperative von Studenten, Außenseitern der Gesellschaft (bis einschließlich Strafgefangener), Intellektuellen — zumeist Soziologen! — und Agrarproletariat der Entwicklungsländer treten.

71 Vgl. M. Djilas, Die neue Klasse (1958); Die unvollkommene Gesellschaft. Jenseits der „Neuen Klasse" (1969)

72 Siehe S. 160 f

73 MEGA I/3: 82

74 Vgl. A. Schaff (!), Die marxistische Entfremdungstheorie und die Soziotechnik, in: Wissenschaft und Weltbild 28 (1975) 259—269

75 Die deutsche Ideologie (1845): MEGA V 596

76 Pariser Mss.: WW I, ed. Lieber-Furth, 614

77 Vgl. P. Ehlen, Die philosophische Ethik in der Sowjetunion. München 1972; ders. auch in: Stimmen der Zeit 191 (1973) 249—263; J. Piegsa, Marxistische Ethik auf der Suche nach ihrem Proprium, in: Theologie und Glaube 65 (1975) 352—366

78 E. G. Fedorenko; nach Ehlen, in: Stimmen ... (s. Anm. 77) 253

79 Marx oder Sartre? Frankfurt 1966, 132

80 Dazu auch S. 125 f

81 Siehe Anm. 6: S. 500 bzw. 503

82 Auf eine Weise, die hier nicht zu erörtern ist. Aussagen des 2. Vaticanum stehen dafür: Kirchenkonstitution Nr. 16, Pastoralkonst. Nr. 22, Missionsdekret Nr. 7

83 Der Bürgerkrieg in Frankreich (1871): WW II ed. Lieber 928

84 J. Habermas, Theorie und Praxis. Neuwied 1963, 152

85 Der „Spiegel" hatte nicht ganz Unrecht, wenn er am 13. 4. 1967 anläßlich der Gespräche der Paulus-Gesellschaft Teilhard apostrophierte als „Schutzheiligen eines marxistisch-christlichen Dialogs", „Leitfigur einer philosophischen Koexistenz, innerhalb derer das Christentum zwar die ehrwürdige Rolle des Seniorpartners spielen soll, der Kommunismus aber die des tatendurstig vorwärts stürmenden Juniors".

86 Extrem diesbezüglich: A. Massiczek, Der menschliche Mensch. Karl Marx' jüdischer Humanismus. Wien 1968. Vgl. auch K. Farner, Theologie des Kommunismus? Frankfurt a. M. 1969

87 A. Rich, Die kryptoreligiösen Motive in den Frühschriften von Karl Marx [1951], in: Aufrisse. Zürich 1970, 75—90, 83

88 Zur Frage Marxismus-Atheismus s. S. 127 f

89 J. Habermas (s. Anm. 10) 302; vgl. ebd. 160

90 A. Schmidt, Der Begriff der Natur in der Lehre von Marx. Frankfurt a. M. 1962, 27, 31

91 W. Post, Kritik der Religion bei Karl Marx. München 1969, 280

92 Ebd. 69

93 Vgl. Pariser Mss.: I 608

94 Vgl. MEW IV 321 f

95 Über Karl Marx. Frankfurt a. M. 1968, 291

96 Pariser Mss.: I 595; zum Einfluß Hegels: ebd. 958—964

97 P. Ehlen, in: Stimmen ... (s. Anm. 77) 252

98 Vgl. G. Rohrmoser, in: Atheismus in der Diskussion. Kontroversen um Ludwig Feuerbach, hg. v. H. Lübbe und H.-M. Sass. München 1975, 18

99 So ein Buchtitel von A. Kurella (Berlin 1958)

100 U. Duchrow (s. Anm. 66) 39

101 Vgl. hier S. 68 f und 164 f

102 Duchrow 39, 50

103 München 1976; nach FAZ vom 20. 4. 1976, S. 20

Die marxistische Religionskritik gegenkritisch betrachtet

Die gegenwärtige Situation der Welt ist nicht in letzter Linie mitgeprägt durch atheistische Humanismen: sie meinen nein sagen zu müssen zu Gott, um ja sagen zu können zum Menschen [1]. Der Marxismus hat dieser Forderung eine keineswegs nur theoretische, sondern durchaus praktische, weltverändernde, geschichtsmächtige Wirkung verliehen. Er bezieht seinerseits aus dieser Forderung einen nicht geringen Teil seiner werbenden Kraft. Die Absage an Gott um des Menschen willen trat in mancherlei Variationen auf, und sie hat sich mit andersgearteten atheistischen Begründungsansätzen vermischt, ja sie wurde immer mehr — bis in die Gegenwart hinein — überlagert durch eine doktrinär-systematische Tradition [2]. Deshalb stellt die Geschichte der eineinhalb Jahrhunderte marxistischer Religionskritik zugleich ein Stück moderner Bewußtseinsgeschichte dar. In der Art und Weise aber, in der sie sich von ihrer eigenen Grundlegung durch Feuerbach und durch Marx selber mehr und mehr abhebt, illustriert sie das skeptisch-resigniert klingende Wort des alten Marx: „Alles, was ich weiß, ist: daß ich kein Marxist bin." [3]

Rückblick auf Feuerbach und Marx

Nach *Ludwig Feuerbach* hat der Mensch seine besten Anlagen, Bedürfnisse und Sehnsüchte aus sich heraus, in Gott hinein projiziert. Er wurde dabei sich selbst entfremdet, sich selbst enteignet. Er muß das an Gott Verlorene wieder für sich zurückgewinnen, indem er sich selber — den Inbegriff der Menschheit — zu seinem Gott macht. Feuerbach will deshalb jegliche Beziehung zu einem jenseitigen Gott und alle „die illusorischen Mysterien" [4] entmystifizierend durchleuchten auf die zugrundeliegenden „ganz einfachen, natürlichen Wahrheiten" [5]. Sie bestehen darin: daß der einzelne Mensch seine jeweilige Endlichkeit übersteigt auf die Menschheit als Gattungswesen hin, dem die in Vernunft, Wille und Liebe des Menschen sich bezeugende Unendlichkeit eigentlich zukomme. Feuerbachs Atheismus ist ein humanistisches Programm. Gott darf nicht sein, damit der Mensch voll und ganz sein kann. Die Kritik dieses Atheismus richtet sich *direkt* gegen Christentum und Religion.

Karl Marx übernimmt die Kritik Feuerbachs als die theoretische Demaskierung der religiösen Selbstentfremdung des Menschen. Praktisch und damit einzig-real aufgehoben aber wird diese Entfremdung eins mit der revolutionären Beseitigung der fundamentalen politischen, sozialen und letztlich ökonomischen Selbstentfremdung des Menschen. Weil die religiöse Entfremdung nur ein Nebeneffekt der ökonomischen Entfremdung ist, ist die Religionskritik nur eine erste, entfernte Voraussetzung der Kritik der Ökonomie. Damit hat sich bei Marx gegenüber Feuerbach der Stellenwert und die Sinnspitze der Religionskritik durchaus verschoben. War sie bei Feuerbach das Ziel seines Lebens und Schreibens, ist sie bei Marx nur mehr eine nebensächliche Vorbedingung. Indem nämlich Feuerbach sich damit begnügte, „nur ein richtiges Bewußtsein über ein bestehendes Faktum hervorzubringen" [6], eben über das „Faktum der religiösen Selbstentfremdung" [7], versäumte er es, nach der zugrundeliegenden Situation der Menschen zu fragen und *diese* zu bekämpfen und zu überwinden. „In der Praxis muß der Mensch die

Wahrheit, i. e. [d. h.] Wirklichkeit und Macht, Diesseitigkeit seines Denkens beweisen" [8]! Daran, daß die Menschen die Religion brauchen als „Opium des Volks",
sind ja die unmenschlichen sozialen und ökonomischen Verhältnisse schuld. Die
Religion ist der Heiligenschein des Jammertales, die Blume an der Kette des
Proletariats in der frühkapitalistischen Gesellschaft. Es kommt deshalb darauf an,
die miserable Welt nicht nur theoretisch zu interpretieren, sondern sie in revolutionärer Praxis zu verändern. Therapie, nicht nur Diagnose! Dabei wird dann die
Religion als Widerspiegelung der nicht sein sollenden Zustände mitvernichtet, und
zwar in ihrer ursächlichen Wurzel, wenn jene schlechten Zustände abgeschafft
werden. Die Religion direkt bekämpfen hieße an bloßen Auswirkungen und Be-
gleiterscheinungen, an Symptomen herumkurieren, statt die Wurzel des Übels zu
packen. So ist für Marx der Kampf gegen die reale Misere der Gesellschaft nur
indirekt, mittelbar auch der Kampf gegen die über sie hinwegtäuschende religiöse
Illusion, da diese „mit der Auflösung der verkehrten weltlichen Realität, deren
Theorie sie ist, von selbst stürzt" [9]. Marx hat Feuerbachs Religionskritik *„umfunktioniert'*.

Die Systematisierung des Marxismus durch Engels

Friedrich Engels (1820—1895), der Barmer Fabrikantensohn, war vier Jahrzehnte
hindurch der Freund von K. Marx. Die Zusammenarbeit war so eng, daß ihre
Anteile an gemeinsam verfaßten Schriften kaum voneinander zu trennen sind.
Auch hat sich Marx z. B. ausdrücklich mit Engels' Anti-Dühring (1878) einver-
standen erklärt. Vor allem hat gerade Engels, der schon 1845 die „Lage der arbei-
tenden Klassen in England" nicht zu Unrecht in den düstersten Farben schilderte,
Marx, mit dem er in diesem Jahre näher bekannt wurde, auf die konkreten elen-
den Zustände des Proletariates hingewiesen. Die Religionskritik jedoch ist bei
Engels nicht wie bei Marx getragen von einem eher nur indirekten existenziellen
Postulat, sondern hat mehr den Charakter eines theoretischen, doktrinären Lehr-
stückes.
Diese Tendenz zeigt sich bei Engels schon allgemein im Ausbau dessen, was bei
Marx als Historischer Materialismus angelegt ist, zu einem Gesamtsystem des
Dialektischen Materialismus, in dem den grundlegenden Teil eine „Dialektik der
Natur" (1883) darstellt. Engels will die der Natur und der Geschichte gemein-
samen Gesetze der Bewegung ermitteln und sie auf alle Gegebenheiten und Geschehnisse anwenden. Das geht nicht ohne Konstruktivismus ab. Dabei stützt sich
Engels bezeichnenderweise vorwiegend auf die Ergebnisse der seinerzeitigen Naturwissenschaft. Er meint, entsprechend der weit verbreiteten Mentalität der zweiten
Hälfte des 19. Jahrhunderts, daß sie in ihrem unaufhaltsamen Voranschreiten
alle Geheimnisse der Natur aufkläre: Der Glaube „kapituliert vor dem Anmarsch
der Wissenschaft, bis zuletzt das ganze unendliche Gebiet der Natur von ihr er-
obert und keine Stätte mehr in ihr ist für den Schöpfer". Engels fährt fort: „Newton ließ ihm noch den ‚ersten Anstoß', verbat sich aber jede fernere Einmischung
in sein Sonnensystem. P[ater] Secchi komplimentiert ihn ... aus dem Sonnensystem ganz heraus und erlaubt ihm nur noch in Beziehung auf den Urnebel einen
Schöpfungsakt. Und so auf allen Gebieten ... Welch ein Abstand vom alten Gott-
Schöpfer Himmels und der Erden, Erhalter aller Dinge, ohne den kein Haar vom
Haupt fallen kann!" (XX 471) [10] Diese Argumentation, die nicht schlechthin
unbegründet ist, aber doch letztlich nicht durchträgt [11], richtet sich gegen den

Lückenbüßer-Gott, den „Gott = nescio [d. h.: ich weiß nicht]", der angesiedelt ist auf den — derzeit noch! — weißen Flecken der menschlichen Wissensgeographie.
Engels läßt es nicht dabei bewenden, daß die Fortschritte der Naturwissenschaft Gott immer mehr und in Zukunft einmal endgültig wohnungslos und funktionslos machen. Er bezieht gleich selber systematische und dogmatische Positionen, die den Atheismus begründen sollen. Die Konsequenz des Gedankens, so meint er, müsse der mangelhaften Erkenntnis der bloßen empirischen Forschung zu Hilfe kommen. Engels extrapoliert deren Ergebnisse, er integriert sie in seinem Sinne. Er nimmt an, daß die Materie ewig ist und daß ihr Wesen in der Bewegung besteht. Daraus folgt der Grundsatz von der Unzerstörbarkeit der Bewegung. Diese ist nicht nur quantitativ zu verstehen. Sie besagt auch qualitativ das Sichumsetzen der Materie in die Bewegungsformen der Wärme, der Elektrizität, chemischer Vorgänge, des Lebens, und zwar so, daß die Materie die Bedingungen dieses vielfachen Übergangs von der einen zur anderen Bewegungsform selber schafft. Die Schwierigkeit, daß unser Sonnensystem mit der Zeit dem Kältetod der Entropie verfällt[12], ‚löst' Engels durch die Annahme einer gegenläufigen Energiekonzentration, wie man etwa auch heute mit einem ‚pulsierenden', nämlich sich expandierenden und sodann von neuem sich konzentrierenden Universum rechnet. Das letzte Wort behält für Engels „die sich ewig wiederholende Aufeinanderfolge der Welten in der endlosen Zeit", wie es auch ein Nebeneinander zahlloser Welten im endlosen Raum gebe[13]. Von dieser Weltkonzeption aus meint Engels, sie schließe die Existenz eines Schöpfergottes aus.

Lenin, der Parteiführer

Wladimir Iljitsch Lenin (eigentlich Uljanow; 1870—1924) ist geistig beheimatet in der revolutionären russischen Intelligentsia des 19. Jahrhunderts. 1887 ist sein älterer Bruder Alexander im Zusammenhang mit einem Attentat auf den Zaren hingerichtet worden. Besonders die Erfahrung mit dem reaktionären Bund von Thron und Altar, in dem die russische Kirche eine unglückliche Rolle spielte, macht es verständlich, daß Lenin, schon bevor er mit den Schriften von Marx und Engels in Berührung kam, sich einem Atheismus im Sinne der französischen Materialisten des 18. Jahrhunderts verschrieben hatte. Aus all dem ist die Schärfe der Leninschen Religionskritik jedoch nur zum Teil zu erklären. Lenin sah in der Religion grundsätzlich das Herrschaftsinstrument der von ihm bekämpften Klasse: „Der Marxismus betrachtet alle heutigen Religionen und Kirchen, alle religiösen Organisationen stets als Organe der bürgerlichen Reaktion, die die Ausbeutung verteidigen und die Arbeiterklasse verdummen und umnebeln sollen" (XV 405). Auch wenn Lenin die Feuerbachsche Projektionstheorie übernimmt, die zum Grundbestand des revolutionären russischen Denkens gehörte, so setzt er sie um in eine ganz konkrete gesellschaftskritische Sicht:

„Die Ohnmacht der ausgebeuteten Klassen im Kampf gegen die Ausbeuter erzeugt ebenso unvermeidlich den Glauben an ein besseres Leben im Jenseits, wie die Ohnmacht des Wilden im Kampf mit der Natur den Glauben an Götter, Teufel, Wunder usw. erzeugt. Denjenigen, der sein Leben lang arbeitet und Not leidet, lehrt die Religion Demut und Langmut hinieden und vertröstet ihn mit der Hoffnung auf himmlischen Lohn. Diejenigen aber, die von fremder Arbeit leben, lehrt die Religion Wohltätigkeit hinieden, womit sie ihnen eine recht billige Rechtfertigung ihres ganzen Ausbeuterdaseins anbietet und Eintrittskarten für die himmlische Seligkeit zu erschwinglichen Preisen verkauft." (X 70 f)

Gerade „die raffinierte, vergeistigte, in die prächtigsten ‚ideologischen' Gewänder gekleidete Idee von einem lieben Gott", die das Volk in Sklaverei niederhalten hilft, ist „die gefährlichste Abscheulichkeit, die widerlichste Seuche". Damit geht Lenin in Briefen an M. Gorki (Nov./Dez. 1913) gegen einen religiösen Sozialismus, mit dem Gorki sympathisierte, an: „Jeder Mensch, der sich mit der Erschaffung eines Gottes beschäftigt oder so etwas auch nur duldet, bespeit sich selbst in der übelsten Weise." [14] Der postulatorisch-humanistische Hintergrund der harten Abwehr Lenins, der in allem, was mit Religion zu tun hat, sogleich „Fideismus" oder „Pfaffentum" wittert, schlägt auch hier durch.

In den Fragen der Taktik entwickelt Lenin allerdings einen nüchternen Opportunismus. Die atheistische Agitation muß der Hauptaufgabe untergeordnet sein: der Entfaltung des Klassenkampfes gegen die ausgebeuteten Massen (XV 408). Sie muß sich deshalb der jeweiligen Lage anpassen. Sie muß schrittweise vorangehen, z. B. zunächst die völlige Trennung von Staat und Kirche fordern (X 73). Und sie muß u. U. Rücksicht nehmen auf religiöse Vorurteile der Arbeiter, wenn diese dadurch besser für den gemeinsamen Kampf gegen die Kapitalisten gewonnen werden können: „Die Einheit dieses wirklich revolutionären Kampfes für ein Paradies auf Erden ist uns wichtiger als die Einheit der Meinungen der Proletarier über das Paradies im Himmel" (X 74). Wie zielstrebig Lenin zur Zusammenarbeit mit Andersdenkenden bereit ist, geht aus einer Äußerung des Jahres 1909 hervor, die R. Garaudy [15] bezeichnenderweise im Jahre 1970 zitiert:

„Wenn ein Priester zu uns kommt, um gemeinsam mit uns politisch zu arbeiten, und wenn er seine Aufgabe innerhalb der Partei gewissenhaft erfüllt, ohne vom gemeinsamen Programm abzuweichen, dann können wir ihn in unseren Reihen aufnehmen, denn dann kann der Widerspruch zwischen dem Geist und einigen Grundsätzen unseres Programms und den religiösen Überzeugungen des Priesters seine private, persönliche Angelegenheit bleiben."

Lenin hielt jedoch stets daran fest, daß die Partei, deren Kader für ihn von besonderer Bedeutung sind, notwendigerweise die Propaganda des Atheismus zu betreiben hat (X 73). Dabei setzte sich ein Trend, der schon bei Engels stark am Werke war, vollends durch: die Umorientierung von der alles schlagartig umgestaltenden Revolution des Proletariats auf Weltebene, die ausblieb, zur langwierigen Organisation der kommunistischen Partei (die ohne bürgerlich-liberale Phase die proletarische Revolution in dem Agrarland Rußland vorbereiten und später den „Aufbau des Sozialismus in *einem* Land" durchführen sollte) und zum Ausbau einer geschlossenen Weltanschauung als ideologischen Rückgrats der Partei. Zu diesem Zweck übernimmt Lenin, der gewiß nicht in erster Linie ein philosophischer, sondern ein politischer Schriftsteller ist, bereitwillig das von Feuerbach und besonders von Engels bereitgestellte Instrumentarium. Deckt sich gelegentlich [16] die Erklärung des Gottesbegriffs bei Lenin mit derjenigen Feuerbachs, so ist doch charakteristischer der teils religionsgeschichtliche, teils soziologische Deutungsversuch:

„Gott ist (historisch wie im Leben) vor allem ein Komplex von Ideen, die von der dumpfen sowohl durch die äußere Natur als auch durch die Klassenunterdrückung bewirkten Niedergedrücktheit des Menschen erzeugt wurden — von Ideen, die diese Niedergedrücktheit festigen, die den Klassenkampf einschläfern." (XXXV 103)

Die wie bei Engels das Leben der Menschen beherrschenden, das Religionsopiat erzeugenden äußeren Mächte sind anfangs Naturkräfte, später soziale Verhältnisse, und hinter der Kritik an Gottesidee und Religion steht das Parteiangebot neuer Sicherheit durch die materialistische Weltanschauung.

Die marxistische ‚Orthodoxie' nach Lenin

In den ersten Jahren nach der Oktoberrevolution von 1917 gab es noch keine streng einheitliche Parteidoktrin in der Sowjetunion; verschiedene Meinungen und Richtungen diskutierten miteinander. 1931 jedoch forderte das Zentralkomitee der KPdSU unnachgiebigen ideologischen Kampf nach rechts und links. 1938 fixiert *Stalin* die Grundzüge des Dialektischen und Historischen Materialismus im Sinne Lenins. Der „Marxismus-Leninismus" wird als die orthodoxe sowjetische Philosophie das ideologische Herrschaftsinstrument in der Epoche des siegreichen Aufstiegs des Sozialismus. Weil auf den objektiven Gesetzen von Natur und Gesellschaft aufruhend, beansprucht dieses System, die absolute Wahrheit zu sein. Als *die* wissenschaftliche Weltanschauung sieht es sich aufs engste verknüpft mit allen Wissenschaften und sucht diese unter die totalitäre Norm der Parteilichkeit des Denkens zu zwingen. Daraus entstehen Konflikte mit neuen physikalischen und biologischen Erkenntnissen, mit der Relativitätstheorie, Genetik und Kybernetik. Man muß zunehmend neutrale Wissens- und Kulturbereiche, wie Naturwissenschaft, formale Logik, später auch Rechts- und Sittlichkeitsnormen, aus dem Basis-Überbau-Schema teilweise lösen: sie sind *nicht nur* zeitbedingter Reflex sich wandelnder Gesellschaftssysteme. Stalins Aufsatz über die Sprache von 1951 galt hier als richtungweisend.

Ausgenommen von der Lockerung der einseitigen Rückführung der Ideologie auf die ökonomischen Bedingungen blieb die Religion: sie ist nach wie vor nur die illusionäre, phantastische Widerspiegelung überholter Zustände. Für die marxistisch-leninistische Ideologie, wie sie heute in der Sowjetunion und in anderen kommunistischen Ländern offizielle Gültigkeit besitzt, ist nach G. A. Wetter [17] „der Atheismus tatsächlich wesentlicher Teil der Lehre, ja die eigentliche Grundlage einiger seiner fundamentalen Thesen". Mit der von Engels übernommenen, von Lenin beibehaltenen Identifizierung von erkenntnistheoretischem Realismus und ontologischem Materialismus, also von Sein mit Natur, Geist mit menschlichem Gedanken, „ist das materialistisch-atheistische Dogma stillschweigend schon als Ausgangspunkt vorausgesetzt" [18]. Die Auffassung, daß der Atheismus bei Marx nur ein politisch motivierter und historisch verständlicher, aber eben deshalb nur zeitbedingter und ausscheidbarer Bestandteil seiner gegen die Unmenschlichkeit des Frühkapitalismus gerichteten Kritik sei [19], kann sich auf einen Deutungsaspekt der „Materie" als „objektiver Realität" berufen [20]; nach anderen Stellen jedoch ist die „materielle" Wirklichkeit eine schlechthin und ausnahmslos raumzeitliche [21]. Und so tragen sowohl die einfachhin vorausgesetzten Grundeigenschaften der Ewigkeit, Unzerstörbarkeit und Unerschaffenheit der Materie und ihrer Bewegung, wie die Grundgesetze der marxistisch-leninistischen (genauer: Engels'schen) Dialektik atheistische Implikationen in sich. Auch der Historische Materialismus ist atheistisch, insofern er der Religion eine bloße Überbaufunktion als „phantastische Widerspiegelung" [22] bestimmter Produktionsverhältnisse zuschreibt, ohne positive Rückwirkung und allgemeingültige Bedeutung, wie sie anderen Faktoren des sozialen Bewußtseins (Kunst, Moral) seit etwa 1950 zugebilligt wurden.

Die gegenwärtige Religionskritik des Marxismus-Leninismus [23] beschäftigt sich nur ziemlich spärlich mit der Widerlegung der Gottesbeweise. Vor allem will sie „die sozialen und gnoseologischen Wurzeln der Religion" (so ein Buch von A. D. Suschow, Moskau 1961) bloßlegen und ihre Unvereinbarkeit mit der Naturwissenschaft nachweisen; „Wissenschaft und Religion" lautet denn auch der Titel der 1959 gegründeten Zeitschrift für „atheistisch-wissenschaftliche Propaganda". Aber im Doktrinarismus regt sich noch das ursprüngliche humanistische Pathos:

„Der Marxismus-Leninismus unterscheidet sich grundlegend von allen anderen weltanschaulichen Systemen. Die Existenz irgendwelcher übernatürlicher Kräfte oder einer Schöpfung erkennt er nicht an. Er steht fest auf dem Boden der Realität der irdischen Welt. Der Marxismus-Leninismus befreit die Menschheit endgültig von Aberglauben und jahrhundertelanger geistiger Knechtschaft. Er fordert vom Menschen ein selbständiges, freies und folgerichtiges Denken. Der Marxismus-Leninismus nimmt die Welt so, wie sie ist, und erfindet keine Hölle und kein Paradies." [24]

Zwar hofft das Funktionärstum der Sowjetunion in der Auseinandersetzung mit der Religion, die — vor allem im Zusammenhang mit dem Vaterländischen Krieg von 1941—45 — sehr wechselvoll ist, auf das faktische Absterben der religiösen Gefühle. Das soll in erster Linie die areligiöse Erziehung der Jugend, das Fernhalten alles Religiösen aus dem öffentlichen Leben bewirken. Auch beruft man sich auf den der Modernisierung abgeneigten Konservatismus der Orthodoxen Kirche, deren Anhängerschaft sich fast nur noch aus älteren Menschen rekrutiere. Trotz der in Artikel 124 der Verfassung der UdSSR von 1936 proklamierten Trennung von Staat und Kirche übt der „Rat für die Angelegenheiten der Kirche" eine staatskirchliche Unterdrückung aus, wie sie auch in der Zeit der Hochblüte des fürstlichen Absolutismus im westlichen Europa unbekannt war. Anderseits wird aus der Sowjetunion und aus anderen kommunistischen Ländern (die bis in die 60er Jahre kaum eigenständige bedeutendere Beiträge zur Religionskritik, sondern im wesentlichen nur Übersetzungen aus dem Russischen lieferten) von einem erstaunlich starken Überleben oder gar Neuerwachen christlicher Gläubigkeit berichtet. Dadurch mag sich erklären, daß nach zwei Dekreten des Zentralkomitees der KPdSU von 1954 über die Fehler der bisherigen einschlägigen Propaganda mehrere größere Werke [25] über den „wissenschaftlichen" Atheismus sowie nacheinander gleich drei Zeitschriften [26] erschienen und daß allein für das Jahr 1964 in der Sowjetunion gut fünfzig Publikationen von je mehr als hundert Seiten über die Probleme der Religion und des Atheismus gezählt wurden [27]. Dazu gehört auch ein von der Akademie der Wissenschaften der UdSSR herausgegebenes „Kurzes wissenschaftlich-atheistisches Wörterbuch", das über die christlichen Dogmen schrieb: sie sind „phantastische Behauptungen der Kultdiener über Gott und andere religiöse Vorstellungen, die der gesamten Lebenserfahrung der Menschen und der Wissenschaft widersprechen, aber als unwiderlegbare ‚von Gott offenbarte Wahrheiten' ausgegeben werden, deren Sinn den Verstand der Menschen übersteigt" [28]. Zur mehr oder weniger wissenschaftlichen oder populären Propagandaliteratur, Büchern und Zeitschriften, auch Neuauflagen und Übersetzungen, treten atheistische und antireligiöse Filme und Ausstellungen, Museen (z. B. im ehemaligen Höhlenkloster von Kijew, in einer Kathedrale von Leningrad), Universitätslehrstühle und Institute. Ein sowjetischer Autor stellt fest, daß überraschenderweise

„die Krise des modernen Christentums für die Theologie kein Epilog, sondern vielmehr der Beginn ihrer künftigen Wiedergeburt ist"; aber auch er meint, daß „die Entwicklung der Wissenschaft nicht nur die Krise des biblischen Weltbildes hervorruft, sondern auch ... jeden Glauben an Gott untergräbt" [29]. M. P. Mchedlow, Beobachter auf dem Zweiten Vatikanischen Konzil, beschreibt das ,aggiornamento' der christlichen Kirchen als bloße Anpassungstaktik, als „religiöse ,Reformation' unter dem Druck des Lebens" [30]. Die Zwiespältigkeit nicht nur der Stellungnahme-zu, sondern bereits der Kenntnisnahme-von Religion und Christentum kommt zum Ausdruck in der Art und Weise, wie im Jahre 1970 zum einen die „Große Sowjetenzyklopädie" — sachlich falsch — über „Gott" in der christlichen Auffassung und zum andern die „Philosophische Enzyklopädie" — überaus gründlich und verständnisvoll — über das Christentum und dessen zentrale Glaubensgehalte unterrichtet, wobei z. B. Ju. Levada im Artikel „Christentum" anerkennt, daß dieses „den Grund für die Idee des zielgerichteten ethischen und sozialen Fortschritts legte" und zur Überwindung der antiken Sklaverei beitrug [31]. Interessanterweise scheint gerade die neueste Auseinandersetzung der westlichen christlichen Theologie mit dem Marxismus selbst in der Sowjetunion noch kein Echo gefunden zu haben. Noch immer dürfte das Programm des XXII. Kongresses der KPdSU von 1961 die Sachlage richtig zusammenfassen:

„Die Partei macht Gebrauch von den Mitteln ideologischer Einflußnahme zur Erziehung der Menschen im Sinne der materialistisch-naturwissenschaftlichen Weltanschauung, um die religiösen Vorurteile zu überwinden, ohne die Gefühle der Gläubigen zu verletzen. Es gilt, systematisch eine wissenschaftlich breit angelegte atheistische Propaganda zu entfalten, mit Geduld die Nutzlosigkeit einer religiösen Gläubigkeit zu erklären, die in der Vergangenheit aus dem Ausgeliefertsein des Menschen an die blinden Naturgewalten entstand, aus der sozialen Unterdrückung, aus der Verkennung der wahren Ursachen natürlicher und sozialer Phänomene. Dabei ist es angebracht, auf die Leistungen der modernen Naturwissenschaft hinzuweisen, die uns die Welt immer besser verstehen lehrt, die Macht des Menschen über die Natur steigert und keinen Platz läßt für die phantastischen Erfindungen der Religion in bezug auf übernatürliche Kräfte." [32]

Der neuere, nicht-,orthodoxe' Marxismus

Die hier anzusprechenden Richtungen, die verschiedene, mit der sowjetischen Parteidoktrin nicht schlechthin übereinstimmende Interpretationsversuche der Lehre von Karl Marx darstellen, werden zumeist als marxistischer Revisionismus, Neomarxismus, gar als Abweichung vom Marxismus bezeichnet. Aber solche Benennungen sind eine Vorentscheidung, und es wäre gegenzufragen, ob nicht ebenso oder mehr Lenin und Stalin Marx ,revidiert' haben und abgewichen sind. Zwar gab es früher ein wirkliches Abrücken von Marx' Auffassungen, z. B. in der deutschen Sozialdemokratie; und schon 1923 legten Karl Korsch und Georg Lukács neue Deutungen vor. Auf breiterer Linie jedoch setzen im Zusammenhang mit der von N. Chruschtschow 1956 auf dem 20. Parteitag der KPdSU eingeleiteten „Entstalinisierung" in den Ostblockstaaten wie auch bei westlichen Kommunisten Prozesse der Neuorientierung ein. Diese scheint durch zwei Hauptmomente bestimmt zu sein. Der ,*Polyzentrismus*', eine Verlagerung auf die weniger stark überwachte Peripherie, die zurückgeht auf Tito und die auch von den Italienern Gramsci und Togliatti gefordert wurde, spricht der Sowjetunion das Monopol ab, *der* Interpret des Marxismus zu sein. Man betont das Recht jedes Landes auf einen eigenständigen Weg zum Kommunismus. Dieses Recht haben Berlinguer und Marchais für die kommunistischen Parteien Italiens bzw. Frankreichs zwanzig Jahre nach dem ersten, Chruschtschow verdankten Vorstoß, anläßlich des 25. Parteitages der KPdSU von 1976, von neuem geltend gemacht. Das hat auch Rückwirkungen auf die weltanschaulichen Positionen. Das zweite Moment betrifft deren Ansatz und Inhalt. Ein neu aufbrechendes *anthropologisches Interesse* [33] vermißt am ‚orthodoxen' Marxismus, diesem starren Szientismus stalinistischer Herkunft, die Berücksichtigung des individuellen Menschen und seines Schicksals. Im Rückgriff auf die Pariser Manuskripte des jungen Marx von 1844, die erst 1932 veröffentlicht wurden und deren Diskussion damals durch das Aufkommen des Nationalsozialismus z. T. unterbrochen wurde, will man den Menschen nicht schlechthin in den Dienst einer Ideologie gestellt sehen; diese müsse vielmehr dem Besten des Menschen und damit aller Menschen dienen. Menschliche Grund- und Grenzerfahrungen, wie die Endlichkeit des Menschen, seine unaufhebbare Ungleichheit, die Liebe, die Schuld, der Tod, fassen sich zusammen in die Frage nach dem Sinn des Daseins des jeweiligen einzelnen Menschen, das nicht dem Glück künftiger Generationen geopfert werden darf. Denn das hieße den Menschen zum *bloßen* Gattungswesen, dem Tier gleich, degradieren. Auch bei aller künftigen Veränderung der Welt bleiben konstante Faktoren im Menschen selber: Es wird „noch Eifersucht und Feigheit, Liebe und enttäuschte Liebe, Verrat und Versagen, Freude und Sorge um die Freude, Schwermut und Hohn, Krankheit, Alter und Tod" geben [34] (sosehr es das alles oder das meiste davon nicht mehr oder immer weniger geben *soll!*). Die neue Sicht der vom offiziellen Marxismus vernachlässigten Fragen nach der Freiheit der einzelnen menschlichen Person, nach dem letzten Lebenssinn angesichts des Todes, nach dem sittlichen Sollen usw. führt weithin auch zu einer positiveren Würdigung der christlichen Religion und ihrer Grundforderungen der Liebe, Treue, Opferbereitschaft..., nicht zuletzt im Blick auf die Mitarbeit der Christen, mit denen man in ‚Dialog' tritt, beim Aufbau der kommunistischen Gesellschaft.

Aber auch abgesehen davon, daß ‚Neomarxisten' wie R. Garaudy in Frankreich, die Polen A. Schaff und L. Kolakowski, M. Machovec und V. Gardavský in der CSSR aus der kommunistischen Partei ausgeschlossen wurden oder emigrieren mußten: Sie scheinen ausnahmslos an der Notwendigkeit des Atheismus der kommunistischen Zukunftsgesellschaft, wenigstens als Fernziel, festzuhalten, und zwar auch dort, wo sich die Bereitschaft zu friedlicher Koexistenz und Kooperation bis zum Plädoyer für — doch nur vorläufigen? — ideologischen Pluralismus durchringt. „Hat der gegenwärtige Marxismus also ein fundamentales Interesse an der Erhaltung des menschlichen ‚Glaubenspotentials', so geht es ihm dennoch auch heute um nichts Geringeres als um die Überwindung der Religion", um „die reale Verwirklichung der mystifizierten Intentionen der Religion" [35]. Aus der Konfrontation mit den ungelösten Basisproblemen des Menschen ergibt sich die Forderung an das eigene Bemühen, die Fundamente der Religionskritik tiefer zu legen, um noch die tiefsten Ängste des Menschen durch wachsende Rationalität zu überwinden... (so B. Bosnjak [36]). Mag sich der Marxismus als Erbe der Religion und zumal des Christentums, wie bei Ernst Bloch, verstehen: Das Erben setzt den Tod des „Erblassers" voraus — und so ist das auch durchaus gemeint. Das führt zu einer wichtigen grundsätzlichen Frage.

Marxismus ohne Atheismus?

„Marxismus ist nicht Atheismus", das suchte schon 1913 der Austromarxist Max Adler in einem so betitelten Essay zu zeigen. Später waren vor allem christliche Theologen [37] der Meinung, der Marxismus sei nicht seinem Wesen nach, also nicht notwendig mit Atheismus verbunden. Eine differenziertere Bestimmung des Verhältnisses Basis-Überbau lasse, wie dies Marx selbst gelegentlich einräumt, durchaus auch Rückwirkungen der Ideologie auf die reale Wirklichkeit zu. Warum sollte dies nicht auch für die Religion so zutreffen können, daß diese nicht nur der illusionäre, ganz irreale Reflex bestimmter, heuer überholter gesellschaftlicher Zustände wäre, sondern als nicht schlechthin zeitbedingte ‚anthropologische Konstante' gelten könnte, und zwar auch dann, wenn der Marxismus tatsächlich bis heute anderer Meinung war?! Dieser Auffassung kommt die entideologisierende Marxinterpretation der Frankfurter Kritischen Theorie entgegen. Sie deutet Marx in einem konkret humanistischen Sinne, indem sie ihn entlastet von einer Geschichtsmetaphysik, die die Weltgeschichte als Ganzes umspannt und den Menschen ihrer vorauserkannten Entwicklungsnotwendigkeit unterwirft. Marx habe vielmehr nichts anderes verfolgt als „endliche Ziele endlicher raumzeitlich bedingter Menschen gegenüber begrenzten Bereichen der natürlichen und gesellschaftlichen Welt", er wollte näherhin „den Menschen aus dem selbstgeschmiedeten Käfig undurchschauter ökonomischer Determination heraushelfen" [38]. Die Beantwortung der Frage „Marxismus mit oder ohne Atheismus?" wird verschiedene Gesichtspunkte unterscheiden müssen.

Gewiß hat die *Erfahrung* mit reaktionären Religionswesen und Kirchentum ihrer Zeit viel dazu beigetragen, daß Marx und Engels, später Lenin mehr oder weniger selbstverständlich antireligiös und atheistisch empfanden und dachten. Und auch nach dem Urteil vieler heutiger Marxisten hat sich das Verhalten des Christentums zu sozialen und politischen Mißständen seither weithin zum Besseren verändert. Dennoch wird man nicht sagen können, daß der Atheismus im Marxismus nur ein politisch motivierter und geschichtlich verständlicher, eben deshalb aber nur zeitbedingter und somit ausscheidbarer Bestandteil seiner gegen die Unmenschlichkeit der Verhältnisse gerichteten Kritik sei. Dagegen spricht schon in etwa, daß Marx selbst sozial gesinnten Christen keineswegs mehr Sympathie entgegenbrachte als anderen, ihr Engagement vielmehr für gefährlicher hielt als Gleichgültigkeit und Asozialität der herrschenden Klassen [39]. Die Gründe des marxistischen Atheismus liegen tiefer.

Man hat für den atheistischen Charakter des Marxismus dessen *Messianismus* haftbar gemacht [40]. Höre der Marxismus auf (was z. B. in der Interpretation der Frankfurter Schule der Fall ist), die „*Religion der Revolution*" zu sein, so werde auch seine Verbindung mit dem Atheismus hinfällig, gegenstandslos. Der Satz von Ernst Bloch „Ohne Atheismus hat Messianismus keinen Platz" [41] soll also umgedreht werden: kein Messianismus, darum auch kein Atheismus. Es wäre jedoch zu fragen, ob eine Marxdeutung, die den Bezug auf das Ganze der Wirklichkeit und auf die letzten Belange des Menschen als solchen aufgibt, nicht eine weiterführende bzw. genauer eine einschränkende Umdeutung der Marxschen Lehre darstellt, was die Frankfurter J. Habermas und A. Schmidt anzunehmen scheinen. Auch H. Gollwitzer [42] ist sich nicht sicher, ob ein Kommunismus ohne Messianismus seinen Namen noch zu Recht trage. Allerdings: die Namensfrage müßte ja wohl nicht das drängendste Problem sein. — Selbstverständlich wäre wie der Histomat von Messianismus als Religionsersatz, so erst recht der Diamat von den Dogmata der selbstschöpferischen Materie, ihrer Ewigkeit und Unzerstörbarkeit und dergleichen zu entlasten, im Grunde also der Dialektische Materialismus überhaupt abzuschaffen.

Bedenklicher gegenüber den Versuchen, den Marxismus vom Atheismus als bloßer Begleiterscheinung zu entlasten, dürfte der folgende *anthropologische* Sachverhalt stimmen. Für Marx ist der Mensch das höchste Wesen. Das ist nicht eine vorgegebene Würde, es ist die aufgegebene Bestimmung des Menschen. Das menschliche Selbstbewußtsein, sagt er schon 1841, soll als „oberste Gottheit" anerkannt werden, und Prometheus ist der neue, vornehmste Heilige im philosophischen Kalender [43]. Gäbe es den für Marx in ein Konkurrenz-Schema, ja in eine Vampyr-Vorstellung rückenden Gott, so müßte er den Menschen der Fähigkeit berauben, sich selber voll und ganz zu verwirklichen — als das einzige Subjekt und Objekt seines Tuns! Von dieser Überzeugung scheint das Pathos des Marxschen Humanismus und Naturalismus, deren Verbindung den wahren Kommunismus ausmacht, getragen. V. Gardavsky [44] jedenfalls meint: „Der Marxismus ist seinem Wesen nach Atheismus. Oder anders gesagt: gerade der Atheismus ist die radikale Dimension der marxistischen Weltanschauung. Ohne sie ist *Marxens Konzept vom totalen Menschen* ebenso unbegreiflich wie seine Auffassung vom Kommunismus."

Man wird die Bedeutung der Negation der Religion für den Marxschen Begriff der menschlichen Selbstentfremdung und deren Aufhebung nicht deshalb übersehen dürfen, weil Marx den Ausdruck ‚Atheismus' aus einem ganz bestimmten Grunde eher vermieden sehen möchte:

„Der Atheismus, als Leugnung dieser Unwesentlichkeit [von Natur und Mensch], hat keinen Sinn mehr, denn der Atheismus ist eine Negation Gottes und setzt durch diese Negation das Dasein des Menschen; aber der Sozialismus bedarf als Sozialismus einer solchen Vermittlung nicht mehr [!] ... Er ist positives, nicht mehr durch die Aufhebung der Religion vermitteltes Selbstbewußtsein des Menschen." (I 607)

Aber die Aufhebung der Religion ist ebenso wie die hier mit ihr verglichene Aufhebung des Privateigentums das „für die nächste geschichtliche Entwicklung notwendige Moment der menschlichen Emanzipation und Wiedergewinnung" (I 608)! Marx will den *Ausdruck* Atheismus nicht, weil er sich auch nicht im Modus der a-theistischen Negation an den Theismus erinnern will. Aber der Sache nach ist Marx' „im Grunde bereits ‚postatheistisches' Bewußtsein" [45] darum um nichts weniger radikal und fundamental.

Gegenkritische Bemerkungen

Wie immer es mit der Antwort auf die Frage „Marxismus ohne Atheismus?" stehen mag, über die die Akten wohl noch nicht geschlossen sind: Solange der Marxismus sich nicht selbst vom Atheismus trennt (ob er das nun grundsätzlich nicht kann oder faktisch nicht will), ist Gegenkritik zu den Hauptpunkten seiner Religionskritik nicht überflüssig [46]. Dieser Trend zeichnet sich ab: Der Atheismus als *humanistisches Postulat* bei Feuerbach und Marx (wobei Marx auch diese Theorie zurücktreten ließ hinter dem Programm der revolutionären Praxis) ging immer mehr auf in eine einheitliche *materialistische Weltanschauung und Parteidoktrin* bei Engels und Lenin (oder gar Stalin), mit gegenläufigen heutigen Tendenzen zu einem humaneren Marxismus. Beginnen wir mit den späteren doktrinären Positionen.

    1. Zum „*wissenschaftlichen Atheismus*" bei Engels und im ‚orthodoxen' Marxismus:

    a) Religion, Christentum und Theologie werden angeprangert als Exponenten eines überholten, mittelalterlichen Weltbildes. Damit konstruiert man einen Gegner, der leicht zu widerlegen ist. Denn es besteht *kein wirklicher Gegensatz zwischen Religion und Wissenschaft*. Die früheren Konflikte, wie der Fall Galilei, gingen auf Grenzüberschreitungen der einen oder der anderen Seite zurück. Der christliche Glaube ist nicht an bestimmte weltbildliche Vorstellungen gebunden. Auch haben sich die christlichen Kirchen, entschiedener allerdings im Westen als im Osten, zur Emanzipation der profanen Wissenschaften und zur modernen kulturellen Entwicklung bekannt. Die Theologie setzt der Freiheit der Wissenschaft keine Schranke. Wenn der Christ, nicht ohne umsichtige Verantwortung, sich gegen etwas zu protestieren berechtigt und verpflichtet weiß, dann gegen die skrupellose Anwendung technischer Errungenschaften, die sich gegen den Menschen, seine Personwürde und seine freie Zukunft richtet.

    b) „*Wissenschaftliche Weltanschauung*", gar „wissenschaftlicher Atheismus" — Monopolansprüche und Propagandaformeln! — enthalten bei genauerem Zusehen einen *begrifflichen Widerspruch*. Die moderne empirische Wissenschaft, die gemeint ist, erforscht nach ihrem wissenschaftstheoretischen Selbstverständnis nur Wenn-dann-Zusammenhänge, d. h. sie untersucht, wenn sie praktisch orientiert ist, mit welchen Mitteln bestimmte, ihr vorgegebene Zwecke am besten erreicht werden können; dafür entwirft sie geeignete Modelle. Sie kann dagegen nichts ausmachen über die Welt im ganzen, über das letzte Ziel des menschlichen Daseins, über allgemeinverbindliche Werte und Normen des Zusammenlebens von Menschen. Diesbezüglich kann eine Überzeugung, die man als eine weltanschauliche Position bezeichnen mag, nur philosophisch (und theologisch) begründet werden. Auch die Existenz Gottes, das Wesen der Religion, der Anspruch der christlichen Offenbarung sind auf dieser Ebene zu diskutieren. Gewiß ist z. B. das Werden der Religionen vielfach bedingt durch primitive, vorwissenschaftliche Vorstellungen, die von der Religionsgeschichte festgestellt werden; sie dürfen und sollen auf ihre Tragfähigkeit hin geprüft weden, und der mündige, gebildete Zeitgenosse wird sie u. U. als für ihn belanglos übergehen. Aber damit ist keineswegs bewiesen, daß die Religion — ein beliebter Kurzschluß: — „nichts anderes als" das sei. Das läßt sich mit keinen wissenschaftlichen Forschungsmitteln — durch Statistik, Computer oder dergleichen — aus Tatsachenbefunden herausdestillieren. Wer Wissenschaft und Weltanschauung in einen Topf wirft, zeigt, daß er — weil er methodisch sauber zu Unterscheidendes vermengt — nicht recht weiß, wovon er redet.

    c) In der jüngeren Vergangenheit haben sich gerade die sowjetischen Religionskritiker immer wieder mit den philosophischen Gottesbeweisen beschäftigt. Sie haben diese jedoch oft in tatsächlich veralteter, unmoderner Form dargestellt — und ‚widerlegt'. Dabei unterlaufen auch *Fehlschlüsse:* Etwa wenn man meint, die als unkritische und in diesem Sinne dogmatische Voraussetzung eingeführte „Ewigkeit der Materie" mache die Annahme eines Schöpfergottes überflüssig, indem sie dem Gottesbeweis aus der Kontingenz (= nicht-notwendigen Existenz) der einzelnen Weltdinge und der Welt als ganzer den Boden entziehe. Damit wird verkannt, daß dieser Beweis nicht auf dem etwaigen zeitlichen *Ent-*

stehen der Dinge aufruht, die auf ihren Anfang hin zurückgespult würden (Huhn vom Ei, Ei vom Huhn usw.), sondern darauf, daß alles Endliche in seinem jeweiligen kontingenten *Bestehen* den zureichenden Grund seiner Existenz nicht vollauf in sich selber trägt und deshalb ein absoluter Sinn- und Zielgrund von Welt und Mensch existieren muß. Natürlich ist eine solche Mini-Ausführung eines ‚Gottesbeweises‘ nicht sehr befriedigend! Vielleicht ist es wichtiger, auf eine *fatale Aporie* hinzuweisen, in welche die eigene Theorie des ‚Diamat‘ gerät: Die Materie soll (1) *ewig* sein, als Gottesersatz, und (2) sich ständig aufwärts *entwickeln*. Beides ist miteinander nicht vereinbar. Denn eine Materie, die immer schon bestanden hat, müßte bei ständiger Aufwärtsentwicklung auch immer schon, jedenfalls in einem unvordenklichen ‚eh und je‘ schon längst den Höhepunkt ihrer Entwicklung erreicht haben. Engels hat sich in dieser Notlage mit der Hypothese eines ewigen Kreislaufs im Auf und Ab der Welten mit je neuen Menschheitsgeschichten (?!) beholfen. Das ist Däniken-‚Wissenschaft‘. Und vor allem ist damit der *humane* Sinn dieser Weltanschauung, die endgültige Bedeutung der Weltentwicklung für den Menschen, verlorengegangen.

2. Zur Theorie des *Absterbens der Religion* bei Marx und heutigen ‚Neomarxisten‘: Nehmen wir einmal an, Marx habe recht damit, daß die Religion immer nur aus sozialen Verhältnissen, in denen der Mensch ein elendes und geknechtetes Wesen ist, hervorgehe als deren phantastische Widerspiegelung und daß sie zusammen mit diesen Verhältnissen verschwinde. Daraus ergibt sich die Aufforderung an den Marxisten, sich um die Herstellung möglichst günstiger Zustände zu bemühen, in denen der Mensch sich gemäß den Marxschen Zukunftsausblicken frei und allseitig entfalten kann, und im übrigen — gerade um die überlegene Wahrheit seiner Auffassung zu beweisen! — zuzuwarten, bis die Religion, weil überflüssig geworden, *von allein,* ganz automatisch abstirbt, ohne direkten Kampf gegen sie. Dieser widerspräche der Theorie, die sich in der Praxis bewähren, bewahrheiten soll. Der Christ seinerseits kann und soll mitarbeiten an der wahrhaft menschlicheren Welt des Menschen und kraft seiner anderen Überzeugung vom Wesen der Religion ebenfalls gelassen der Zukunft entgegengehn.

3. Zum *humanistischen Atheismus* von Feuerbach und Marx: Dessen negative, gegen die Existenz Gottes gerichtete Stoßrichtung bezieht ihre Kraft aus dem vorausgesetzten *Konkurrenz-Schema:* entweder Gott oder der Mensch! Gott: der den Lebenssaft des Menschen aussaugende Vampyr . . . „Gott allmächtig, der Mensch ohnmächtig." Was man Gott gibt, muß man dem Menschen nehmen; und umgekehrt. Dabei erscheint Gott als ein mit dem Menschen konkurrierender Weltfaktor, der dem Menschen in Sachen Weltgestaltung und damit voller Menschwerdung Platz und Rang streitig macht. Ein solcher Gegensatz mag in etwa antik-griechischen Vorstellungen von den Göttern entsprechen, die neidisch sind auf die Erfolge der Menschen; oder einem platonischen und gnostischen Neben- und Gegeneinander eines das Chaos zum Kosmos nur umformenden Weltbaumeisters (Demiurgen) und der ebenfalls ewigen Weltmaterie. Jedenfalls widerspricht die christliche Schöpfungsauffassung jedem Modell einer Gott-Mensch-Konkurrenz. Von philosophischer Reflexion unterstützt, bekennt der Schöpfungsglaube den Gott, der gerade in seiner Allmacht nichts vom Menschen für sich braucht und einfordert, sondern allein für den Menschen und mit dem Menschen wirkt, der die Welt menschlicher macht. Der souverän und frei schaffende Gott setzt die Welt ein und gibt sie insgesamt frei in ihr eigenes Sein und Wirken. Er

macht nicht an ihr dies und das *anders:* er läßt sie als ganze *sie selber* sein. Und er überantwortet dem Menschen die ganze Welt zu freier Gestaltung, laut Schöpfungsauftrag (Gen 1, 28). „Um Gott zu bereichern, muß der Mensch arm werden; damit Gott alles sei, muß der Mensch nichts sein" (wiederum Feuerbach)? Das ist Antipodenmentalität. Gott ist alles, und eben deshalb darf und soll der Mensch *alles* sein und haben, wissen und können, was für ihn nur immer von Interesse sein mag. „Die Siege" — nicht die Niederlagen! — „der Menschheit sind ein Zeichen der Größe Gottes!"[47] — Hier bricht, über alle Theorie und theoretische Widerlegung hinaus, die Aufgabe nützlicher ‚Konkurrenz' zwischen Christen und Marxisten auf.

Anmerkungen

1 Siehe dazu S. 39—78, besonders die ausführlichere Darstellung der Religionskritik von Feuerbach und Marx S. 48—55, zu Marx auch S. 79 ff und S. 100—108
2 Zur Klassifikation der Atheismen s. S. 16 f
3 K. Marx — F. Engels, Werke (= MEW). Berlin 1960 ff, XXXVII 436: „Tout ce que je sais, c'est que je ne suis pas marxiste." — Vgl. D. B. McKown, The Classical Marxist Critiques of Religion: Marx, Engels, Lenin, Kautsky. Den Haag 1975
4 WW (s. S. 75, Anm. 37) VI 227
5 Vorrede zur 1. Auflage von „Das Wesen des Christentums" (1841)
6 WW (s. S. 75, Anm. 37) II 1
7 Ebd. II 51
8 Ebd. II 2
9 Brief an Ruge vom 30. 11. 1842: MEGA I 1. 2, 286
10 = MEW (s. Anm. 3)
11 Siehe S. 129 f
12 Eine Schwierigkeit, die übrigens auch E. Bloch (Werkausgabe Frankfurt, XIII/1, 195 f; V 807) überspielen muß durch das Postulat eines menschliche Geschichte und kosmische Natur in harmonischem ständigem Fortschritt einenden Weltalls...
13 MEW XX 327; vgl. 325 ff („Dialektik der Natur"!)
14 Über die Religion, 46, 50
15 Kann man heute noch Kommunist sein? Hamburg 1970, 260 f
16 Russische Werke-Ausgabe XXIX 45, 59 f, 63, 406: anläßlich der Lektüre von Feuerbachs Vorlesungen über das Wesen der Religion!
17 Lenin e il marxismo sovietico, in: L'ateismo contemporaneo II. Torino 1968, 143 bis 203, 152
18 Ebd. 155
19 M. Reding, Der politische Atheismus. Graz ²1958
20 Lenin, Materializm i Empiriokriticizm (1909): WW (russ.) XVIII 275
21 Ebd. 181; Engels, ‚Anti-Dühring' (1878): MEW XXX 48
22 Engels, ebd. 294
23 E. Adler, Grundlinien der atheistischen Propagandaliteratur im Ostblock, in: Concilium 3 (1967) 231—243; F. Skoda, Die sowjetrussische Religionskritik heute. Freiburg i. Br. 1968; G. A. Wetter, Lenin e il marxismo sovietico, in: G. Girardi (Hg.), L'ateismo contemporaneo II. Torino 1968, 143—203; H. Bräker, Die religionsphilosophische Diskussion in der Sowjetunion, in: Marxismusstudien VI. Tübingen 1969, 115—151; Marxism and Religion in Eastern Europe, hg. v. R. T. de George und J. P. Seanland. Dordrecht 1976
24 Grundlagen des Marxismus-Leninismus (russisch ²1962). Berlin ²1963 (³1972), 8

25 Vgl. F. Skoda, Religionskritik (s. Anm. 23) 24

26 „Fragen der Geschichte der Religion und des Atheismus" seit 1954, „Jahrbuch des Museums für Geschichte der Religion und des Atheismus" seit 1957, „Wissenschaft und Religion", seit 1960 als Monatsschrift

27 Vgl. Voprosy naučnogo ateizma (Fragen des wissenschaftlichen Atheismus). Moskau 1966, I 445—458; nach F. Skoda, Religionskritik 11

28 175; nach E. Adler, Grundlinien 237

29 V. M. Boriskin, Die Krise des Christentums und ihre Widerspiegelung in der evangelischen Theologie, in: Vestnik Moskovskogo Universiteta, Nr. 3 (VIII)/1965, 69 bis 78, Zitate 70, 72; nach H. Bräker, Religionsphilosophische Diskussion 132, 141

30 In: Ökumenische Diskussion IV. Genf 1968, 1, 9; nach W. Zademach, Marxistischer Atheismus und die biblische Botschaft von der Rechtfertigung des Gottlosen. Düsseldorf 1973

31 Vgl. P. Ehlen, Rezeption der Theologie durch sowjetische Philosophen, in: Theologie und Philosophie 48 (1973) 107—114; Zitat 107

32 Nach: Christliche und marxistische Zukunft. Dokumente der Paulusgesellschaft XIV. München 1966, 320

33 Vgl. P. Ehlen, Die Wende zum Menschen — Der Revisionismus in der osteuropäischen marxistischen Philosophie, in: Stimmen der Zeit 178 (1966) 344—355; E. Lemberg, Reformation im Kommunismus. Stuttgart 1967; H.-F. Steiner, Marxisten-Leninisten über den Sinn des Lebens. Essen 1970; H. Rolfes, Der Sinn des Lebens im marxistischen Denken. Düsseldorf 1971; P. Ehlen, Die philosophische Ethik in der Sowjetunion. München 1972; H. Ogiermann, Neue Aspekte marxistischer Religionskritik?, in: Theologie und Philosophie 48 (1973) 1—27; L. Grünewald, Legende Weltkommunismus. Die Spaltung in der kommunistischen Bewegung. Graz 1974; T. Hanak, Die Entwicklung der marxistischen Philosophie. Darmstadt 1976, 212—241 und 259—318

34 H. Gollwitzer, Die marxistische Religionskritik und der christliche Glaube. München ³1970, 117. Vgl. auch A. Schaff (Marx oder Sartre? Frankfurt a. M. 1966, 57): „Solange Menschen sterben, sich vor dem Tode fürchten, geliebte Wesen verlieren und diesen Verlust fürchten, körperlich und seelisch leiden werden (und das wird auf die eine oder andere Weise solange der Fall sein, solange es Menschen geben wird), solange werden sie außer Wissen über die Veränderung der gesellschaftlichen Formationen auch Wissen darüber begehren, wie sie ihre persönlichen Angelegenheiten verstehen und wie sie sich verhalten sollen."

35 W. Zademach (s. Anm. 30) 175; vgl. 175—194

36 Vgl. H. Ogiermann (s. Anm. 33) 6 ff. — Zum ganzen Abschnitt auch: L. Grünewald (s. Anm. 33).

37 G. Steinbüchel, Sozialismus. Tübingen 1950; M. Reding, Der politische Atheismus. Graz 1957; H. Gollwitzer, Die marxistische Religionskritik und der christliche Glaube. München ³1970

38 A. Schmidt, Der Begriff der Natur in der Lehre von Marx. Frankfurt a. M. ²1971, 29, 34

39 Brief vom 25. 9. 1869 an F. Engels: „Bei dieser Tour durch Belgien, Aufenthalt in Aachen und Fahrt den Rhein herauf habe ich mich überzeugt, daß energisch, speziell in den katholischen Gegenden, gegen die Pfaffen losgegangen werden muß. Ich werde in diesem Sinn durch die Internationale wirken. Die Hunde kokettieren (z. B. Bischof Ketteler in Mainz, die Pfaffen auf dem Düsseldorfer Kongreß usw.), wo es passend scheint, mit der Arbeiterfrage" (K. Marx — F. Engels, Werke XXXII. Berlin 1965, 371).

40 So H. Gollwitzer, Religionskritik 77—97

41 Das Prinzip Hoffnung. Frankfurt a. M. 1959, 1413

42 H. Gollwitzer, Religionskritik 128

43 Werke, ed. Lieber I 22

44 Gott ist nicht ganz tot. München 1968, 173 (Hervorhebung von mir)

45 A. Schmidt, Der Begriff der Natur 32

46 Zum Folgenden: E. Adler, Grundlinien 242; I. Fetscher, Karl Marx und der Marxismus. München 1967, 217; J. Splett, Das Christentum angesichts der marxistischen Religionskritik, in: Stimmen der Zeit 181 (1968) 319—326. Vgl. auch (hier) S. 108 bis 115

47 Zweites Vatikanisches Konzil, Pastoralkonstitution „Die Kirche in der Welt von heute" (7. 12. 1965), Nr. 34

A-theistisches Christentum?

Zur gegenwärtigen Theismuskritik

„Wenn Christus heute wiederkäme, wäre er Atheist"[1]: Schärfer als durch dieses Wort kann die Atheismusproblematik von heute nicht angerissen werden. Daß es in einem theologischen Aufsatz steht, wirkt um so schockierender. Und daß es sich selbst so erläutert: „das heißt, er könnte sich auf nichts anderes als auf seine weltverändernde Liebe verlassen"[2] — das kann die Verwirrung wohl kaum mindern, so bedenkenswert diese Erläuterung auch sein mag. Vor diesem zupackenden Zitat nimmt sich die Frage, ob und inwiefern etwa der Atheismus eine christliche Möglichkeit sei, akademisch blaß und zahm aus. Zahm oder nicht: Wir fragen nach der Sache, um die es geht.

Die Sache des Verhältnisses Christentum - Atheismus hat für uns heute wohl vor allem diese beiden Bedeutungsrichtungen angenommen (andere Verstehensmöglichkeiten werden beiläufig, als Beschluß unserer Überlegungen, angesprochen werden): Einmal kann Atheismus insofern als eine christliche Möglichkeit gelten, als er in seinen wichtigsten modernen Gestalten geschichtlich ermöglicht und bedingt ist durch die Offenbarung des Alten und des Neuen Testaments, zumal durch den Schöpfungsglauben. Der moderne Atheismus scheint irgendwie, wenn auch noch so indirekt und illegitim, eine *Folge*erscheinung der christlichen Glaubensbotschaft zu sein. Das ist schon vor zwei oder drei Jahrzehnten vereinzelt erörtert worden und hat in der näheren Vergangenheit ein breites Echo gefunden[3]. In jüngster Zeit erhebt sich jedoch eine zweite, paradox und unerhört klingende Frage: Stellt der Atheismus nicht eine mögliche oder gar die einzige mögliche Weise des Christseins in der Welt von heute dar? Kann, ja muß nicht das Christentum selber auf dem Boden des modernen Welt- und Lebensverständnisses eine eigene atheistische Erscheinungs*form* entwickeln? Nicht nur ein „Evangelium für Atheisten" (*J. L. Hromadka*[4]), sondern das „Evangelium eines christlichen Atheismus" (*Th. J. J. Altizer*[5])? Nicht nur „der Glaube des Atheisten" (*A. Gibson*[6]) steht zur Debatte: „Atheistisch an Gott glauben" (*D. Sölle*[7]) heißt die Parole. Kritische Auseinandersetzung hiermit setzt die Klärung voraus, was denn mit diesem von evangelischen Theologen anvisierten *„atheistischen Christentum"* gemeint ist. Ein Nein zu Gott (theos)? Oder vielmehr das Nein zum Theismus, der Gottesauffassung der Metaphysik? Was besagt der traditionelle Theismus? Was der „neuchristliche" A-theismus?

I. Zur Geschichte von Theismus und A-theismus

1. *Theismus* bezeichnet geistesgeschichtlich eine Rückzugsbastion. Das Begriffswort wurde im 17. Jahrhundert von einem Vertreter des Cambridger Platonismus eingeführt. Ralph Cudworth[8] fixierte damit in der Auseinandersetzung zwischen der traditionell christlichen und der neuzeitlichen, mechanistisch-empiristischen Weltanschauung die Gegenposition zum Atheismus. Darüber hinaus war es überhaupt die gegen die christliche Offenbarungsreligion gerichtete Kritik

der englischen Deisten und der ganzen westeuropäischen Aufklärung, die zur Besinnung auf das den großen Religionen (vor allem dem Christentum, Judentum und Islam) Gemeinsame veranlaßte. Man sah dieses in der Überzeugung von der Existenz eines absoluten, weltüberlegenen, personalen Gottes, der die Welt aus nichts schuf und sie dauernd erhält und dem all jene Eigenschaften der Unendlichkeit, Allmacht, Vollkommenheitsfülle usw. zukommen, die das von den genannten Religionen inspirierte metaphysische Denken seit dem frühen Mittelalter aufs gründlichste erörtert hatte. Insgesamt ging es darum, was von den göttlichen Dingen erkennbar ist „mit dem natürlichen Licht der Vernunft", wie man im 13. Jahrhundert sagte: um die Fundamente der „natürlichen Religion", auf die man sich jetzt zurückzog. Theismus, in etwa bedeutungsgleich mit Monotheismus [9], hob sich damit einerseits vom Deismus ab, für den Gott dem Weltlauf nur einen ersten „Nasenstüber" (*Pascal*) gab, um ihn danach ganz sich selber zu überlassen, und anderseits vom Pantheismus, für den Gott ganz oder teilweise unter Einbuße seiner Personalität und Freiheit identisch ist mit der Welt. Aber das weitere Bezugsfeld und der entscheidende Kontrahent des Theismus war und blieb der Atheismus.

Die Disqualifizierung des Theismus durch heutige Theologen wird verständlicher von dessen weiteren neuzeitlichen Geschicken her. Zunächst entwickelte die christliche Apologetik der Aufklärungszeit eine abenteuerliche, superbarocke „Physikotheologie", die aus allen möglichen und unmöglichen Natur„wundern", der Anatomie von Fischen, Insekten usw., die bunteste Fülle von Gottesbeweisen sprossen ließ; sogar die alpine Milch- und Käseproduktion mußte dafür herhalten (bei *Abraham Kyburtz*, 1753) [10]. *Kant*, der die seiner Ansicht nach nicht durchtragenden kosmologischen Gottesbeweise den Deisten überlassen wollte, versuchte den Theismus als „Ethikotheologie" auf das sittliche Bewußtsein des Menschen zu gründen [11]; er selbst entwarf, nun aber doch mit deistischer Schlagseite, „die Religion innerhalb der Grenzen der bloßen Vernunft" (1793). Johann Gottlieb Fichte, der in seinen „Zufälligen Gedanken in einer schlaflosen Nacht" am 24. 7. 1788 gegen den „törichten Begriff von göttlichem Wesen" polemisiert, meint: die Bezeichnungen „Bewußtsein" oder „Persönlichkeit" könne man „ohne Beschränkung und Endlichkeit schlechterdings nicht ... denken" [12] und deshalb sei die philosophische Theologie, wenn sie „die Lehre von dem Wesen Gottes an und für ihn selbst" sein solle, „ein alle Fassungskraft übersteigendes Hirngespinst" [13]. Gegen die denkerischen Systeme des deutschen Idealismus, die sie für pantheistisch hielten, reagierten Mitte des 19. Jahrhunderts *I. H. Fichte, Ch. Weisse* u. a.; sie vertraten einen „spekulativen Theismus", der den „theistischen Begriff des absoluten Ursubjekts" [14] philosophisch zu beweisen suchte. Dabei ging es nicht ohne Übertreibung ab, etwa wenn der jüngere Fichte den Theismus rühmt als „das letzte lösende Wort aller Welträtsel, das unausweichliche Ziel allen Forschens" [15]. Trotz dieser und anderer theistischer Neubegründungsversuche lief die fortschreitende Bewußtseinstendenz auf die Bankrotterklärung und Ignorierung des metaphysischen Denkens hinaus. Seit etwa 1850 verschärften und verbreiteten Materialismus und Positivismus, was Deismus und Aufklärung angebahnt hatten. Die Mentalität der durch die Empirie geprägten Epoche deklarierte Metaphysik und Spekulation von vornherein als veraltet, überständig, sinnlos. Daran änderte nichts, daß die Positionen des Theismus katholischerseits in den neuscholastischen Lehrbüchern der „natürlichen Theologie" weiter überliefert und auch entfaltet wurden; das hatte keinen — es sei denn einen abschreckenden — Einfluß auf die a-theistischen Theologumena, die wir verstehen wollen (was sich übrigens auch, es muß gesagt sein, in nicht wenigen Mißverständnissen der Tradition durch dieselben bekundete). Auch das Vatikanum I gab zumeist nur die Folie ab für den Protest evangelischer Theologen gegen die Dogmatisierung des Theismus, die Verquickung christlichen Glaubens mit natürlicher Religion.

2. Schon im 19. Jahrhundert haben Theologen wie der Linkshegelianer *D. F. Strauss* und *A. E. Biedermann* die Idee eines persönlichen Gottes abgelehnt; denn der Personbegriff könne „nicht vom endlichen Geist so abgenommen werden, daß dabei zugleich vom Moment der Endlichkeit abstrahiert wird". „Die Behauptung der Persönlichkeit Gottes ist daher nur das Schibboleth des noch vorstellungsmäßigen Theismus." [16] Man sieht: Das Nein zum Theismus war hier selber noch spekulativ-philosophisch begründet. Anders die Dialektische Theologie, vor allem in der Anfangszeit um 1920—1930! *Karl Barth* proklamierte den entschiedensten Bruch mit allem natürlichen Religionswesen und seinem Allerweltstheismus; das alles unterminiere die Souveränität des Offenbarungsgottes. *R. Bultmann* kennt nur die Alternative zwischen existentialer Deutung der christlichen Verkündigung und dem empirisch-wissenschaftlichen, objektivierenden Weltverständnis; ihr fallen Ansichsein und Transzendenz Gottes zum Opfer: In der „theistischen oder christlichen ‚Weltanschauung' " ist Gott, als „metaphysische Wesenheit" und „schöpferischer Urquell", „ebenso von außen gesehen als Objekt wie der Mensch". „Von Gott können wir nur sagen, was er an uns tut." [17] *D. Bonhoeffer* forderte 1944 die „nicht-religiöse Interpretation biblischer Begriffe" [18].

Ausdrücklich hat in der Gegenwart zuerst *Paul Tillich* [19] für die „Überwindung des Theismus" plädiert: Der „absolute Glaube", das heißt das die Sinnlosigkeit in sich hineinnehmende mutige Bekenntnis zur Seinstiefe der menschlichen Existenz, soll alle theistische Gottesidee transzendieren, welcher Art diese auch immer sei — die landläufig emotional oder politisch verfremdete, die biblische existentielle oder personalistische [20] und die zu objektivierenden „Gottesbeweisen" ausgebaute; die letztere, von Tillich als theologische Gottesidee bezeichnet, führe zur Auffassung von Gott und Mensch als Konkurrenten. Den verschiedenen Formen des Theismus entsprechen verschiedene Atheismen. Aber beides, Theismus wie Atheismus, läßt der Glaube an den „Gott über Gott", nämlich über dem Gott des Theismus und der Religion, hinter sich. „Der Mut zum Sein wurzelt in dem Gott, der erscheint, wenn Gott in der Angst des Zweifels verschwunden ist." [21] Aber wird dabei Gott, nach dessen Existenz zu fragen sinnlos sei, nicht verflüchtigt zu einem bloßen Symbol des unbedingten Angegangenseins des Menschen, seines „Bejahtseins ohne jemand oder etwas, das bejaht" [22]?

Den letzten Anstoß für die Diskussion um „christlichen A-theismus" gab in Deutschland 1961 ein Vortrag von *Herbert Braun* [23]: Was für den Juden und den Griechen zur Zeit Jesu eine Selbstverständlichkeit war — die Annahme eines an und für sich existierenden höchsten Wesens —, ist für den autonomen Menschen von heute ein unzumutbares Glaubenshindernis. Diese „weltanschauliche religiöse Vorgabe" ist antiquiert. Gott ist nicht zu verstehen als „eine heilige Gegebenheit", eine „an sich vorhandene Gottheit"; diese „Statik des Gottesgedankens", den Objektivismus der traditionellen Metaphysik muß man fahren lassen. Gott ist vielmehr ein Geschehen in der Spannung des „Ich darf" und des „Ich soll", das — „transpsychologische" — „Woher meines Umgetriebenseins", des Geborgen- und Gefordertseins im Raum der Mitmenschlichkeit, denn der Mensch „impliziert

Gott"; ja, „Gott wäre dann eine bestimmte Art Mitmenschlichkeit" [24]. Wird der Metaphysik des höchsten Wesens, nebst Vorsehung und Weltregierung, der Abschied gegeben, so stößt die Kritik der Aufklärung, die sich vor allem am Theodizeeproblem entzündete, ins Leere. Das Evangelium ist Lebensbotschaft, nicht Weltanschauung oder Lehrsystem überweltlicher Sachverhalte.

3. *Dorothee Sölle* (geb. 1929), Germanistin und Theologin von nicht nur journalistischem Rang, hat — auch terminologisch — aus Brauns neutestamentlicher Basistheorie die Konsequenzen gezogen. Ihr Buch *Stellvertretung. Ein Kapitel Theologie nach dem „Tod Gottes"* [25] sieht den Sinn der Inkarnation, sich berufend auf die Deutung als kenosis, Selbstentäußerung Gottes (Phil 2, 7), darin, daß Gott sein transzendentes, weltjenseitig fernes Ansichsein abgelegt habe, um als der Mensch Jesus den Menschen leibhaftig gegenwärtig zu werden. „Gott selbst ist in Christus aus der Unmittelbarkeit des Himmels fortgegangen, er hat die Sicherheit der Heimat verlassen, für immer" (ebd. 190). Christus vertritt vorläufig — bis zur eschatologischen Vollendung der Welt — den abwesenden Gott. „Das ist das Geschäft Christi bis heute: Vorläufer Gottes zu sein" (181). „Aus der Präexistenz ist Koexistenz geworden." [26] Die Erfahrung des Todes Gottes ist nur die negative Kehrseite des Glaubens an die Auferstehung Christi, die nichts anderes ist als eben seine wirksame Gegenwart. Und das Wozu dieses Umschlags Gottestod — Auferstehung Christi, vielmehr ihrer dialektischen Vermittlung: „um über das, was wirklich ist, zu streiten" (180). Nur dadurch werde Nietzsches tödlicher Vorwurf aufgefangen, der auf die Unwirksamkeit, nicht auf die Unwirklichkeit Gottes zielte; nur so sei herauszukommen aus dem stumpfsinnigen Hin und Her von affirmativen und negativen Behauptungen in Sachen Gottes (180). „Es gibt Menschen genug, die beiden Erfahrungen, der vom Tod Gottes und der vom Leben Christi, standzuhalten versuchen" (181). — Der Aufsatz „Atheistisch an Gott glauben?" von 1966 [27] faßt sich selbst so zusammen: „Der paradoxe Ausdruck will sagen, daß Glauben hier als eine Art Leben verstanden wird, das ohne die supranaturale, überweltliche Vorstellung eines himmlischen Wesens auskommt, ohne die Beruhigung und den Trost, den eine solche Vorstellung schenken kann: um eine Art Leben also ohne metaphysischen Vorteil vor den Nicht-Christen, in dem trotzdem an der Sache Jesu in der Welt festgehalten wird" (79). Ein „theistisch unübersetztes Reden von Gott" ist nicht mehr möglich. Denn das Wort Gott, das schon „in der jüdisch-christlichen Tradition ein Movens, nicht ein Quietiv war", kann nicht durch philosophische Definition, sondern nur durch „weltliche Konkretion" genau ausgelegt werden; durch das, was es „über Menschen und ihre Verhältnisse aussagt", in „konkreter gesellschaftlicher Praxis" (78 f). Andernfalls würde christliches Glauben mit theistischer Weltanschauung verwechselt, mit einem „ideologischen Sondervorrat" an „weltbildlichen Vorstellungen, religiösen Gefühlen, bestimmten Moralismen" (82 f); und „jedes theologische Denken, das Gott substantiiert, (ist) eine religiöse Erschleichung, die mit vorchristlichtheistischem Kapital spekuliert" [28]. Die neue Theologie versucht, „den Glauben im Verzicht auf Metaphysik und überweltliche Meinungen zu begreifen" (85). Für sie ist „das Gesicht Gottes für uns nur erkennbar als das Gesicht des Anderen neben mir" (87). Der neuere Aufsatz Sölles „Gibt es ein atheistisches Christentum?" [29] bringt ihre Auffassung auf den kürzesten Nenner: Der Entwurf Christi setzt die theistische Weltanschauung (Gott als Lückenbüßer und Bedürfniserfüller!) nicht voraus; die Berufung auf Gott fügt ihm nichts hinzu. Praktischer Theis-

mus ist Rechtfertigung der bestehenden Verhältnisse; christliches Handeln heißt heute praktisch atheistisch handeln. Der Sinn des christlichen Atheismus ist — „Gott und das Göttliche zu leben"! Eine ähnliche Position hat 1966 *Thomas J. J. Altizer*, mit gröberem Kaliber theologisierend, bezogen [30]. Kritik am Theismus kehrt bei allen Vertretern der amerikanischen „Gott-ist-tot-Theologie" wieder: Der Gott, der ihr zufolge tot ist, ist durchweg der theistisch gedachte Gott. — Die anti-theistische Kritik hat ein Echo gefunden in einer Reihe von Aufsätzen evangelischer [31] und auch katholischer [32] Theologen. Zur Gegenkritik, vor allem an Braun und Sölle, ist *H. Gollwitzer* [33] zu hören. Diese Veröffentlichungen werden in dem folgenden „systematischen" Klärungsversuch nach Möglichkeit berücksichtigt. Die Auseinandersetzung mit den skizzierten Theorien eines a-theistischen Christentums soll zunächst die gemeinsame gültige *Grundintention* der vielfältigen und sich übersteigernden theologischen Absagen an den „Theismus" thematisieren; es ist dann im *einzelnen* abzugrenzen, welche Funktionen im Verhältnis zum christlichen Glauben einem recht verstandenen Theismus *nicht* zukommen können; aus dieser kritisch-scheidenden Differenzierung wird sich schließlich die mögliche und wohl auch nötige *positive* Bedeutung theistischer Metaphysik für das Glaubensgeschehen und die Theologie des Christentums herausheben.

II. Die biblische und die metaphysische Gottesauffassung

1. Der Ausgangspunkt der heutigen Theismus-Kritik ist die wohl unbestreitbare Feststellung: Der Gott der Bibel ist nicht schlechthin identisch mit dem Gott der Metaphysik. Am Anfang des biblischen Glaubensbewußtseins steht nicht die Schöpfung der Welt, sondern der Bund Jahwes mit dem Volk Israel. Nicht der Urgrund der Natur, sondern die Treueverheißung des geschichtsmächtigen Gottes: „Ich werde dasein, als der ich dasein werde" (Ex 3, 14). Nicht Seinsmetaphysik, sondern Erfahrung von Geschichte und sozialem Dasein. Das sei etwas näher entfaltet. Das Volk Israel lernte seinen Gott kennen aus den Erfahrungen seiner Geschichte. Jahwe verhieß ihm Heil, er erwies sich als der Retter aus der Not. Er hat sein Volk mit starker Hand aus Ägypten, dem Land der Knechtschaft, herausgeführt, er hat es durch die Gefahren der Wüste geleitet nach Palästina, das er Israel zum Erbbesitz gab. Jahwe ist der Gott der Treue und Verläßlichkeit. Er ist gerecht zu dem einen, barmherzig für den andern. Die Wahl seiner Liebe ist frei, seine Huld beständig. Das bezeugen schon die alten Geschichten vom Umgang Gottes mit den „Vätern", mit Abraham, Isaak und Jakob. Die Propheten wissen: Jahwe geht der Volksgemeinde nach mit unbegreiflicher, mit töricht scheinender Herablassung, besorgt in unendlicher Geduld wie eine Mutter um ihr Kind. Er ist großzügig und überschwenglich wie ein Liebender. Er antwortet auf menschliche Schuld aber- und abermal mit einem Verzeihen, das ihm kein Rechtstitel abfordert. Auch die härteste Strafe will zur Umkehr führen, zu neuer Gemeinschaft. Aus seinen Zusammenstößen mit den anderen Völkern lernt Israel, daß Jahwe Macht hat auch über diese und ihre Götter, die vor ihm zunichte werden; daß er der Herr aller Geschichte und der ganzen Natur ist. *Deshalb* muß Jahwe am Ursprung der Welt insgesamt stehen, als Schöpfer Himmels und der Erde von

unumschränkter Macht. Der Gott Jesu Christi streift endgültig ab, was dem Gott des AT doch noch an partikularistischer Bindung anhaften mochte. Er wird der Gott des Menschen, aller Menschen — indem *er Mensch wird*. Er überwindet das Herz des Menschen durch die unerhörte Erniedrigung des Kreuzes: Seine Torheit ist weiser als alle Menschenweisheit und seine Schwäche stärker als Menschenkraft. Der Gott des Gekreuzigten und Auferweckten ist der aus Schuld Erlösende, Freiheit Schenkende, unüberbietbare Gottgemeinschaft Stiftende, ewiges Heil Wirkende. Und das dadurch, daß er sich mit den Menschen gemein macht, verbrüdert. Auch wenn Jesus sich und die Seinen dem allheiligen Gott überantwortet, so in einem Vertrauen, das um seine Untrüglichkeit weiß. Den Zugang zu diesem Gott Abrahams, der der Gott Jesu Christi ist, erschließt allein gläubiges Hören des von ihm her uns treffenden Wortes der Offenbarung; des Menschen Wort ist *Antwort*. Die Gemeinschaft mit Gott ist ein Leben neuer Liebe, die einzig von dem uns zuerst liebenden Gott aus ihren Gang geht. Bei Gott, und bei ihm allein, ist die Initiative. Nur sein Geist, der allein die Tiefen Gottes erforscht, setzt uns instand, zu sagen: „Vater". Gott ist für das im Geiste Jesu Christi geeinte neue Volk „unser Vater".

2. Anders der Gott der theistischen Metaphysik! Das Philosophieren setzt aus eigener vernünftiger Vollmacht, die sich nur vor sich selbst auszuweisen hat, „unten" an: Es reflektiert auf die Grundstrukturen von Welt und Mensch. Sich positiv (via affirmationis) stützend auf die Erfahrungsmomente von Sein und Wirken, Sinn und Wert, sie abhebend (via negationis) von ihren endlichen, zeitlich veränderlichen, defizienten Verwirklichungsweisen in unserer empirischen Welt, schließt es (via eminentiae) auf die notwendige Existenz eines mit den einzigartigen Prädikaten der Unendlichkeit, Unveränderlichkeit, Vollkommenheitsfülle usw. auszuzeichnenden letzten absoluten Urgrundes, der „Erstursache" von Welt und Mensch, des schöpferischen Urhebers von allem „außer" ihm. Die Welt unendlich-unbedingt übersteigend, bei unüberbietbarer Immanenz in allem Weltsein und menschlichen Wirken, als Sinn- und Zielgrund des menschlichen Geistes auch selber irgendwie personal zu denken, erhält dieses Absolutum den Namen Gott. Der Gott der Philosophie ist der schlechthin sich selbst Genügende, der durch niemand und nichts einen Zuwachs an Herrlichkeit und Seligkeit zu erhalten vermag, ewig in sich schwingend in durch nichts zu trübendem, unberührbarem Je-schon-Ganzsein seiner selbst... Wie es „außer" dem unendlichen Sein Gottes noch endliche Welt geben kann, ist dem philosophischen Denken nicht aus inneren Gründen erhellbar. Daß es so ist, ist einfach hinzunehmen. Und weil es so ist, kann (das mag der theistischen Metaphysik eben noch erschwinglich sein) es ja wohl nur der aus bedürfnisloser Freiheit mitteilende gute Wille Gottes sein, der die Welt erschuf und Menschen auf ihr sein ließ. Wie diese Welt jedoch ganz konkreterweise aussieht, mit ihren Naturkatastrophen und dem zumal, was der Mensch Furchtbares an seinesgleichen verübt: das war von jeher das große arge Gegenargument gegen den an Macht, Weisheit und Güte unendlichen Schöpfergott, auf das keine Philosophie eine auch nur halbwegs gemäße Antwort gibt. Sie kann im Grunde nur sagen: Gott ist so, und die Welt ist so, und es muß — punktum — beides vereinbar sein. Schließlich bleibt der Gott der Philosophen stumm — nicht in tiefem Verschweigen, sondern in bloßem Nichts-sagen-können — vor dem schuldig gewordenen Menschen. Wird er, will er der gerecht Rächende oder der erbarmungsvoll Vergebende sein? Wie Gott es letzten Endes mit mir und meinem

etwa anstehenden ewigen Schicksal meint und wie es mit der Zukunft der Welt im ganzen bestellt ist: diese alle Fragen des Menschen in sich einbefassende letztentscheidende Fraglichkeit läßt der Theismus als Metaphysik offen. — Daß auch schon der Ansatz solchen Philosophierens, so weit oder so wenig weit es tragen mag, unter dem Anruf des einen Gottes der Gnade steht — insofern es nämlich existentielles Tun des Menschen mit Heilsbedeutung ist —: das sei gerne eingeräumt; aber das steht hier nicht zur Debatte.

3. Gewiß: die Aussagen, die die Bibel einerseits, theistische Metaphysik anderseits von „Gott" machen, decken sich nicht. Wenn sie *denselben* Gott meinen, so sind sie sich doch *nicht gleich* nach Ursprung und Inhalt; ihre Tragweite und Bedeutsamkeit sind vielmehr höchst verschieden. Aber daß die eine Aussagenreihe die andere ausschlösse, ist ebenfalls nicht ersichtlich. „Während der philosophische Theismus die Denkmöglichkeit und Denknotwendigkeit Gottes erweisen will, hat die theologische Rede von Gott von der Einmaligkeit der geschichtlichen Kundgabe Gottes auszugehen" [34]: ja — und warum nicht das eine und das andre? Wenn dennoch oft aus der weitgehenden Verschiedenheit biblischer und philosophischer Gotteserkenntnis ein sich ausschließender Gegensatz konstruiert wird, so liegt dies bei den theologischen Kritikern des Theismus zumeist daran, daß der Theismus in einer von der hier zugrunde gelegten klassischen Gestalt abfallenden, defizienten Weise aufgefaßt wird oder/und exzessive Forderungen an seine christliche Funktion gestellt werden. Einige Möglichkeiten solcher Unterbietung und Überforderung sind nun zu diskutieren.

III. Mißdeutungen des Theismus und seiner theologischen Funktion

1. Der theistischen Metaphysik können nicht die Defizienzen der vor- oder nachchristlichen, etwa der *griechischen* Gottesauffassungen angelastet werden. Der „unbewegte Beweger" des Aristoteles ist weder Schöpfer noch überhaupt Wirkursache der Welt, sondern nur „wie das Geliebt-Ersehnte" Ziel ihres Werdens; er selbst hat kein Wissen um die Welt, noch ist er ihr gar in freier Liebe und Vorsehung zugeneigt: ein weniger als deistischer Gott. Für die Stoa ist das Göttliche die der Welt als ihr ewiges Gesetz eingestiftete, alles ordnende und lenkende Vernunft, deren Immanenz nicht Freiheit und Personalität zuläßt. Der Neuplatonismus schaltet zwischen das einfachhin „Eine", um es durch nichts zu mindern und zu trüben, eine Skala von Mittelwesen absteigender Vollkommenheit, denen schließlich das Werden der Welt zu verdanken ist; anderseits läßt er alle so entstehenden Wirklichkeitsbereiche aus dem höchsten Einen emanieren, ausfließen. Müßte der Gott der Philosophie derart gedacht werden, so wäre er nicht nur anders gesehen als der biblische Gott, sondern schlechthin etwas Anderes. Aber eben diese skizzierten Züge sind nicht theistisch, sondern deistisch oder pan(en)theistisch. Davon aber, wie auch von polytheistischem Religionswesen, haben wir den Theismus schon begrifflich abgesetzt [35]. Es handelt sich heute um jenen Theismus, wie er im christlichen Raum, in der europäischen Geistesgeschichte auftrat. Daß der „reine" Theismus tatsächlich — wie gerade seine Abhebung vom griechischen Denken erweist — unter dem Einfluß der jüdisch-christlichen Offenbarung entwickelt wurde, das spricht zumindest nicht gegen seine christliche Brauchbarkeit.

Ebensowenig wie die vorchristliche Antike können „nachchristliche" Denkentwicklungen für den Theismus maßgeblich sein, etwa der auf das empirisch-endliche Individuum zugeschnittene *moderne* Personbegriff, von dem aus, wie einst Strauss und Biedermann (s. S. 136), so heute K. Jaspers und E. Bloch im Gedanken vom personalen Gott eine Verdinglichung und Verendlichung des Absoluten sehen — sodaß, statt dem Theismus, „dem gegenwärtigen Atheismus letztlich ... die Absolutheit des Absoluten selbst" zu wahren anvertraut wäre [36]! Auch die auf den neuzeitlichen (Vulgär-) Rationalismus [37] zurückgehende Verdinglichung Gottes ist kein genügender Grund zu der abschätzigen Verallgemeinerung, der Begriff „Causa sui", übersetzt als „die ursprünglichste Sache", sei schlechthin „der metaphysische Begriff von Gott", „der sachgerechte Name für den Gott in der Philosophie" [38].

2. Ist der Gott des Theismus nicht eben nur theoretisch, für die Erklärung der Natur ein *Lückenbüßer* und praktisch, fürs menschliche Dasein ein *Bedürfniserfüller* [39]? Deus ex machina und — tiefenpsychologisch, für viele nur noch nicht demaskiert — deus ex desiderio? Postulat und Desiderat? Kurzum: Asylum ignorantiae. Und, viel schlimmer: „Alibi der verweigerten Liebe"? Denn ein solcher Gott, der zudem Welt und Mensch ein für allemal in fixe Gesetze eingezwängt hätte, würde zu „einer naiven Erwartungshaltung" auffordern: „weil die Natur des Menschen sich gleichbleibt — oder die da oben alles machen —, erträgt man und schweigt" [40]. Der theistische Gott wäre der Feind aller technischen Weltveränderung. Diese Auffassung setzt einen griechisch-platonischen Dualismus von Gott als Welt-Demiurgen und gleichewiger, von ihm zu formender Materie voraus. Nur dann trifft es zu, daß Gott vor und auch neben dem Menschen an der Welt tätig würde und daß, was er schon gestaltet hätte, dem Gestaltungswitz und der Gestaltungskraft des Menschen für immer entzogen wäre. Nur dann wäre Gott, in einem „partiellen Kompetenzenproporz" [41], der Konkurrent des Menschen, den er zum Geschehenlassen und Zuwarten verdammt. Solcher Dualismus, mit der Konsequenz des Quietismus, widerspricht schlankweg der theistischen Schöpfungsmetaphysik. Ihre psychologische Bedürfniserfüllungsversion sieht Gott nur als das Für-mich, gerade nicht als den Absolut-Transzendenten in seinem souverän freien Ansichsein, auf das hin sich das Fürmichsein Gottes, der andernfalls nicht Gott wäre, öffnet. Daß er sich um den ansichseienden Gott kümmere, wurde dem Theismus nun allerdings vielfach (siehe oben S. 136) vorgeworfen. Treibt man dem Theismus das aus, womit man ihn selber austreibt, dann, gerade dann verfällt Gott zum Lückenbüßer-Götzen. Man baut einen Götzen — und haut ihn.

3. Der Vorwurf des *Rationalismus*: Danach hat die theistische Gottesauffassung nur Begriffsschemata von bloßer Denkbarkeit zu bieten, „und ihr einziger Kontext", der ihnen etwelchen Sinn gibt, „ist die philosophische Prosa, in der sie geschaffen sind" [42]. Daraus wird gefolgert, die christliche Existenz bedürfe überhaupt keines intellektuellen Schemas, sondern nur der Spontaneität des Glaubens, Betens und der Nächstenliebe, wie ein Mechaniker, um ein Auto gut zu reparieren, auch nicht die Atomgewichte, Molekularstrukturen usw. zu kennen braucht [43]. Aus dem Beispiel selbst geht schon hervor, daß der Theologie mehr an geistiger Durchdringung der Wirklichkeit aufgetragen sein muß: wie denn auch der Mechaniker ohne die voraufgehende Arbeit des Physikers und Chemikers überhaupt nie ein Auto unter die Hand bekommen würde. Wie aber, wenn philo-

sophisches Denken über Gott zur Meinung führt, Gott voll und ganz begreifen, durchschauen, über ihn als, wenn auch höchsten, Vernunftgegenstand verfügen zu können? Würde es dann nicht mit ihm fertig sein, ihn hinter sich gebracht haben? Jedenfalls bliebe kein Raum für einen Gott der Offenbarung. Das typisch einlinig-rationalistische Scheinargument, daß es nur eine Wahrheit der einen Vernunft geben könne, würde abmauern gegen den Gott, der bleibendes Geheimnis, Macht freier Selbstmitteilung, die Liebe unbegreiflicher und unerhörter Herablassung zum Menschen ist. Ein solches Gott-Be*greifen* wäre tatsächlich ein im Grunde selber nihilistisches „Sich-Anklammern an eine Scheingröße" [44]. Das Nein zu „positiver", nicht von vornherein ableitbarer und durchschaubarer Religion ist ja charakteristisch für die Aufklärung, und auch wohlmeinenden Rationalisten wie Leibniz fiel es schwer, gegenüber den „vérités de raison" auch die „vérités de faits" zur Geltung, gar zu fundamentaler Geltung zu bringen. Rationalismus ist eine bleibende Versuchung des philosophischen Ausgriffs nach dem letzten Grund. Eine Gefahr, wie sie alle großen Möglichkeiten des Menschen, zur Wahrung der immanenten Grenzen mahnend, begleitet. Aber das heißt nicht, daß „die Metaphysik ... als solche der eigentliche Nihilismus ist" [45], weil nach einem mehr als zweitausendjährigen Geschick des metaphysischen Denkens das moderne autonome Subjekt Mensch die Wirklichkeit nicht mehr empfangend, bewahrend, dankend hinnehmen *kann*, sondern sich ihrer und schließlich auch des Gottes als Objekts und Materials bemächtigen *muß*, womit — in Nietzsches *Wille zur Macht* — das „Ende der Metaphysik" heraufgekommen sei.

Dennoch scheint die Denkgeschichte die traditionelle scholastische Metaphysik des *Objektivismus*, der „Vergegenständlichung Gottes" [46] zu überführen. Aber gerade die klassische Ausprägung theistischer Metaphysik bei Thomas von Aquin weiß: daß „wir von Gott nicht wissen können, was er ist, sondern nur, was er nicht ist" [47]; daß Gottes eigenste Wirklichkeit sich dem Erkenntniszugriff des Menschen entzieht, auf die hin wir nur unter der verhüllenden Gebrochenheit doppelter, von der Welt unterscheidender Negation (Gott = nicht-endlich, nichtzeitlich usw.) zu denken vermögen. Statt dem Begreifen — ein Berühren. Zwar ist dieses programmatisch ausgesprochene wissende Nichtwissen (Sokrates, Nikolaus von Kues) bei Thomas verschränkt mit einer jugendlichen Lust des Begreifens, einer Begriffsfreudigkeit, die bei seinen Schülern seither oftmals die Oberhand gewann [48]: es ist doch ein Zeugnis negativer Theologie [49] oder negativer Philosophie, die in den mystischen Strömungen der christlichen Überlieferung, etwa bei Meister Eckhart, und nun ebenfalls wohl nicht ohne Einseitigkeiten, zu vollem Leben aufbricht [50]. Vor allem jedoch: Bei der vorwiegend kosmologisch, an den Welt-Objekten orientierten Grundeinstellung des Mittelalters stehen zu bleiben, würde heute mit Recht als dinghaft objektivistische, dem modernen Bewußtsein nicht mehr entsprechende Geisteshaltung disqualifiziert. Das philosophische Denken im christlichen Raum hat sich seit Jahrzehnten mit den Methoden der Philosophie der Neuzeit und Gegenwart auseinandergesetzt und sie sich anzueignen wenigstens begonnen in einem phänomenologisch fundierten, transzendental argumentierenden, personaldialogisch (intersubjektiv) orientierten Denken, das sich in den Erfahrungsraum von Geschichte und Gesellschaft einläßt. Die verschiedenen neuen Wege führen von den existenziellen Grunderfahrungen, der „Lebenswirklichkeit" des Menschen zu, sagen wir es ruhig, dem selben alten Ziel: einer Erkenntnis des transzendent-immanenten Sinn-Ziel-Grundes „Gott" von Welt und Mensch, die „kein bloßes Wort- und Begriffsgefüge" ist [51].

Nur zu registrieren sind in diesem Zusammenhang noch Verwechslungen der Erkenntnis- und Seinsordnung bzw. von Wissenschaft und Leben, wonach durch den Theismus „die unbegreifliche Vollmacht des göttlichen Handelns von einer Einsicht in das Wesen des Seienden abhängig gemacht wird" oder die „reflektierende Hinterfragung" im theistischen System die Spontaneität des von Wort und Tat des Schöpfers erfüllten Augenblicks vernichtet [52].

4. Ein Parallelphänomen zur rationalistischen Fehlform ist das Mißverständnis des Theismus als *Ideologie*, als „*der* christlichen Weltanschauung". Ein Christentumsrelikt, das in unverbindlich allgemeine, westlich-bürgerliche, eigentlich schon nachchristliche Weltanschauung aufgelöst ist. Gehalte des christlichen Glaubens existieren darin noch eine Zeitlang weiter, aber in einer verhängnisvollen, vielleicht nicht auf den ersten Blick bemerkbaren Entfremdung. Gott ist „zur letzten Norm einer gesellschaftlich verfestigten Wirklichkeitsschau", „zum höchsten ‚Funktionär' derer geworden, die ihn zu glauben wähnen, während sie sich nur in überlieferten Formen zu sichern trachten" [53]: ein ideologischer Sanktionsbegriff. (Man denke an die Funktion von „Gottgläubigkeit" und „Vorsehung" im Nationalsozialismus.) Gegen die weltanschauliche Nivellierung des Christentums als „Platonismus fürs Volk" richtete sich Nietzsches „Destruktion des christlichen Bewußtseins" [54]. Auch der marxistische Atheismus dürfte weithin als Anti-Ideologie gegen die bürgerlich-christliche Ideologie des 19. Jahrhunderts zu verstehen sein. Ob allerdings die an den Abbau des Theismus geknüpfte Hoffnung sich erfüllt, daß die marxistische Seite die schroffe Propagierung des Atheismus als nicht mehr angebracht erachtet [55]? Unsere eigene Bestimmung der positiven christlichen Funktion des Theismus wird den Abstand von allem ideologischen soziopolitischen Mißbrauch deutlich machen.

5. Auch *Heilswissen* und damit Religionsersatz kann der Theismus nicht zu sein beanspruchen. Über die Erlösung des Menschen und das endgültige Schicksal der Welt, in Sachen Soteriologie und Eschatologie also, vermag er nichts auszumachen. Deshalb aber ist er auch nicht „das theistische Gefängnis" und nicht eine „gefährliche Konstruktion", „die den Satz ‚Ich glaube, daß mich Gott geschaffen hat samt allen Kreaturen' heimlich untergräbt" [56]. Gewiß, der Theismus als Philosophie kann nur etwas sagen über die Existenz und in etwa über das Wesen und schöpferische Grundwirken Gottes, nicht aber darüber, wie er sich konkret verhält gegenüber dem konkret handelnden Menschen. Darüber vermag allein Gott selber Auskunft zu geben, und er tut dies durch sein Wort, das Jesus Christus ist. Jedoch nur mit allzu subtiler Unterscheidung läßt sich daraus folgern: „Nicht die Persönlichkeit Gottes wird durch die biblische Botschaft bezeugt, wohl aber der personal begegnende Gott"; und daß der Begriff der Personalität, weil er das Wichtigste, nämlich das Handeln Gottes, nicht im Blick habe, für die christliche Verkündigung entbehrlich sei [57]. Das freie, liebende Handeln*können*, das in seinem wirklichen Handeln einbeschlossen ist, macht Gottes Personalität aus! Funktionale Analogie zwischen menschlichem und göttlichem Handeln setzt strukturelle Analogie voraus. Nicht zwar der philosophische Theismus für sich, aber durchaus „der metaphysisch strukturierte, theistisch fundierte Gottes*glaube*" stellt den Menschen vor „ein wirklich an-sprechendes, zur Umkehr forderndes, ein beglaubigtes, vollmächtiges Gegenüber" [58]!

6. Damit ist die Funktion des Theismus innerhalb des christlichen Glaubens berührt, und hierzu ist eine letzte negative Differenzierung angesichts einer

landläufigen Überforderung der theistischen Metaphysik notwendig. Oft ist die
Rede von Glaubens*begründung* durch Glaubwürdigkeitsgründe (die „praeambula
fidei") für die christliche Offenbarung: das mag recht zu verstehen sein, aber es
klingt schon sehr mißverständlich. Denn ein *inneres Fundament* des Glaubens im
eigentlichen Sinn können durch „natürlichen" Vernunftgebrauch und empirische
Beobachtung erlangte philosophische und historische Erkenntnisse unseres Erach-
tens *nicht* sein. Dies würde den übernatürlichen Charakter, das Von-Gott-Sein
des Glaubens an den Gott Jesu Christi aufheben. Damit ist die theistische Gotteserkenntnis nun auch nicht mehr als vom Menschen zu erschwingende Vorleistung
für die Begegnung mit dem einzig Heil schaffenden Gott der Offenbarung zu
verstehen und — abzulehnen; und sie ist wohl auch nicht eine Disposition, die
unbedingt und in jedem Fall in einem zeitlichen Voraus zum Gläubigwerden vor-
handen sein muß. Was — ist sie dann?

IV. Der Theismus im christlichen Glaubensbewußtsein

Was kann noch und muß etwa gar, nach all den vorgenommenen abwehrenden
Differenzierungen zugunsten des rechten Verständnisses von Theismus, dessen
positive Funktion in Glaubensgeschehen und Theologie des Christentums sein?
Immerhin haben unsere negativen Abgrenzungen doch auch schon ein positives
Bedeutungsfeld umkreist. Es geht, nach einer Formel von H. Gollwitzer [59], um
„die theistische Außenform des christlichen Glaubens".

1. Inbezug auf *Sprachform wie Sachgehalt der Offenbarung* müßte man
die theistische Gotteserkenntnis zunächst wohl eher als Grundstock oder Grund-
gerüst bezeichnen, die aber noch ungefüllt, leer und insofern äußerlich sind. Die
Bibel ist, jedenfalls in den späteren alttestamentlichen Schriften und im ganzen
Neuen Testament, „theistisch, wenn Worte noch irgendeinen Sinn haben, sie ist es
sogar in einem unerhört gesteigerten Maße". „Deshalb ist die theistische Redeweise
als Ausdrucksweise des christlichen Glaubens nicht überholbar durch eine andere,
sondern auch in der Interpretation nur wiederholbar — und darum gibt es *nicht*
eine christliche Position jenseits von Theismus und Atheismus, obwohl der christliche Glaube seine Einordnung unter die theistischen Weltanschauungen als unangemessen bezeichnen muß." [60] (Daß die Klassifizierung des christlichen *Glaubens*
als ein Sonderfall von Theismus unangemessen [61] ist, steht außer Frage; das ist
jedoch nicht unser Problem.) Die Bindung des christlichen Denkens an den Theismus als Ausdrucksform ist deshalb unlösbar, weil wie die Sprache der Bibel, so
die in ihr sich ausdrückende „*Sache*" die vom Theismus entworfene und beinhaltete
Erkenntnis zwar steigert und übersteigt, aber zugleich in deren Grundzügen aufnimmt und einbehält. Der Theismus mag in der Offenbarungsbotschaft oftmals
mehr vorausgesetzt als ausgesprochen sein: er durchzieht doch deutlich genug das
Bekenntnis des einen und einzigen Gottes, der keine fremden Götter neben sich
hat, des allmächtigen und allwissenden Herrn, der alles geschaffen hat und der
die Herzen der Menschen durchschaut, der im unzugänglichen Licht seiner weltüberlegenen Transzendenz thront und zugleich die Vorsehungsmacht über allem
Weltgeschehen ist, der allein gut und vollkommen genannt werden kann und der
allein dem Menschen ein Schicksal ewiger Vollendung zu bereiten vermag... Der

in all dem investierte Theismus ist kein Privileg der Bibel. Die Bibel assimiliert und interpretiert ihn, indem sie ihn in das existentielle Bezugsfeld von Sünde und Gericht, Gnade und Heil stellt und ihm so die gefüllte Dichte, die Sinnspitze und Stoßkraft letzter Bedeutung und Entscheidung gibt. Aber eben: sie interpretiert den *Theismus*, nicht den A-Theismus. Und das sagt mehr als eine bloße „*Ähnlichkeit* zwischen dem philosophischen Theismus und dem theologischen Bekenntnis zu Gott" [62]. Die theistischen Strukturen sind nicht „ein unaufgebbares *Ferment* des christlichen Credo" [63] (das ist allein das Evangelium vom Gott der gekreuzigten Liebe), nicht treibende Hefe — aber doch ein Stück Rohmasse (oder, streckenweise, auch nur Hohlform). Sie gehören dazu, mit ursprünglichem Heimatrecht; sie sind nicht nur von außen, wie Pontius Pilatus, ins Credo hineingekommen. Deshalb ist das Wissen um den Gott, der aus einer absoluten Transzendenz und somit unendlich freien Souveränität sich zum Menschen verhält, nicht nur ein regional-epochal bedingtes monotheistisches Sprachspiel, dem, je für sich gleich berechtigt und gültig, eine polytheistische Vorstellungsweise voraufging und etwa eine nach(mono)theistische folgen wird [64].

2. Dient der Theismus der *Verantwortung des Glaubens?* Soeben standen Vokabular und Begriffsinstrumentarium sowie — und zwar vor allem — die inhaltlichen Ergebnisse der theistischen Metaphysik in ihren wesentlichsten Grundzügen zur Debatte. Die weitere Frage ist: ob auch und gerade der Prozeß durchgängiger vernünftiger Begründung, der dem Theismus erst philosophischen Rang verleiht, ob der methodische „Weg von unten" (welche Route er immer einschlagen mag), auf dem die theistischen Erkenntnisse erreicht und eingesehen werden, eine unaufgebbare Funktion für das christliche Glauben hat. Die Frage zielt auf das Grundproblem des Verhältnisses von Glauben und Wissen. Setzt der Glaube an die Offenbarung ein Wissen um ihre Glaubwürdigkeit voraus? Die Meinungen hierüber gehen auch innerhalb der katholischen Theologie erstaunlich weit auseinander. Sie hier auszudiskutieren ist unmöglich; möglich ist nur, anzusagen, was uns gemäßer scheint. Wir meinen, der Glaube setzt Wissen voraus — wie, nach alter Lehre, die Gnade die Natur voraussetzt. Und zwar vor allem im ursprünglichen Wortsinn von „voraus*setzen*". Wie die Gnade oder, biblischer gesprochen, der Bund Gottes mit dem Menschen die Natur, die geschöpfliche Welt ‚voraussetzt, indem sie diese sich voraus*setzt*, so der Glaube das Wissen (und auf der wissenschaftlichen Reflexionsebene die Theologie die Philosophie). Gnade und Glauben schaffen sich selber die notwendigen Bedingungen ihrer freien Annahme durch den Menschen. Sie können als souverän freies Angebot Gottes nur erfaßt und ergriffen werden, wenn sie das Andere ihrer selbst, den Menschen und seine freie Vernunft, sein und wirken lassen, wie es diesem und ihnen selber einzig gemäß ist: auf vernünftig-freie Weise. Das freie Wort Gottes will die freie Antwort des Menschen — muß sie wollen. Glauben braucht Wissen, und deshalb ermöglicht und ermächtigt Glauben, um seiner selbst willen, den freien Vernunftgebrauch des Menschen in kritisch prüfendem und schlüssig begründendem Wissen (dabei wird es sich zumeist um Konvergenzschlüsse handeln). Das Wissen, wir sagten es schon, fungiert im menschlichen Gesamtgeschehen, das christliches Glauben heißt, nicht als eigentliches Fundament, auf dem der Glaube in innerer Abhängigkeit davon aufruht; sondern als Außenbastion, absicherndes Stützwerk, Vorfeld und Ausstrahlung der glaubenden Herzmitte des Menschen, die wie alle weiteren Bereiche des Menschseins so zumal die ratio des Menschen angeht. Deren

Natur aber ist es, kritisch zu prüfen und nur auf zureichende Gründe hin ihre Zustimmung zu geben. Sie muß ihre Gründe suchen und soll sie finden. Weil der *eine* Mensch *ganz* glauben soll, muß auch alles und jedes, was zu ihm gehört, sein Teil dabei abbekommen. Und für den Verstand heißt sein Teil nun einmal: Einsicht, kritisch ausgewiesen, ins Einsehbare. Bedeutet das nun, jeder Glaubende müsse ein zünftiger Philosoph sein? Es gibt auch ein Wissen vorwissenschaftlicher Art um die „praeambula fidei", das in nicht oder kaum reflektierten Grundüberzeugungen besteht, die aus der Erfahrung des Lebens erwuchsen, und das kann durchaus genügen; es dürfte bei den allermeisten Menschen der, soweit es auf Wissen ankommt, entscheidende Glaubens„grund" sein [65]. Für den Theologen allerdings ist auch die Anstrengung des wissenschaftlichen Begriffs, in einer anständigen und brauchbaren Philosophie, unerläßlich. Und ein gewisses Maß rationaler Reflexion wird vermutlich für den mündigen Christen überhaupt mehr und mehr notwendig. Es mag so sein: „Erst im Vollzug der Antwort des Glaubens geht der Atheismus unter" [66] — aber mit dem Glauben, als notwendiges Außenmoment seiner vernünftig-freien Annahme, geht der Theismus auf. Das schließt nicht aus, daß theistisches Denken im Noch-nicht-Glaubenden auch ein Weg zur Annahme des Glaubens sein kann. Wie oft oder wie selten das zutrifft: wer weiß es?

Schon das Neue Testament wie auch die Weisheitsliteratur des Alten haben manches aus der Philosophie der Umwelt aufgenommen [67]. Das christliche Denken wurde in den ersten Jahrhunderten stark hellenisiert. Das hat *auch* Fehlentwicklungen veranlaßt. Aber war das Eingehen in die Geistigkeit der Zeit nicht dennoch Werk der Welt-Inkarnation der Kirche, Phase ihres geistigen Lebens und Werdens, das getrieben wird vom Heiligen Geiste? Auch heute darf und muß sich christliches Denken auf die Philosophien unserer Zeit einlassen. Wenn das neue Wissen aus der Freiheit der Glaubensbotschaft erwachsen und die Offenbarung der Liebe Gottes im gekreuzigt-auferstandenen Herrn Jesus Christus bezeugen soll, dann muß es ja wohl ein Wissen sein von absoluter Transzendenz über allem Weltsein und zugleich von innerlich heimlichster Immanenz in Welt und allem, was zu ihr gehört, von Unendlichkeit und Unbegreiflichkeit der personalen Freiheit des Schöpfers und Herrn, von Licht, das den Menschen blenden und verblenden kann, als ob es die Nacht des Nichts wäre, und von abgründigem Geheimnis, in das hinein alles aussteht.

3. Vielleicht müßte mehr darüber gesagt werden, wie etwa für den Atheisten guten Willens das Nichts „Schleier des Seins", unentzifferte Chiffre Gottes zu werden vermag. Hinter dem Bekenntnis des Mundes und Kopfes zu Nihilismus und Atheismus könnte — in aller Anonymität — kraft des ewigen Heilswillens Gottes für alle Menschen ein Ja des Herzens und des gelebten Lebens zu dem Gott des Heiles stehen, der der Gott Jesu Christi ist. Auch unter den von den verschiedenen humanistischen Atheismen verabsolutierten Ersatzformen des Absoluten kann der eine allein absolute Gott den Menschen anrühren [68]. Insofern kann Atheismus eine, wenn auch in ihrer Unnennbarkeit kaum zu fassende, „christliche Möglichkeit" sein. Auch vom Glauben des Christen her, gleichsam in umgekehrter Richtung, kann gefragt werden: Steht er nicht in einer Ungesichertheit, Angefochtenheit, Dunkelheit, die wir nicht aus eigenem Wollen einfach beseitigen können? Ist er nicht dem über ihn verfügenden Zugriff des Menschen entzogen in die Freiheit Gottes hinein, der allein das Näher oder Ferner seines Nahekommens bemißt, sodaß es leichter oder schwerer und unter Umständen sehr

schwer sein kann für den Einzelnen in seiner konkreten Situation, zum Glauben zu kommen oder an ihm festzuhalten? Sodaß der Rückfall in Unglauben eine Möglichkeit des christlichen Glaubens selber ist [69]? Gerade die Botschaft von dem so zu glaubenden Gott hat alle anderen, leichteren Wege, die der Mensch suchen und gehen könnte, abgeschafft: sie führen aus sich nicht mehr zum Ziele. Philosophischer Theismus ist kein Heilsweg. Der Weg des Evangeliums aber ist „schmal" (Mt 7, 14). Auch insofern ist Atheismus eine „christliche Möglichkeit". Die Radikalität seiner modernen Erscheinungsformen ist die Kehrseite der Unerbittlichkeit und Ausschließlichkeit der christlichen Glaubensforderung. Die beiden skizzierten Möglichkeiten des Umschlags von Glauben und Unglauben (oder, auf deren theoretische Strukturen hin gesehen: von Theismus und Atheismus) lassen sich in etwa auf die Formel bringen: Da — oder richtiger: insofern — der Atheismus „die Verneinung eines falsch verstandenen Gottes ist, ist er in concreto nicht ein Irrtum, sondern eine Wahrheit; und da (bzw. insofern) anderseits der Theimus die Bejahung eines falsch verstandenen Gottes ist, ist er in concreto nicht Wahrheit, sondern Irrtum" [70]. Der Atheismus hat schließlich eine kritische, therapeutische Funktion gegenüber Verflachungen, Verkürzungen, Verfälschungen des christlichen Glaubensverständnisses; der theistischen „Physiologie" des menschlichen Gottbezugs entspricht der Atheismus als „Pathologie". Die oben vorgenommenen Differenzierungen im Verständnis von Theismus waren insgesamt Beispiele dafür. Aber eine Funktion des *Anstoßes* zur Rückbesinnung nur, so scheint uns gegen Übertreibungen dieser positiven Möglichkeit der atheistischen Negation zu sagen — wie eben Irrtum eine Herausforderung zur reineren und volleren Wahrheit sein kann. Das Christentum seinerseits — das ist eine Konsequenz dieses Beitrags — erfüllt seine Aufgabe gegnüber dem Atheismus nicht durch Kapitulation, auch und gerade dann nicht, wenn diese, als Atheismus-in-Gänsefüßchen [71], nur verbal ist.

4. Sehen wir ab von den zuletzt anvisierten Varianten und Perspektiven eines „christlichen" Atheismus, so lassen sich unsere Erörterungen des zunächst von seinen geistesgeschichtlichen Hintergründen her verdeutlichten Hauptproblems des heutigen „a-theistischen" Christentums etwa so *zusammenfassen:* Die modische theologische Proklamation vom Tode Gottes versteht sich zumeist als — insofern a-theistische — Absage an den Gott des metaphysischen Theismus im Namen des Gottes der christlichen Offenbarung. Die metaphysisch-theistische und die biblische Gotteserkenntnis sind tatsächlich tief verschieden nach Erkenntniszugang und Sichtweise, Gottes„bild" und Heilsbedeutsamkeit; sie meinen zwar *denselben* Gott, besagen aber keineswegs *das Gleiche*. Diese Verschiedenheit wird dadurch zu Widersprüchlichkeit verschärft und verfälscht, daß der „Theismus" vielfach umgedeutet wird: im Sinne griechischer oder moderner Philosopheme, als antitechnische Lückenbüßer-Theorie, als rationalistische Bemächtigung Gottes, weltanschauliche Ideologie oder Heilswissen (und beidesmal als Glaubensersatz), schließlich als eigentliches Glaubensfundament. Dem Theismus der großen christlichen Überlieferung jedoch kommt eine im wesentlichen unablösbare Funktion als theologisches wie auch schon vorwissenschaftlich-religiöses Ausdrucksfeld des christlichen Glaubens zu; darüber hinaus scheint durch den Theismus jener Außenraum des Wissens eröffnet, den sich im kritisch reflektierenden Menschen der Glaube selbst unabdingbar voraussetzt. — Nur der gelassene Wider-Stand gegen übers Ziel hinausschießende anti-theistische Aggressionen läßt deren berechtigte Intention ins Ziel gelangen.

Anmerkungen

1 D. Sölle, Gibt es ein atheistisches Christentum? in: Merkur 23 (1969) 33—44; Zitat 41.
   — Auch schon J. Cardonnel OP (Gott in Zukunft. München 1969; französisch: Dieu
   est mort en Jésus-Christ, 1968) prädiziert von Jesus: „Er erschien als der radikale
   A-theist" — denn er „bricht mit allen unseren Vorstellungen von Gott" (31)! Dieser
   A-theismus ist Gegenstand der vorliegenden Seiten. C. weiter: „Ich glaube nicht an
   Gott: Gott? kenne ich nicht. Ich kenne nur den Vater unseres Herrn..." (136).
   „Auch ich bin Atheist [!]: der Gottesbegriff nützt [!] mir gar nichts" (161)
2 Ebd. 41
3 Vgl. hierüber: W. Kern, Atheismus — Christentum — emanzipierte Gesellschaft, in:
   Zeitschrift f. Kath. Theologie 91 (1969) 289—321; oder: Christliche Genealogie des
   modernen Atheismus?, hier S. 22—30
4 Deutsche Ausgabe: Berlin 1958
5 Deutsch unter dem Titel: „... daß Gott tot sei. Versuch eines christlichen Atheismus".
   Zürich 1968; amerikanische Ausgabe 1966
6 New York 1968. — Schon der Barockdichter B. H. Brockes weiß um „die gläubigen
   Atheisten" (Irdisches Vergnügen in Gott, ed. Zürich 1746, Bd. III, 271); L. Feuerbach, um 1843: „Auch wir Ungläubigen glauben" (WW, II [²1959] 386); Max Stirner 1845: „Unsere Atheisten sind fromme Leute" (Der Einzige und sein Eigentum.
   Leipzig 1928, 164); und K. Joel schrieb eine ganze versöhnliche Studie: „Der Glaube
   des Atheisten" (in: Antibarbarus. Vorträge und Aufsätze. Jena 1914, 174—191).
   Wie sehr der Marxismus sich religiös-christliches Erbgut (messianisches Bewußtsein,
   Erlösung, Endzeit und Vollendung, Schriftkanon, Kult...) einverleibte, das z. B. bei
   E. Bloch fröhliche Urständ feiert, wurde oft erörtert. Auch mancher andere Atheismus ist mehr oder weniger offenkundig Religion oder Religionsersatz. Aber uns geht
   es hier nicht um den „Glauben" des Atheisten, sondern um den „Atheismus" des
   (Christlich-)Gläubigen.
7 Olten 1968
8 In der Vorrede zu The True Intellectuel System of the Universe. London 1678. Vgl.
   zum Theismus: J. Klein, in: Religion in Geschichte und Gegenwart, Bd. ³VI, Sp. 733
   bis 738
9 Vom Sprachgebrauch her und auch für unseren Kontext ist (gegen W. Holsten in
   RGG, Bd. ³VI, Sp. 733) dieser engere Theismus-Begriff einem weiteren vorzuziehen,
   wonach Theismus der Oberbegriff wäre für Mono-, Poly- und Pantheismus.
10 Vgl. dazu K. Barth, Die kirchliche Dogmatik III/1. Zürich 1945, 446—476. Oder
   ausführlicher: W. Philipp, Das Werden der Aufklärung in theologiegeschichtlicher
   Sicht. Göttingen 1957
11 Kritik der reinen Vernunft B (1787) 659—662
12 WW III 131
13 WW III 250
14 I. H. Fichte, Über den gegenwärtigen Standpunkt der Philosophie. Tübingen 1843, 28
15 Die theistische Weltansicht und ihre Berechtigung. Leipzig 1873, IX
16 A. E. Biedermann, Christliche Dogmatik, Bd. II, Berlin 1885, 538. Ebenso D. F.
   Strauss, Die christliche Glaubenslehre, Bd. I. Tübingen - Stuttgart 1840, 504 f; Strauss
   meint dann aber doch (524), Gott sei als „Allpersönlichkeit" zu denken, im Unterschied zur menschlichen „Einzelpersönlichkeit"; und Biedermann läßt wenigstens die
   Personvorstellung für Gott zu (ebd. Bd. I; ⁸1869, 645 f)
17 Welchen Sinn hat es, von Gott zu reden? (1925), in: Glauben und Verstehen I, Tübingen ⁶1966, 26—37; die Zitate 29, 32 (mit W. Herrmann), 36. Sehr kritisch zu Bultmann, Tillich u. a.: K. Bockmühl, Atheismus in der Christenheit. Wuppertal 1969
18 Widerstand und Ergebung. München ¹²1964, 233, vgl. 239. Vgl. darüber G. Ebeling,
   Wort und Glaube. Tübingen ³1967, 90—160

19 Der Mut zum Sein. Stuttgart 1953, 131—137; englisch 1952

20 Daß es sich in der Bibel um mehr als nur eben „personalistische Stellen" (ebd. 132) handelt, auf die sich der Theismus beruft, kommt in der etwas späteren Schrift „Biblische Religion und die Frage nach dem Sein" (Stuttgart 1956) besser zum Ausdruck.

21 Der Mut zum Sein 137

22 Ebd. 134

23 Die Problematik einer Theologie des Neuen Testaments, in: 2. Beiheft zur Zeitschrift f. Theol. und Kirche, September 1961, 3—18; auch in: Gesammelte Studien zum NT und seiner Umwelt. Tübingen ²1967, 324—341. Die Zitate hierfür 338 ff und 322

24 Ebd. 341. Dieser Satz wird oft aus dem Kontext gerissen und gepreßt im Sinne eines bloßen feuerbachschen Humanismus.

25 Stuttgart - Berlin 1965, ⁵1968

26 Atheistisch... (s. Anm. 27) 13

27 Titelaufsatz in „Atheistisch..." (ohne Fragezeichen!). Olten - Freiburg 1968, ²1969, 77—96

28 Atheistisch..., 72, aus dem Aufsatz „Theologie nach dem Tod Gottes" (1964) 52—76. Hier programmiert Sölle „die Versöhnung der religiösen theistischen Position ‚Gott ist' (die nach der Aufklärung nicht mehr möglich ist) und der religiös-atheistischen Position ‚Gott ist tot' in der spekulativ-geschichtlichen: Gott wird" (57). Dabei wird der Einfluß Hegels besonders deutlich.

29 In: Merkur 23 (1969) 33—44; dazu: H. Mynarek, in: Wort und Wahrheit 24 (1969) 456—470. Dieser neue Aufsatz Sölles scheint nun allerdings leider den theologischen A-Theismus, wie wir ihn bisher verstanden, zu einem bloß humanistischen Atheismus feuerbachscher und blochscher Art zu radikalisieren, wenn für Sölle Gott nur mehr das ist, was durch unsere Liebe und in ihr sich ereignet, von ihr geschaffen wird.

30 S. Anm. 5. Über die „Gott-ist-tot"-Theologie allgemein: J. Bishop, Die..., Düsseldorf 1968; S. M. Daecke, Der Mythos vom Tod Gottes. Hamburg 1969

31 Vgl. besonders: P. Holmer, Theismus und Atheismus — Gedanken zu einem akademischen Vorurteil, in: Lutherische Rundschau 16 (1966) 21—37; M. Honecker, Gibt es eine nach-theistische Theologie?, in: Pastoraltheologie 57 (1968) 152—169; W. Dantine, Atheismus und christliche Theologie, in: E. Kellner, Christentum und Marxismus — heute. Wien usw. 1966, 68—74; ders., Der Tod Gottes und das Bekenntnis zum Schöpfer, in: B. Bosniak u. a., Marxistisches und christliches Weltverständnis. Freiburg usw. 1966, 65—136

32 W. Kasper, Unsere Gottesbeziehung angesichts der sich wandelnden Gottesvorstellung, in: Catholica 20 (1966) 245—263; F. P. Fiorenza, Die Abwesenheit Gottes als ein theologisches Problem, in: Ch. Hörgl — F. Rauh, Grenzfragen des Glaubens. Einsiedeln 1967, 423—451; R. Panikkar, Metatheologie oder metakritische Theologie als Fundamentaltheologie, in: Concilium 5 (1969) 435—441. In etwa auch G. Girardi, L'ateismo, processo al teismo?, in: Il problema dell'ateismo. Brescia 1962, 160—170; J. Möller, Gibt es eine atheistische Theologie?, in: L. Klein, Der moderne Atheismus. München 1970, 73—84

33 Die Existenz Gottes im Bekenntnis des Glaubens. München 1963, ⁵1968; Von der Stellvertretung Gottes. München 1967, ²1968, zu Sölle. — H. Symnowski, bzw. H. W. Bartsch (Hg.), Post Bultmann locutum, 2 Hefte. Hamburg 1965/66: Diskussion Gollwitzer — Braun! H. Braun, Gottes Existenz und meine Geschichtlichkeit im NT. Eine Antwort an H. Gollwitzer, in: Zeit und Geschichte. Dankesgabe an R. Bultmann. Tübingen 1964, 399—421. — Vgl. zu Sölle auch: O. Reidinger, Gottes Tod und Hegels Auferstehung. Berlin - Hamburg 1969; E. Kunz, „Gott" im nachtheistischen Zeitalter, in: Theol. und Philos. 44 (1969) 531—553; jetzt auch in: Christentum ohne Gott? Frankfurt a. M. 1971, 101—151

34 Honecker (s. Anm. 31) 164

35 Deshalb kann man nicht wie Dantine (Der Tod Gottes... [Anm. 31] 120) sagen, daß alle Religionen außer der jüdisch-christlichen „auf einem polytheistisch-pantheistischen Untergrund ruhen und daher die theistische Wurzel überall wirksam wurde". Und Fiorenza (Anm. 32), von dem die Herausgeber (11) sagen, er habe „die Legalität eines christlichen ‚A-Theismus‘ nachgewiesen", versteht unter diesem nichts anderes als die anti-pantheistische „Ablehnung, daß die Welt Gott ist" (445).

36 Kasper (Anm. 32) 253

37 Vgl. z. B. Ch. Wolff, Vernünftige Gedanken von Gott..., Bd. I, Halle 1725, §§ 928 f: „das notwendige Ding".

38 M. Heidegger, Identität und Differenz. Pfullingen 1957, 57, 70. Vgl. dazu: B. Casper, Der Gottesbegriff „ens causa sui", in: Philos. Jahrb. 70 (1969) 315—331

39 Sölle (Anm. 1) 36—39

40 Sölle, ebd. 39 ff. Ähnlich Dantine (Der Tod Gottes... [Anm. 31]): „Der Tod des theistischen Gottes erlöst von dem Zwang, an irgendeiner Stelle der Kosmogenese eine Lücke für ‚Gott‘ zu lassen" (131); „Die unbedingte Selbstverantwortlichkeit des Menschen in bezug auf seine Weltgestaltung unter Einschluß seines Handelns in und an der Gesellschaft ist durch die Verneinung jedes Theismus voll in Kraft gesetzt" (135), u. ö. — Daß nach Aufweis der abendländisch-christlichen Geschichte diese Vorwürfe nicht schlechthin von der Hand zu weisen sind, ist durchaus einzuräumen.

41 Dantine, ebd. 133[96]

42 Holmer (Anm. 31) 30. Holmers „These" (31) lautet: „daß es weder darauf ankommt, den Theismus zu bejahen, noch darauf, ihn zu verneinen. Philosophisch ist das ein müßiges Geschäft, religiös ist es ganz einfach trivial."

43 Holmer, ebd. 33

44 Dantine (Der Tod Gottes... [Anm. 31]) 104

45 M. Heidegger, Nietzsche, Bd. 2, Pfullingen 1961, 350; auch z. B. Identität und Differenz. Pfullingen ²1957, 70. Vgl. Kasper (Anm. 32) 253. — Zur Auseinandersetzung hiermit: M. Müller, Existenzphilosophie im geistigen Leben der Gegenwart. Heidelberg ³1964, 184—259 („Ende der Metaphysik?")

46 Dantine (Atheismus... [Anm. 31]) 70

47 Summa theologica, I q. 3, Einleitung

48 Da ist dann u. U. das Trotzdem-Gelten des Mottos einer „Theologia naturalis" (von W. Brugger. Freiburg ²1964) „Ecce Deus magnus vincens scientiam nostram" (Ijob 36, 26 Vulgata) nur zu erfassen bei wirklichem Durchdringen durch die folgenden gut 400 Seiten, die sehr vieles von Gott wissen.

49 Von ihr meint denn auch L. Feuerbach, sie sei „ein subtiler, verschlagener Atheismus" (WW, Bd. VI [²1960] 18 f); und K. Barth versetzt umgekehrt den Atheismus in die Nähe der Mystik (Die kirchliche Dogmatik, Bd. VI/2 [²1939] 350—356). Die Annäherung des Atheismus an negative Theologie oder Mystik bleibt oft ziemlich vordergründig-schief: Man vergleicht Wortresultate; die zu ihnen führenden Denkprozesse jedoch sind toto coelo verschieden — oder bleiben doch auf verschiedenen Stufen ihres Weges stehen. Die Kleine Theresia allerdings hat gegen Ende ihres Lebens bekannt, sie verstehe nun, daß es Atheisten gebe. Die Erfahrung der nichtigen, sündigen Geschöpflichkeit vor dem Schweigen Gottes ist nur durch einen sehr schmalen (und — unendlich tiefen) Abgrund getrennt von der Verzweiflung des Nihilismus.

50 Hierzu: B. Welte, Antworten der Hochscholastik, in: H. J. Schultz, Wer ist das eigentlich — Gott?. München 1969, 145—152. Vgl. auch J. Pieper, Unaustrinkbares Licht. Das negative Element in der Weltansicht des Thomas von Aquin. München ²1963; 1. Aufl. unter dem Titel Philosophia negativa. München 1953

51 Honecker (Anm. 31) 168. Ein durchgeführter Entwurf solcher Gotteserkenntnis: K. Riesenhuber, Existenzerfahrung und Religion. Mainz 1968

52 Dantine (Der Tod Gottes... [Anm. 31]) 126 bzw. 90

53 Dantine, ebd. 107

54 Vgl. E. Biser, „Gott ist tot". Nietzsches Destruktion . . . München 1962

55 Dantine, ebd. 109

56 Dantine, ebd. 123, 126. Auch von einer „untheistischen Struktur des Schöpferglaubens", plus „antitheistischer Spitze" (ebd. 121), kann nur bei Ausweitung des Theismus-Begriffs auf Poly-, Pan- usw. Theismen die Rede sein; vgl. hier Anm. 9

57 Honecker (Anm. 31) 161. Vgl. Gollwitzer (Die Existenz Gottes . . . [Anm. 33]) 130 f mit 146—162

58 Dantine, ebd. 100

59 Gollwitzer (Die Existenz Gottes . . . [Anm. 33]) 30—34

60 Gollwitzer, ebd. 32 bzw. 33 f

61 Gollwitzer allerdings hält sie ebd. 32 (im Gegensatz zu 130) zugleich auch für „unentrinnbar".

62 Honecker (Anm. 31) 166

63 Dantine (Atheismus . . . [Anm. 31]) 69

64 Dies kritisch zu N. Lohfink, Gott und die Götter im Alten Testament, in: K. Rahner — O. Semmelroth, Theologische Akademie VI. Frankfurt a. M. 1969, 50—71

65 Hierzu J. B. Lotz, in: J. B. Lotz — E. Coreth (Hg.), Atheismus kritisch betrachtet. München 1971, 227 ff

66 Dantine (Atheismus . . . [Anm. 31]) 72

67 Honecker (Anm. 31, 165) meint, daß NT-Stellen wie 1 Kor 12, 6, Röm 11, 36 und Apg 17, 28 sogar „unbekümmert pantheistisch klingende Formulierungen" seien.

68 Vgl. K. Rahner, Atheismus und implizites Christentum, in: Schriften zur Theologie VIII. Einsiedeln usw. 1967, 187—212

69 J. B. Metz, Der Unglaube als theologisches Problem, in: Concilium 1 (1965) 484—492

70 Girardi (Anm. 32) 161

71 Z. B. J. Moltmann, Theologie der Hoffnung. München ⁶1966: „ein ‚a-theistischer' Gott" (155), „ ‚Atheismus' um Gottes willen" (317)

Der Gottesbeweis Mensch

Ein konstruktiver Versuch

I. Zur Problemlage

Die ‚Gründe', die doktrinärer Atheismus für die Nichtexistenz Gottes beizubringen unternimmt, können als nicht stichhaltig zurückgewiesen werden. Müssen Ergebnisse der Naturwissenschaft als atheistische Beweismittel herhalten, so wird das Problem auf ein ihm fremdes Gebiet verschoben, auf dem es grundsätzlich nicht, weder positiv noch negativ, entschieden werden kann. Chruschtschows Fangfrage an Kosmonaut Gagarin, die das Weltbewußtsein hinter Kopernikus zurückdreht, mag dafür als Exempel stehen [1]. Auch die humanistischen Atheismen verschiedener Spielart, die Gott verneinen, um den Menschen bejahen zu können, unterliegen immanenter Kritik. Die Vorstellung von Gott als Konkurrent des Menschen, die von dieser Religionskritik — zu Recht! — abgelehnt wird, ist nicht identisch mit dem, was das abendländisch-europäische Denken, zumal in seiner durch den christlichen Schöpfungsglauben geläuterten Tradition, über Gott zu denken und zu sagen vermochte. Der christliche Schöpfergott ist nicht dabei zu behaften, daß er die schöpferische Weltgestaltung oder die freie Selbstentfaltung des Menschen beeinträchtige oder hintertreibe. Deshalb zielt auch der von humanen Impulsen getragene marxistische und existenzialistische Atheismus zu kurz; er verfehlt seinen Gegenstand. Einem ähnlichen Fehlschluß fällt die Theismuskritik, die in den letzten Jahren auch bei Theologen in Übung kam, zum Opfer. Nicht unnütz zur Beseitigung oder Bereinigung vulgärer Meinungen über den ‚bloß-jenseitigen' Gott, macht sie sich doch zu leichtes Spiel mit ihrer eigentlich intendierten Aufgabe. Die Gottesauffassung der theistischen Metaphysik, die sie als überholt auszuräumen beabsichtigt, verkennt und verzerrt sie unter der Hand. (Auch das Ende der Metaphysik sollte nicht zu schnell und endgültig dekretiert werden.) Lassen sich Gründe, Voraussetzungen, Zielvorstellungen atheistischer — oder a-theistischer — Positionen, die *gegen* die Existenz „Gottes" zu argumentieren versuchen, als kurzschlüssig, gegenstandslos, verfehlt erweisen, so ist damit anderseits doch noch gar nichts *für* das Dasein Gottes bewiesen. Es wäre unlogisch zu meinen: weil sich die uns bekannten Formen des Atheismus als nicht genügend begründet herausstellen, sei deshalb schon der Theismus der Beweisnotwendigkeit enthoben. Auch eine ungenügend oder überhaupt nicht begründete Auffassung kann ja trotzdem wahr sein. Widerlegt ist der Atheismus erst dann, wenn die ihn ausschließende Gegenposition — kurz gesagt: der Theismus — mit zureichenden Gründen als wahr ausgewiesen ist. Bislang ist bestenfalls im Kontrast zu den vom Atheismus beschworenen und entlarvten Fehlformen und Zerrbildern der Gottesvorstellung einigermaßen vorgeklärt, *wie, wenn* Gott existiert, sein Wesen und sein Wirken zu denken sein mag. Was zuvor ausgeklammert wurde, soll nun nachgeliefert werden: daß die gemeinhin als theistisch bezeichnete Überzeugung begründet ist, *daß* Gott existiert, und zwar Gott als der welttranszendente und zugleich der Welt und dem Menschen immanente, der unbedingt-unendliche und auf diese unbedingt-unendliche Weise personale Grund und Zielsinn von Welt und menschlichem Leben.

Ein Gottesbeweis, der unternommen wird im Horizont gegenwärtiger atheistischer Religionskritik wird den Ausgangspunkt nehmen beim *Menschen* selber. Der Bereitschaft zu radikaler Fragestellung gibt Karl Marx [2] eine Weg-Weisung: „Radikal sein ist die Sache in der Wurzel fassen [radix = Wurzel!]. Die Wurzel für den Menschen ist aber der Mensch selbst." Schon der homo-mensura-Satz des Protagoras, wonach „der Mensch das Maß aller Dinge ist", zielt in dieselbe Richtung (wir haben uns in der Einleitung dieses Buchs darauf berufen). Zwar „übersteigt der Mensch unendlich den Menschen" (nach Pascal [3]). Aber es ist zu beachten: Der *Mensch* bleibt das Subjekt dieses Satzes, *er* übersteigt, transzendiert sich selbst — auf Gott hin.

Der anthropologische Ansatz ist keineswegs eine Erfindung der Gegenwart, die etwa nur auf die Herausforderung des marxistischen oder irgendeines anderen Humanismus reagiert. Durch das christliche Glaubensbewußtsein, das sich vielfältig reflektierte in der Theologie der Jahrhunderte, zieht sich das von der ersten Seite der Bibel (vgl. Gen 1, 26) überkommene Wissen darum, daß der Mensch das einzigartige Ebenbild Gottes ist. Das ist der Wahrheitskern in der Projektionstheorie Feuerbachs, daß der Mensch Gott nach seinem, des Menschen, Bild geschaffen habe: Gott kann und muß von uns in einer gewissen, analogen Weise anthropomorph, ‚menschenförmig' gedacht werden, weil der Mensch zuvor, in seiner spezifisch menschlichen Konstitution, von Gott theomorph entworfen und gebildet wurde [4]. Die Reflexion des Menschen auf sich selbst, die Wende zur Subjektivität, die die moderne Philosophie anbahnt und eigentlich ausmacht, ist die Spätfolge der biblischen Qualifikation des Menschen als gottebenbildlich. Es bedurfte allerdings der Nötigung eines Weltbildumbruchs — von Ptolemäus zu Kopernikus —, um die Kraft dieses Gedankens für das moderne Bewußtsein, das eben dadurch zustande kam, zu entbinden [5].

Wie unabdingbar das philosophische Denken in der Selbstreflexion des Menschen gründet, wird am deutlichsten bei Kant, der wie kein anderer die philosophische und die allgemeine wissenschaftliche Mentalität der letzten zwei Jahrhunderte geprägt hat. In der „Kritik der praktischen Vernunft" (von 1788) sucht Kant zu zeigen, daß die Existenz Gottes ein Postulat des freien sittlichen Handelns des Menschen sei. Gott allein verbürge, daß der durch seine Sittlichkeit des Glückes würdige Mensch auch tatsächlich des Glückes teilhaft werde — wenn nicht in diesem Leben, in dem es offensichtlich nur zu oft den Guten schlecht und den Bösen gut ergeht, dann eben in einem jenseitigen Leben. Ohne den von Gott erwarteten ewigen Ausgleich würden die moralische und die physische Weltordnung in einem letzten Widerspruch auseinanderklaffen. Wir wollen diesen Gedankengang Kants nicht weiterverfolgen. Er scheint Gott zu nachträglich, zu äußerlich nur zu postulieren als Konsequenz widerspruchsfreier Existenz des Menschen in dieser Welt. (Aber warum muß die Existenz des Menschen widerspruchsfrei sein? Oder vom innerweltlichen Widerspruch in einer Überwelt befreit werden?) Auch sind die Bereiche der theoretischen Erkenntnis und des sittlich-praktischen Verhaltens von Kant nicht genügend miteinander vermittelt. Was vom Menschen als freiem Vernunftwesen her gefordert ist, lasse sich nicht objektiv-theoretisch erkennen und beweisen. Diesen Dualismus der Philosophie Kants wollte der Deutsche Idealismus überwinden. Die großartigen Systeme von Fichte, Schelling und Hegel zollen jedoch der entgegengesetzten Gefahr des Monismus ihren Tribut. Gott und Mensch erscheinen aneinander gebunden, ineinander verschränkt; die Welt insgesamt wird sozusagen gottmenschlich. Nicht nur erkennt der Mensch Gott als Mög-

lichkeitsbedingung seiner eigenen menschlichen Selbstverwirklichung in den beiden
Geist-Dimensionen von Erkenntnis und Wille, von theoretischer und praktischer
Vernunft: Da dieses Gott-Erkennen des Menschen nicht genügend unterschieden
wird von dem Sein der Wirklichkeit an sich, gelangt in ihm — im erkennenden
Menschen — Gott selbst zu seiner vollen, selbstbewußten Verwirklichung. Der
Mensch transzendiert sich in Gott hinein (nicht nur: auf Gott hin); das Subjekt
Mensch wird zum Gott-Subjekt. Man wird kaum anders können, als von einem
sublimen Pantheismus (Gott als das All) oder Panentheismus (das All in Gott) zu
sprechen. Das Denken des Deutschen Idealismus stellt dennoch eine Höchst- und
Grenzleistung von Philosophie dar. Wir beanspruchen nicht, auf seinem Niveau
zu argumentieren. Ausgehend von Kant und Fichte, hat der belgische Jesuit Joseph
Maréchal der christlichen Schulphilosophie bedeutsame Denkanstöße vermittelt.
Wir versuchen, den Grundgedanken eines kritisch an Kant orientierten und zugleich positiv über Kant hinausweisenden anthropologischen Argumentes für die
Existenz Gottes aufzunehmen: im „Gottesbeweis Mensch" [6].
Niemand störe sich an dem Ausdruck „Beweis". Die Frage, ob es denn so etwas
überhaupt geben könne wie einen Gottesbeweis, wird von verschiedener Seite
immer wieder aufgeworfen. Man sagt, Kant habe „bekanntlich die Gottesbeweise
widerlegt": ein Autoritätsargument, das durch das zustimmungheischende „bekanntlich" um keinen Deut besser wird. Jedenfalls steht nicht der ganze Kant
für diese Meinung. Und Kant nicht für die ganze Philosophie. Theologen machen
geltend, ein *bewiesener* Gott sei nicht *Gott*. Oder — so D. Bonhoeffer —: „Den
Gott, den es gibt, gibt es nicht." Gemeint ist beide Male: Gott kann man nicht
traktieren, auch intellektuell nicht, wie irgendeinen vorfindlichen Gegenstand
unserer Erfahrungswelt, den es neben vielen anderen gibt; er würde dadurch ver-
weltlicht, entgöttlicht. Auch hier ist kritisches, genauer: kritizistisches Erbe Kants
am Werk. Gerade evangelische Theologen haben weithin die Philosophie Kants,
und zwar des Kant der „Kritik der reinen Vernunft", zur — selber kaum mehr
kritisch geprüften — Denkvoraussetzung. Sprachtheoretisch orientierte Kritiker
der philosophischen Gotteserkenntnis möchten schon das Wort ‚Gott', um es überhaupt für eine begründete Gedankenführung zuzulassen, so in den Sprachgebrauch
eingeführt sehen, wie dies für die allermeisten Wörter unserer Umgangssprache
zu geschehen pflegt. Darauf kommen wir zurück [7].
Die Frage nach der Beweisbarkeit Gottes ist zu einem guten Teil eine terminolo-
gische Angelegenheit, ein Streit um Benennung noch diesseits des Sachproblems.
Die Beantwortung der Frage — Gottesbeweis oder nicht? — hängt von der Vor-
frage ab, was man denn unter einem Beweis verstehen wolle. Gilt als Beweis nur
das Vorgehen des Naturwissenschaftlers, der seine Annahmen empirisch durch
Beobachtung eines regelmäßigen Geschehens bewahrheitet, dann ist natürlich für
die Existenz Gottes ein Beweis nicht möglich. Gott ist kein empirischer, kein
Beobachtungsgegenstand. Aber schon die — strengeren — Beweise der Mathematik
sind grundsätzlich anderer Art. Sie führen nicht induktiv auf Naturgesetze hin,
sondern gehen deduktiv von Axiomen aus. Auch die Geschichtswissenschaft hat
ihre eigene, wohl zumeist auf der Konvergenz von Indizien und der Glaubwürdigkeit von Zeugen beruhende Beweisart. Sie erklärt nicht einzelne Geschehensab-
läufe, sondern sucht große Ereigniszusammenhänge zu verstehen. Wieder anders
die Soziologie, die Psychologie . . . Fazit: Das Wort ‚Beweis' wird in den verschiedenen Wissenschaften in je verschiedener Weise gebraucht; es ist ein *analoger*
Begriff. Ist man sich dessen bewußt, so besteht kein Grund, es einer sachgemäßen

philosophischen Gedankenführung vorzuenthalten, indem man statt von einem ‚Beweis‘ etwa nur von einem ‚Aufweis‘ spricht.

An sich steht der philosophische Beweis dem mathematischen an Strenge nicht nach. Er ist sogar anspruchsvoller als dieser. Die Philosophie bezieht, als ebenso radikale wie universale Grund- oder Gesamtwissenschaft, auch ihre Prinzipien, die die methodische Funktion der mathematischen Axiome erfüllen, in ihre Kritik, in die Forderung des Wahrheitsausweises ein. Sie darf keine logische Denkvoraussetzung ungeprüft einschleusen, sie einfach einmal auf gut Glück ansetzen. Dafür ist das Philosophieren in seiner jeweiligen Ausprägung umso mehr psychologisch von unter Umständen jahrhundert-, ja jahrtausendalter Denktradition abhängig. Der einzelne, der Philosophie treibt, ist stark geprägt durch eine bestimmte Schule, durch seine Lehrer, durch Bücher usw. Daher stammt die Verschiedenheit der Ansätze und der leider auch nicht selten gegensätzlichen Ergebnisse, die die Philosophie und ihre Beweise fürs breite Publikum in Mißkredit bringen. Das sollte jedoch eine Herausforderung sein, das ohnehin Unumgängliche entschieden in Angriff zu nehmen: sich nämlich sein eigenes Urteil zu bilden, ein durchaus kritisches, auch selbstkritisches Urteil! Jedenfalls ist und bleibt gerade der Gottesbeweis eine Erkenntnis, die sich nur im Vollzug der Existenz des Menschen ergründen und begründen läßt und die den Menschen wiederum sehr existenziell betrifft. Deshalb kann der Gottesbeweis, auch wenn er logisch einwandfrei geführt wird, doch nicht wie ein Satz des Einmaleins psychologisch zwingend sein. Wir Menschen können uns ihm versagen. Das ist eine der Konsequenzen jener konkreten Schicksalssituation der Menschheit und jedes einzelnen Menschen, der die Theologen ein Lehrstück mit dem Namen „Erbsünde" widmen. Die Schlüssigkeit eines philosophischen Beweises beruht erstlich und letztlich auf einsichtiger Erfahrung und erfahrener Einsicht. Dieses Moment der Einsicht oder Evidenz ist eine nicht gegen den Willen erzwingbare, es ist eine freie Erkenntnis. Die philosophische (und theologische) Evidenz ist die freieste. Dem entspricht, daß die geglückte einsichtige Überzeugung von der Existenz Gottes — anders gesagt: die theistische Metaphysik — geschichtlich realisiert wurde durch das Licht und den Mut der Wahrheit, die von der christlichen Offenbarung vermittelt wurden. Anderseits ist, nach der Schrift Alten und Neuen Testaments (Weish 13, Röm 1, Apg 17), dem Menschen eine offenbarungsunabhängige Erkenntnis Gottes möglich. Diese Erkenntnis ist eine innere Voraussetzung kritisch-mündiger, persönlich überzeugter Annahme der Offenbarung. Auch von da aus gesehen, gilt erst recht: daß der Mensch eben dadurch, daß er sich der Erkenntnis Gottes öffnet, sich sein tieferes Selbstverständnis erschließt.

Was der diesen Artikel beschließende Exkurs etwas genauer begründet, das wird schon ganz allgemein von der Sache der Philosophie überhaupt her verständlich: In jedem philosophischen Gedankengang, vor allem aber in jedem Gottesbeweis, geht es um den Menschen, und zwar nicht nur um diesen oder jenen Aspekt oder Sektor des menschlichen Lebens, sondern um Grundorientierung und Gesamtverständnis unseres Daseins, um dessen ersten Grund und letzten Sinn. Insofern ist alle philosophische Erkenntnis, weil bezogen auf den letzten Sinn-Ziel-Grund des *Menschen*, unausdrücklich und einschlußweise auch *Gottes*erkenntnis. Sagen wir schlagwortartig: Philosophie ist an und durch sich selbst anonym theistisch (hier das Wort ‚theistisch‘ im weitesten Sinne, als Gegenbegriff zu ‚atheistisch‘, genommen). Daß der Mensch sich selbst nie schlechthin hinter sich lassen, sich nie ganz ausschalten, nie ganz von sich selber absehen kann, ist dem modernen Bewußtsein, das sich in der Philosophie der Subjektivität von Descartes bis Hegel ‚auf den

Begriff brachte', deutlicher geworden, als es dies für die unmittelbar weltzuge-
wandte, ,objektische' Einstellung des antiken und auch noch des mittelalterlichen
Menschen war. Würden wir deshalb heute versuchen, nur aus der objektiven Welt
und ihren philosophisch relevanten Eigenschaften (ihrer Veränderlichkeit und
Zeitlichkeit, Endlichkeit, Kontingenz = metaphysischen Zufälligkeit, usw.) unsere
Gotteserkenntnis zu schöpfen, so könnte dies allzuleicht und nicht ganz ohne
Grund als altmodisches, überholtes Vorgehen erscheinen. Was einstmals eine legitime, objektische Erkenntniseinstellung war, würde heute zu einer illegitimen,
objektivistischen Verkürzung der Problematik. Der Versuch, Gott unter Absehung
vom Menschen allein aus der nichtmenschlichen Welt zu erkennen, würde Dimen-
sionen der Wirklichkeit und der Erkenntnis ausklammern, die allerdings erst die
moderne Bewußtseinslage in den Blick brachte. Es wäre *heute* unvollständig,
lückenhaft, mindestens partiell unkritisch. Damit ist keineswegs gesagt, daß die
Grundgedanken der kosmologischen Gottesbeweise eines Aristoteles oder eines
Thomas von Aquin (der die berühmten quinque viae, die fünf Wege zu Gott, an
den Anfang seiner Summa theologiae stellte) falsch oder ungültig oder nicht tragfähig genug waren oder sind. Aber man wird der Meinung sein dürfen und müssen, daß diese Grundgedanken zu ihrer vollen kritischen Rechtfertigung der Reflexion auf den Menschen selbst und dessen grundlegende geistige Vermögen bedürfen. Mit anderen Worten: Die *kosmologischen* Argumente für die Existenz Gottes
gehen, wenn sie in dem für das moderne Bewußtsein notwendigen Maße methodisch abgesichert und systematisch entfaltet werden, selber über in einen *anthropologischen* Gottesbeweis. Nur dann kommt ihr eigener ,Logos' in dem heute zu
fordernden Maße zur Geltung. Wie es keinen schlechthin weltlosen Menschen gibt
— Robinson ist eine Romanfiktion! —, so gibt es auch keine Welt ohne den Menschen. Das will sagen, in einem geradezu banalen, analytischen Satz: daß es keine
Welt für uns gibt, ohne daß sie eben von uns *erkannt* wäre, ohne daß also die
Möglichkeiten und Grenzen unserer Erkenntnis mit ins Spiel kämen. Und eben
diese Möglichkeitsbedingungen unserer Erkenntnis, zu denen auch die erkenntnis-
erschließende, wahrmachende Freiheit unseres Willens gehört, sind in jeder philosophischen Erkenntnis der Welt oder wessen immer jeweils kritisch mitzubedenken.
Die Möglichkeitsbedingung aber der menschlichen Erkenntnis und der Freiheit
des Menschen, des spezifisch menschlichen geistigen Lebens des Menschen überhaupt, ist — das wird zu zeigen sein — Gott [8].
Das wissenschaftlich, und das heißt: methodisch-systematisch, aufzuweisen ist nun
gewiß kein Kinderspiel. Es ist nicht in der an sich gebotenen und wünschenswerten
Ausführlichkeit und Gründlichkeit zu leisten auf einigen wenigen Buchseiten.
Unausweichlich droht die eine oder die andere dieser beiden Gefahren: entweder
die qualitative Reduktion auf eine an das — im Grunde ja doch vorhandene —
Einverständnis des Lesers appellierende Predigt; oder, bei Aufrechterhaltung des
philosophisch-wissenschaftlichen Anspruchs, wenigstens die quantitative Reduktion
auf ein Argumentationsgerüst, dessen einzelne Schritte in der Kürze der Darstellung nicht genügend einsichtig und überzeugend ausfallen. Diese zweite Gefahr der
Randunschärfe in Darstellung und Begründung werden wir wohl einigermaßen
in Kauf nehmen müssen. An sich verlangt die philosophische Gotteserkenntnis
ein mehrjähriges Studium. Ein Ersatz wäre die Beschäftigung mit einem größeren
Werke [9] oder mit deren mehreren. Man möchte meinen, die Mühe würde sich
lohnen. Denn der Gegenstand dieser Mühe ist der lohnendste, der für unser Leben
jetzt und einst bedeutsamste: Gott — das ewige Schicksal des Menschen.

II. Der Beweisgang

Vorweg ein knapper Hinweis zu *Methode und Thema* unserer Überlegungen zugleich. Die *Erfahrungsbasis,* von der unser Aufweis ausgeht, wird nicht „die Welt" mit ihren über sie hinausweisenden Grundcharakteren sein; sie wird vielmehr sein: „der Mensch". Wir selbst — der Mensch: in dem, was den Menschen entscheidend unterscheidet vom Nicht-Menschlichen, in der unbegrenzten Offenheit seiner Freiheit. Diese Erfahrungsbasis ist durch phänomenologische Erörterung entsprechender Phänomene, von Grundverhaltensweisen des Menschen, tragfähig zu legen. Es mag sein — und wir werden großen Wert darauf legen, das zu zeigen —, daß die Beschreibung unmittelbarer Erfahrung uns Züge des Unbedingten, gar des Personal-Unbedingten gewahren läßt (1). Der rational genügende Aufweis dieser Züge wird jedoch eine neue Denkanstrengung verlangen, nämlich den *rationalen Überstieg* auf den inneren Logos der Phänomene. Wir werden diesen Überstieg, der das Scharnier unseres Beweisgangs darstellt, zu leisten versuchen anhand einer Analyse der Strukturbedingungen des menschlichen Wirkens, zumal des freien Wollens (2). Schließlich ist dessen Zielpunkt, das unendliche Prinzip der menschlichen Freiheit, durch die Grundeigenschaften der Unbedingtheit, Welttranszendenz und Personalität als das zu erweisen, was wir philosophisch Gott zu nennen berechtigt sind; wir müssen — sagen wir abkürzend — die Gott-Charaktere *explizieren* (3). Was wir soeben mehr vom Methodischen her namhaft machten, läßt sich auch mehr thematisch benennen: Wir wollen den Menschen — griechisch: *anthropos* — (1) erforschen auf den *Logos* seiner letzten Möglichkeitsbedingung hin (2), als die wir „*Gott*" bestimmen (3), und erhalten so (als Vollzug von Punkt 1 bis 3) den gesuchten *Beweis:* einen *anthropo-logischen Gottes-Beweis.* — Ob dieser und späterer etwa allzu schulmeisterlicher Schematisierung, die als Gedächtnisstütze dienlich sein könnte, entschuldige ich mich ein für alle Mal.

1. Die Erfahrungsbasis: Die unbegrenzte Offenheit des Menschen

Der Sinnanspruch in der Sinnlosigkeit

Wir beginnen mit der Erfahrung, die der Mensch mit sich selbst macht; und wir wollen möglichst radikal ansetzen — so, daß unser Ansatz nicht zweifelnd-verneinend aufzurollen oder zu hintergehen ist. Jede skeptische oder pessimistische oder wie immer beschaffene Infragestellung eines positiven Ansatzes würde dessen Sinnlosigkeit oder Sinnwidrigkeit annehmen. Analysieren wir die Erfahrung der Sinnlosigkeit! Sinnloses begegnet uns in vielfacher Gestalt: im theoretischen Bereich als Irrtum und Lüge; im praktischen Bereich physisch als Krankheit, Schmerz, Tod, moralisch als Sünde, Verbrechen, Haß, Verzweiflung... Gemeinsam ist diesen Negativerfahrungen des Menschen, daß sie ihre positive Gegen-Erfahrung voraussetzen, zumindest als Möglichkeit. Jede Erfahrung der Sinnlosigkeit, welcher Art immer, schließt einen ursprünglicheren Sinn-Anspruch ein, von dem sie eigentlich lebt, von dem sie ihr Wesen, genauer: ihr Unwesen, ihre ganze Schärfe empfängt. Das ist etwas näher zu zeigen.
Schon die sprachliche Fassung mancher Negativ-Erfahrungen („Unordnung", „Zweckwidrigkeit", „Dissonanz"...) weist auf das zugrundeliegende Positivum hin; so ist der Ausdruck „Sinnlosigkeit" nur zu verstehen von einem Vorverständ-

nis von „Sinn" her. Ganz allgemein sind negative oder — wie die formale Logik in ihren Definitionsregeln sagt — privative Begriffe nur denkbar im Rückbezug auf das Verneinte, als sekundäre Gegen-Begriffe. Wichtiger als solche — etwa bloß als psychologisch-gewohnheitsmäßig abzutuende — Sprach- und Denknotwendigkeiten ist der Sachverhalt selber. Thomas von Aquin [10] sagt nicht nur, daß „*das Verständnis* einer Verneinung stets in einer Behauptung begründet ist"; er sagt auch: „Die Behauptung ist *von Natur aus* früher als die Verneinung." Und des Thomas großer Meister Aristoteles [11] faßt beides so zusammen: „Durch die Bejahung wird die Verneinung erkannt, und die Bejahung ist früher, wie auch das Sein früher ist als das Nichtsein."

Was ist in der Wirklichkeit selber, in der Konstitution und Funktion der menschlichen Leiblichkeit, vorausgesetzt, daß wir so etwas Leidig-Lästiges erfahren können wie eine Krankheit? Krankheit ist ein anormales Phänomen, Ausfalls- oder Wucherungserscheinung; sie liegt mit ihren Ursachen und Wirkungen unter oder auch über einem Normalzustand, den wir Gesundheit nennen. Krankheit ist an sich nur möglich als „Abweichung von", als Gegenposition zu diesem Normzustand Gesundheit, der natürlich in einem gewissen Spielraum schwingt (die normale menschliche Körpertemperatur liegt zwischen 36 und 37 Grad; Über- und Untertemperatur sind krankhaft). Nur deshalb, weil wir ursprünglich und vorgängig zu Krankheit höchst realerweise angelegt sind auf das Gesundsein, kann Krankheit überhaupt erfahren werden als solche, als lästig, hinderlich, abträglich, schmerzlich usw.; nur deshalb gibt es Krankheit. Der notwendige sachliche Rückbezug von Krankheit auf Gesundheit ist nicht äußerlich zeitlich zu verstehen. Es kann ja jemand schon immer, von Geburt an, krank gewesen sein. Aber auch dann ist dieser Mensch nur deshalb krank, weil er eigentlich gesund sein *sollte*. Auch die lebenslange Krankheit ist gegen seine Natur.

Hieraus ergibt sich eine für unsere ganze Analyse wichtige Verdeutlichung: Der Sinnanspruch, der in der Erfahrung von Sinnlosigkeit steckt, verbürgt nicht ohne weiteres die *Wirklichkeit* der Sinnerfüllung, sondern nur die innere *Möglichkeit* des betreffenden Sinnbezuges. Und das genügt für unsere Überlegungen. In Robert Musils hintersinnigem Roman „Der Mann ohne Eigenschaften" [12] sagt Ulrich zu seiner Schwester Agathe: „Dich plagt auch oft eine Abneigung, zu der es die Neigung noch nicht gibt" — *noch* nicht in der Wirklichkeit, wohl aber als Möglichkeit. Die Erfüllung des Sinnanspruchs muß also nicht unbedingt wirklich sein oder jemals verwirklicht werden: der Sinnanspruch selber jedoch ist durchaus wirklich. Er ist die Grundrealität, der Motor, der Zielentwurf der Sinnlosigkeitserfahrung selber! Es handelt sich um *wirklichen* Anspruch auf *möglichen* Sinn. Der Sinn ist anwesend im Modus der Abwesenheit (um mit Heidegger zu sprechen). Spürt man nicht oft das Fehlen einer Sache oder eines Sachverhalts, z. B. der Gesundheit, und zumal das Abwesendsein einer Person, eines geliebten Menschen, viel stärker als ihr Dasein, ihre Gegenwart? Angewendet auf unsern Beispielsfall: Kranksein muß nicht besagen, daß man einmal gesund gewesen ist oder es sein werde. Aber es besagt, daß das Gesundsein an sich eine Möglichkeit ist, daß es auch von diesem Menschen und für ihn das durch seine (seinem defekten Zustand zugrundeliegende) Naturorganisation eigentlich Geforderte und durchaus wirklicherweise Beanspruchte ist. Sonst, so meine ich nun gezeigt zu haben, wäre nicht nur für unser Sprechen und Denken, sondern in Wirklichkeit — *in natura rerum* — keinerlei Erfahrung von Krankheit möglich. „Die Tendenz, das Anrennen deutet auf etwas hin" (L. Wittgenstein [13])!

Wenn wir in einem Gedankenexperiment die Annahme zu realisieren versuchen, daß die Welt absolut sinnlos sei, völlig und restlos absurd — so hebt sich diese Annahme absoluter Absurdität durch sich selbst auf. Denn in einer Welt, in der auch die leiseste Spur von Sinnanspruch keinen Platz mehr hätte, ist auch alle Sinnlosigkeit schlechthin ortlos geworden, ausgesiedelt, verdampft, verschwunden. Es wäre sinnlos, von Sinnlosigkeit zu sprechen. Die Welt wäre eben, wie sie sein soll; genauer: es gäbe, weil keinen Sinn, kein Soll für sie, damit aber auch keinen Abfall von einem Sinn-Soll, es gäbe keine Sinnlosigkeit. Wird jegliche Folie von Sinnanspruch weggenommen, dann kann sich von ihr auch keine Sinnlosigkeit abheben. Paradox formuliert: Wenn *alles* sinnlos wäre, wäre *nichts* sinnlos. Aber kehren wir von dem selber absurden Experiment absoluter Absurdität, das sich unserm Denkzugriff ins Aschgraue hinein entzieht, zu realen Exempeln zurück. Was immer Stanislaw Lec [14] näherhin gemeint haben mag mit dem Aphorismus „Der Selbsterhaltungstrieb ist manchmal Antrieb für den Selbstmord": kann ein Mensch sein Leben wegwerfen aus einem andern Grund als eben deshalb, weil die Verheißungen, Erwartungen, Entwürfe dieses Lebens nicht erfüllt wurden, weil vielmehr die Ent-täuschungen, der Un-frieden, der Miß-erfolg über-groß und übermächtig scheinen oder sind? Also wegen des unerfüllten, nicht-verwirklichten, aber eben durchaus bestehenden, vielleicht überstarken, überzogenen Sinnanspruchs dieses Menschen?! Weiter: Wie kommt es, daß wir neidisch, eifersüchtig, mißgünstig sind auf irgend jemanden wegen irgend etwas? Nicht deshalb, weil wir auf das, was der andere ist oder hat oder kann, in mehr oder weniger berechtigtem Verlangen ebenfalls einen Anspruch verspüren oder erheben? Weil wir in unserer menschlichen Natur darauf angelegt sind, grenzenlos nach allem auszugreifen?

Philosophie hat es gewiß nicht erstlich mit Autoritäten zu tun, aber es mag nicht uninteressant sein, daß gerade *Albert Camus*, der als der existenzialistische Denker der Absurdität gilt, die Annahme absoluter Sinnlosigkeit von Mensch und Leben entschieden „hinter-denkt": Nach ihm „gibt es keinen totalen Nihilismus. Sobald man sagt: Alles ist Unsinn, drückt man etwas aus, das einen Sinn hat". So im Roman „L'été" [15]. Und aus Tagebuchnotizen: „Es ist nicht möglich, die Werturteile *absolut* aufzuheben. Dadurch wird das Absurde geleugnet [!]" [16]; und: „Der Mensch kann unmöglich völlig verzweifeln." [17] Und *Paul Tillich* [18]: „Das Negative lebt von dem Positiven, das es negiert"! Immer wieder hat sich dieser evangelische Theologe mit dem Problem des Zweifels und dem in der Erfahrung der Sinnlosigkeit aufbrechenden, weil ihr zugrundeliegenden, Sinnanspruch des Menschen auseinandergesetzt: „In jedem tiefen Zweifel liegt ein Glaube, nämlich der Glaube an die Wahrheit als solche. Sogar dann, wenn die einzige Wahrheit, die wir ausdrücken können, unser Mangel an Wahrheit ist." Die Wahrheit ist „Voraussetzung des Zweifels bis zur Verzweiflung". Gerade wenn es bitterernst ist um den Zweifel, wird „noch in der Sinnlosigkeit Sinn bejaht"; und „der Akt, in dem wir Sinnlosigkeit auf uns nehmen, ist ein sinnvoller Akt" [19]. So kann auch Thomas Mann [20] sprechen von der „Transzendenz der Verzweiflung" ...

Den paradoxesten Ausdruck hat dem hier anvisierten und nun zu entfaltenden Sachverhalt der als so nüchtern geltende Thomas Aquinas gegeben: „Weil es das Böse gibt, existiert Gott." [21] Diese Behauptung setzt voraus, daß gerade das Vorhandensein von Bösem, sozusagen wider Willen, ein Erweis für das Gute ist, ohne welches nicht von Bösem die Rede sein könnte und ohne welches auch nichts Böses existieren könnte. (Von dem Guten führt dann der Weg zu Gott als Urbild,

Letztziel, Inbegriff alles Guten.) *Quia malum est, Deus est:* Das ist die verwegen-
zuversichtliche Entgegnung auf das Theodizeeproblem, das aus dem Maß und
Übermaß von Übel in dieser Welt *gegen* die Existenz Gottes argumentiert. Das
sagen zu können, daß Gott nicht *trotz,* sondern *wegen* des Bösen existieren müsse,
dazu ermächtigt das zur Frage stehende Argument. (Es ist ein „wegen", das sich
auf unsere Erkenntnis bezieht: aus dem Bösen erkennen wir das Gute und Gott.)

Die Unbedingtheit des sittlichen Sollens

Die Erfahrung der Sinnlosigkeit verweist, über den ihr immanenten Sinnanspruch,
auf positive Sinnerfahrungen. Zwei für das menschliche Leben und Zusammenleben
fundamentale Erfahrungen sollen in — z. T. wörtlichem — Anschluß an das Buch
von Klaus Riesenhuber „Existenzerfahrung und Religion" [22], auf das für ein ver-
tieftes Studium ausdrücklich verwiesen sei, analysiert werden: die sittliche Verpflichtung und die personale zwischenmenschliche Liebe. Für beide Erfahrungen
ist zunächst und zumeist ihr Unbedingtheitscharakter herauszustellen; ein Ausblick auf die sich in ihnen ankündigenden personalen Züge des Unbedingten
schließt sich jeweils an.
Die Analyse des sittlichen Anspruchs ist nicht unabdingbar angewiesen auf die
Erforschung seiner Genese, von der her gerade heute viele Schwierigkeiten anste-
hen; etwa: ob das sittliche Sollen nicht nur — tiefenpsychologisch gesehen — auf
Archetypen des Kollektivbewußtseins oder auf das Über-Ich als normierende
Macht des Individualbewußtseins oder — soziologisch — auf ein den einzelnen
fraglos übermächtigendes Gruppen-Dressat zurückweist. Es kommt uns hier nicht
auf die Art und Weise des Zustandekommens, des *Entstehens* von sittlichen Ver-
pflichtungen an, sondern auf Struktur und Charakter *bestehender* Verpflichtun-
gen; nicht auf genetische Faktoren, sondern auf Strukturphänomene. Der phänomenale Charakter der Unbedingtheit aber, so scheint mir, läßt sich auf zureichende
Weise erfahren in relativ schlichten, ethisch relevanten Situationen unseres Daseins.
Skizzieren wir zwei derartige Situationen. Jemand kann sich durch die heim-
tückische, böswillige Verleumdung eines anderen Menschen auf dessen Kosten
beträchtliche Vorteile verschaffen, z. B. den Konkurrenten in der Bewerbung um
eine Stelle, in der akademischen Laufbahn, ausschalten. Keine Frage, daß einer
solchen Manipulation ein unbedingtes „Du sollst nicht!" entgegensteht — ein
Verbot, dessen Unbedingtheit unter allen Umständen, in allen möglichen Situationen, diese gleichsam quer durchstoßend, besteht. Ein anderer Fall, nun eines positiven Gebotes: Ein Freund braucht in der Not meine Hilfe. Sie ihm aus Bequem-
lichkeit zu verweigern, ist dann, wenn ich der nächste, gar der einzige bin, der
diese Hilfe leisten kann, schlechthin unzulässig. Die gesamte konkrete Situation
wird — in diesem Falle — umfangen von einem unbedingten „Du sollst!".
Diese Erfahrungen der Unbedingtheit des Sittlichen sind ganz unabhängig davon,
ob das Versagen gegenüber dem sittlichen Anspruch anderen Menschen bekannt
ist und von ihnen durch Verachtung oder Strafe geahndet wird. Auch davon, ob es
in mir selbst lästige Folgen, „Gewissensbisse", hervorruft, oder ob ich diese Folgen, ja vielleicht sogar den Sollensanspruch selbst durch psychische Selbstmanipu-
lation verdränge. Der sittliche Anspruch besteht an sich, vorgängig zu meiner
Stellungnahme; er trifft mich, gegen meinen egoistischen Willen; nicht ich verfüge
über ihn, er verfügt vielmehr über mich; er ruft mich auf, fordert mich ein. Ob
jede Situation durchstoßend, als Verbot, oder diese bestimmte Situation einbe-
schließend, als Gebot: der Sollensanspruch gilt einfachhin, ausnahmslos, mit letzter,

unüberbietbarer Radikalität (,intensiv' gesehen) — eben unbedingt. Anderseits erfasse ich, daß dieser Anspruch, vor allem als Verbot, nicht nur an mich ergeht, insofern ich eben dieses Individuum bin: er ergeht (wenn als positives Gebot: unter Voraussetzung derselben Situation) mit derselben Unbedingtheit an jeden Menschen. Er trifft den Menschen *als Menschen;* er beansprucht die verantwortliche, freie Person, die ich bin und die jeder Mensch ist. Auch diese (extensive) Universalität gehört zur Unbedingtheit des Sittlichen. Es gibt einen Sollensanspruch, der aller menschlichen Erfindung, Vereinbarung, Setzung vorausliegt; unverbrüchliches Gesetz vor aller Menschensatzung. Dabei zwingt dieser Anspruch mich nicht, trotz der Unausweichlichkeit des Sollens. Er ist Anruf an die Freiheit meines Willens. Er ist mir zwar vorgegeben, nämlich mir als Natur; er ist jedoch vor allem mir aufgegeben, mir als Person. Indem ich den sittlichen Anspruch bejahe und vollbringe, verwirkliche ich mich als freie Person mehr und mehr zu meinem eigentlichen Selbstsein.

Es ist noch einem naheliegenden Mißverständnis vorzubeugen, einer irreführenden Blickrichtung: Der Sollensanspruch erhält seine unbedingte Verpflichtungskraft nicht erst von seiten des Objekts. In dessen Bestimmung kann ich mich irren, und die Menschen haben sich oft und oft geirrt; aber auch das irrige Gewissen kann hier und jetzt auch auf unbedingte Weise verpflichten. Entscheidend ist der Aktcharakter auf seiten des Subjekts. Nicht das *Gesollte,* sondern eben das *Sollen* selbst. Dieses aber hält sich in seiner Unbedingtheit durch: durch den gesellschaftlichen und geschichtlichen Wandel der gesollten Verhaltensweisen hindurch. Das Sollen ist das Unbedingte in der überaus vielfältigen, kollektiven und individuellen, herkunftsmäßigen und situationsgemäßen Bedingtheit des Gesollten. Unbedingtheit-in-Bedingtheit aber ist eine, ja wohl *die* Grundfunktion und Grundstruktur des Menschen, der — Geist in Materie (als sinnenhafte, trieb-getriebene Leiblichkeit) — Wahrheit und Freiheit nur erlangt und vollzieht durch die Vermittlung von Sprache, Geschichtsüberlieferung, Gemeinschaftsbindung hindurch und damit auch in der bleibenden Gefährdung durch Irrtum und Abirrung: das Absolute ist für uns nur da im unendlichen Medium der tausendundeins Relativitäten.

Eine Zusatzfrage zur Analyse des Sittlichen, die nur verhalten angerissen werden soll: Kündigen sich in der Erfahrung der sittlichen Unbedingtheit auch *personale Züge* des Absoluten an? In Situationen, in denen den Menschen opfervoller Einsatz abverlangt wird, wäre wohl zu erfahren, daß die Bindung an bloße allgemeine Ideen oder Werte nicht ausreicht. Diese könnten in ihrer Unpersonalität, ihrem rein ideellen Charakter den Menschen nicht völlig, endgültig, letztentscheidend beanspruchen. Muß deshalb nicht das Unbedingte, das den Menschen beansprucht, anruft, einfordert, sich — über alle ideelle Neutralität hinaus — ihm zeigen als personale Unbedingtheit, als Unbedingtes in Person? „Der Mensch weiß sich ... in seiner Personmitte beansprucht und in die Verantwortung gerufen, weil seiner personalen Stellungnahme das ansprechende Wort in der ,Stimme' des Gewissens und der Wille eines unbedingten Gegenüber vorausgeht. Dieser anfordernden unbedingten personalen Macht ... gilt eigentlich die anerkennende Bejahung des Sollens; ihr gilt die Selbstüberschreitung, in der der Mensch weiß, daß er sich nicht in die Leere hinein übereignet. Im Geschehen von Ruf und Antwort, von gehorsamer Anerkennung und Bereitschaft zum Einsatz erfährt der Mensch, daß die Grundgestalt seines Lebens, die er in vielerlei Abwandlung dauernd verwirklicht und in der er erst sich selbst gewinnt, die dialogische Begegnung mit dem personalen Absoluten, mit Gott ist." [23]

In der alltäglichen Erfahrung erscheint das Sollen mehr von der Seite des allgemein notwendigen Gesetzes und der unbedingt verpflichtenden Ordnung, nicht so sehr als personaler Anspruch. Deshalb — mit K. Riesenhuber — noch zwei Hinweise auf weitere personale Momente der Erfahrung des sittlichen Sollens. Erstens: „Der Mensch, der sich unter dem Anspruch des Sollens weiß, hat den Eindruck des Durchschaut- und Bekanntseins, besonders nach einer Schuld. Er erfährt sich gleichsam im Raum eines unbestechlichen Blickes, dem er ausweichen, vor dem er fliehen oder sich verbergen will." [24] Erst von diesem wissenden Blick her, der ihn trifft, erkennt der Mensch voll sich selbst und weiß sich als den von diesem Blick Verurteilten, weil er sich der Einforderung dieses Blickes versagt hat, oder als den von dem Blick Anerkannten und Bestätigten, weil er dem Anruf Folge geleistet hat. „Bekanntsein und Beanspruchtsein zeigen zusammen den personalen Charakter des Sollens", nun nicht nur von seiten des beanspruchten Menschen, sondern des ihn beanspruchenden Unbedingten [25].
Zweitens scheint zur Schulderfahrung „nicht nur zu gehören, daß der Mensch sich vor einer unbedingten Person schuldig weiß (oft vermittelt durch die Schuld gegenüber einem Mitmenschen), sondern auch so etwas wie die Erfahrung des Verlassenseins und der Einsamkeit, des Abbruchs einer Kommunikation", der Dialogverweigerung. Resultat: Der Schuldige fühlt sich oft „unter dem unmittelbaren Eindruck einer Schuld einerseits verschlossen und unfähig zu echtem, zwischenmenschlichem Kontakt; anderseits stark auf zwischenmenschliche Beziehung und Bestätigung angewiesen. Er scheint durch den zwischenmenschlichen Kontakt das Ausbleiben, die Zerstörung eines fundamentaleren Kontaktes und das Fehlen einer tieferen Bestätigung seines personalen Wertes überdecken oder ersetzen zu wollen. Umgekehrt kann sich die bereite Erfüllung des sittlichen Anspruchs in Freude und innerer Sicherheit äußern, da man sich von der entscheidenden personalen Instanz angenommen und bestätigt fühlt. In den zuletzt genannten Phänomenen der ethischen Erfahrung meldet sich ein Wissen des Menschen davon an, daß er im dialogischen Austausch mit dem absoluten Du steht." [26]

Die Unbedingtheit personaler Liebe

Daß das Wort „Liebe" heutzutage wie vermutlich auch zu früheren Zeiten überstrapaziert und mißverständlich ist, bedarf keiner Erläuterung. Dennoch ist zwischenmenschliche Liebe das Geschehen, durch das der Mensch, indem er andere seinesgleichen anerkennt und bejaht, selber — Mensch wird. In der Spannung von Eros und Agape entwindet sich der heranwachsende Mensch in einem wohl immer schmerzlichen Prozeß der bisher dominierenden Selbstbezogenheit; er lernt es, den anderen gelten zu lassen (in Gerechtigkeit), ja ihn in seinem Anderssein zu schätzen, zu fördern, ihm um seinet-, nämlich um des andern selber willen wohl zu wollen: ihn in Freundschaft zu lieben. In der Liebe von Mensch zu Mensch waltet eine Dialektik von Hingabe an den anderen und Selbsterfüllung. In der Liebe zum Du wird das Ich voll und ganz es selbst. Aber die Selbstverwirklichung darf nicht festgehalten werden als erster Grund und letztes Ziel der Hinwendung zum anderen: die Liebe zu ihm würde dadurch zerstört, sie würde niedergehalten in bloßem Egoismus. Nur dem, der sich selbst vergißt (im Sinn des evangelischen „Wer sein Leben verliert, wird es finden" [Mt 10, 39]), vermag sich der Binnenraum selbstloser Beziehung zum anderen, die allein den Namen personaler Liebe verdient, aufzutun. Dadurch allerdings vollzieht sich dann auch, als Dreingabe und Nebeneffekt — gewiß von größter Wichtigkeit für den Liebenden —, das tiefere und vollere Sich-selbst-Finden. Wir sind Realisten (meinetwegen: christliche Realisten). Wir gestehen uns deshalb ein, daß bei uns Menschen stets auch Eigeninteressen im Spiel sind, bis zu einem gewissen Grad durchaus mit Recht. Entscheidend aber ist, daß dies eben nur *auch* so ist; daß Eigeninteresse und Selbstliebe nur einen bei-läufigen Strang im Gesamtgeschehen der Liebe ausmachen. Dann schließt die Selbstliebe die Liebe zum anderen nicht aus, sondern ein: sie gibt ihr Raum, läßt sie frei. Auch hier gilt: Unbedingtheit (der Liebe zum anderen) in der vielfältigen Bedingtheit (der Eigeninteressen).

Worin aber zeigt sich näherhin der Unbedingtheitscharakter personaler Liebe? Liebe besagt: den anderen nicht nur auf mich rückbeziehen, ihn nicht nur *für mich* wollen, sondern ihn um seinetwillen, ihn *an sich* bejahen. Sie bejaht also den anderen nicht unter der Exklusiv-Bedingung des eigenen Nutzens, der eigenen Befriedigung und Freude. Es anders halten, hieße den anderen im Widerspruch zu seiner Personwürde verzwecklichen, ihn zum bloßen Mittel für mich degradieren. Dagegen verwahrt sich Kant mit vollem Recht; er formuliert in der „Grundlegung der Metaphysik der Sitten" [27] den kategorischen Imperativ des sittlichen Verhaltens personal folgendermaßen: „Handle so, daß du die Menschheit, sowohl in deiner Person als in der Person eines jeden anderen, jederzeit zugleich als Zweck, niemals bloß als Mittel brauchst!" Der wirklich Liebende vermißt sich nicht, von sich her vorschreibend zu entwerfen, wer der andere, den er liebt, zu sein hat, wie er sich mir zu zeigen, was er mir zu geben hat. Er verfügt in all dem nicht über ihn, stellt keine Bedingungen, verfolgt keine Zwecke. Er läßt den anderen sein: er läßt ihn je mehr er-selbst sein. So ist der Liebe die unbedingte Bejahung des anderen in seinem *An-sich*, ohne dominierende Relativierung durch das *Für-mich*, wesentlich. Diese Unbedingtheit äußert sich, auf die Zeitdimension hin gesehen, in der Unbefristetheit, Endgültigkeit, „Ewigkeit" der personalen Liebe: Wenn Liebe ihrem Wesenssinn und ihrer entscheidenden Motivation nach nicht auf das Ich rückbezogen ist, indem sie den Anderen verzwecklicht, dann hat sie keinen Grund und keine Möglichkeit, sich selbst zu befristen, zu sagen: bis dann, und danach nicht mehr. Dann ist sie auch in ihrer zeitlichen Erstreckung in die Zukunft hinein unbedingt. Diese Unbedingtheit gehört zum Phänomen echter, personaler Liebe. Wieder ist realistisch einzuräumen: Liebe kann versagen, sie kann verraten werden, vielleicht sogar fast unmerklich ausrinnen; sie kann, so oder so, an ein Ende kommen, aufhören. Aber dieses Ende ereignet sich nicht von ihr selbst her: es wird ihr vielmehr von außen angetan, es läuft ihrem innersten Wesen, ihrer ganzen Sinntendenz zuwider. Und man könnte fragen, ob sich Liebe jemals in nichts auflöst, schlechthin verschwindet; ob sie nicht stets, verwandelt, vielleicht in Haß umgeschlagen, weiterlebt.

Wiederum ein Ausblick auf die Personalität des in der Liebe aufscheinenden Unbedingten: Können wir Menschen, die ja keineswegs unbedingte und unverbrüchliche Wesen sind, die Unbedingtheit, die der Liebe wesenseigen ist, tragen? Der Mensch kann in seiner Bedingtheit versagen. Der Liebende muß wissen: daß der Geliebte nicht das Unbedingt-Gute ist, durch das die Liebe zuletzt erfüllt wird; und er erfährt das besonders hart, wenn der andere sich gegen ihn verfehlt. Und das, wir sagten es, kommt vor. Es wird unter Menschen bitter genug erfahren, „daß der geliebte Mensch grundsätzlich gar nicht fähig ist, die unbedingte, hingebende, personale Selbstüberschreitung, zu der es den Liebenden drängt, voll anzunehmen und in sich als letztem Ziel zur Ruhe [besser: zur Erfüllung] kommen zu lassen.

Der wirklich liebende Mensch wird sich dann nicht enttäuscht in sich zurückziehen"; er wird vielmehr seine Liebe unbeirrt dem geliebten Menschen entgegenbringen: aber im Wissen, daß sie dem unbedingt Guten gilt, das in dem geliebten Menschen ihm begegnet, ohne daß es schlechthin identisch wäre mit dem geliebten Menschen. Der andere Mensch wird geliebt, gewiß. Aber er kann nur unbedingt geliebt werden, weil seine innerste Mitte, wie auch die meine, das unbedingt Gute ist. Dieser Erfahrung gibt Paul Claudel im Drama „Der seidene Schuh" (III 13) Ausdruck, indem er Proëza zu Rodrigo sagen läßt: „Du wärest bald am Ende mit mir, wenn ich nicht eins wäre mit dem, der keine Grenzen kennt." Jenes Dritte — das als solches erst recht personal sein muß, wie die beiden Liebenden personal sind — ermöglicht die Unbedingtheit der Liebe zweier sich liebender Menschen: es ist ihr Fundament und ihr Garant. Es ist der Grund der Liebe, der die Erfüllung verheißt (durch die Menschen und in ihnen). Es ist ja nicht eigentlich ein Drittes *neben* den beiden Menschen: sondern ihr innerstes Selbst und zugleich ihr — paradox gesprochen — jenseitiges Selbst [28]. Durch diese Unterscheidung vom konkreten anderen Menschen (in seiner Bedingtheit!) zeigt sich die Wirklichkeit des unendlich-unbedingten Guten in ihrer Eigenständigkeit, ihrer Eigenpersonalität. Damit werden wir aus der Gefahr befreit, durch die ununterschiedene Identifizierung des letzten Grundes der Liebe mit dem anderen Menschen das unbegrenzte Gutsein dieses Grundes zu verkürzen und dadurch den Ernst und die Kraft der Liebe selbst zu schwächen. Zugleich macht diese Transzendenz des unbedingten Guten zum menschlichen Du (in der Immanenz) verständlich, wie der Liebende in der Selbstüberschreitung zum Geliebten hin sich selbst finden kann: „Das Gute, auf das hin er sich im anderen überschreitet, ist nicht nur die Mitte des geliebten Du, sondern zugleich seine eigene, zu ihm transzendente Mitte." Das unbedingt Gute ist die eine gemeinsame Mitte beider, die jeden an sich als unbedingt liebenswert begründet. Aber insofern der Liebende das unbedingt Gute im anderen Menschen findet, zeigt es sich ihm von vornherein als das andere, als das von ihm selbst Verschiedene, als Du, absolutes Du und ermöglicht so die volle Selbstüberschreitung auf das Du (das menschliche Du und das absolute Du) hin [29].

Die unbegrenzte Offenheit der Freiheit

Von den Erfahrungen sittlichen Sollens und personaler Liebe in ihrer Unbedingtheit ist nun zurückzuloten auf eine Grundbestimmung des Menschen: auf den unendlichen Horizont seiner Freiheit. Als *freie* Person ist ja der Mensch Adressat des sittlichen Anspruchs und Partner zwischenmenschlicher Liebe. Was ergibt sich daraus für das Wesen der menschlichen Freiheit?

Die Freiheit ist, vom Subjekt her gesehen, Freiheit *von* . . ., nämlich von Raum und Zeit. Der Mensch steht in einer letzten inneren Unabhängigkeit über aller bloßen Raum-Zeit-Partikularität. Wäre er bloß ein durch und durch materielles Wesen, innerlich gebunden an Raum- und Zeit-Grenzen, so wäre er von vornherein überhaupt nicht dazu befähigt, von einem unbedingten sittlichen Anspruch getroffen oder in eine unbedingte Liebesbeziehung eingelassen zu werden. (Die „äußere" Abhängigkeit des menschlichen Willens von Materie und damit von Zeit und Raum ist wesenhaft und tiefgreifend: sie bedingt das Versagenkönnen des Menschen, vielleicht das Versagenmüssen seiner überforderten physischen oder psychischen Kräfte vor einem sittlichen Anspruch oder einer Forderung der Liebe.)

Die Freiheit ist, auf das Objekt hin gesehen, Freiheit *für*..., nämlich für das Gute als solches, für Werte in ihrem Ansichsein, in ihrer unbegrenzten, unbedingten Geltung, letztlich für das personale Gut- und Liebwertsein anderer Menschen. Wäre es anders, wäre der Mensch in seinem Wollen beschränkt auf Aspekte des Nützlichen und Angenehmen, auf bloße äußerliche Rücksichten auf irgendwen oder irgendwas: dann könnte er wiederum nicht getroffen werden von der gerade nicht so eingrenzbaren Unbedingtheit eines sittlichen Anspruchs oder personaler Liebe. Diese kämen einfach nicht an. Der Mensch wäre von ihnen schlechthin, in seinem Wesen, überfordert. Er wäre, genau gesagt, nicht Mensch, sondern Tier; sein Wille wäre nicht Wille, sondern bloßer Trieb. — Auch die biologische Verhaltensforschung der letzten Jahrzehnte hat darin den qualitativen Unterschied zwischen Mensch und Tier gesehen, daß das Tier auf eine begrenzte Umwelt fixiert, der Mensch dagegen uneingegrenzt welt-offen ist [30].

Unbegrenzte Offenheit für die Wirklichkeit überhaupt und für all das, was in ihr gut und werthaft ist, macht in der Tat das Wesen des menschlichen Willens aus; sie ist der Begriff unserer Freiheit selbst, die innere Bedingung ihrer Möglichkeit. Denn was heißt frei sein anderes als: nicht gebunden, fixiert, festgelegt sein durch irgend etwas in meiner Erfahrungswelt; sie besagt: ja oder nein sagen können dazu, sie besagt Distanzierungskraft, Gelöstheit und Gelassenheit, Souveränität gegenüber Dingen und Menschen. Dieses freie Gegenüber ist nur möglich kraft der unbegrenzten Offenheit des menschlichen Willens. Diese ist die Voraussetzung dafür, daß wir die Dinge und Geschehnisse unserer Welt in ihrer Relativität, Bedingtheit erkennen und gebrauchen oder auch unbenützt lassen können. Durch seine unendliche Offenheit ist unser Wille frei *von* unmittelbarer Fixierung an einen innerweltlichen Teilwert, an irgendein „Sonderangebot" von Welt, und frei *für* die Dinge in ihrem Gutsein an sich, für die Menschen in ihrer Eigenwilligkeit und ihrem Eigenwert als Personen.

Erörtern wir nochmals dasselbe *indirekt,* unter der Annahme, das Gegenteil träfe zu. Angenommen, unser Wille wäre *nicht* offen für alles ihm Begegnende, sondern von vornherein, durch seine Natur, ein für allemal festgelegt auf einen bestimmten Wertsektor, einen konkreten Modus des Menschseins, ein einziges innerweltliches Lebensziel. Dieser als absolut angesetzte Existenzwert könnte sein: Berufserfolg („diese Karriere und keine andere"), Familienglück (eigene Villa), die Größe der eigenen Nation (faschistisch) oder die proletarische Weltrevolution und klassenlose Gesellschaft (kommunistisch) — oder was immer. Was wäre die Konsequenz solcher Absolutsetzung? Alles andere in der Welt, Dinge und Menschen, könnte nur noch gebraucht, ja überhaupt gesichtet, erblickt werden, insofern es als Mittel, Handhabe, Stufe, Instrument nützlich ist zur Erreichung des einen und einzigen Endzieles. Daraufhin wäre alles schlechthin verzwecklicht. Es käme nicht mehr in seinem eigenen Sein, Sinn und Wert zur Geltung. Wer unbedingt auf ein fixes partikuläres Lebensziel aus ist, der *muß* alles, was immer ihm zur Hand ist und was ihm über den Weg läuft, dafür einsetzen und gebrauchen, und d. h. dann allerdings *miß*brauchen. Er „geht über Leichen". (Daß das keine spekulative oder rhetorische Fiktion ist, hat die jüngere Zeitgeschichte erwiesen.) Die Freiheit, die die Dinge und die Menschen sein läßt, was sie sind, wäre ganz und gar aufgehoben. — Soweit unser indirektes Argument für unbegrenzte Offenheit als innere Möglichkeitsbedingung der Freiheit.

2. Der rationale Überstieg: vom unendlichen Horizont zum unendlichen Prinzip

Die Frage, die nun, nach unseren phänomenologischen Sondierungen, einer (sagen wir etwas geschwollen:) strukturanalytischen Erörterung aufgegeben ist, lautet: Ist die unbegrenzte Offenheit, von der wir bisher sprachen, die einzige und letzte Möglichkeitsbedingung der Freiheit des Menschen oder weist sie, als *nächste* Möglichkeitsbedingung, zurück auf eine *letzte* Möglichkeitsbedingung? Die Offenheit unseres Willens ist zu vergleichen einem unbegrenzten Horizont, in dem wir von einem Objekt, das wir erstreben und gebrauchen, weiterschreiten zu einem je anderen, ohne diesen Horizont jemals zu Ende auszuschreiten, also in endlosem Fortgang. Fachterminologisch ist diese Endlosigkeit zu qualifizieren als eine unbestimmte, potentielle oder (mit Hegel [31]:) „schlechte" Unendlichkeit (Beispiel: die Zahlenreihe); sie besagt einen *progressus in indefinitum*. Ihr ist begrifflich entgegengesetzt die bestimmte, aktuelle, „wahre" Unendlichkeit (die wir als eine Grundeigenschaft Gottes bestimmen werden). Und die entscheidende Frage unseres Beweisganges, die „Scharnierfrage", kann auch so gefaßt werden: Ist die menschliche Freiheit zureichend begründet durch einen *unbestimmt*-unendlichen Wirk-*Horizont*, oder muß sie letztbegründet sein durch ein *bestimmt*-unendliches Ziel-*Prinzip*? Wir versuchen die Frage zu beantworten durch eine Analyse der Wirkstrukturen des menschlichen Willens auf ihre Möglichkeitsbedingungen hin.

Die Grundstrukturen: Wirkakt und Wirkvermögen

Zunächst zwei einfache vorbereitende Analysen.

a) Jeder *Akt* menschlichen Wirkens innerer und äußerer Art weist drei Momente auf, die, genauer gesprochen, eine Zweieinheit bilden: ich — empfinde — etwas (nämlich: Hunger, Müdigkeit, Langeweile); ich — sehe — etwas (Bank, Wand, Fenster); ich — höre — etwas (Vortrag, Straßengeräusche); ich — will — etwas (Examenserfolg, höheres Gehalt). Der Gegenstand kann sehr unbestimmt sein; er kann jedoch nicht schlechthin wegfallen. Ein ganz gegenstandsloser Akt ist unmöglich. Nicht etwas, also *nichts* denken wäre gleichbedeutend mit *nicht* denken. Ebenso unmöglich ist ein subjektloser Akt. Immer bin *ich* es, der empfindet, hört, will, auch wenn ich darauf nicht reflektiere, wenn das Ich also unbeachtet im Hintergrund des Bewußtseins bleibt. *Gegenstands*bewußtsein und *Selbst*bewußtsein sind unlösbar gekoppelt. Und das diese beiden Momente, Objekt (= O) und Subjekt (= S), einende Dritte ist das *Bewußtsein* in seinen verschiedenen Wirk-Varianten, als Empfindung, Wahrnehmung, Erkennen oder Wollen. Wir schematisieren:

b) Als *Wirkvermögen* bezeichnen wir das den verschiedenen Akten ein und derselben Klasse (den verschiedenen Akten des Sehens, Hörens, Denkens, Wollens) zugrundeliegende, sie hervorbringende und tragende operative Prinzip, nämlich den Gesichts- bzw. Gehörsinn, die Vernunft, den Willen. Das ist keine bloß äußerliche, nachträgliche Klassifizierung. Jedes Wirkvermögen besitzt vielmehr ursprünglich ein bestimmtes, spezifisches Funktionsgesetz; *es wird dadurch überhaupt erst konstituiert.* Dieses operative Programm (die Tradition spricht von dem „Formalobjekt" des Vermögens im Gegensatz zu den verschiedenen „Materialobjekten" der einzelnen Wirkakte) bestimmt im voraus zum Wirksam-, Tätigwerden des Vermögens, für welche Aktklasse und damit auch für welche Objektklasse dieses Vermögen „zuständig" ist [32]. Z. B. der Gesichtssinn für Akte des Sehens und für sichtbare Objekte, der Gehörsinn für Hören und Hörbares. Man denke an das „Gesetz der spezifischen Sinnesenergie": auch ein Faustschlag aufs Auge wird gesehen in Gestalt von „tanzenden Sternen". Wir brachten bislang nichts Neues, sondern fixierten nur terminologisch bereits Bekanntes. Das Formalobjekt unseres Willens ist nämlich nichts anderes als die vorher aufgewiesene unbegrenzte Offenheit für das Gute als solches, für Wert-an-sich (nicht nur für ein Sondergut, einen Einzelwert). Das Formalobjekt (= FO) des Willens, als geistigen Vermögens, ist charakterisiert durch die unbestimmte Unendlichkeit seines Horizonts. — Das Strukturschema für Wirkvermögen ganz allgemein:

Ein vollendendes Endziel des Willens?

Erschöpft sich das Programm des menschlichen Willens und damit das Daseinsprogramm des Menschen selbst darin, je neue einzelne Welt-Ziele zu verfolgen? Etwa gemäß der Immanenz-Aufforderung Goethes: „Willst du ins Unendliche schreiten, geh' nur im Endlichen nach allen Seiten!"? Oder ist unser Wille, über alle endlichen Materialobjekte hinaus, die sich damit — einzeln und insgesamt — als inadäquat, unangemessen erweisen, angelegt und hingeordnet auf ein ihn vollständig und endgültig erfüllendes Endziel (ein einziges „adäquates Materialobjekt"), das etwa, näher bestimmt, „Gott" zu nennen sein wird? Wieder die entscheidende Frage, nun am kritischen Punkt unserer ganzen Überlegung.

Wir können rein logisch die Denkmöglichkeiten registrieren. Der kontradiktorische Gegensatz zu „ein Endziel" ist: „nicht ein Endziel"; und dies läßt wieder eine zweifache Konkretisierung zu. „Nicht ein Endziel" kann bedeuten: „mehrere Endziele" oder „überhaupt kein Endziel". So erhalten wir diese drei Denkmöglichkeiten: A — *mehrere* Endziele, B — *kein* Endziel, C — *ein* Endziel. Es ist zu zeigen, daß A und B nur scheinbare, also keine realen Möglichkeiten sind.

A) Die Annahme, daß ein bestimmtes Wirkvermögen — in unserm Fall der Wille — auf *mehrere* Endziele (sagen wir: drei) angelegt sei, sodaß diese verschiedenen Letztziele, gleichgültig und beziehungslos nebeneinanderstehend, das betreffende Vermögen bestimmen, ist irreal. Denn dadurch würde die Einheit und Bestimmtheit des Vermögens aufgehoben. Das eine Wirkvermögen wäre zugleich und gleicherweise gültig auf mehrere Akt- und Objektklassen von Natur aus ausgerichtet. Es wäre demnach durch mehrere in sich verschiedene Funktionsgesetze und Formalobjekte geprägt. Nun aber sahen wir in unserer fundamentalen Strukturanalyse des Wirkvermögens, daß für ein jedes Wirkvermögen *sein* Formalobjekt *konstitutiv* ist. Mehrere Formalobjekte konstituieren *eo ipso* auch mehrere

Wirkvermögen. Verschiedene Funktionen: verschiedene Strukturen [33]. Zusammenfassend: Mehrere adäquate Materialobjekte → mehrere Formalobjekte → mehrere Vermögen. Die Annahme von *mehreren* Endzielen für *ein* Wirkvermögen erweist sich damit als *pluralistische Scheinlösung.* Das möchte das folgende Schema verdeutlichen [34]:

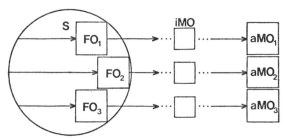

B) Die Annahme, daß ein Wirkvermögen — entscheidend: der menschliche Wille — überhaupt auf *kein* Endziel angelegt und hingeordnet sei, gibt die Strukturformel ab für das heute gängige, wie auch schon Goethesche, immanentistische Verständnis von Mensch und Welt, für die Unabsehbarkeit des innerweltlichen Nacheinanders von sich ablösenden, möglichst sich steigernden, jedenfalls durch ihre Variation delektierenden [35] endlichen Teilerfüllungen des Daseins...
— ohne weitere Begründung und Verankerung, ohne Gesamt- und Letzterfüllung. Die Annahme der bloßen „schlechten Unendlichkeit" unseres Daseins zieht den Schein ihrer Berechtigung daraus, daß sie für unsere empirische Weltexistenz tatsächlich zutrifft: wir gehen ja doch ständig von einem Objekt, Moment, Aspekt zum anderen weiter (jedenfalls bis der Tod ein Ende macht). Warum ist mit diesem Unterwegssein nicht unsere *ganze* und *letzte* Wirklichkeit erfaßt? Oder genauer gefragt: Warum muß es überhaupt ein Letztes, *das* Letzte geben? Das folgende Schema deutet an, daß an die Stelle des Nebeneinanders mehrerer adäquater Materialobjekte in „Möglichkeit A" nun, bei „Möglichkeit B", das bloße Nacheinander inadäquater Materialobjekte tritt:

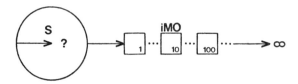

Ist jedoch ein Wirkvermögen schlechthin ohne Endziel möglich? Erörtern wir das für diese zwei kontradiktorischen Fälle der Möglichkeit B: die Einzelziele, die in grundsätzlich endloser Reihe aufeinanderfolgen, weisen entweder a) überhaupt nichts Gemeinsames, das sie miteinander irgendwie verbindet, auf; oder b) sie besitzen etwas derart Gemeinsames.

Fall Ba): Zwischenziele, die vollständig disparat und beziehungslos aneinandergereiht sind, führen auf dasselbe Resultat wie „Möglichkeit A", die pluralistische Scheinlösung: sie würden das eine Wirkvermögen durch ihre schlechthinige Verschiedenheit, entsprechend ihrer Vielzahl, aufspalten in viele Wirkvermögen.

Fall Bb): Die vielen Einzelobjekte, nach denen unser Wille auslangt, sind miteinander durch etwas verbunden, das ihnen gemeinsam eigen ist. Und aufgrund dieses gemeinsamen Aspekts oder Moments — wir pflegten zu sprechen von ihrem Gutsein, ihrer Werthaftigkeit — sind sie für den Willen erstrebenswert. Dann aber erhebt sich die Frage: Woher kommt es, daß der Wille von einem Objekt zum andern weiterschreiten kann (und muß), und zwar in einem, kraft seines unbegrenzten Wirkhorizontes, grundsätzlich endlosen Überschreiten des je Erreichten? Doch daher, daß unser Wille, als seine Naturanlage, eine Fassungskraft und einen Erfüllungsanspruch besitzt, die keines der jeweils erreichten Zielobjekte ausschöpft und erfüllt. Die naturhafte Zielausrichtung des Willens ermöglicht (und ernötigt) das unbegrenzte Je-weiter, Je-mehr, Je-eigentlicher unserer Willensbewegung... Der Zielentwurf, der der Willensdynamik eingeschrieben ist und der sie an nichts unterwegs Erreichtem ihr Genügen finden läßt, ist das Letztziel, das allein vollständig und endgültig die Weltbewegung des menschlichen Willens zum Ende, zur *Vollendung* zu bringen vermag. Wie Fall Ba) auf die ‚Möglichkeit A‘ zurückwies, so weist Fall Bb) vor auf die Möglichkeit C, die damit als die einzig reale zu gelten hat.
Verdeutlichen wir den Angelpunkt unserer Überlegungen noch einmal, indem wir antworten auf den folgenden *Einwand:* Die bestimmte Einheit des Formalobjektes des menschlichen Wirkvermögens — der geistigen Erkenntnis oder des Willens — besteht darin, daß das Vermögen in der potentiell-unendlichen Reihe seiner Gegenstände stets auf etwas all diesen Gegenständen Gemeinsames ausgeht: auf sie als Seiende oder als Werte; deshalb wird das Formalobjekt in der angeblich ‚nihilistischen‘ Möglichkeit B eben doch nicht zerstört, nicht nichtig. — Gegenfrage: Woher kommt es, daß das Vermögen über alle jeweiligen endlichen (!) Verwirklichungen dieses Einen-Gemeinsamen, des FOs ‚Sein‘ oder ‚Wert‘, hinausgehen *kann* und *muß* — in indefinitum, end*los*? Die Antwort: Weil keine jener endlichen Verwirklichungen oder Konkretisationen des FOs dessen Maß ausfüllt, erschöpft, *voll*endet! Weil das Zielprinzip des geistigen Vermögens — als dessen Leitbild, Fassungsmaß, Zugkraft — *un*endlich ist!

C) Der menschliche Wille ist hingeordnet und ausgerichtet auf *ein* Endziel, das ihn zu vollenden vermag! Dieses (von uns auch „adäquates Materialobjekt" genannt) begründet als letzte Möglichkeitsbedingung das durch seine unbegrenzte Offenheit charakterisierte Formalobjekt des Willens, das seinerseits die nächste Möglichkeitsbedingung ist für die alltäglichen oder auch außergewöhnlichen Freiheitserfahrungen des sittlichen Wollens und der personalen Liebe, bis zurück zur paradoxen Dialektik des in der Sinnlosigkeit selbst erfahrenen Sinnanspruchs, von der wir ausgingen. Damit ist unsere Alternativfrage zwischen Immanenz (als Exklusivstandpunkt!) und Transzendenz [36] im Grund beantwortet. Der unbestimmt-unendliche Wirk-*Horizont* des Willens verlangt selbst nach Letztbegründung in einem bestimmt-unendlichen Ziel-*Prinzip*. Es bleibt hierzu nur noch das Schema nachzuliefern:

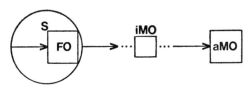

Die Unendlichkeit des Zielprinzips

Als Epilog zum 2. Abschnitt unserer Ausführungen („Vom unendlichen Horizont zum unendlichen Prinzip") ist, überleitend zugleich zur abschließenden Explikation der Grundcharaktere „Gottes", die *Unendlichkeit* des Zielprinzips des Willens ausdrücklich aufzuweisen und etwas näher zu erläutern. Das End- und Vollendungsziel des Willens begründet, warum der Wille von keinem seiner endlichen Objekte je voll zufriedengestellt werden kann, sondern jedes nur denkbare Weltobjekt in der „schlechten" Unendlichkeit seiner ungestillten Dynamik überschreiten kann und muß. Dann aber kann offensichtlich das Endziel, das die „Kapazität" des Willens ganz und für immer erschöpft, nicht selber endlich sein. Es muß, als das bestimmte Vollendungsziel dieses bestimmten Vermögens, selber *bestimmt-unendlich* sein: es ist die wahrhafte Unendlichkeit. Wie mit keinem einzelnen endlichen Weltobjekt, so kann es übrigens auch nicht mit deren Summe identisch sein. Auch diese bliebe stets eine endliche Größe und ließe sich als solche überbieten; über jedes noch so große und vollkommene Welt-Totum x hinaus läßt sich ein je größeres, vollkommeneres usw. Totum x + 1 vorstellen oder ausdenken und deshalb auch anstreben (wodurch sich das „Totum" als bloßes Quasi-Totum erweist, als etwas *Vorletztes*). Das Unendliche schließt nach seinem wahren Begriff nichts Endliches in sich ein. Es besagt nicht: dasjenige, das nichts außer sich hat (so verstanden würde das Unendliche Gott und Welt in sich irgendwie pantheistisch miteinander verschränken); es besagt vielmehr: dasjenige, das kein Ende, keine Grenzen an sich hat, das deshalb alle Vollkommenheit der Welt auf seine unendliche, unüberbietbare Weise in sich befaßt.

3. Die Explikation der „Gott"-Charaktere

Wir haben den entscheidenden Schritt unseres anthropologischen Gottes*beweises* vollzogen. Das Sein des Menschen in seiner wirksamen Wirklichkeit hat sich uns erwiesen als — mit Fichte [37] zu sprechen — „absolute Tendenz zum Absoluten". Das Absolute wurde von uns bisher erfaßt oder genauer mit einem gegenstandsgemäßeren Ausdruck des Aristoteles [38] „berührt" unter dem offenen Begriff des Unendlichen. Wir haben im wesentlichen bereits das Programm erfüllt, das W. Pannenberg [39] aufstellte: „Die Frage nach dem Sein Gottes kann nur noch als Frage nach dem Sein, das der Mensch gerade in seiner Subjektivität immer schon voraussetzen muß, gestellt werden, und als Frage nach dem Sein, auf das der Mensch angewiesen ist als auf den jeweiligen Grund der Möglichkeit seiner Freiheit gegenüber der Welt."

Daß wir einen hinreichenden Gottesbeweis erstellt haben, ist jedoch noch ausdrücklich darzulegen. Das bisherige Resultat, daß es ein Zielprinzip des menschlichen Willens von echter Unendlichkeit gibt, umschreibt noch nicht auf genügende Weise das, was wir Gott zu nennen bereit sind. Was aber sind wir „Gott" zu nennen bereit? Aus allgemeinen religionsphänomenologischen Gesichtspunkten wie aufgrund des Umstands, daß unsere Überlegungen christlicher Bewußtseinsbildung dienen sollen, setzen wir — ohne nähere Begründung [40] — als Grundeigenschaften Gottes an: Absolutheit, Welttranszendenz und Personalität. Es ist in Kürze der Zusammenhang des bisher Aufgewiesenen mit diesen Grundeigenschaften Gottes anzuvisieren.

Absolut, im Gegensatz zu relativ, nennen wir das, was ganz unabhängig von allem andern, also auf völlig unbedingte Weise existiert; wir wollen darunter zugleich, im Gegensatz zum Kontingenten, das Absolut-Notwendige verstehen, das den vollzureichenden Grund seiner Existenz in sich trägt, das kraft seines Wesens existiert. (Die Tradition spricht von dem „actus purus".) Es ist nun wohl unschwer zu sehen, daß das Unendliche wie alle Begrenztheit so auch alle Abhängigkeit von sich ausschließt. Als die unüberbietbare Fülle aller Werte ist es das vollendende Endziel unseres Willens, der stets auf Verwirklichung und Wirklichkeit aus ist; auf wirkliche Weltobjekte. Deshalb muß auch und gerade sein Endziel ursprüngliche, in sich gründende Macht und Fülle von Wirklichkeit sein. Schon der Unbedingtheitscharakter der Erfahrungen des sittlichen Sollens und der personalen Liebe war ein erster Hinweis auf diesen Absolutheitscharakter des letzten Fundaments und Garanten dieser Erfahrungen.

Welttranszendent nennen wir das, was weder mit der Welt als Ganzem noch mit einem ihrer äußeren Teile oder inneren Prinzipien identisch ist. Die Unendlichkeit des Zielprinzips des menschlichen Willens wies über jedes einzelne endliche Weltobjekt und über jede denkbare Summe dieser Objekte hinaus, damit auch über jeden Aspekt und jedes konstitutive Moment an ihnen oder in ihnen. Mit dieser Unendlichkeit ist deshalb ohne weiteres die Welttranszendenz gegeben.

Es wird oft als besonders schwierig betrachtet, philosophisch die *Personalität* des letzten Grundes der Welt zu erweisen. Wie aber, wenn es — wie für uns — um den letzten Sinn- und Zielgrund des *Menschen* geht, des Menschen in seiner personalen Freiheit? Der Grund muß zumindest von gleicher Vollkommenheit sein wie das Begründete. Eine höhere Weise der Wirklichkeit, der Vollkommenheit jedoch als das Personsein in seiner umfassenden geistigen Offenheit, in seinem Bezug auf Wert und Wirklichkeit in ihrem Ansichsein und ihrer Fülle gibt es nicht. Deshalb ist der ersturprüngliche und letztvollendende Zielgrund des personal freien Willens selber als personal zu denken — gewiß auf unendlich höhere, analoge Weise, aber eben personal und nicht nicht-personal. Fassen wir diese allgemeine Erwägung konkreter: Wir streben nach Selbstverwirklichung. Diese vollzieht sich auf vielerlei Weisen. Am reinsten und vollsten vollendet sie sich, so sahen wir, in personaler Liebe. Dann aber kann die Grunddynamik und Urmacht, die diese Bewegung der Selbstverwirklichung durch Liebe trägt und treibt, nicht ein neutrales Es sein. Nur gegenüber einem personalen Du können Person, Freiheit, Liebe in ihre Vollendung einschwingen. Die personalen Züge des Absoluten, die sich uns in der Erfahrung des sittlichen Anspruchs und als Grundgarantie zwischenmenschlicher Liebe ankündigten, haben nun ihre — mühsame — rationale Erhellung und Rechtfertigung gefunden. Traten wir Gottes unfaßbarem Gottsein zu nahe dadurch, daß wir es als personal bestimmten? Ich denke: nein. „Denn die Personalität des Menschen ist nichts anderes als ,Theomorphismus', nicht aber umgekehrt die Gottes anthropomorph. Anthropomorphismus ist es auch nicht, wenn der Mensch sein Verhältnis zu Gott, wie es ja Gott selber will, als personales versteht, als Verhältnis des Ichs zum Du." [41]

Nun sind wir auch berechtigt, von unserem Beweisgang als einem „*Gottesbeweis*" zu sprechen. Unsere Überlegungen seien zusammengefaßt in diese These: *Für die freie Existenzverwirklichung des Menschen — zumal in den Erfahrungen sittlichen Sollens und personaler Liebe — ist die nächste Möglichkeitsbedingung der unbestimmt-unendliche Horizont aller möglichen werthaften Weltobjekte. Die letzte Möglichkeitsbedingung ist die bestimmte Unendlichkeit von Wert und Wirklich-*

keit, die wir als das absolute, welttranszendente, personale Vollendungsziel un-
seres Daseins Gott nennen.
Nur angedeutet, nicht ausgeführt seien noch einige *Einwände* gegen die Realität
eines unendlichen Vollendungsziels des Menschen, das uns zuletzt im sehr verhüll-
ten Glanz seiner Gottcharaktere präsentiert wurde: Liegt hier nicht etwa, im
Sinne Ludwig Feuerbachs, die illusorische Projektion irdisch unerfüllter Wunsch-
bilder in ein unkontrollierbares Jenseits vor? Praktiziert die Wirklichkeitsbe-
hauptung betreffs des besagten Endziels nicht einen teleologischen Optimismus,
den die empirische Wirklichkeit der Natur — in der viele Blüten blühen, ohne
Früchte zu tragen — unerbittlich dementiert? Läuft das Ganze nicht auf die un-
kritischen „eudämonistischen" Gottesbeweise des 18. und 19. Jahrhunderts aus
dem Glücksverlangen des Menschen hinaus? Theoretisieren wir etwa nur pseudo-
philosophisch in einer ohnehin nur für den überzeugten gutmütigen Christen ak-
zeptierbaren Weise das augustinische *cor inquietum?* — Eine genauere Erörterung
dieser Schwierigkeiten soll hier nicht unternommen werden. Im Blick zu behalten
ist, daß unsere Überlegungen nicht irgendwelche Vorstellungen und Sehnsüchte
von Phantasie und Herz des Menschen, letztlich seines Willens, zum Gegenstand
hatten, sondern daß sie zielten auf die diesen Akten vorausliegende, sie hervorbringende und tragende Instanz, auf den Willen *als Vermögen,* auf dessen *natur-*
hafte Konstitution, auf seine — ihm gleichsam im Rücken liegenden — *Möglich-*
keitsbedingungen (die deshalb nicht Produkt nachträglicher Illusionen sein können). Wir haben, in etwa mit Hilfe der transzendentalen Methode Kants, die als
erster Joseph Maréchal für unsere Zwecke gebrauchte, nach den ursprünglichen
inneren Möglichkeitsbedingungen des Menschseins — in der Freiheit von Sittlichkeit und Liebe — gefragt. Die Antwort: Die letzte Möglichkeitsbedingung des
Menschen ist Gott. Was aber „Gott" ist, hat sich uns von da aus erschlossen. Gott
gehört in gewissem Sinn zur Definition des Menschen: jedenfalls zur Konstitution
jener Dynamik, die unsere freie Lebensbewegung treibt. Er ist „das Woher meines
Umgetriebenseins" (Herbert Braun [42]). Wir haben dieses Woher als das für den
Menschen als Menschen konstitutive Woraufhin gedeutet. Descartes [43] bietet uns
die Kürzest-Formel für das Resultat unseres Argumentationsunternehmens an:
„*Sum, ergo Deus est. Ich bin, also ist Gott."* Gott ist das Fundament und der
Garant der unbegrenzten Offenheit und damit der Freiheit des Menschen: dessen,
was uns zu *Menschen* macht und unser Leben zu *menschlichem* Leben.

III. Exkurs: Das kosmologische Argument und Kants Kritik

Dieser Nachtrag ergänzt und vertieft das Verständnis des anthropologischen Beweisganges, dem unser Hauptinteresse galt. Er möchte zeigen, daß der Strukturgedanke, der den
aristotelisch-thomanischen Gottesbeweisen der traditionellen christlichen Philosophie zu-
grundeliegt, nach wie vor — auch nach der von Kant an ihm geübten Kritik — Gültigkeit besitzt. Allerdings nicht ohne stillschweigenden oder ausdrücklichen Rückbezug auf
anthropologische Reflexion!
Wir wollen zuerst, auch auf dem denkgeschichtlichen Hintergrund, die Begriffe des *Ab-*
soluten und des *Absolut-Notwendigen* erörtern, die den Zielpunkt der Beweisführung
anzeigen. Dann soll der Ausgangspunkt dargelegt werden: die *Kontingenz* der Welt.
Schließlich ist das den Beweisschritt von Welt zu Gott tragende *Kausalitätsprinzip* zu

diskutieren. Ein Exkurs zum Exkurs nimmt auf mehr fachphilosophische Weise zu *Kants Kritik* am kosmologischen Gottesbeweis gegenkritisch Stellung. In einfacherer Form geschieht das im ganzen Exkurs: Immanuel Kant ist der große Herausforderer der Metaphysik.

1. Das *Absolute* bezeichnet, seinem Begriff nach, das Unbedingte überhaupt. Der Gegenbegriff ist das Relative. Das Absolute schließt jede Abhängigkeit seiner Existenz von etwas anderem schlechthin aus. Dieser substantivische Wortgebrauch meint eine Unbedingtheit des Seins, nicht nur der Geltung oder des Begriffs (der absolut genannt wird, weil er nicht eine Beziehung auf etwas anderes besagt). Auch übersteigt das Absolute überhaupt, als ein singulare tantum, die nur in gewisser Hinsicht bestehende Unbedingtheit der Substanzen (und „absoluten Akzidentien"), die insofern absolut sind, als sie selbständiges Sein besitzen oder jedenfalls nicht in bloßer Beziehung oder Relativität aufgehen.

Die wirkliche Existenz des so verstandenen Absoluten scheint (vorausgesetzt, daß überhaupt etwas existiert) eine sich aus der Fassung des Begriffs ergebende Selbstverständlichkeit zu sein. Die Begriffsgehalte „absolut" und „relativ" sind kontradiktorisch: es kann nichts Drittes geben, das weder seinsunabhängig noch seinsabhängig wäre. Das Relative aber verweist durch sich selbst auf das, wovon es abhängt, letztlich auf das, was selber nicht relativ, also absolut ist. Auch die Annahme einer anfanglosen Reihe von bloß Relativem, in einem regressus in infinitum, würde diesen Verweis auf das Absolute, der von dem Relativen als solchem ausgeht, nicht zum Verschwinden bringen, obwohl vor diesem Denkversuch die an Raum-Zeit gebundene Vorstellung versagt. Erst recht wäre ein geschlossener und so anfang- und endloser Kreis von ausschließlich Relativem eine schlichte Unmöglichkeit: A müßte B zur Existenz verholfen haben, obwohl es selber eben in seiner Existenz — über C, D usw. — von B abhängen würde. Wenn es überhaupt etwas gibt, dann kann es nicht bloß Relatives, d. h. auf anderes und damit letztlich auf das Absolut-Andere Bezogenes geben: dann gibt es notwendigerweise das Absolute.

Der Selbstverständlichkeit, mit der sich das Absolute als das behauptet, das, wie es notwendig gedacht wird, so auch notwendig existiert, entspricht die *denkgeschichtliche Überlieferung* zweier Jahrtausende. Die allgemeine religiöse Erfahrung des „Anderen", das letzte, unbedingte Macht trägt, wird für die Reflexion in Indien zum All-Einen, dessen Schein die Welt ist, für das frühe griechische Denken zum Grund der Welt. Platon schaut in der höchsten Idee des Guten die Voraussetzungslosigkeit und das Auf-sich-selber-Gestelltsein, die das Absolute ausmachen. Diese Schau bestimmt den Neuplatonismus und, ineins mit der jüdisch-christlichen Offenbarung, die Jahrhunderte der Patristik (vgl. z. B. Gregor von Nazianz: an-archos), später Meister Eckhart, Jakob Böhme, Franz v. Baader, die von dem „grundlosen Grund" oder auch „Ungrund" sprechen. Bei Aristoteles zeichnet sich das ab-solute Sein der ewigen, unbewegten Ursache in ihrem „Getrenntsein" von allen sinnenhaften Weltdingen ab. Die Scholastik faßt das Absolute auf den volleren Begriff des (Absolut-)Notwendigen hin: als das „durch sich selbst" Seiende (Anselm), als „die Erstursache des Seins, die ihr Sein nicht von etwas anderem hat" (Thomas), als ens a se, „von sich her Seiendes" (Suárez). Bonaventura (Itiner. III 3) stellt dem abhängigen Seienden das ens absolutum gegenüber, welches das lauterste, wirklichste und vollendetste Sein ist: seine Erkenntnis ist die Möglichkeitsbedingung für die Erkenntnis des mangelhaften, unvollkommenen Seienden; sie liegt aller Wahrheitserkenntnis zugrunde! Später sagt auch Nikolaus von Kues ausdrücklich: „Gott allein ist absolut" — im Gegensatz zu aller Beziehung und Beschränkung (Docta ign. II 9; vgl. I 2). Die philosophischen Systeme des Rationalismus, vor allem aber des Deutschen Idealismus sind Philosophien des Absoluten: Nicht das Unendlich-Absolute: das Endlich-Relative ist das Erklärungsbedürftige! Für Fichte, Schelling und zumal Hegel legt sich der alleine Geist-Grund selbstschöpferisch als Welt aus (in einer „Ab-solutheit", die auf dialektische Selbstvermittlung mit dem Relativen, in Identität-in-Differenz, uminterpretiert ist. Im 19. und 20. Jahrhundert wird „das Absolute", das durch Hegel in die modernen Sprachen einging, weithin irrationali-

stisch gedeutet. Die Wert- und Existenzphilosophien nehmen es zumeist auf die Unbedingtheit allgemein-geistiger Sachverhalte bzw. personal-menschlicher Haltungen zurück. Das
für die breite Öffentlichkeit maßgebliche Selbstverständnis der Zeit orientiert sich mehr
und mehr an der empiristischen Richtung des neuzeitlichen Denkens, die (wie einst die
antike Sophistik) zur Negation (Atheismus) oder vielmehr Skepsis (Agnostizismus, Skeptizismus) gegenüber dem Absoluten neigt.

Für das *Gegenwartsbewußtsein* hat sich vor allem durch den Einfluß Kants die Selbstverständlichkeit der notwendigen Existenz des Absoluten verdunkelt. Sie beruht auf
einem Ausgriff des Denkens, durch den das Relative oder Bedingte *als solches* erkannt
und so zusammengefaßt und insgesamt überstiegen wird auf das Absolute oder Unbedingte hin. Das ist jedoch, nach Kant, für die menschliche Erkenntnis nicht möglich. Danach können wir einen Gegenstand nur insoweit eigentlich erkennen, als er uns gegeben
ist unter den Bedingungen des Raumes oder zumindest der Zeit. Etwas Relativ-Bedingtes
kann nur erkannt werden als abhängig von etwas anderem, das seinerseits ebenfalls relativ
und bedingt ist durch ein Drittes von derselben Art usw. Das endlose Weiterschreiten von
einem Phänomen zum anderen, im Horizont möglicher (raum-)zeitlicher Erfahrung, ist
das von Kant in der „Kritik der reinen Vernunft" (von 1781) entworfene Erkenntnismodell. Kant hat damit das Methodenprogramm der modernen Naturwissenschaft, ihre
grundsätzlich grenzenlose Forschungsaufgabe innerhalb des Phänomenbereichs „Welt", auf
die klassische erkenntnistheoretische Formel gebracht. Diese Auffassung wirkt von der
Naturwissenschaft her, in der sie, mit oder ohne Kenntnis ihres philosophischen Ursprungs,
ihren durchaus legitimen Platz hat, illegitim als mehr oder weniger ausgeprägte Grund-
haltung eines relativistischen Positivismus auf die philosophische Weltschau zurück. Psychologische und soziologische Befunde scheinen heute die Relativierung der denkerischen Einstellung in weitem Ausmaße empirisch-wissenschaftlich zu bestätigen.

Auch der Versuch, die fundamentale Selbstverständlichkeit der absoluten Wirklichkeit
neu verständlich zu machen, kann sich von Kant die Richtung weisen lassen, indem er
Denkimpulse der Tradition, vor allem von Augustinus und Bonaventura, aufnimmt.

Die Idee des Unbedingten hat im Erkenntnismodell Kants die Funktion eines „regulati-
ven Prinzips"; sie hält, als theoretisch unerreichbarer Zielentwurf, das Fragen und Forschen in Gang. Erst auf einem anderen Feld eröffnet sich für den Kant der „Kritik der
praktischen Vernunft" der Zugang zur „konstitutiven" Wirklichkeit des Unbedingten: in
der Erfahrung der sittlichen Verpflichtung, im kategorischen (= unbedingten) Imperativ
des Gewissens. Nicht die theoretische Naturerfahrung in ihrer Notwendigkeit, wohl aber
das praktische sittliche Sollen, dessen unmittelbare Voraussetzung die Freiheit des Menschen ist, setzt als Grundpostulat seines für Kant über jeden Zweifel erhabenen sinnvollen
Anspruchs die notwendige Existenz des Absoluten, das Gott heißen darf, voraus. Gott
ist der Garant der sittlichen Ordnung der Welt.

Nun ist uns jedoch die Erfahrung des Unbedingten nicht nur im Raum der sittlichen Freiheit, sondern auch im Vollzug jeder wahren *Erkenntnis* gegeben. Wo immer etwas als
„wahr" erkannt wird — und das heißt: so wie es ist —, da beansprucht diese Erkenntnis
unbedingte Geltung. Sie fordert die Anerkennung ihres Aussagegehaltes von jedem be-
liebigen Vernunft-Subjekt, vor jeder möglichen Konstellation der Welt-Objekte. Der Inhalt der Erkenntnis mag selber noch so sehr räumlich und zeitlich bedingt und beschränkt
sein, er mag vielleicht nur das „Jetzt-hier" einer sogleich wieder vergangenen Empfindung
betreffen: der Geltungsanspruch der Wahrheit, die der Aussage darüber zukommt, ist
durchaus über-raum-zeitlich. Auch das zufälligste und vergänglichste Phänomen wird in
der wahren Erkenntnis erfaßt, *insofern es ist, als Seiendes*; und damit ist der allumfassende, unbedingte Raum des Seienden als solchen, des Seins-überhaupt erschlossen. Eben
diese Erkenntnisweise war jedoch die Voraussetzung dafür, daß Relatives oder Bedingtes
als solches und damit sein wesenhaft-unabdingbarer Verweis auf das Absolut-Unbedingte
erkannt werden könne. Damit ist der Weg frei für den Überstieg vom logischen Unbe-
dingtheitsmodus der wahren Erkenntnis im unbestimmt-unendlichen Horizont des Seien-

den zum ontologischen „actus purus", dem bestimmt-unendlichen absoluten Prinzip der Wahrheit und Wirklichkeit. Damit wurde von seiten der menschlichen Erkenntnis jener Gedankengang ausgeführt oder wenigstens angedeutet, den der anthropologische Gottesbeweis auf den menschlichen Willen und dessen Freiheit angewendet hat.

Nicht nur auf das phänomenale Was, etwa eines naturwissenschaftlichen Funktionszusammenhangs von Beobachtungsdaten, sondern auf das ontologische Daß (daß es nämlich so ist) zu achten: das verlangt jedoch einen Durchbruch durch und „hinter" die methodisch eingegrenzte Perspektive der einzelwissenschaftlichen Fragestellung (der sich nur der Anschein der Phänomene zeigt) zu philosophischer Denkhaltung (die offen ist für das Ansich-Sein der Weltwirklichkeit). Dieser Durchbruch ist in seinem tatsächlichen Vollzug Tat der Freiheit, die einem Aufgerufenwerden des Menschen in seiner Ganzheit entspringt. Insofern ist die Verständnisbereitung für die Wirklichkeit des Absoluten auf dem Feld theoretischer Erkenntnis, auf dem Kant und mit ihm weithin das Gegenwartsbewußtsein diese nicht finden zu können meinen, doch verschränkt mit der Bewährung des eigenen Menschseins in Freiheit, auf die Kant sich berief. Aber nun kann der Appell an die sittliche Freiheit eine auch theoretische Begründung erhalten.

Ein anderer, ebensowenig bloß irrationalistischer Weg auf die Selbstverständlichwerdung des Absoluten hin war der Aufweis, daß die mit dem Wesen personaler Liebe gegebene Unbedingtheit ihren ermöglichenden und erfüllenden Grund in der wirklichen Existenz des Aboluten-in-Person haben muß.

Mit dem Begriff des Absoluten allein, als des Unbedingten-überhaupt, ist jedoch noch nichts ausgesagt über die theistische oder pantheistische Grundstruktur des Universums. Die angedeuteten, existentiell überzeugenderen Erfahrungsaufweise der nicht bloß an seinem Begriff abgelesenen Wirklichkeit des Absoluten drängen allerdings auf seine personale, theistische Interpretation hin: als Ursprungs- und Zielgrund von Wahrheit und Freiheit im personalen Vollzug des Selbstseins des Menschen. In der Weise des doppelten Negation, die der menschlichen Erkenntnis des Absoluten = Nicht-Bedingten (wobei Bedingtheit ihrerseits Beschränktheit, Endlichkeit, Negation besagt) unaufhebbar eigen ist, kündigt sich von allem Anfang der bleibende Geheimnis-Charakter des Absoluten an.

Der Begriff des Absoluten wird entscheidend verdeutlicht durch den Begriff des *Absolut-Notwendigen*. Dieses steht über dem Gegensatz von Wahlfreiheit und physischer, deterministischer Notwendigkeit, die aus äußerem oder auch aus triebhaftem innerem Zwang resultiert. Es repräsentiert den Vollendungsgrad jener Wesensnotwendigkeit, die identisch ist mit einer recht verstandenen Wesensfreiheit. Es ist wichtig zu sehen, will man logisch genau argumentieren, wie der Begriff des Absoluten vom Begriff des (Absolut-)*Notwendigen* erweitert und vertieft wird. Das Absolute schließt nämlich in seinem unmittelbaren Begriffsinhalt nur negativ die äußere Abhängigkeit des eigenen Seins von etwas anderem aus. Notwendigkeit besagt außerdem — gleichsam nach innen gewendet — das positive Moment des In-sich-Gründens kraft eigener wesenhafter Seinsmächtigkeit. Deshalb schließt der Übergang von der Bejahung des Absoluten zu der des Notwendigen die Einsicht in die Begründetheit alles Seienden (das Denk- und Seinsprinzip vom zureichenden Grunde) ein. Darauf kommen wir unter Punkt 3 zurück. Zunächst ist der Gegenbegriff des Notwendigen, der uns näher liegt (oder näher zu liegen scheint), zu erörtern.

2. Das *Kontingente*, das Zufällige im philosophischen *Begriffssinn*, ist dasjenige, das nicht kraft seines Wesens existiert, zu dessen Wesen sich also das tatsächliche Wirklichsein — bloß formallogisch betrachtet! — wie ein Akzidens (von ac-cidere) verhält, das dem Wesen „von außen zu-fällt". Dem weiteren Begriffsumfang nach bezeichnet das Kontingente alles, „was nicht-sein kann". So steht es im kontradiktorischen Gegensatz zum Absolut-Notwendigen, das nicht nicht-sein kann, weil es kraft seines Wesens besteht. Im engeren Bedeutungssinn schließt es das Unmögliche-schlechthin aus und bezeichnet nur dasjenige, „was sein und nicht-sein kann". In jedem Fall besagt Kontingenz eine durch die Defizienz eines Nicht-Habens oder Nicht-Seins gezeichnete ontologische Konstitution,

nämlich jene Wesensverfassung, die nicht an und durch sich selbst ihre eigene Wirklichkeit ist.

Von dem Verhältnis des Kontingenten zum Notwendigen gilt im wesentlichen das zum Absoluten über seine Denkgeschichte, über die für das Gegenwartsbewußtsein bestehende Erkenntnisschwierigkeit und über mehr erfahrungshafte Versuche neuer Verständnisgewinnnung Gesagte.

Ein neues Problemmoment bringt die *Anwendung* des Begriffs des Kontingenten mit sich. Es scheint, daß dem Menschen normalerweise keine im strengen Sinne unmittelbare thematisch-gegenständliche Erkenntnis seiner eigenen Kontingenz gegeben ist, da dies wohl eine thematische Erfahrung seines absoluten Existenzgrundes bedeuten würde. Woran ist dann aber das Kontingente erkennbar? Daran, daß es von etwas anderem verursacht wird? So würde der Begriff für die Metaphysik (für die durch das Kontingente zu vermittelnde Erkenntnis des Notwendigen als seiner Ursache) unbrauchbar. Daran, daß das Kontingente zu existieren anfängt oder aufhört? So wäre es nicht möglich, die Welt in ihrer Ganzheit philosophisch als kontingent zu erweisen (tatsächlich drang die griechische Philosophie, die vom Entstehen und Vergehen der Weltdinge aus argumentierte, nicht zur Kontingenz und damit nicht zum Geschaffensein auch der allem zugrunde liegenden Weltmaterie vor und blieb so einem Dualismus von Weltbaumeister-Gott und Materie verhaftet [44]). Eine ganz allgemein anwendbare Anzeige für Kontingenz findet sich dagegen in der Veränderlichkeit des Menschen und der Welt.

Seine *Veränderlichkeit* wird vom Menschen aufs vielfältigste erfahren: im Heranwachsen und Altwerden, im Schlafen und Wachen, im Lernen und Vergessen... Nacheinander verwirklicht jeder Mensch Möglichkeiten, die er besitzt, um so mehr und mehr er selbst zu werden. Aber diese sukzessive Aktuation seiner selbst ist unvermeidlicherweise auch eine selektive Aktuation: das Ergreifen einer bestimmten Möglichkeit schließt jeweils andere, an sich ebenfalls bestehende und erstrebenswerte Möglichkeiten aus. Aufs schärfste ist dieses Grundgesetz menschlichen Schicksals erfahrbar in der Wahl eines bestimmten Berufes, die andere Bildungs- und Schaffensmöglichkeiten zunichte macht, die, weil menschliche Möglichkeiten, mehr oder weniger auch meine Möglichkeiten waren. Auch die Grenzsituationen, in denen die Kontingenz des Menschen mit der stärksten psychischen Unmittelbarkeit durchschlägt (wie Verlust eines geliebten Menschen, Schuldverstrickung, berufliches Scheitern), sind in die „Formalstruktur" der Veränderlichkeit gespannt. Weil diese verunmöglicht, daß alle unsere Möglichkeiten ohne Auswahl und Abstrich Wirklichkeit werden oder daß sie gar jemals ohne Streuung ins Nacheinander in einem Jetzt reiner, einiger Ganzheit, geballter, in sich zentrierter Sammlung sind und dauern: deshalb ist sie Anzeige dafür, daß der Mensch nicht aufgrund seines eigenen Wesens, nicht aus der Vollmacht seines Selbst existiert, kraft deren alle Möglichkeiten ohne weiteres je schon volle Wirklichkeit wären, kurzum — daß der Mensch kontingent ist.

Um die Kontingenz der *Welt* als ganzer zu erweisen, braucht man diese nicht Stück um Stück auf ihre Veränderlichkeit hin zu befragen (so selbstverständlich das ständige und ausnahmslose Ineinanderübergehen der Elementarteilchen, aus denen die Welt in ihrem Gesamtbestand sich aufbaut, für die heutige Physik ist; und auch z. B. für den Dialektischen Materialismus). Wir nennen Welt die Gesamtheit dessen, was unserer direkten Erfahrung zugänglich ist. Dann ist aber schon von diesem „operativen" Begriff der Welt her, von dem wohl alles philosophische Welt-Denken ausgehen muß, die Veränderlichkeit für all das, was im einzelnen und ganzen Welt ist, ausgemacht. Denn das unmittelbare Objekt unserer veränderlichen Erfahrung muß in der Grundkonstitution der Veränderlichkeit mit der Erfahrung, die es aufnimmt und mit sich eint, übereinkommen. Von der Veränderlichkeit und damit Kontingenz der Welt läßt sich auch nicht ein letztes Weltprinzip, entsprechend etwa der Materie der Griechen, ausnehmen: Von der Veränderung eines Dinges ist jeder seiner Teile, auch der anscheinend unberührteste, mitbetroffen; im Maß etwas Subjekt einer Veränderung ist, wird es eben (mit-)verändert.

So in ihrer Kontingenz erfaßt, sind der Mensch und die Welt insgesamt die Basis für den Erkenntnisaufstieg zum Notwendigen. Allerdings steht wohl schon hinter der so vermittelten ausdrücklichen Erkenntnis der Kontingenz von Mensch und Welt eine unmittelbare unausdrückliche, nicht-thematische Grunderfahrung [45] der ursprünglichen „Gegenwirklichkeit" des Kontingenten, nämlich des Absoluten, des Unbedingt-Unendlichen. Diese wird in begrifflicher Erkenntnis als Gottesbeweis ausgelegt. Wie das geschieht, ist nun zu skizzieren.

Jene Grunderfahrung ist übrigens das vom Menschen an die Welt als seinen Erkenntnisgegenstand Herangebrachte; sie wird von ihm in die Welt *mit*gebracht, ja der Mensch *ist* diese Grunderfahrung. Hier also schlägt das anthropologische Moment aller philosophischen Erkenntnis und gerade der Gotteserkenntnis durch; es ist das eigentlich durchtragende Erkenntnismoment (Moment kommt von movere = bewegen!).

3. Den denkerischen Aufstieg von der Kontingenz der Welt zu Gott als deren absolut-notwendiger Grund, vermittelt das metaphysische *Kausalitätsprinzip* (von causa = Ursache). Es besagt: Alles Kontingente, das existiert, existiert durch eine Wirkursache. Und es ist die Anwendung des allgemeinsten Prinzips vom zureichenden Grund, wonach alles Seiende — in sich oder durch ein anderes — begründet ist, auf eine bestimmte Klasse von Seiendem, eben auf das Welthaft-Kontingente. Erst durch diesen Erkenntnisaufstieg, der die Grundstruktur des kosmologischen Gottesbeweises darstellt, erweist sich der zunächst bloß problematisch gedachte Begriff „das Notwendige" als wirklichkeitsgültig, als real. Nicht als ob das Kausalitätsprinzip an die sich erfahrungshaft erschließende Kontingenz von Mensch und Welt von außen her herangebracht werden müßte: Vielmehr wird in der Erfahrung des Seienden, als das sich der Mensch je selber erfährt in seiner Wahrheitserkenntnis und Freiheitsentscheidung, der Notwendigkeitscharakter und die Gründungsfunktion von Sein-überhaupt, zumindest ungegenständlich, miterfahren. Diese Erfahrung legen die metaphysischen Prinzipien des Nichtwiderspruchs und des zureichenden Grundes rational aus: daraufhin, daß alles Seiende, insofern ihm Sein zukommt, nicht nicht sein kann, d. h. notwendig ist, und darum auch — in vollerer begrifflicher Erläuterung derselben Seinseinsicht — nicht schlechthin grundlos-zufällig, sondern begründet ist. Denn „nichts ist so kontingent, daß es nicht eine Spur Notwendigkeit enthielte" (Thomas von Aquin [46]).

Mit diesem eigentlich erst meta-physischen Verständnis des Kausalitätsprinzips ist gegeben, daß von dem Kontingenten nicht erst „am Ende" einer empirischen Kausalreihe, die sich allzu leicht im Dunkel eines endlosen regressus in infinitum verläuft, auf die Existenz des Notwendigen als Erstursache geschlossen werden muß. Sondern das Kontingente *als solches* — wegen seines Nicht-in-sich-Gründens — und damit *alles* Kontingente bedarf dauernd, weil es ja stets kontingent bleibt, eines Existenzgrundes, der deshalb nicht selber kontingent sein kann. Alles Kontingente verlangt also nicht nur für sein anfängliches *Ent*stehen oder für das In-Gang-Kommen einer ganzen „horizontalen" Kausalreihe, sondern, in „vertikaler" Unmittelbarkeit, für sein jeweiliges, dauerndes *Bestehen* eine Ursache, deren schöpferisch-erhaltende Funktion gegenüber der Welt sich hiermit anzeigt. Da ferner die Welt als ganze kontingent ist, kommt dem Notwendigen, als Welt-Ursache, der Charakter der Überweltlichkeit oder Transzendenz zu. All dies schließt eine Weltverursachung im Modus notwendiger Naturkausalität aus und verbürgt die freie Urheberschaft und damit den personalen Charakter des Notwendigen. So füllt sich dessen Begriff, durch die Momente der Transzendenz und Person, zum philosophischen Begriffe *Gottes*.

4. Im Folgenden soll die *Kritik Kants* am kosmologischen Gottesbeweis anhand der „Kritik der reinen Vernunft" (zitiert nach der 2. Auflage von 1787 = B) geprüft werden. Das bisher über Kant Gesagte wird in einer Weise zusammengefaßt, die höheren wissenschaftlichen Ansprüchen genügt; sie setzt allerdings auch etwas mehr philosophische Fachkenntnis voraus.

Der fundamentale Einwand Kants richtet sich gegen den reinen Verstandesgebrauch der Kategorien. Ohne — reine bzw. empirische — Anschauung bleiben die Begriffe leer, ohne Gewähr objektiver Gültigkeit, realitätslos. Was die Kategorie „Ursache" zu wirklicher Erkenntnis macht, ist ihre durch die Zeitbestimmung der regelmäßigen Aufeinanderfolge gleicher Erscheinungen vermittelte Beziehung auf reale Empfindung; dadurch konstituiert sie gegenständliche Wahrnehmung. Dasselbe von seiten des Kausalsatzes „Was geschieht, hat eine Ursache" aus gesehen: Der Satz, dessen Subjektsbegriff synthetisch — aber zugleich a priori, erfahrungsunabhängig — erweitert wird durch den Prädikatsbegriff, verlangt wie jede Synthesis a priori zur objektiven Geltung „ein Drittes", ein die Verbindung der beiden Begriffe begründendes Einheitsmedium: den soeben umschriebenen Kontext der Erfahrung. Ferner folgt aus den kosmologischen Antinomien die bloß regulative Funktion aller Unbedingtheitsideen; und das bedeutet infolge der Bindung der Erkenntnis ursächlicher Zusammenhänge in den Zeit-Raum gegenständlicher Erfahrung (laut der 4. Antinomie): Die Erkenntnis empirischer Phänomene ermöglicht und ernötigt stets nur die Rückfrage zu deren eo ipso ihrerseits als bedingt erfaßter Bedingung. Die Idee des Unbedingten ist der problematische Einheitsfocus, der vom Bedingten zum Bedingten *in indefinitum* fortschreitenden Forschungsprozeß in Gang hält; sie ist zu nichts anderem imstande, als Verstandesurteile systematisch zu organisieren auf ein nie vollendbares Ganzes, ein ideal-irreales Wissenstotum hin. Die damit entworfene Methodenprogrammatik empirischer Wissenschaft verschließt den theoretischen Zugang zu allem Metempirischen. Weder das dogmatische Ja noch allerdings ein ebenso dogmatisches Nein zur Existenz einer unbedingt-notwendigen Welturursache ist zulässig.

Die kritizistische Position Kants will sich selbst nur infragestellen lassen „aus der Natur des Verstandes, samt allen übrigen Erkenntnisquellen" heraus: daraus müsse man es rechtfertigen, wolle man seine Erkenntnis a priori bis dahin erweitern, „wo keine mögliche Erfahrung und mithin kein Mittel hinreicht, irgend einem von uns ausgedachten Begriffe seine objektive Realität zu versichern" (B 667). Ist nun die Grundannahme Kants stichhaltig, daß dem Menschen — da ursprünglich-schöpferische Anschauung dem *intellectus archetypus* Gottes vorbehalten ist — nur *sinnliche* Anschauung zukomme, auf deren Realitätsvorgabe deshalb alle menschliche Erkenntnis angewiesen bleibt? [47] Ist diese Annahme haltbar angesichts der nicht auf ihre Möglichkeitsbedingungen reflektierten Reflexion auf die — wie gegebenen, erfahrenen? — Erkenntnisvermögen? Zumal angesichts der vorrangigen Ordnungsfunktion der Vernunftideen gegenüber den Verstandesbegriffen, denen sie doch (da sie durch sich selbst den inneren Raumzeitbezug ausschließen) an Realitätsrelevanz entscheidend nachstehen sollen? [48] Weder eine diese und ähnliche Fragen aufnehmende Kantkritik noch der positive Aufweis metaphysischer Erkenntnismöglichkeit kann hier mit der wünschenswerten Gründlichkeit durchgeführt werden. Im Vollzug philosophischer Wesenserfassung, die nicht so sehr nur im Sinne der klassischen Abstraktion den Aristotelischen *logos enhylos* der Weltobjekte, das scholastische intelligibile in sensibili, sondern auch und zumal das Subjektivitätsmoment geistiger, intellektiver Selbsterfahrung heraushebt [49], wäre, im Gegenzug zu den Etappen der Kantschen Restriktionen, zu zeigen:

a) Das kontingent oder zufällig Existierende kann anhand eindeutiger Kriterien, wie der (akzidentellen) Veränderlichkeit alles Empirischen als solchen, *intellektiv begriffen* werden in seiner (substantiellen) Kontingenz: als das, was nicht kraft seines Wesens existiert. Dieser Wesensbegriff bleibt nicht, wie Kant meint (B 487 ff), stecken bei der bloß empirischen Zufälligkeit des sich Verändernden, das zur einen Zeit so und zur andern Zeit anders ist, ohne daß daraus gefolgert werden könne, daß es auch zur ersten Zeit anders sein konnte (das mag durch äußere Umstände, im Kausalitätskontext, durchaus verhindert werden). Vielmehr kann das Veränderliche zu jeder Zeit, soweit das auf es selber ankommt (also kraft oder genauer unkraft seines Wesens), schlechthin *nicht* sein; es ist offensichtlich zu keiner Zeit aufgrund innerer Notwendigkeit in eins all das, was es sein kann und in der Abfolge seines Sichveränderns wenigstens zum Teil auch ist — in nur sukzessiver und stets auch nur partieller, selektiver Aktuation seiner an sich bestehenden Möglichkeiten, es selbst zu sein: es existiert nicht kraft seines Wesens, nicht aus sich selbst.

b) Das Kausalität*prinzip* („Was kontingent existiert, kann nur durch eine Wirkursache existieren") stellt gewiß nach seiner erkenntnistheoretischen Qualifikation eine — apriorische — Synthesis dar: auf der Ebene der Begriffe. Die Begriffssynthese wurzelt jedoch in Erfahrungsanalyse. Diese ist der einige Verbindungsgrund der verschiedenen Begriffe. Die Geist-Erfahrung des Menschen erschließt die Seins-Einsicht, den „Wesens"-begriff von Sein mitsamt dessen notwendigen Bezügen. Daraus verstehen sich, als entsprechende satzhafte Artikulation, die metaphysischen Denk- und (weil!) Seinsprinzipien. Zunächst das sogenannte Nichtwiderspruchsprinzip: Was ist, kann, insofern es ist, nicht nicht sein [50]. Oder: Das Wirkliche *als Wirkliches* ist notwendig. Denn: „Nichts ist so kontingent, daß es gar nichts an Notwendigkeit enthielte." [51] Der Notwendigkeitscharakter des Nichtwiderspruchsprinzips, das bereits keineswegs als bloß formal zu gelten hat [52], ist ein Leitfaden zu jener „materialen" Grundeinsicht, die angelegt ist in der Tiefendimension der Seinserfahrung, die von dem Nichtwiderspruchsprinzip relativ vordergründig anvisiert wird. In das Prinzip vom zureichenden Grund faßt sich die tiefere Analyse der Seins-als Grunderfahrung; und das Kausalitätsprinzip spricht sie aus als die notwendige Fremdbegründung dessen, das sich nicht vollauf zureichend selbst begründet. (Man mag in dem vorliegenden Gedankengang die legitime Intention der vergeblichen Versuche aller rationalistischen Metaphysik wiedererkennen, das Prinzip vom zureichenden Grunde als analytisch zu erweisen: es gründet in der Erfahrungsanalyse und es reflektiert diesen Zusammenhang als das notwendige Grund*sein* bzw. die notwendige Grund*habe* alles Seienden — letzteres trifft zu für das Kontingent-Existierende.)

c) Ist das Kontingent-Existierende *als solches*, und somit *alles* derart, notwendigerweise verursacht, so kann seine zureichende Ursache nur das Nicht-Kontingente, das Absolute, Unbedingt-Notwendige sein. Die in Schöpfungsmorgen-Urnebeln verschwimmende Rückfrage nach einem ersten Glied der Ursachenreihe (vgl. B 633 Anm.) ist, sozusagen vertikal, durchstoßen durch den Wesensbegriff vom Empirisch-Physischen *als* Kontingentem, der alles Derartige umgreift und so unmittelbar (oder: in vermittelter Unmittelbarkeit) auszugreifen gestattet und verlangt nach dem Metaphysischen. Der relative (!) immanente Widerspruch von Kontingent-Existierendem, dem als Existierendem Sein zukommt, das an sich durch sich notwendig ist, und das, als bloß Kontingentes, doch nicht an und durch sich notwendig ist, kann nur aufgehoben werden durch die transzendentale Relation des Kontingenten auf das an und durch sich selbst Notwendige [53]. Schließlich erweist die die Beweisdynamik ausmachende Einsicht, daß das Seiende, das kraft seines Wesens *ist*, dessen Wesen also das Sein ist, alle positiven Möglichkeiten zu sein je schon in sich befaßt (oder von der Beweisbasis her gesehen: daß das Empirische *als Endliches* veränderlich und kontingent ist): Daß das Unbedingt-Notwendige eo ipso die uneingeschränkte Wirklichkeitsfülle oder, mit dem von Kant übernommenen Traditionsvokabular, die *omnitudo realitatis*, das *ens realissimum* ist. Die „ontologischen" Schwierigkeiten, die Kant anscheinend zusätzlich zu seiner Grundkritik anführt gegen die Gleichsetzung von Unbedingtem und Unendlichem [54], beruhen auf seinem einseitigen Begriff von Existenz als faktischem Wirklichkeitsstatus (anstatt des bloßen Möglichkeitsstatus), im Gegensatz zu dem klassischen Verständnis von Sein, das mit der Existenzsetzung die (Über-) Wesensdimension der *forma formarum* oder *perfectio perfectionum* [55] verband. Die „positionalistische" Defizienz des Kantschen Seinsbegriffs [56] aber mag als Symptom des Ausfalls intellektiver Erfahrung in Kants Kritizismus überhaupt gelten. Die skizzierte Konfrontation mit Kant, nach dessen gelegentlicher Bemerkung „(die epikureische Schule ausgenommen) alle Philosophen des Altertums sich gedrungen sahen, zur Erklärung der Weltbewegungen einen *ersten Beweger* anzunehmen" (B 478), erhält einiges Relief durch den Umstand, daß die Problematik der Kausalität nebst der „absoluten Notwendigkeit eines einigen Urwesens" (B 844) für Kant in der „Kritik der reinen Vernunft" allenthalben das Paradexempel seiner kritischen Erkenntnisrestriktion abgibt [57].

Anmerkungen

1 Siehe S. 27
2 Frühe Schriften I, ed. Lieber-Furth. Darmstadt 1962, 497
3 Pensées, ed. Brunschvicg Nr. 434
4 Siehe S. 171
5 Siehe S. 26 ff und 43
6 Kant beeinflußte durch Maréchal in Deutschland vor allem die „katholische Heideg-
   gerschule": J. B. Lotz, M. Müller, K. Rahner, B. Welte, J. Möller, E. Coreth...
   Scharfsinnig entwickelte W. Brugger einen, leider nur in lateinischer Sprache nach-
   zulesenden, anthropologischen Gottesbeweis, in: Theologia naturalis. Barcelona ²1964,
   130—144. Eine deutsche Kurzform findet sich von O. Muck, in: W. Kern — G. Stachel (Hg.), Warum glauben?. Würzburg ³1967, 118—127; die anthropologischen
   Grundaussagen dafür bieten J. Splett und G. Schiwy, ebd. 19—44. Ähnlich: H.
   Ebert, Der Mensch als Weg zu Gott, in: Hochland 57 (1965) 297—317; H. Beck, Der
   Gott der Weisen und Denker. Aschaffenburg ²1964, 77—86; J. Delanglade, Das
   Problem Gott. Salzburg 1966, 74—110; und W. Pannenberg, Die Frage nach Gott, in:
   Grundfragen systematischer Theologie. Göttingen 1967, 361—386; J. Splett: siehe
   Anm. 9. — Die für unsere Zwecke vorzüglichste Analyse menschlicher Erfahrung
   auf Gotteserkenntnis hin gibt m. E. immer noch K. Riesenhuber: Existenzerfahrung
   und Religion. Mainz 1968, 39—79; die rationale Auswertung (79—87) scheint mir
   etwas weniger geglückt. — Zur philosophischen Vertiefung in das Problem können
   vor allem diese Studien von W. Brugger dienen: Dynamische Erkenntnistheorie und
   Gottesbeweis, in: Mélanges Joseph Maréchal II. Brüssel 1950, 110—120; Das Unbedingte in Kants „Kritik der reinen Vernunft", in: J. B. Lotz (Hg.), Kant und die
   Scholastik heute. Pullach 1955, 109—153; Kant und das höchste Gut, in: Zeitschrift
   für philosophische Forschung 18 (1964) 50—61
7 Siehe S. 43 f und ausführlicher S. 189 ff
8 Zur Problematik anthropologische-kosmologischen Gottesbeweise, in Auseinandersetzung mit Kant: J. Schmucker, Die primären Quellen des Gottesglaubens. Freiburg
   i. Br. 1967; Das Problem der Kontingenz der Welt; ebd. 1969.
9 Als sehr ansprechende, nicht allzu umfängliche Darstellung ist zu empfehlen: J.
   Splett, Gotteserfahrung im Denken. Zur philosophischen Rechtfertigung des Redens
   von Gott. Freiburg - München 1973; bes. 61—88: „Gottesbeweis Mitmenschlichkeit"
10 Intellectus negationis semper fundatur in aliqua affirmatione (De potentia 7, 5); bzw.
   affirmatio naturaliter... prior negatione (Summa theol. II—II 122, 2, ad 1)
11 Analytica posteriora I 25; 86 b 34 ff
12 Hamburg 1952, 754
13 A lecture on Ethics, in: The Philosophical Review 74 (1965) 3—13, 12
14 Neue unfrisierte Gedanken. München 1964, 35
15 Paris 1954, 134
16 Tagebuch. Januar 1942 — März 1951. Hamburg 1967, 79
17 Ebd. 129 (Datum: Oktober 1943)
18 Der Mut zum Sein. Hamburg 1965, 175. Vgl. auch Th. W. Adorno (Negative Dialektik. Frankfurt 1966, 368): „Bewußtsein könnte gar nicht erst über das Grau verzweifeln, hätte es nicht den Begriff von einer verschiedenen Farbe, deren versteckte
   Spur im negativen Ganzen nicht fehlt."
19 Gesammelte Werke (Stuttgart 1959 ff): VII 14; VIII 91; II 19; XI 130, vgl. 117,
   130 ff. Tillich lotet offensichtlich tiefer als z. B. W. Weischedel (Der Gott der Philosophen, Band II. Darmstadt 1972, 100), der meint: Wird der Zweifel „wirklich ernst
   genommen, dann versinkt in ihm jede Möglichkeit der Wahrheit". Und: „Der Zweifel am Sinn muß auch die Sinnhaftigkeit des zweifelnden Aktes in Zweifel ziehen;
   sonst ist er nicht wirklich radikal." Diese „Radikalität" besagt vielmehr die Entwur-

zelung des zweifelnden Aktes selber! — Dagegen sei mit voller Zustimmung zitiert P. H. Simon (Woran ich glaube. Tübingen 1966, 235 f): „Wäre das Sein wirklich von Grund auf absurd, warum sollte dann die Unsinnigkeit des Lebens empörend sein? die Verzweiflung kann nicht am Anfang stehen; sie setzt voraus, daß man erst einmal etwas erwartet, daß man einen Ordnungsbegriff und die Sehnsucht nach einer Ordnung mit sich herumgetragen hat: dann wird uns die Erfahrung der Unordnung zum Schmerz."

20 Im Roman „Doktor Faustus". Frankfurt 1967, 490

21 Summa contra gentiles III 71. — Auch Thomas Mann ahnt verhalten im „Doktor Faustus" (104): „Ja vielleicht — man könnte darüber streiten — wäre das Böse überhaupt nicht bös, wenn es das Gute ... nicht gäbe."

22 S. 59—66 bzw. 71—75 (s. hier Anm. 6)

23 Ebd. 64 f

24 Vgl. Gen 3!

25 K. Riesenhuber (s. Anm. 6) 65

26 Ebd.

27 1. Auflage von 1785, 66 f; vgl. ebd. 83. Ferner „Kritik der praktischen Vernunft": Der Mensch ist zwar unheilig genug, aber die Menschheit in seiner Person muß ihm heilig sein. In der ganzen Schöpfung kann alles, was man will und worüber man etwas vermag, auch bloß als Mittel gebraucht werden; nur der Mensch, und mit ihm jedes vernünftige Geschöpf, ist Zweck an sich selbst. Er ist nämlich das Subjekt des moralischen Gesetzes, welches heilig ist, vermöge der Autonomie seiner Freiheit" (1. Auflage von 1788, 155 ff); ebd. 237: daß der Mensch „Zweck an sich selbst sei, d. i. niemals bloß als Mittel von jemandem (selbst nicht von Gott), ohne zugleich hiebei selbst Zweck zu sein, könne gebraucht werden". — Ähnlich J. G. Fichte (Einige Vorlesungen über die Bestimmung des Gelehrten, 1974; WW VI 309): „Der Mensch darf vernunftlose Dinge als Mittel für seine Zwecke gebrauchen, nicht aber vernünftige Wesen; er darf dieselben nicht einmal als Mittel für ihre eigenen Zwecke brauchen; er darf nicht auf sie wirken wie auf tote Materie oder auf das Tier, sodaß er bloß [!] seine Zwecke mit ihnen durchsetze, ohne auf ihre Freiheit gerechnet zu haben."

28 Vgl. das diese Spannung aussprechende Augustinus-Wort von dem je höheren und je innerlicheren Gott gegenüber dem Höchsten und Innerlichsten des Menschen: S. 9

29 Riesenhuber (s. Anm. 6) 74 f

30 Vgl. z. B. A. Portmann, Biologie und Geist. Freiburg i. Br. 1963; F. J. J. Buytendijk, Mensch und Tier. Hamburg 1958. — Nietzsche spricht vom Menschen als dem „noch nicht festgestellten Tier" (Jenseits von Gut und Böse: WW ed. Schlechta II ²1960, 623).

31 Z. B. in Wissenschaft der Logik: WW III (1834) 148 ff, 292 ff

32 Vgl. die für die Erkenntnisordnung geltenden scholastischen Axiome: actus determinatur ab objecto; facultas (Wirkvermögen) determinatur ab actu

33 Das zugehörige Axiom der Tradition: agere sequitur esse.

34 Unter „S" ist das unmittelbare Einzelsubjekt, nämlich das jeweilige Wirkvermögen zu verstehen! Im Gesamt-Subjekt Mensch dagegen können verschiedene Wirkvermögen vereinigt sein zum Gefüge einer, eben der menschlichen Natur. — iMO = inadäquate Materialobjekte (die einzelnen Welt-Ziele); aMO = adäquates Materialobjekt (das noch näher zu bestimmen ist).

35 Variatio delectat, Abwechslung macht Freude.

36 Oder auch: zwischen bloß horizontaler „Transzendenz" als schlecht-unendlicher Weltobjekt-Überschreitung und echter, „vertikaler" Transzendenz von Welt überhaupt. Vgl. Karl Jaspers (Von der Wahrheit. München 1947, 170): „Der Weg des Philosophierens sucht durch die Endlosigkeit des Teilhaften, durch das Viele und Zerstreute hindurch in aller Erscheinung das Sein selbst."

37 Das System der Sittenlehre (1798), 1. Hauptstück

38 Metaphysik XII 7; 1072 b 21
39 Typen des Atheismus und ihre theologische Bedeutung, in: Grundfragen systemati-
    scher Theologie. Göttingen 1967, 347—360, 356
40 Wie muß Gott sein, damit sich der Mensch vertrauend und bittend an ihn zu wen-
    den vermag? Vor allem aber: damit er der Gott der christlichen Offenbarung sein
    kann?
41 Ferdinand Ebner, Schriften I. München 1963, 280
42 Die Problematik einer Theologie des Neuen Testaments, in: Zeitschrift für Theologie
    und Kirche, Beiheft 2 (1961) 3—18, 18
43 Regulae ad directionem ingenii (1628) Nr. 12
44 Siehe S. 65 f
45 Vgl. dazu H. Ogiermann, Die Problematik der religiösen Erfahrung, in: Scholastik
    37 (1962) 481—513 und 38 (1963) 481—518; J. B. Lotz, Metaphysische und religiöse
    Erfahrung, in: Der Mensch im Sein. Freiburg i. Br. 1967, 404—466. — Ein sehr ver-
    ständlich gehaltener Aufriß des ganzen Kontingenzbeweises von J. de Vries, in: W.
    Kern — G. Stachel (Hg.), Warum glauben,. Würzburg ³1967, 110—118. Vgl. auch
    J. Splett (s. Anm. 9) 89—112 und 256—266. Die neueste gründliche Studie über
    Gotteserkenntnis mit Hilfe des Kausalitätsprinzips: H. Ogiermann, Sein zu Gott.
    München 1974
46 Siehe Anm. 51
47 Vgl. z. B. B 302 Anm.
48 Man vergleiche z. B. auch die prekäre Bestimmung der Existenz des denkenden Ich:
    B 422 Anm.
49 Vgl. E. Oeser, Begriff und Systematik der Abstraktion. Wien - München 1969
50 Vgl. Aristoteles, Metaph. IV 3; 1005 b 19 f
51 Thomas von Aquin, Summa theol. I 86, 3: Nihil enim est adeo contingens, quin in
    se aliquid necessarium habeat.
52 Wie Kant passim meint, z. B. B. 191 f. — Zur genaueren Begründung: W. Kern, Not-
    wendigkeit, in: H. Krings u. a. (Hg.), Handbuch philosophischer Grundbegriffe. Mün-
    chen 1973, II 1021—1037, bes. 1021—1024
53 Vgl. P. Knauer, Dialektik und Relation, in: Theol. u. Philos. 41 (1966) 54—74
54 Besonders B 634 ff, vgl. B 486
55 Vgl. F. Inciarte, Forma formarum. Freiburg - München 1970
56 Vgl. z. B. B 626
57 B 264 f, 289, 301, 304, 315, 357, 364, 662 f, 704 ff, 761, 788, 793, 814, 816

Heutiger Atheismus — Einforderung ins Christsein

Christentum — Marxismus — Liberalismus: damit seien, so ist allenthalben auf Tagungen zu hören und in Büchern zu lesen, die hauptsächlichen Richtungen des heute in Frage kommenden weltanschaulichen Angebots benannt. Gemeint sind die grundlegenden und weiträumigen Orientierungsmöglichkeiten des Denkens und des Lebens in der gegenwärtigen Stunde. Den Hintergrund für diese Auswahl bildet die Situation des vielbeschworenen Pluralismus, das will sagen: der — mehr oder weniger — freien Konkurrenz der Ideen und Programme, die um Zustimmung und Gefolgschaft werben.

Vom *Marxismus* war in diesem Buch vielfach die Rede: von der Vorgeschichte des marxistischen Atheismus, von seinen humanen Impulsen bei Feuerbach und dem jungen Marx, von deren Überlagerung durch doktrinären Materialismus in der späteren Entwicklung der marxistischen Religionskritik, aber auch von ihrer Neuentdeckung und entideologisierenden Revision in verschiedenen Neomarxismen der Gegenwart ... Zwar wird heute manchmal bezweifelt, daß überhaupt noch gesprochen werden kann von *dem* Marxismus (aber besteht diese Schwierigkeit nicht auch gegenüber *dem* Christentum?). Und gewiß: wenn der derzeit von den kommunistischen Parteien Italiens und Frankreichs vertretene polyzentrische „Eurokommunismus", der jedoch schon einen Monat nach der ihn angeblich sanktionierenden Ostberliner Konferenz vom 29./30. Juni 1976 von der Moskauer Zentrale wieder gestoppt und auf die UdSSR zurückgebogen zu werden scheint — wenn dieser Kommunismus nicht nur auf demokratische Weise zur Macht gelangen, sondern auch nach erlangter Macht das plurale Parteiensystem aufrechterhalten will, dann fragt sich ja wohl, warum er weiterhin unter eben dieser Namensetikette segelt. Diese Frage erhebt sich gerade deshalb, weil mit den Bezeichnungen ‚Kommunismus' und ‚Marxismus', die sonst vollständig ins Nebulos-Unbestimmte verschwimmen und entschwinden würden, nach wie vor bestimmte Vorstellungen verbunden werden. Und zwar etwa die folgenden: Im kapitalistischen Wirtschaftssystem hat sich der Prozeß der Selbstentfremdung des Menschen kritisch verschärft und zugleich enthüllt. Da er in Gang kam durch die Einführung des Privateigentums (an den Produktionsmitteln), ist er auch wieder aufzuheben durch dessen Abschaffung. Der Weg der geschichtlichen Entwicklung, durch die Klassengesellschaften zur klassenlosen Zukunftsgesellschaft, ist vorgezeichnet durch eine innere Gesetzmäßigkeit, die von dem beanspruchten Wissenschaftscharakter der eigenen Doktrin wie von der opferbereiten Zuversicht der revolutionären Praktik vorausgesetzt wird. Am Ziel wird die auf Gemeinwirtschaft beruhende Gesellschaftsordnung stehen, in der der Kommunismus die allseitige natürliche Entfaltung des neuen Menschen im freien Dienst eines jeden für alle anderen ermöglicht.

Der Christ macht angesichts der marxistischen Konzeption etwa geltend (und bestätigt damit, daß es auch so etwas wie *das* Christentum ‚noch' gibt in aller Vielfalt seiner Ausprägungen): Andere, tiefere Wurzeln des Bösen — als die Institution des Privateigentums — liegen unausrottbar in der sittlichen Existenz des Menschen; sie sind, quer zu den wirtschaftlich-gesellschaftlichen Systemen, Grund für die bleibende Gefahr der persönlich-sündigen wie auch ‚erbsündig'-kollektiven Selbstentfremdung. Es ist deshalb unzulässig, die eine Menschengruppe als Klassenfeind zur empirischen Inkarnation alles Negativen zu entwürdigen, und die andere Gruppe, „das Proletariat" (worin immer es heutigentags zu suchen wäre), davon zu entlasten oder, genauer besehen, ihr als dem eigentlichen Geschichtssubjekt die ganze Verantwortung für die Vollstreckung des positiven Schicksalsgesetzes der Menschheit aufzuerlegen. Protest ist geboten gegen die Opferung einer unabsehbaren Reihe ungefragter Zwischengenerationen auf dem Altar des Zukunftsglückes für andere Menschen. Warum muß so viel liegen an diesen, wenn so wenig liegen darf an jenen? Diese schlichtere Frage läßt noch weniger ein Entrinnen zu: Wo bleiben in den noch so optimistischen Zukunftsentwürfen die in der Vergangenheit Zukurzgekommenen, was ist mit denen, die krank sind oder einsam oder deren Leben äußerlich unnütz ist oder innerlich unerfüllt scheint, was wird sein mit den Toten? Die Frage nach dem Sinn nicht nur der Leistungs-, sondern der *Leidens*geschichte der Menschheit, die das Christentum stellt (heute z. B. durch den Theologen J. B. Metz [1]), wurde schon vor Jahren und Jahrzehnten auch von Marxisten wie W. Benjamin und Th. W. Adorno [2] gehört. Schließlich verlangt die anvisierte innerweltliche, im Grunde doch endgültige Vollendung der Zukunftsgesellschaft einen Menschen, der durchweg so selbstlos-heroisch zu handeln fähig und bereit sein müßte, wie das offensichtlich weder dem „urchristlichen Kommunismus" noch seither den Gemeinbesitz praktizierenden katholischen Ordensgemeinschaften, auf die sich marxistische Theoretiker gelegentlich berufen, auf Dauer und im wünschenswerten Maße gelang, trotz günstiger, ja vermutlich günstigster Bedingungen; wie auch die Realisierungsversuche von Sozialismus/Kommunismus in unserem Jahrhundert von der Sowjetunion bis Rotchina, von Kuba bis Angola die verzweifelte Hoffnung, solches Verhalten sei menschenmöglich, kaum bestärken. Nicht nur „die Verhältnisse, die sind nicht so" (was Bert Brecht ihnen ankreidete): die *Menschen*, wir Menschen, wir sind nicht so! Nämlich nicht so, daß wir das ideale Programm des Kommunismus zu verwirklichen imstande wären. (Wir Menschen sind daran ‚schuld', nicht etwa nur die bisherigen kommunistischen Funktionäre!) Das Zu-Ideale ist das Unrealste. Das hat zur Folge, so sehr man das bedauern mag (oder auch nicht): daß wer den Menschen zum *Über*menschen stilisiert, in die Versuchung gerät, im unausweichlichen Konfliktsfall ihn — und damit auch sich selbst — in *Un*menschlichkeit hinein zu manövrieren. Terror, grober oder feiner, ist die Kehrseite der Utopie, die herbeiersehnt und im Notfall dann eben auch herbeigezwungen wird: der Neue Mensch wird zum Ort des Ort-losen (das sagt U-topie). Der Mensch, der sich seine eigene Totalität abverlangt, wird inhuman; die Geschichtskonstruktion, in die er hineinverspannt wird, ist totalitär.

Der Christ kann nicht stehenbleiben bei re-aktiven Einschränkungen gegenüber der Zukunftsprogrammatik des Marxismus. (So sehr der Rückruf von der Überforderung des Unmöglichen es erst erlaubt, das tatsächlich Mögliche nüchtern und entschieden anzugehen: Es ist *nicht* genug, das Unmögliche *gewollt* zu haben! Der gute Wille allein läßt die Welt zugrundegehen oder richtet sie, je tätiger er unerleuchteterweise wird, erst vollends zugrunde.) Die christlichen Vorbehalte, die der wirklichen Wesensverfassung und Schicksalsverhaftung des Menschen realistisch Rechnung zu tragen suchen, wollen nichts anderes als die wahrhaft menschliche Menschwerdung des Menschen und seiner Welt gewährleisten — die „*mögliche* Menschlichkeit", um, in dieser Betonung, mit Ernst Bloch [3] zu sprechen. Dieser Aufgabe zu dienen ist allen Einsatzes wert, und sie bedarf dessen auch. Der Christ wird seinen Beitrag solidarisch mit anderen Menschen leisten, und zwar zunächst auch aus Gründen, die ihm gemeinsam mit vielen Menschen anderer Religion oder auch nichtreligiöser Weltanschauung sein können: aus Achtung vor der Würde des Menschen, im Mit-Leiden mit dem Leidschicksal derer, die seinesgleichen sind, aus Verantwortung für die Zukunft der einen Welt, um des verzweifelt-mutigen Abenteuers willen, trotzdem das Je-Bessere aus den verfahrenen Zuständen der Welt und seines Lebens zu machen, und so weiter. Darüber hinaus verlangt seine im Glauben verankerte Überzeugung, daß der eine Gott der Vater aller Menschen ist, von ihm, dem Christen, daß er seinen Brüdern und Schwestern, den nahen und den fernen, in Liebe zugeneigt und tätig zugetan sei. Ihn treibt dazu Botschaft und Beispiel Jesu, der als Bruder unter vielen Brüdern sich nicht schämte, uns seine Brüder zu heißen (Röm 8, 29; Hebr 2, 11); der dafür lebte und dafür starb, die Mauer der Feindschaft zwischen den gegensätzlichsten Menschengruppen niederzureißen (müßte man die „Juden und Heiden" von Eph 2, 11—22 auf „Proletarier und Kapitalisten" umschreiben?): damit „nicht mehr Jude oder Grieche, nicht mehr Sklave oder Freier, nicht mehr Mann oder Frau gilt, denn ihr alle seid einer in Jesus Christus" (Gal 3, 28; vgl. 1 Kor 12, 13). In all dem sind Pflicht und Recht des sozialen und politischen Engagements des Christen und des kirchlichen Christentums begründet, wie sie die früher erwähnten neueren Theologien zu umschreiben suchen.

Wollen wir das Christsein, insofern es marxistische Positionsbestimmungen aufhebt und umwendet, auf einen Nenner bringen, machen wir eine Beobachtung, die vermutlich zu seinem Wesen gehört: daß es sich nämlich gegen griffige Gebrauchsanweisung und schon gegen zügige Formulierung sperrt. Gewiß: es widersteht der Glorifizierung des äußeren Fortschritts, dem Leistungsfetischismus, den totalitären Konstruktionen, der Funktionalisierung des Menschen, der Verteufelung des Gegners, der Erziehung zum Fanatismus; es weigert sich, das Böse mit dem Bösen besiegen zu wollen, auf Haß mit Haß zu reagieren; der Zweck heiligt für es *nicht* die Mittel... Und worin besteht die christliche Haltung, die eingefordert wird vom Marxismus als dessen Gegensatz und Widerspruch, *positiv* (denn offensichtlich lassen sich leichter die *Fehl*haltungen zurückweisen)? Sie sprengt den Teufelskreis der Rache durch Bereitschaft zur Versöhnung „siebenundsiebzigmal" (Mt 18, 21 f); sie vergilt niemandem Böses mit Bösem, sondern überwindet das Böse durch das Gute (Röm 12, 17. 21); sie geht mit dem langen Atem der Geduld das Realisierbare an; sie tut, wenn schon Gewalt, diese zunächst und zumeist sich selber an; sie versucht die Feindesliebe der Bergpredigt Jesu ohne Ansehen der Person wahrzumachen (Mt 5, 43—48); sie sieht sich selber nicht so sehr Ideen und Programmen konfrontiert als viel mehr der Gestalt und dem Schicksal Jesu von Nazaret, seinem sehr real vorgemachten, ausgehaltenen Tun und Leiden, Leben und Sterben...

Der Gegenstand dieses Buches, das sich mit dem Atheismus auseinandersetzt, legt die folgenden Hinweise nahe, die, mögen sie auch z. T. grundsätzlich-theoretisch scheinen, doch ein gerütteltes Maß an praktischer Konsequenz einschließen.

Nicht überholt ist angesichts der heutigen Weltlage der Änderung anstrebende Protest gegen jene Zustände der menschlichen Gesellschaft und des menschlichen Bewußtseins, die in der Vergangenheit, von der jeweiligen Gottesvorstellung ideologisch sanktioniert, das Nein zu diesem „Gott" unumgänglich erscheinen ließen: so bei Marx der Proletarier-Pauperismus des Frühkapitalismus, bei Nietzsche die heuchlerische Süffisanz spätbürgerlicher Moral. Mag sich der Schwerpunkt solcher Mißstände inzwischen verlagert haben auf andere Erdteile oder auf andere Länder unseres Kontinents: es bleibt für Reflexion und Aktion genug im eignen Land und im eigensten Lebens- und Bewußtseinsbereich.

Gewisse Vorstellungen vom Wesen und Wirken Gottes, gegen die die genannten Atheismen reagierten, wurden diagnostiziert als Fehl- und Verfallsformen oder Vulgärverkürzungen der genuinen Auffassung des Christentums bzw. der christlichen Religionsphilosophie: Das Konkurrenz-Schema von Gott und Welt, wonach der Gottesglaube die Potenz des Menschen zur *Weltgestaltung* herabmindert oder ganz aushöhlt, schließt einen schlecht-platonischen Dualismus zwischen einem bloß demiurgisch (= baumeisterlich) wirkenden Gott und einer von ihm vorausgesetzten widerständigen und minderwertigen ewigen Materie ein. Dagegen setzt gerade die konsequent durchgeführte Metaphysik der Schöpfung die Welt und den Menschen mit allem, was ihnen zugehört, in ihr Selbstsein, ihren Eigenwert, ihre Eigengesetzlichkeit und Selbstzwecklichkeit göttlich-unverbrüchlich ein. Die — bei aller Analogie — unendliche Distanz von Schöpfer und Geschöpf hält alle Kompetenzen-Konkurrenz von vorneherein ab. Gott ist Gott, und die Welt ist Welt; und sie, die Welt, ist dem Menschen überantwortet. Schärfer anthropologisch gewendet, wird die Befürchtung, Gott verhindere oder beschränke die *freie Selbstentfaltung* des Menschen, dementiert durch den Aufweis der ursprünglichen Freisetzung der Freiheit des Menschen durch die unendliche Seins- und Wertfülle Gottes. Auf Gott hin ist der Mensch von seinem innersten Wesen her eröffnet, durch Gott allein wird er bewahrt vor der Fixierung auf Teilwerte und Teilwahrheiten, vor der Selbstauslieferung an Ideologien [4].
Das *anthropologische* Argument für die Existenz Gottes [5] setzt nicht nur der atheistischen Position die theistische entgegen: es nimmt das existenzielle Anliegen, das Feuerbach und Marx, Nietzsche und Sartre zu ihrem postulatorischen Nein zu Gott brachte, positiv auf. Es „widerlegt" den bloß humanistischen Ansatz, indem es ihn überbietet und erfüllt: Gott ist nicht nur der Gesetzgeber des Menschen, er ist Fundament und Garant seiner Freiheit. Dieser Gottesbeweis bleibt nicht im Theoretischen stecken, er geht den Menschen und sein zwischenmenschliches Verhalten an, er fordert Bekehrung. Gegenüber der marxistisch-leninistischen Orthodoxie, in der der doktrinäre französische und deutsche Aufklärungsatheismus weiterlebt, bleibt auch die traditionelle Begründung des *kosmologischen* Gottesbeweises [6] stichhaltig.

Neben den tiefreichenden Gegensätzen zwischen Marxismus und Christentum waren auch weitgespannte Gemeinsamkeiten festzustellen. Sie bestehen etwa in der Frage nach dem Sinn des Ganzen der Welt, der Menschheitsgeschichte, des eigenen Lebens; im Willen zur engagierten Veränderung des Nicht-sein-Sollenden; in der Ausschau nach der heilen, geglückten Zukunft. Solche Entsprechungen und Übereinstimmungen, obwohl sie uns jetzt wohl eher nur als formal-abstrakt erscheinen, waren z. B. in den Gesprächen der „Paulus-Gesellschaft" der Jahre 1965 bis 1967 Anlaß zu einer gemeinsamen Frontstellung von Christen und Marxisten gegenüber jener dritten Großmacht im Weltanschauungsangebot der Gegenwart, die wir unter dem Sammelbegriff *Liberalismus* ansprachen. Man nennt in diesem Zusammenhang auch den Individualismus sowie, von seiten der Erkenntniseinstellung, den Skeptizismus, Agnostizismus und Positivismus, wozu infolge der in ihren Wissenschaften zu Recht maßgeblichen Methode vor allem Naturwissenschaftler neigen. Jene vermeintliche oder wirkliche Frontstellung wäre jedenfalls eine heikle, ja fatale Sache. Wie ja auch jene ganze, nicht selten vorgeführte Litanei von Einzelparallelen doktrinärer Positionen, disziplinärer Maßnahmen oder Kultriten, zumal zwischen Sowjetkommunismus einer- und katholischer Kirche anderseits, für den christlichen Vergleichspartner keineswegs nur erfreulich ist. Wolfgang Büchel [7] hat 1967 auf zwei noch immer oder schon wieder aktuellen Seiten polemisiert gegen „den Trennungsstrich . . . zwischen den positivistischen Skeptikern auf der einen und den ‚engagierten' Christen und Kommunisten auf der anderen Seite". „Das Furchtbare ist ja, daß auch die Inquisitoren und Ketzerverbrenner wirklich engagiert waren. Das Konzil [von 1962—1965] hat sich mit

Mühe das Bekenntnis zur Religionsfreiheit abgerungen; da sollten wir nicht den Eindruck erwecken, als ob der Christ mehr Sympathie habe mit engagiertem Totalitarismus als mit toleranter Skepsis." Auch ein Mehr an öffentlicher Ordnung und Sittlichkeit in östlichen Ländern angesichts westlicher Dekadenz sollte für Christen kein sehr bewegender Grund zu Ost-Sympathie sein; Vergleichbares traf unter Hitler zu. Solche Warnung zielt auch heute nicht ins Leere. Der Generalsekretär der KPF, Georges Marchais, hat sich in Anwesenheit von KPI-Chef Enrico Berlinguer auf einer Anfang Juni 1976 in Paris gehaltenen Großkundgebung, die den „Eurokommunismus" zwar nicht geboren, aber mit Nachdruck zu taufen versucht hat, den Christen ausdrücklich empfohlen mit der gemeinsamen Ablehnung der — Pornographie. „Wir können zusammenarbeiten ... zur Bewahrung der moralischen Gesundheit der Nation." [8] Und unter den Gründen für den Kommunismus einer kleinen, aber wachsenden Zahl französischer Katholiken wird aufgezählt: „ein Sicherheitsbedürfnis, das angesichts der Unruhe und Desorientierung in der Kirche den festen Halt, den bisher das Dogma gewährte, in der Wissenschaft von der Revolution sucht. Vielleicht ist diese Gruppe die größte Herausforderung für die Kirche: welches Glaubensbewußtsein muß diesen Katholiken wohl vermittelt worden sein, wenn sie aus der Erfahrung der Unsicherheit in die Arme einer totalitären Partei flüchten?" [9]

Das Thema dieses Buches, das sich von christlichem Standpunkt aus vorwiegend mit dem marxistischen Atheismus auseinandersetzt, brachte es mit sich, daß von dem dritten Angebot, von Liberalismus und Positivismus, bisher kaum die Rede war. Auf diese Lücke ist, auch wenn sie nicht eigentlich gefüllt werden kann, in Umrißlinien aufmerksam zu machen. Dabei konzentrieren wir uns auf den *Positivismus,* insoweit dieser in seinen extremen Formen zu Atheismus führt. Es handelt sich zwar um Atheismus negativer, agnostischer Art (nach unserer Begriffsbestimmung zu Anfang des Buches): aber eben den Positivismus hat ein französischer Historiker schon 1873 mit mehr Recht für die Zukunft als für seine Gegenwart als „die populärste Form des Atheismus" beurteilt [10]. Wir vervollständigen nun also noch in etwa die geschichtliche Information über den Atheismus in einem wesentlichen Punkt. Und da der Positivismus tatsächlich für einen Hauptstrang des heutigen Atheismus den Hintergrund bildet, nämlich für seine die westliche Welt charakterisierende Ausprägung, kann die anzudeutende Konfrontation mit ihm, im Gegen-Zug zur Abgrenzung vom östlichen Marxismus, den Beitrag des Christentums zur gegenwärtigen weltanschaulichen Auseinandersetzung weiter verdeutlichen.

Als Begründer des Positivismus — wie der Soziologie — gilt *Auguste Comte.* Bekannt ist das Drei-Stadien-Gesetz, mit dem er den Ablauf der Welt- und Kulturgeschichte in den Griff zu bekommen sucht: Was die religiöse Epoche in Göttergestalten personifiziert schaute, stellte sich die Ära der Metaphysik unter allgemeinen, abstrakten Ideen vor; abgelöst werden Theologie und Philosophie schließlich durch das „positive" Zeitalter der nüchtern-verständigen empirischen, soziologischen Forschung. Die Verwissenschaftlichung der Zivilisation, heute kritisch beurteilt, schwebte Comte vor als das menschheitsbeglückende Ideal. (Allerdings landete Comte später bei phantastischen Religionsgründungsplänen, die den katholischen Kult durch neun, statt nur sieben, Sakramente und noch mehr Feste übertrumpfen wollten.) Die weitere Entwicklung des Positivismus wurde teils mehr von der empirischen Methode der Naturwissenschaft, teils mehr von den logischen Prinzipien der Mathematik bestimmt. Der *Empirismus* des 19. Jahrhunderts in England (J. St. Mill, H. Spencer) und in Deutschland (R. Avenarius, E. Mach) beschränkte die wissenschaftliche Erkenntnis auf möglichst exakte und denkökonomische Beschreibung des unmittelbar Gegebenen. Im unbegrenzten Vertrauen auf Entwicklung und Fortschritt wollte er die Religion ersetzen durch — erkenntnistheoretisch, und zwar meist psychologistisch, reflektierte — Naturwissenschaft und Soziologie. 1910 bis 1913 erörterten B. Russell und A. N. Whitehead in den „Principia mathematica" die grundlegenden *logischen* Strukturen der Mathematik und, wie man annahm, des begründeten Wissens überhaupt. Die zwei Grundzüge, Empirismus und Logistik, bestimmten die Auffassungen, die man unter dem Namen *Neopositivismus* zusammenfassen kann. Sie wurden ausgebildet durch den Wiener Kreis [11], der sich seit 1922 um Moritz Schlick bildete. Er erlangte durch Emigration führender Vertreter nach England (um 1938), vor allem über Alfred Jules Ayer [12], Einfluß auf die dort und in den USA entstandene analytische Philosophie, die vor ein bis zwei Jahrzehnten auf den deutschsprachigen Raum zurückwirkte. Es ist nützlich, seine fundamentale These zu kennen.

Nach dem *(Neo-)Positivismus* der dreißiger Jahre, der seither stark nachwirkt (nennen wir ihn logisch-empirischen Positivismus), gibt es nur zwei Klassen von sinnvollen Aussagen. Die erste Klasse umfaßt die Sätze, die man mit Kant als analytisch bezeichnet. Dazu gehören Definitionen und andere logische Sätze, die sich aus Definitionen ergeben (z. B.: „Meine Schwester ist weiblichen Geschlechts"). Solche Urteile geben nur eine Verdeutlichung, nicht aber eine Erweiterung unserer Erkenntnis ab, weil sie „durch das Prädikat nichts zum Begriff des Subjekts hinzutun, sondern diesen nur durch Zergliederung in seine Teilbegriffe zerfällen, die in selbigem schon ... gedacht waren" [13]. Die zweite Klasse sinnvoller Sätze betrifft nicht bloß Begriffe, sondern Tatsachen. Die synthetischen Urteile wollen etwas Neues ausmachen über die Welt der sinnenhaften Erfahrung. Aus vielen einzelnen Beobachtungen wird induktiv auf eine allgemein geltende Aussage, z. B. ein Naturgesetz, geschlossen. Aber solche Sätze können nach dem Positivismus nie unwiderruflich gewisse, sondern nur wahrscheinliche, grundsätzlich stets überholbare Erkenntnis abwerfen: Hypothesen. Hier entsteht das dornige Problem der Verifikation, der Bewahrheitung, des Wahrheitsausweises solcher empirischer Sätze. Aus der These, daß nur analytische und empirische Sätze sinnvoll sind, ergibt sich: Alle Sätze, die etwas über die Wirklichkeit aussagen wollen, aber nicht durch Erfahrung überprüft werden können, sind sinnlos. Unter das Verdikt der Sinnlosigkeit fällt somit die ganze Metaphysik: weil „man nicht sinnvoll behaupten kann, es gebe eine nicht-empirische Welt der Werte oder Menschen hätten unsterbliche Seelen oder es gebe einen transzendenten Gott" (A. J. Ayer [14]). Der Satz „Gott existiert", der uns vor allem interessiert, ist genauerhin aus folgendem Grund sinnlos: „Existenzaussagen sind synthetische Sätze. Denn aus dem bloßen Begriff eines Seienden kann man niemals folgern, daß dieses Seiende existiert. Nun sind aber für Ayer alle sinnvollen synthetischen Sätze empirisch. Der Satz ‚Gott existiert' könnte also nur dann sinnvoll sein, wenn es sich bei ihm um eine empirische Hypothese handelte. Das aber bedeutet, daß etwas in der Erfahrung gegeben sein müßte, das für die Wahrheit oder Falschheit dieses Satzes von Bedeutung ist. Das ist jedoch nicht möglich. Denn ‚Gott' bezeichnet ein transzendentes Seiendes, d. h. ein Seiendes, das unserer Erfahrung nicht zugänglich ist. Aussagen über die Existenz eines Seienden, das jenseits der Erfahrung steht, können aber niemals durch die Erfahrung bestätigt oder widerlegt werden." [15] (Die Möglichkeit, über die notwendige Existenz Gottes etwas auszusagen, hatte B. Russell [16], inspiriert von Kant [17], schon im Jahre 1900 aus dem dargelegten Grunde abgelehnt, und mehrere englische Religionsphilosophen [18] sind ihm darin gefolgt.) Auch schon der prominente Repräsentant des Wiener Kreises Rudolf Carnap [19] — ein Klassiker der Anti-Metaphysik — hatte gemeint, in dem Satz „X ist Gott" sei die Variable X unbestimmbar, der Satz deshalb ein Pseudosatz. Und ebenso sind neuerdings z. B. für Max Bense [20] Sätze wie „Gott ist transzendent" Scheinsätze wie etwa „X ist pektabel", woraus er die agnostische Folgerung zieht: „Das denkende Wesen ist in seiner konsequenten Rationalität nur dann im vollen Umfang atheistisch, wenn es die Idee Gottes und alle Sätze über sie suspendiert." Kritik aus den eigenen Reihen richtete sich schon in den Jahren 1934 bis 1936 — und sie hält seither an — vor allem auf die unzulänglichen Fassungen des Verifikationsprinzips (das nicht auf sich selbst angewendet werden kann: daß nur analytische und empirische Sätze sinnvoll sind, ist weder ein analystischer noch ein empirischer Satz!): es wurde eingeschränkt auf bloße Falsifikation und die dadurch erhoffte fortschreitende, wenn auch nie vollständig zu erreichende, Eliminierung des Irrtums. „Wahr" zu heißen darf am ehesten jener Irrtum beanspruchen, der sich am wenigsten gegen die Entlarvung seiner Falschheit sperrt, der seiner Ausräumung am wenigsten Widerstand entgegensetzt. Das Wegschaffen von je mehr Irrtum gebe je mehr das Feld der Wahrheit frei ... Jedenfalls ist auch die Möglichkeit der Falsifikation noch lange nicht geklärt. Auch jeder falsifizierende Beobachtungssatz ist „theoriebeladen"; selbst ein vermeintlich fixes, positives Datum der Beobachtung gilt etwa nur als „Wahrheitskandidat" [21]. Solche selbstkritische Reflexion betrifft bereits den Wahrheitsanspruch der gesuchten empirischen Erkenntnis. Gegenüber dem Nicht-Empirischen, dem Metaphysischen wird, unter allen Wandlungen des (Neo-) Positivismus, die agnostische Grundposition behauptet.

Auch für den frühen *Ludwig Wittgenstein* von 1921 galt: „Die richtige Methode der Philosophie wäre eigentlich die: nichts zu sagen, als was sich sagen läßt, also Sätze der Naturwissenschaft..." [22] Dennoch wagte er damals schon das, was darüber hinaus liegt, als „das Mythische" zu benennen; es besteht darin: „nicht *wie* die Welt ist, ... sondern *daß* sie ist" [23]. Später [24] entwickelte Wittgenstein eine pluralistische Theorie der „Sprachspiele", die je verschiedenen Lebensformen entsprechen, an die sie gebunden sind. Diese Theorie sprengt den Methodenmonismus ausschließlich naturwissenschaftlichen Denkens. Sie scheint auch für das religiöse Sprechen, das, wenn auch nicht veri- oder falsifizierbar, doch auf seine Weise sinnvoll sein kann, einen — wenigstens gruppeninternen — Raum freizulassen. Auch für neuere angelsächsische *Sprachanalytiker* besitzen religiöse Sätze ihre besondere Logik und damit einen ganz eigenen Sinn ohne Bezug auf das nur für äußere Fakten zutreffende Wahr-falsch-Qualifikationssystem. An die Stelle von Wittgensteins Sprachspiel tritt z. B. für R. M. Hare der „blik" (= Blick), die Relevanz erschließende oder verstellende Erkenntniseinstellung auf Grund von Lebensorientierung. Wieder andere Autoren kommen der großen religionsphilosophischen Tradition näher. Sie berufen sich auf den analogen Charakter der verschiedenen Erkenntnisbereiche; so eröffnet sich für I. T. Ramsey [25] im Aufbrechen religiöser Erfahrung gültige und gewisse Erkenntnis. Diese Philosophen und Theologen bieten der Bemühung um begründete Gotteserkenntnis vielfache Anregung: sie führen weit über Agnostizismus und Atheismus hinaus [26].

Durchaus agnostisch in bezug auf Gotteserkenntnis und Metaphysik überhaupt ist eine Richtung des Positivismus, die in den letzten Jahren in Deutschland Beachtung fand. Sie fragt nach dem sinnvollen Verständnis nicht von Sätzen, sondern von einzelnen Wörtern. Die Infragestellung des Redens von Gott wird dadurch radikalisiert. Auch hierüber sei nur das Allernotwendigste referiert [27]. Man unterscheidet zwischen Eigennamen (wie: Petrus, München) und Prädikatoren. Letztere sind allgemeine sprachliche Ausdrücke, die Gegenständen zum Zweck der Unterscheidung zu- oder abgesprochen werden (wie: Apostel, Stadt). Ein Eigenname wird „eingeführt", d. h. verständlich gemacht für den gemeinsamen Sprachgebrauch, indem man auf den bestimmten Gegenstand, den er in der Rede vertritt, hinweist: Das da ist München! Um Prädikatoren unmißverständlich verwenden zu können, muß man sie durch mehrere Beispiele verdeutlichen. Etwa so: Petrus, Johannes und Jakobus sind Apostel. Oder: München, Köln und Berlin sind Städte. Und nun wird eingewendet: Das Wort ‚Gott' könne weder als Eigenname (ich kann ja nicht mit dem Finger auf den Träger dieses Namens hinweisen) noch als Prädikat (es gibt ja nicht mehrere Beispiele für ‚Gott') selbständig verwendet werden. Ich würde sonst etwa heidnisch, nicht christlich von Gott sprechen; das Gottesverständnis wäre polytheistisch. Wolle der Christ das Wort ‚Gott' noch verwenden, müsse er es auf einem neuen Wege verständlich einführen: nicht als einen selbständigen Ausdruck, sondern in einem komplexen Wortverband, in dem und durch den es erst Bedeutung erlangt. (Man nennt das dann einen synkategorematischen Ausdruck.) Als Wortkomplex, in dem das Wort ‚Gott' diese neue Verwendung findet, wird etwa vorgeschlagen die Wendung „*Leben in Gott*". Um diese Wendung mit Bedeutung zu füllen, müssen zuerst andere theologische Grundworte eingeführt werden. Geben wir die Definitionen für sie:

Glaube = Vertrauen auf den hinreichenden guten Willen der anderen, an den notwendigen gemeinsamen Bemühungen, um ein vernünftiges Leben mitzuwirken.

Friede = Leben im Glauben, für das der Glaube bereits auch das subjektiv höchste Gut ist.

Hoffnung = Vertrauen auf die Erlangung des Friedens.

Jetzt läßt sich definieren:

Leben in Gott = Leben im Glauben und in der Hoffnung.

Auch für andere Wörter, die zum christlich-theologischen Grundvokabular gehören, seien nun Verwendungsvorschläge zu machen, „die das übliche Verständnis aufnehmen" (?), z. B. für

Angewiesenheit auf Gnade = Tatsache, daß das Gelingen eines Lebens im Glauben und der Friede durch eigenes Handeln allein nicht erzwingbar sind.

Karfreitag („entmythologisiert"!) = Reflexion auf den Tod als die äußerste Möglichkeit des Verlustes subjektiver Güter wegen eines Lebens im Glauben.

Auferstehung = Einkehr des Friedens in ein Leben im Glauben.

Es ist unschwer zu sehen, daß auf diese Weise, die angeblich erstmals verständlich von Gott zu reden erlaubt, der Gottesglaube vollständig *humanisiert* wird. Feuerbachs Postulat, die Theologie auf Anthropologie zu reduzieren, wird nun aus ganz anderen, nämlich sprachtheoretischen, Motiven zu realisieren versucht. Das „Leben in Gott" ist wesentlich nichts anderes als ein vernünftiges Leben der Menschen miteinander. Auch das (synkategorematische) Reden von „Gnade" zielt nur auf die notwendige Mitwirkung anderer *Menschen* zum vernünftigen Leben. Das wird noch deutlicher aus der Auskunft darüber, was als „vernünftig" gelten soll, nämlich der Einsatz für „allgemeine gute Ziele", und das wieder sind solche Ziele, „über die sich eine beratend gewonnene Verständigung aller Betroffenen erreichen läßt". Was gut ist, wird danach durch gemeinsame Beratung und Festlegung ermittelt, es ist Zielgegenstand von Verhandlung und Verständigung. Zur Reduzierung auf bloße Humanität tritt damit noch dieses zweite Bedenken: Die Unbedingtheit des sittlichen Imperativs bei Kant (an dem sich die dargelegte Auffassung formal orientiert) geht auf und unter in Konsensdemokratie und Konfliktstrategie. Wir sind einem Vorschlag für das Reden von Gott gefolgt, den der aus der Erlanger Schule stammende Konstanzer Professor Friedrich Kambartel 1971 in der dankwerten Kürze von drei bis vier Druckseiten gemacht hat [28]. Aber auch die rund 450 Seiten Theologie- nebst Religionskritik des Kambartel-Schülers Matthias Gatzemeier [29] von 1974/75 ergeben nicht mehr als die immer wieder wiederholte Versicherung, „daß eine zufriedenstellende Einführung des Wortes ‚Gott‘ bisher nicht gelungen ist" [30].

Information über den gegenwärtigen Atheismus kann sich nicht eines Wortes über den *Strukturalismus* [31] entschlagen, obwohl dieser kaum über die Grenzen Frankreichs hinaus gewirkt hat. C. Lévy-Strauss — sein Begründer —, L. Lacan, R. Barthes u. a. stellten im Rückgriff auf die empirischen Humanwissenschaften Linguistik, Ethnologie, Psychoanalyse usw. die dem einzelnen Menschen vorgegebenen Strukturen der Sprache zur Diskussion und damit auch den ganzen Komplex der durch sie bedingten sozial-politischen Organisation, von Recht und Ethik, Kunst und Religion. Sie wollten mit der theistischen Metaphysik auch allen atheistischen Humanismus als ebenfalls ideologisch-weltanschaulich bedingt destruierend hintergehen: mit Gott auch den Menschen, der ihn getötet hat. Jedenfalls für Michel Foucault, den Philosophen eines „Panstrukturalismus" [32], geht es darum, „nicht den Menschen an die Stelle Gottes zu setzen, sondern ein anonymes Denken, Erkenntnis ohne Subjekt, Theoretisches ohne Identität"; und „das am meisten belastende Erbe, das uns aus dem 19. Jahrhundert zufällt — und es ist höchste Zeit, uns dessen zu entledigen —, ist der Humanismus", der mit Begriffen wie Moral, Wert und Versöhnung Probleme lösen wollte, die er sich nicht stellen durfte [33]. Auch für Claude Lévy-Strauss ist es „unmöglich, in der Religion etwas anderes zu sehen, als ein enormes Reservoir ideologischer Konstruktionen und Vorstellungen" [34]. Er würde nicht erschrecken, falls sich ergäbe, daß der Strukturalismus auf die Restaurierung einer Art von vulgärem Materialismus hinauslaufe. P. Ricoeur dagegen möchte ihn eher als eine „extreme Form des modernen Agnostizismus" beurteilen [35].

Es ist interessant und könnte fast verwirren, daß sich unter den Strukturalisten auch nicht wenige Marxisten befinden. Louis Althusser [36] und seine Schüler (E. Balibar, M. Godelier, J. P. Osier, N. Poulantzas u. a.) reagieren gegen die anthropologisch orientierte Marxdeutung: diese vernachlässige über Kategorien der Identitätsphilosophie (wie „Entfremdung"), idealen Werten und geschichtsphilosophischen Überlegungen den strengen Ökonomismus und Materialismus des wirklichen Marx und verschleiere die konkreten Formen des Klassenkampfes. Man studiere „Das Kapital" und werde Mitglied der KPF! Der von den strukturalistischen Marxisten propagierte Antihumanismus ist gegen die vorgebliche bürgerliche Form des philosophisch-religiösen Humanismus gerichtet. Er polemisiert mit M. Foucault [37] gegen den „Chardino-Marxismus", der sich auf Mythologie à la Teilhard de Chardin einlasse.

Wir wollen hier nicht im einzelnen darauf eingehen, wie die agnostischen und insofern negativ-atheistischen Stellungnahmen des Positivismus angefochten und aufgebrochen werden durch die Erfahrungen, die wir Menschen machen, an uns selbst und miteinander. Wir versuchten, solche Erfahrungen als anthropologischen Gottesbeweis zur Sprache zu bringen, ihnen auf den — sozusagen theistischen — Sinn-Grund (= Logos) zu kommen. Man kann sich natürlich diesem Argument entziehen, indem man z. B. behauptet, Liebe sei auch *nichts anderes als* elektrische Schwingungen. Derartige Verkürzung und Verengung scheint dem Positivismus quer zu allen seinen Spielarten zugrundezuliegen oder vorauszugehen: eine apriorische (d. h. Vorweg-) Entscheidung darüber, was als sinnvoll und vernünftig an-

genommen wird und was nicht. Darauf wollen wir noch etwas reflektieren, denn
negative Vorurteile bestimmen unterschwellig weithin das heutige Bewußtsein.
Ernst Bloch [38] spricht von „dem selbstgefälligen Einspinnen des Positivismus in
den empirischen Lebensinhalt", seinem „Pathos der Flachheit". Jürgen Habermas [39]
meint, weniger gegen-pathetisch: „Daß wir Reflexion verleugnen, *ist* der Positivismus." (Nebenbei wird damit die Gegnerschaft des human orientierten Marxismus gegen die positivistische Selbstbeschränkung des Menschen dokumentiert [40].)
In der Tat würde die Verweigerung der Reflexion das Wirken und das Wesen des
Menschen um die entscheidende Dimension (oder ‚Überdimension') verkürzen.
Denn Reflexion, zumal im strengsten Sinn als Selbstreflexivität, leistet keine Maschine, auch nicht die modernste kybernetische Apparatur — auch nicht die ratio
des Menschen allein. Deshalb genügt nicht die Berufung auf Kritik oder Rationalität oder auf beides zusammen in dem von K. R. Popper und H. Albert vertre-
tenen „kritischen Rationalismus". Darauf weist die anhaltende Schwierigkeit hin,
das Veri- bzw. Falsifikationsprinzip ohne Selbstwiderspruch (oder, positiv gewendet, mit der Möglichkeit der — selbstreflexiven — Anwendung auf sich) zu bestimmen. Mit verständiger ratio allein ist auch keine letzte Begründung von Wissen und Wissenschaft zu erschwingen: nur der vernünftige Intellekt, die geistige
Einsicht vermag in der ganzheitlichen Erfahrung des Menschen die Wurzeln der
einzelnen Wissenschaften freizulegen, ihre Methode und ihr Objekt zu bestimmen [41]. Das Wesen der Vernunft, des Geistes ist Selbstreflexivität. Sie erschließt
Sinn und Sein, das Ganze und den Grund aller ‚positiven' Fakten und Prozesse:
all das, was der Positivismus als sinnlose Wörter von sich weist. Das ist nun keine
bloß akademische Angelegenheit, die auf sich beruhen könnte. Beschränkt sich ein
Wissenschaftler auf den empirischen Forschungsbetrieb, der in wenn-dann-Me-
thode die günstigsten Mittel zu vorgegebenen Zwecken sucht, dann geht seine
Wissenschaft, so nützlich und verdienstlich sie an sich sein mag, doch letztlich und
u. U. mit verheerenden Folgen am Menschen vorbei: „Das Thema ‚Verwissenschaftlichung' hat vorläufig das Humanum zurückgedrängt. Doch nur vorläufig,
denn auch Theoretiker und Metatheoretiker bleiben Menschen. Und der Mensch
wird den Menschen immer wieder suchen und finden." [42]. Die „Reideologisie-
rung", die seit etwa einem Jahrzehnt im Gange ist, ist ein schlechter Name für
eine rechte Sache: für das Bemühen, über der Bewältigung unmittelbar drängender
Aufgaben nicht das Interesse für die übergreifenden und durchwaltenden Zusammenhänge zu verlieren. Parteien brauchen wieder ein Programm (das allerdings
gerade nicht eine einseitige Ideologie sein sollte). Das Einzelne darf das Ganze
nicht verdecken, sonst sieht man vor lauter Bäumen den Wald nicht. Das Leben
soll nicht atomisiert werden: die Gesellschaft nicht in Individuen aufgehen, die
Erkenntnis nicht in „logischen Atomismus" sinnvoller Wörter. Das Warum-Fragen
wird rehabilitiert: es zeichnet den Menschen aus, es macht nicht halt bei vorletzten Auskünften. Die Frage nach dem eigentlichen Wozu allen Umgetriebenwer-
dens wagt sich wieder hervor. Bloße instrumentelle Vernunft, die über dem plan-
mäßigen und wirkkräftigen Einsatz der Mittel das Ziel vergißt, wird als höchst
unvernünftig entlarvt. Man lernt Atome zertrümmern: eine unerschöpflich nützliche Erfindung, friedlich gebraucht (auch wenn es zeitweise um Atomkraftwerke
gewittert) — kriegerisch mißbraucht, eine unabsehbare Gefahr für das Leben der
Menschheit. Die moderne Medizin besiegt die Säuglingssterblichkeit — sie läßt
sich auch zu Zwangssterilisation und Abtreibung anwenden. Atomphysiker und
Biochemiker sind sich ihrer ethischen Verantwortung — als Menschen — für ihre

(durchaus legitimerweise ‚vor-ethische‘, „nicht-theistische‘) Wissenschaft bewußt geworden. In die Schranken gewiesen wird auch der Alltagspositivismus, für den nur das Zähl-, Meß- und Wägbare an Arbeitsleistung, Berufserfolg, Schulnoten, Regierungsstatistik usw. zählt. Auch „tolerante Skepsis" (W. Büchel: s. oben S. 187) allein rettet die Welt nicht: sie vermeidet vielleicht eigene Unmenschlichkeit, aber verhindert schon nicht fremde.

Einer Welteinstellung und einem Lebensgefühl, die es liberalistisch-individualistisch bewenden lassen bei skeptischer Anwendung von Technologie, bietet das Christentum nach Kräften Paroli. Das bedarf kaum der Erläuterung. „Nicht vom Brot allein lebt der Mensch" (Mt 4, 4). Ins Heutige übersetzt: auch nicht allein Technologie, Know-how, Management und Futurologie machen ihn glücklich. Computer beantworten nicht die Daseinsfrage. „Niemand kann zwei Herren dienen . . ." (Mt 6, 24). Regiert Geld die Welt? Gegen Langeweile sind Kultur- und Freizeitindustrie ziemlich machtlos. „Sucht zuerst das Reich Gottes . . ." (Mt 6, 33). Das Christentum verwehrt es, die Mittel zu Zwecken, die Zwecke zu Mitteln zu machen. „Was nützt es dem Menschen, wenn er die ganze Welt gewinnt . . ." (Mk 8, 36). Der Mensch, nichts sonst, hat unendlichen Wert für den Menschen, weil vor Gott und für Gott. Das Christentum weiß um den Sinn des Ganzen von Welt, Menschheit, eigenem Leben. Es lehrt, nicht im Vordergründig-Rationalen aufzugehen, ohne daß es im geringsten, und schon gar nicht auf eine pessimistisch oder heroisch abgründige Weise, Irrationalität proklamiert.

Wieder kann, wie gegenüber dem Marxismus, so auch angesichts positivistischer Skepsis der Gegensatz und Widerspruch nicht das einzige Wort der Auseinandersetzung sein. Was also ist von ihr zu lernen? Zum Beispiel: alle Annahmen einer Theorie schrittweiser Prüfung zu unterziehen, ohne kurzschlüssig große Bilanz zu machen oder vorschnell einem Totalitätsanspruch aufzusitzen. Ferner: Absage an Perfektionismus, Mut zum Vorläufigen, Bescheidung mit dem Je-Möglichen, Leben im Übergang zwischen den Gezeiten (z. B. vor- und nachkonziliaren Katholischseins). Mißtrauen gegen großräumige und langfristige Prophezeiungen, Visionen, Utopien, gegen die Alles-oder-nichts-Parolen totalen Engagements oder der Großen Weigerung — gegen alles, was zu illusionärem Denkgehabe und geschwätziger Lebensuntüchtigkeit verleitet. Ein Schuß Skepsis ist grundsätzlich nicht vom Übel. Und partielle Identifikation besser als gar keine. Gründliche Kritik schließt Selbstkritik ein, wird zur Krisis des eignen Ausgangspunkts und Marschplans, scheut nicht die eigene Krise. So genommen, kann der Kritik überhaupt nicht genug geschehen. Und es ist schön, daß der Christ bis in die Verantwortung seines Glaubens hinein kritisches Rationalitätsverlangen anzuerkennen und auszuhalten hat.

Abgrenzung-von und Übereinstimmung-mit Marxismus einerseits und positivistischem Liberalismus anderseits kann für den Christen nicht nur besagen: in einem Kompromiß wechselweisen Temperierens von beiden Seiten das Schlechte, weil Unmenschliche, abzustreifen und das Gute, weil Menschliche und darum auch Christliche, zu übernehmen. Das Paulus-Wort „Prüft alles: was gut ist, behaltet!" (1 Thess 5, 21) lebt vielmehr von einem Durchstoß zu der neuen Instanz, die ermutigt und ermächtigt, die unaufhebbare Spannung des Weder-noch und des Sowohl-Als-auch ohne einseitige Kurzschluß‚lösung‘ auszuhalten in energischer Geduld und kontrolliertem Engagement, kritisch und generös zugleich: Der Gott Jesu Christi ist Grund und Ziel der — das sei zu hoffen gewagt, als Forderung und Verheißung (nicht als Feststellung und Leistung) — *menschlicheren* Haltung des Chri-

sten. Vielleicht sind nun diese Doppelparolen, die in ihrer ‚Zweiseitigkeit' ohnehin zum Glück sich nicht zum Plakatieren eignen, weniger mißverständlich: sie wollen ohne faulen-feigen Kompromiß das, woran der Christ sich in Tun oder Lassen orientieren soll oder darf, umschreiben: Engagement mit Toleranz — Radikalität ohne Fanatismus — Universalität, die nicht exklusiv wird — letzte Wert- und Zielvorstellungen ohne (klassen)kämpferische Schlagseite und ohne utopischen Kurzschluß — absoluter Wahrheitsanspruch mit Rücksicht auf die 1001 Relativitäten des konkreten Lebens — emanzipatorische Weltveränderung ohne Personenkult und Gruppenegoismus — Zukunftszuversicht ohne messianische Ideologie . . .
Im Spannungsfeld von östlichem Marxismus und westlichem Liberalismus/Positivismus ließ sich gewiß nicht alles ausdrücken oder auch nur andeuten, was der Christ und überhaupt der an Gott Glaubende, der von Gottes Dasein und Weltwirken Überzeugte von dem heutigen Atheisten zu lernen vermag [43]. *Der Christ,* um der Kürze wegen nur von ihm zu sprechen, *wird sich selber im Atheisten wiederfinden.* Das will sagen: Er wird die Wege, die viele Menschen zur Leugnung Gottes führten, als *menschliche* Möglichkeiten, das Leben zu erfahren und zu bedenken, und insofern als seine *eigenen* Möglichkeiten mitzugehen bereit sein. Wie weit? Die Geitesgeschichte unseres Kulturraumes zeigt, daß gerade die biblische Gottesoffenbarung, die dem Menschen scheinbar so sehr auf den Leib geschnittene Naturreligiosität zerstörte und nur noch die schroffe Entscheidung, die den Menschen überfordern könnte, übrigließ: die Entscheidung für den einen, unbedingt-unendlichen, heilig-strengen Gott und gegen die vielen freundlichen selbstgeschaffenen Götter. Die Unerbittlichkeit der an ihn ergehenden Glaubenszumutung lehrt den Christen Verstehen für das Zurückschrecken und Abbiegen des Anderen vor dieser Selbstauslieferung, die sich als unwiderruflich bekennt. Er wird im eigenen glaubenden Nicht-Glauben („Herr, ich glaube: hilf meinem Unglauben!": Mk 9, 24) die Keimzelle des Glaubensverlustes auffinden. Atheismus, bis in den Nihilismus, gibt sich ihm als eine letzte oder genauer vorletzte Möglichkeit des Menschseins zu erfahren. In den neuen antitheistischen Ideologisierungen der eigenen Lebenswelt erscheinen die alten pseudotheistischen Zerrbilder Gottes und die verkehrten Zumutungen des Menschen an seinen Gott wieder. Sie werden zum Rückruf der Bekehrung oder zur vorbeugenden Warnung. Der naiven oder sublimen Selbstsicherung des Christen widerfährt ihr Dementi. Religionskritik hilft „ergründen, ob der Glaubende nun wirklich von Gott und zu Gott redet oder nicht insgeheim über einen Götzen" [44]. Der Atheismus wird für den Christen zum Zeugnis für das, wovor er flieht (wer „er"? der Atheist? oder auch der Christ?): für den je größeren Gott.
Vermag der Glaubende sich im Nichtglaubenden wiederzufinden, wird es auch für den *Atheisten* leichter sein, seine Absage an Gott dem Gottesbekenntnis zu konfrontieren. Er wird sehen: Für den Christen steigt keine schlichte Leiter geradewegs von den Sinnesdaten zu Gott auf. Die Gotteslehre der christlichen Tradition betont ihren analogen Charakter, verwirft die Einebnung in beliebiges Weltwissen. Sie ist Sache freier, nicht erzwingbarer Evidenz, die eingefordert und eingelöst wird vom ganzen Menschen unter Einsatz seiner Existenz. Gott ist und bleibt — bleibt ewig! — das Geheimnis, das in seiner das Menschenmaß sprengenden Personalität alle zu zuversichtlich direkten Anthropomorphismen, die sich ein Bild von Gott machen, abweist: Gott ist der „Dieu caché" Pascals, der Deus absconditus, der verborgene Gott, der mystischen Beter und der negativen Theologie. Des-

halb muß alles Bemühen des Menschen, Gott zu begreifen, sein Nicht-ergreifen-können eingestehen und hat es, soweit es gelingt, im Ergriffensein von Gott seinen Grund. Die Gotteserfahrung des Menschen ist zunächst und zumeist Begegnung *Gottes* mit dem Menschen. Sie ist ein für alle Mal grundgelegt in Jesus Christus. Deshalb entschwindet Gott nicht in ein Jenseits, und wäre es das Jenseits seiner gnädigen Huld. Er verbindet in unlösbarer, schon philosophisch in etwa faßbarer Spannung seine absolute Transzendenz mit absoluter Immanenz (denn nur als beides-ineins ist der Schöpfergott *Gott).* Deshalb wird letzten Endes und aller-anfänglichst die tätige „Leidenschaft für Gottes Gegenwart in der Welt" [45] vermeiden und verhindern, daß „die Zuwendung zur Erde durch himmlische Ab-schweifungen verdrängt werde" [46]. Oder mit den Worten des Papstes Gregor [47] ums Jahr 600: „Gott fürchten heißt nichts unterlassen, was an Gutem zu tun ist."

Anmerkungen

1 Z. B. in: Emanzipation und Erlösung, hg. von L. Scheffczyk. Freiburg i. Br. 1973, 120—140

2 W. Benjamin, Zur Kritik der Gewalt... Frankfurt a. M. ²1971; Th. W. Adorno, Minima moralia. Ebd. ²1970

3 Siehe oben S. 114

4 Siehe oben S. 64—69

5 Siehe oben S. 152—172

6 Siehe oben S. 172—179

7 Christen, Kommunisten, Naturwissenschaften, in: Stimmen der Zeit 180 (1967) 130 f, Zitate: 131

8 H. G. Koch, Frankreichs KP umwirbt die Katholiken, in: Herderkorrespondenz 30 (1976) 387 ff, Zitat: 388

9 Ebd. 389

10 N. Guthlin, Les doctrines positives en France. Paris 1873, 366

11 V. Kraft, Der Wiener Kreis. Wien ²1968

12 Language, Truth and Logic. London 1936; deutsch: Sprache, Wahrheit und Logik. Stuttgart 1970

13 I. Kant, Kritik der reinen Vernunft, B (1787) 11

14 S. Anm. 12: deutsche Ausgabe S. 37 f

15 F. Ricken, Sind Sätze über Gott sinnlos? Theologie und religiöse Sprache in der analytischen Philosophie, in: Stimmen der Zeit 193 (1975) 435—452, Zitat: 437 f

16 A Critical Exposition of the Philosophy of Leibniz. Cambridge 1900, 5

17 Vgl. hier unsere Gegenkritik: S. 177 ff

18 Nachweise: Zeitschrift für Kath. Theologie 97 (1975) 35

19 Überwindung der Metaphysik durch logische Analyse der Sprache, in: Erkenntnis 2 (1931) 219—241

20 Warum man Atheist sein muß, in: Club Voltaire I. München 1963, 66—71, 69

21 Z.B. für N. Rescher, The Coherence Theory of Truth. Oxford 1973, bes. 53 ff; vgl. L. B. Puntel, in: Zeitschrift für Kath. Theologie 98 (1976) 276 f

22 Tractatus logico-philosophicus 6. 53

23 Ebd. 6. 44 und 6. 45

24 Philosophische Untersuchungen, postum 1953

25 Religious Language. An Empirical Placing of Theological Phrases. London 1957, New York ³1969. Zu Ramsey: W. A. de Pater, Theologische Sprachlogik. München 1971, 11—49

26 Zur sprachanalytischen Religionsphilosophie (außer Anm. 25): F. Ferré, Language, Logic and God. London 1962, ²1969; B. Mitchell (Hg.), The Philosophy of Religion. Oxford 1971; I. U. Dalferth, Sprachlogik des Glaubens. München 1974; J. A. Martin, Philosophische Sprachprüfung der Theologie. München 1974. Siehe auch F. Ricken (hier Anm. 15)

27 Vgl. W. Kamlah — P. Lorenzen, Logische Propädeutik. Mannheim 1967 u. ö., Kap. I.

28 Theo-logisches. Definitorische Vorschläge zu einigen Grundtermini im Zusammenhang christlicher Rede von Gott, in: Zeitschrift für evangelische Ethik 15 (1971) 32—35. — Die Beziehung zu Kant (einschließlich der Umwandlung des kategorischen Imperativs in einen sehr hypothetischen, gruppenbedingten und konsenserwirkten) erhellt aus dem zu vertiefter Auseinandersetzung anregenden Buch von O. Schwemmer: Philosophie der Praxis. Versuch zur Grundlegung einer Lehre vom moralischen Argumentieren in Verbindung mit einer Interpretation der praktischen Philosophie Kants. Frankfurt a. M. 1971

29 Theologie als Wissenschaft? Band I—II. Stuttgart 1974/75

30 Ebd. I 6

31 Vgl. G. Schiwy, Der französische Strukturalismus. Reinbek bei Hamburg 1969, ⁶1973; F. Wahl, Einführung in den Strukturalismus. Frankfurt a. M. 1973

32 H. Lefèbvre; nach G. Schiwy (s. Anm. 31) 87

33 In: La Quinzaine littéraire, Nr. 5 (Mai 1966); deutsch bei Schiwy 203—207, Zitat: 204 f. Vgl. von Foucault: Les mots et les choses. Paris 1966

34 In: Le Nouvel Observateur, Nr. 115 (1967) 31

35 Schiwy (s. Anm. 31) 101

36 Für Marx. Frankfurt 1968; L. Althusser — E. Balibar, Das Kapital lesen. Hamburg 1972

37 Schiwy 206

38 Das Prinzip Hoffnung. Frankfurt a. M. 1968, 1410; bzw.: Erbschaft dieser Zeit. Ebd. 1962, 402

39 Erkenntnis und Interesse. Frankfurt a. M. 1968, 9

40 Vgl. die Diskussion der beiden ‚Parteien‘: Der Positivismusstreit in der deutschen Soziologie. Neuwied - Berlin 1969. Siehe hier S. 90 f

41 W. Kern, Das Selbstverständnis der Wissenschaften — als philosophisches Problem, in: Grenzprobleme der Naturwissenschaften, hg. v. K. Forster. Würzburg ²1968, 111 bis 141

42 J. Möller, Die Chance des Menschen — Gott genannt. Zürich 1975, 325. Dabei ist vorausgesetzt, daß Theorie und Metatheorie im Vorletzten stecken bleiben!

43 Vgl., über dieses Schlußwort hinaus: J. B. Metz, Der Unglaube als theologisches Problem, in: Concilium 1 (1965) 484—492; F. Ulrich, Atheismus und Menschwerdung. Einsiedeln 1966; J. Sudbrack, Atheismus als Modell christlicher Gottbegegnung, in: Geist und Leben 43 (1970) 24—38; H. J. Türk (Hg.), Glaube — Unglaube. Mainz 1971; E. Biser, Theologie und Atheismus. München 1972; J. Ratzinger (Hg.), Die Frage nach Gott. Freiburg 1972; Religionskritik als theologische Herausforderung, hg. von H. Breit und K.-D. Nörenberg. München 1972; W. Zademach, Marxistischer Atheismus und die biblische Botschaft von der Rechtfertigung des Gottlosen. Düsseldorf 1973; H. Rolfes (Hg.), Marxismus — Christentum. Mainz 1974; H. Petri, Der neuzeitliche Atheismus als Herausforderung des christlichen Glaubens, in: Theologie und Glaube 69 (1975) 336—351

44 G. Sauter, in: Religionskritik . . . (s. Anm. 43) 130. Vgl. auch hier S. 146 f.

45 A. Jaeger, Reich ohne Gott. Zur Eschatologie Ernst Blochs. Zürich 1969, 246

46 G. Sauter (s. Anm. 44) 99

47 Deum timere est nulla quae facienda sunt bona praeterire: Moralia in Job I 3, 3; PL 75, 530

Veröffentlichungsnachweis

„Zur Vorgeschichte des modernen Atheismus" verwendet den Artikel „Atheismus. Eine philosophiegeschichtliche Information", in: Zeitschrift für Kath. Theologie 97
(1975) 3—40. Abschnitt III erschien in „Stimmen der Zeit" 185 (1970) 89—99; in der
„Zeitschrift für Kath. Theologie" 91 (1969) 289—321 findet sich unter dem Titel „Atheismus — Christentum — emanzipierte Gesellschaft. Zu ihrem Bezug in der Sicht Hegels"
weiteres Material dazu.

„Der atheistische Humanismus" erweitert drei Artikel der „Stimmen der Zeit"
190 (1972) 219—229, 291—304, 389—401, die auch Aufnahme fanden in: K. Rahner
(Hg.), Ist Gott noch gefragt? Düsseldorf 1973, 9—55. Von Abschnitt III gibt es ein spani-
sches Resümee, in: Selecciones di teologia 14 (1975) 153—158.

„Marx zwischen . . ." erweitert einen zum Hegel-Jubiläumsjahr für die „Stimmen
der Zeit" 186 (1970) 217—233 geschriebenen Aufsatz; die längere Fassung lag 1973 einer
Übersetzung ins Tschechische zugrunde.

„Gesellschaftstheorie . . .", ein 1975/76 mehrfach gehaltener Vortrag, wird hier
erstmals veröffentlicht.

„Die marxistische Religionskritik" stammt — teils gekürzt, teils erweitert — aus:
H. Rolfes (Hg.), Marxismus — Christentum. Mainz 1974, 13—33.

„A-theistisches Christentum?" ist entnommen aus: E. Coreth — J. B. Lotz (Hg.),
Atheismus kritisch betrachtet. München 1971, 143—171.

„Der Gottesbeweis Mensch", aus: Glaubensbegründung heute. Graz 1970, 23 bis
50, wurde vor allem um die Seiten 152—157 „Zur Problemlage" erweitert. In den Exkurs
S. 172—179 wurden aufgenommen die Artikel „Absolut", „Kontingenz" und „Notwendigkeit", aus: Sacramentum mundi, hg. von A. Darlap und K. Rahner, Band I bzw. III
(Freiburg i. Br. 1967/68); sowie drei Seiten (177 ff) aus dem Beitrag „Notwendigkeit", in:
Handbuch philosophischer Grundbegriffe, hg. von H. Krings u. a., Band II (München
1973) 1021—1037, nämlich 1026—1029.

Die Einleitung („Gotteserkenntnis heute?") und der Beschluß („Heutiger Atheismus . . .") wurden für dieses Buch geschrieben.

Personenregister